’90년대 이후 한국 연극의 미학적 경향

– ‘올해의 연극 베스트 3’ 수상작을 중심으로

* 이 저술은 2008년 한국연구재단의 소규모연구모임에 대한 지원으로 이루어진 학술적 연구성과임.

푸른사상 연극이론 총서 1

'올해의 연극 베스트 3' 수상작을 중심으로

'90년대 이후 한국 연극의 미학적 경향

김성희, 이미원, 김형기, 허순자, 심재민, 이선형, 김명화
김길수, 권경희, 최영주, 김　효, 송민숙, 김　향

'90년대 이후 한국 연극의 미학적 경향

-'올해의 연극 베스트 3' 수상작을 중심으로

연극은 현실의 거울이다. 연극 무대를 통해 관객은 자신을 성찰하는 동시에 문화와 사회 전반을 이해한다. 즉석에서 피드백이 이루어지는 연극은 동시대 사회의 여러 가지 '신화적' 상황과 문제를 여과 없이 투영한다. 1990년대는 밀레니엄의 종결과 시작이라는 특별한 의의를 지닌 시기로서 까닭없는 불안감과 기대감이 공존하였다. 특히 한국에서는 정치적 민주화를 토한 최초의 정권교체가 이루어졌지만 상승일로의 경제가 IMF라는 직격탄을 맞음으로써 국가적 자존심에 커다란 상처를 입은 때이기도 하다. 문화 · 사회적으로 고령화, 저출산 문제가 겹치면서 한국의 전통적인 가치관이 흔들리고, 도시화의 가속화 집단적 사고와 개인주의의 혼종, 전통과 새로움의 갈등 등 과도기의 양상이 뚜렷하기도 했다. 이러한 1990년대의 한국 사회를 반영하는 한국 연극은 어떠한 모습으로 무엇을 말하고 있을까?

한국연극평론가협회의 주요 연내행사 중 하나는 '베스트 3' 선정이다. 한 해 동안 가장 훌륭하다고 평가된 세 공연을 엄선하여 시상하고 널리 알리려는 것이 그 목적이다. 연극평론전문가 집단에 의해 '베스트 3'로 선정된 작품은 예술적 · 미학적으로 객관적인 인정을 받은 것이니만큼 당사자로서는 매우 영광스러운 일이다. 영상예술과는 달리 연극은 공연되는 순간 연기처럼 사라진다. 남는 것은 사람들의 머리와 가슴 속의 인상 그리고 몇 장의 사진과 활자화된 비평문이다. 그런데 평론가협회에서는 그동안 '베스트 3'를 선정만 했지 그 후 선정된 작품들이 한국연극 전반에 대해 어떤 역할을 수행해 왔는지에 대한 사후 평가가 부족했다. 이러한 현실에 직면해서 평론가 일각에서는 '베스트 3'와 관련된 글을 한데 모아 한국연극의 어떤 일관된 경향을 파악해야 한다는 의견이 제기되었고, 또한 밀레니엄말의 시대적 상황 속에서 한국연극의 특징들에 대한 정리의 필요성 역시 대두되었다. 우리는 1990년대 이래의 '베스트 3'를 중심으로 동시대 한국연극의 미학적 경향을 진지하게 검토하기로 하였다. 공연에 대한 당시의 언론과 평자들의 반응 및 기록을 조사하고, 연출가 · 작가 · 역자의 평가를 바탕으로 발표자가 최종적으로 자신의 관점에 입각해서 종합적인 평가를 정리하기로 하였다. 이는 한국연극평론가협회에서 우수 공연으로 선정한 작품이니만큼 사후 평가에 대한 책임을 진다는 의미도 포함되어 있다.

이 책의 기본 방향은 다음과 같다. 첫째, '베스트 3'를 중심으로 하되 관련 작가와 연출가의 작품에도 주의를 기울인다. 둘째, 가능한한 많은 작품들을 선정하고 그들의 공통적인 연극적 현상을 파악한다. 셋째, 동시대 한국연극에서 나타난 특징들과 새로운 경향들을 논구한다. 이러한 방향성을 설정하고 본서는 동시대 한국연극을 체계적으로 정리하며, 20세기 말과 21세기 초 한국사회와 연극의 관계를 조망하며, 이를 바탕으로 한국연극의 미래를 전망고자 한다. 이러한 목표 하에 각 참여자들은 직접 주제를 정하고 정기세미나에서 발표와 토론 및 윤독을 거쳐 원고를 완성하였다. 그러나 다양하고 변화하는 연극의 흐름과 경향을 정해진 제한적인 틀 속에 가둔다는 것은 경우에 따라서 오히려 원작의 예술적 가치를 손상시킬 우려가 있다. 얼마나 다양한 연극들이 자신의 색깔을 지닌 채 각양각색의 모습으로 대두되고 있는가. 이러한 위험을 감수하고도 열세 편의 글은 제 각각 자신만의 얼굴을 드러내고 있다. 하지만 편차를 무시할 수 없는 다름 속에서도 한국 연극의 뚜렷한 모습을 구체화할 수 있다는 것은 그 자체로 아이러니가 아닐 수 없다. 그러나 아이러니를 감추고 싶은 욕망이 있었을까. 본서는 판이한 주제를 세분화하고 몇 개의 범주로 묶어 서로 다른 얼굴이 조화를 이룰 수 있도록 노력하였다.

첫 번째 꼭지 "포스트모던 시대의 한국 연극의 새 경향"에서는 동시대의 이데올로기와 맞물려 새롭게 떠오른 한국연극의 주목할 만한 경향을 다루었다. 김성희의 「한국 일상극의 글쓰기와 공연방식」은 동시대 한국연극에 나타난 주요 경향들 중 하나인 일상극의 부상에 초점을 맞추고 있다. 한국의 일상극으로 지칭되는 공연들은 프랑스나 독일 등에서 하나의 미학적 양식 개념으로 구축된 '일상극'과는 차이가 있다. 한국에서 흔히 일상극으로 지칭하는 연극들은 소재주의적 개념에 가깝다. 그런데 이 입장을 취해 연극양식을 규정한다면 예술의 스타일이나 미학을 경시하는 오류에 빠지게 된다. 따라서 이 글은 소재주의적 입장을 지양하고, 일상극이 새로운 세계인식과 연극미학 및 아방가르드적 글쓰기를 가진 연극 양식이라는 점을 밝히고자 한다. 1970년대 서구에서 등장하여 특유의 연극양식으로 정립된 일상극의 미학을 개념틀로 참조하면서 한국일상극의 특성과 주요 경향을 살펴보고 있는 것이다. 일상극의 대표작으로 박근형의 〈청춘예찬〉, 김명화의 〈돐날〉, 윤영선의 〈여행〉을 선정하고, 이들 세 작품의 글쓰기와 공연미학을 분석하고 있다. 일상극은 일상에 대한 수평적 관점과 가까이서 조망하는 접근태도를 견지하기 때문에 독특한 내용과 형식을 갖는다. 일상극이 갖는 사회문화적 함의는 그동안 연극무대에서 폄하되어 왔던 주변부 인물과 일상의 다면적 의미를 새롭게 제기하여 관객으로 하여금 일상에 대한 성찰을 유도한다는 점이다. 일상극은 이념이나 역사 같은 거대담론 대신 평범하고 진부한 일상을 관객 앞에 제시하면서 파편화된 장면이나 분열된 인물들, 복수의 목소리와 관점이 혼재하는 시공간, 열린 결말 등을 통해 관객이 그 의미의 틈새를 메우고 자신의 세계인식에 따라 스스로 텍스트의 의미를 구성하게 만드는, 다시 말해 관객의 능동적인 의미해석을 유도하는 '관객의 연극' 이다.

이미원의 「한국 해체주의 연극 : 〈청춘예찬〉, 〈서안화차〉, 〈자객열전〉을 중심으로」에서는 한국의 해체주의 연극을 조망한다. 포스트모더니즘은 지난 20여 년간 우리 문화계의 쟁점이었으며, 그 중앙에 해체주의(deconstruction)가 서 있다고 해도 과언이 아니다. 연극에서의 해체주의도 근본적으로 데리다(Derrida)의 세계관과 방법론의 연장선상에 있다. 해체주의는 총체적인 의미망인 중심을 거부하며, 다의성을 통해서 결국 기성의 이분법을 부정한다. 텍스트의 의미는 조직된 상하구조가 아니라, 드러났다 숨고 숨었다 드러나는 의미들의 상호작용이라고 진단한다. 차연(deferring & differing)은 해체주의 세계관의 핵심이라고 하겠으니, 작품의 궁극적 의미는 끝없이 지연되며 관객은 현재의 어떤 특수성만을 경험한다. 즉 개별화와 주변화에 눈을 돌리지만 그 역사관도 중심을 떠나 지극히 개인적이다. 해체주의는 세상을 보는 하나의 방법론에 불과하지만 우리에게는 새로운 의미들을 열어보였다. 한국연극계가 흔히 해체라고 행했던 플롯의 재구성은 '해체주의' 의 부수적인 효과일 수도 있으나, 본격적인 해체주의가 되기 위해서는 궁극적으로 기성의 이분법을 해체해야 한다. 이런 희곡은 선구적으로 80년대 이현화의 〈불가불가〉 같은 작품을 꼽을 수 있으나, 본격적으로 이러한 공연들이 한국연극계에 나타난 것은 새 밀레니엄을 전후하여 일어나기 시작했다. 99년 〈청춘예찬〉을 시작으로, 2003년 〈서안화차〉와 2004년 〈자객열전〉은 이러한 해체주의의 징후를 확연히 보여준다. 그리고 이들은 모두 한국연극평론가협회에서 뽑았던 '베스트 3' 에 올랐다. 그만큼 평론가들이 주목하고 시대를 선도하는 좋은 연극이었다는 말도 된다. 이렇듯 '해체주의' 연극은 한국연극계에서도 새로운 의미망을 열면서 중요한 연극으로 떠올랐다고 하겠다. 이 글에서는 이들 작품을 해체주의로 분석하면서, 그 새로운 의미와 다의성을 논의하고자 했다. 해체주의 분석을 위하여 몇몇 중요한 개념들이 있으니, 이 글에서는 다음을 그 개념들로 삼았다. 즉 중심(Center) 및 주변(Margin), 차연(Différance), 그리고 역사관(Historiality)이 그것이다. 물론 이러한 개념들이 한 작품에서 모두 다 잘 드러날 수는 없으나, 궁극적으로 이분법을 깨뜨리고 있는 것만은 확실하다. 이러한 해체주의 개념들이 〈청춘예찬〉, 〈서안화차〉, 〈자객열전〉에서 어떻게 나타나는가를 살펴서, 작품의 해체주의적 분석을 시도하고 그 다의적 의미망을 열어 보이고자 했다.

김형기의 「우리 시대의 비극론－〈잠들 수 없다!〉, 〈염소 혹은 실비아는 누구인가?〉를 중심으로」는 비극이란 무엇인가 우리 시대에 비극은 가능한가 비극은 과연 오늘날 어떤 의미와 가치를 지니는가와 같은 물음에 대한 답을 찾고자 한다. 이 글은 비극의 전통을 검토함으로써 비극이란 말과 연결되어 있는 작품과 개념들을 비판적으로, 역사적으로 고찰하고 있다. 그 결과 우리 시대의 작가와 이론가들이 이해하고 실천하는 비극은 과연 무엇이며, 이들의 비극론은 종래의 전통적인 이론과는 어떤 차이가 나는지를 규명하는 것이 이 글의 궁극적 목표이다. 이를 위해서 비극에 대한 개념을 고대 그리스 시대부터 오늘에 이르는 비극작가, 연극이론가, 철학자, 미학자들의 견해를 중심으로 살펴본 다음, 20세기 후반에 들어 무대에서 전개되고 있는 비극(성)의 양상을 한국연극평론가협회가 1994년 이래로 해마다 선정해온 '올해의 연극 베스트 3' 작품을 중심으로 분석함으로써 우리 시대의 비극론의 실체에 접근하고자 하였다.

허순자의 「1990년대 이후 한국연극의 주요 변화와 흐름을 중심으로」는 1990년대 이후 한국연극 발전의 주목할 만한 현상을 살펴 본 글이다. 연극

발전상황의 큰 줄기만을 언급하는 것으로 범위를 제한하고 본문을 '연극 환경의 변화'와 '희곡', 그리고 '공연'이라는 세 부분으로 나눠 검토하였다. 첫 번째 장, 연극 환경의 변화에서는 90년대를 시작하는 일성(一聲)으로 국제교류를 향한 다양한 축제와 행사를 통한 한국연극의 국제화를 비롯해, 극장공간의 증가 및 연극예술의 확장, 연극전공교육 기관의 폭발적 증가와 연극현장의 단체와 개인들의 세대교체가 일러준 지형적 확대, 지원환경의 변화, 그리고 수많은 축제들의 탄생과 90년대 이후 한국연극의 압도적 대세로 정극의 시대를 위협하며 급성장한 뮤지컬을 살펴보았다. 한국연극의 질적인 성장에서 종종 문제시 되어 온 희곡을 살펴본 두 번째 장은 연극의, 타 분야에 비해 "희미하게 존재하는" 90년대의 희곡을 상기시키고 있다. 연극의 오랜 스토리텔링 및 재현 전통과 인문학적 성찰은 언어의 분절화, 구성의 파편화, 장르의 파괴, 혼종화, 절충화 등, 포스트모던의 시대적 요구를 받아들이게 되었다. 연출이 극작을 겸하거나 무게 중심이 연출로 이동하면서, 일상극이 출현하는 가운데 90년대 이후에는 많은 작가들이 탄생해 양적으로 풍요롭고, 독특한 감각과 개성을 지닌 많은 젊은 작가들이 탄생한 것을 주목하고 있다. 세 번째 장에서는 90년대 이후 가장 괄목할만한 성장을 이룬 분야를 공연으로 지목하면서, 한국인의 연희전통과 심성 등 정서에 밑바탕을 둔 공연 외, 원작의 재구성 · 재창작에 기저를 두거나, 사실주의의 큰 테두리 내에서 자신만의 문법으로 연극적 확대를 시도, 셰익스피어의 한국적 모색, 국제합작 내지 문화상호적 성향을 지닌 작품 등으로 대별해 살펴보았다. 이들 세 분야에 대한 개괄적인 탐색은 90년대 이후 발전해온 한국연극의 동시대적 특징을 다양성과 복합성에서 찾는 것으로 결론을 내리고 있다.

두 번째 꼭지 "사회적 이념과 연극적 흐름"은 한국역사를 소재로 한 공연과 한국 사회를 직접 반영하고 있는 연극에 대한 글이다. 심재민의 「역사적 소재의 활용을 통한 새로운 연극미학의 개발 : 〈언챙이 곡마단〉과 〈자객열전〉」에서는 역사와 공연을 연계시키고 있다. 역사적 소재를 다룬 연극들이 역사의 불연속적인 빈자리를 메우기 위해서는 작가의 역사적 상상력이 전제되어야 한다. 그러므로 이 글에서는 역사를 소재로 하되, 역사의 빈틈을 상상력을 발휘하여 메우면서 궁극적으로 관객의 현재적 상황, 그러니까 관객이 속한 사회와의 연관성을 이끌어 내는 것에 초점을 맞추고 있다. 역사적 소재에 대한 작가의 관점이 개입할 때 그러한 관점은 기실 역사적 사실과는 거리가 있는 것이지만, 이를 통해서 역사는 궁극적으로 관객의 동시대적 상황 인식에 기여하게 된다. 따라서 연극은 때때로 역사를 의도적으로 왜곡하고 과장하며, 그 단편(斷片, Fragment)만을 활용하면서 새로운 형식을 개발하고, 여기서 역사적 소재는 다양하게 형상화될 수 있는 기회를 얻게 된다. 이처럼 역사적 소재를 의도적으로 왜곡하고 과장하며 파편화하는 작가와 연출가의 궁극적인 목표는, 활용된 역사적 소재를 통해서 관객이 자신이 속한 사회와 세계의 현실을 올바르게 직시하기를 바라는 것이다.

이선형의 「박근형 연극에 나타난 한국 사회와 가족 문제」에서는 1990년대 대두된 박근형의 연극에는 한국사회를 반영하는 무엇인가가 있다는 관점에서 출발한다. 그의 연극에서 공통적으로 관통하는 것은 본격적인 산업사회에 들어서기 이전에 한국인들의 의식에 자리 잡고 있던 전통적인 가족관의 모습과 이에 대한 희화화이다. 가족이란 열려있는 것 같지만 가장 폐쇄된 곳이며 부드러운 것 같지만 가장 단단한 곳으로 그 틀을 바꾼다는 것은 거의 불가능에 가깝다. 박근형 연극에서 한국의 전통적인 가부장제도 아래, 남존여비와 남아선호 사상 등이 극적으로 과장되고 반복적으로 나타나는 것은 변화하는 사회적 이념과 엇박자를 이루는 가족의 두터운 틀에 대한 풍자로 여겨진다. 특히 그의 극작술과 연출법에는 직접 성장기의 몸으로 체험한 6, 70년대 정치적 · 경제적 격랑의 한국 사회와 가족의 문제가 그대로 노출되어 있고, 급작한 변화에 따른 한국 사회와 가족의 고민과 갈등, 문제의식이 고스란히 담겨 있다. 또한 그의 연극에는 소시민이나 밑바닥 인생이 등장하여 가족이라는 울타리 안에서 일어나는 일상적이면서도 극적인 사건 속에는 가족에서의 권력에 대한 이념이 본질적으로 깔려 있다. 가족의 권력은 국가의 통치권과 직접 연결되는 만큼 권력의 문제에 초점을 맞추면서 과연 가족 내에서 권력이 어떻게 작동하고 있는지 가족의 새로운 권력 지형이 밀레니엄말의 한국사회와 어떠한 관계를 맺고 있는지 살펴보고자 하였다.

세 번째 꼭지인 "창의적인 연극적 글쓰기"에서는 동시대 희곡의 극작 방식에 주목하고 있다. 김명화의 「윤영선의 작품 세계 연구 : 해체된 다성적 목소리들의 협주곡」은 90년대 이후 해체주의를 비롯하여 한국연극계에 실험적 지평을 도입한 극작가 윤영선의 작품 세계를 조명한 글이다. 〈키스〉, 〈여행〉, 〈나무는 신발가게를 찾아가지 않는다〉를 대상으로 삼아 연구하였는데, 희곡 외에도 작품들이 공연되었던 작업 현장과의 구체적인 연계성과 변형과정을 함께 고려하였다. 윤영선의 철학적 바탕이 되기도 한 해체주의는 완성된 구조나 극작술에 대한 작가의 의도적인 거부를 낳았고, 결과적으로 연출과의 협력 작업이나 변형을 긍정적으로 수용했기 때문이다. 이런 맥락에서 윤영선의 작품세계는 전통적 연극 만들기의 규범이었던 작가와 연출가의 명확한 역할 분담이나 위계와는 다른 특성을 가지며, 이런 작업방식은 종합예술이면서도 작업의 경계가 명료하게 분리된 채 진행되는 한국 연극의 제작 방식에 새로운 가능성을 제시해 주기도 한다. 이 글은 특히 다성성에 주목하였는데, 외부세계를 관찰하고 일관된 로고스의 시선 아래 그것을 무대 위에 구축하고자 했던 기존의 한국 희곡과 달리, 윤영선의 작품이 자기 내면의 모순을 탐사하거나 외부 세계를 표현할 때조차도 서로 충돌하는 목소리의 혼재와 파편화에 초점을 맞추고 있음을 분석하였다. 가령 우리 안에 혼재하는 아니마와 아니무스의 충돌을 그린 〈키스〉, 식물성과 동물성의 대비를 그린 〈나무는 신발가게를 찾아가지 않는다〉, 또 후기작인 〈여행〉에 와서는 자기 내면의 탐사에서 벗어나 세상의 이질적인 목소리들을 담담하게 포용하면서 우리를 구성하는 세계를 개방적인 시선 아래 해체하고 수렴하였다.

김길수의 「〈경숙이, 경숙 아버지〉를 통해 본 박근형의 연극미학 – 창의적인 극작 방식을 중심으로」는 박근형 연극의 독특한 글쓰기에 초점을 맞춘 글이다. 〈경숙이, 경숙 아버지〉에서는 평범한 일상이 우화로 변용된다. 평범한 가족 이야기임에도 모순과 역설 행동이 과장, 희화화되고 동시에 반복된다. 이는 실소의 맛을 자아내고 동시에 낯설게 하기 위한 전략이다. 이상한 가족 풍경이 무대화된다. 무대 호흡은 자주 끊긴다. 구성 역시 건너뛰기가 다반사다. 논리성이나 인과성이 무시된다. 만화적 상상력이 가세한다. '예측 불허의 전환', '옴니버스 구성', '거친 질감의 현장 언어'는 박근형만의 새로운 트렌드이다. 역설 언행에 흉내 내기 코드가 가미되면서 패러디 놀이 묘미가 우러나온다. 일상과 우화의 절묘한 조합 역시 박근형 극작법의 매력이다. 그의 우화는 지금 이곳 사람들의 이야기를 담고 있기에 더욱 반향의 힘이 크다. 펄치는 화법이나 비틀기 어투는 현재 우리네 삶의 현장에서 쉽게 접할 수 있는 것들로서 공감대가 크다. 박근형은 우화 놀이 작가이면서도 철학자이자 시인이다. 신발 비유, 나무 비유를 통해 인생의 숨어있는 의미를 발견하게 만드는 시인 같은 예술가다. 그의 우화가, 그의 알레고리가 품격을 유지함은 바로 그만의 독특한 관조 철학이 있기에 가능하다. 박근형의 우화는 비틀린 문명 구조 안에서 '어떻게 살아가야 할 것인가'를 깨닫게 한다. 박근형 특유의 부조리 놀이 어법과 알레고리는 희비극 극작 문법에 목 말라하는 극 창작학도들에게 값진 탐색 모델이 되고 있다.

권경희의 「극작가, 연출가의 콤비 플레이 : 우회적으로 접근해 본 고연옥과 김광보」는 연출 시대의 독특한 현상인 극작가와 연출가의 협업을 다루고 있다. 더 이상 새로운 것은 없고 오직 새로운 해석만이 있을 뿐인 이 시대에, 더 이상의 새로운 이야기를 지어내지 못하는 극작가를 인도하는 것은 오히려 해석과 표현에서 무한정 자유로운 듯 보이는 연출가인 것 같다. 게다가 자기만의 은폐된 공간에서 훨씬 더 자유롭고 역동적인 작가보다는, 필연적으로 이끌고 주시하며 함께 뒹굴고 몰아붙여야 속이 편한 연출가이기에 집단 안에서 신뢰와 파워에 관한 한 그만큼 유리한 지점을 차지하는 것도 당연해 보인다. 아무튼 속성상 이질적인 두 세계가 공연을 전제로 하나로 엮이는 것은 어느 경우에도 쉽지 않은 일이다. 하물며 이데아와 지각에 이끌리는 작가와 현상과 감각의 세계에 더 가까운 연출, 추리와 사고로 발달된 작가와 직관과 표현이 발달된 연출이라면 더 말할 나위가 없을 것이다. 다작이라 할 순 없어도 발표하는 작품마다 은근히 전염되는 존재론적 통증과 진한 여운의 매력을 동시에 뿜어내는 작가로 고연옥을 설명할 수 있다면, 대담하면서도 절제된 무대미학으로 강렬하고 지적인 공연을 일궈내는 연출가로 김광보를 요약해도 좋을 듯하다. 지난 10여 년 동안 이들이 무대에 올린 작품들은 동시대 한국연극사에 크고 작은 방점들을 찍어왔다. 이 글은 지난 10년 한국연극 공연(발전)사에서 노출된 이 둘의 관계성이 한갓 기억의 창고를 뚫고 나와 어쩌면 우리 공연사의 또 다른 10년을 위한 길잡이가 될 수 있을지도 모른다는 생각에서 출발한다. 연극이 그 생명을 꺼트리지 않는 한 앞으로도 계속 있게 될 극작가와 연출가와의 만남에 관한 한, 현재까지 보여준 고연옥과 김광보의 신실한 콤비 플레이는 분명 미래의 연극적 협업을 위한 쓸 만한 지표가 되리라 믿기 때문이다.

네 번째 꼭지 "새로운 연출 미학"은 1990년대 불어온 연출미학과 연극성에 대한 글이다. **최영주**의 「한일 공동 창작 공연 : 〈강 건너 저편에〉와 〈야끼니꾸 드래곤〉」은 식민지의 트라우마가 남아있는 한국인에게는 낯선 공동 창작 방식임에 틀림없다. 대중문화의 활발한 소통으로 지난 세기동안 한국과 일본 양국민의 의식에 고착되어 온 상대에 대한 편견이 완화되고 있지만, 식민지 경험과 그에 대한 기억과 상처, 자의식이 양국 간에 완전히 해소되었다고는 할 수 없다. 이런 상황에서 양국 연극인들이 참여하는 공동 창작 행위는 역사에 대한 화해라는 포스트콜로니얼 실천 행위로 볼 수 있다. 양국 연극인들이 공동으로 공연을 만들고 양국에서 공연을 하는 것은 동시대를 사는 이웃 간의 적극적인 문화 소통을 위해, 또한 과거의 불행한 기억을 극복하고 화해를 도모하기 위해 매우 고무적인 행위이며, 성과에 따라 사회나 정치적 환경을 주도하는 생산적인 결과를 낳을 수도 있다. 이를 위해 자 문화와 대상 문화에 대한 정직한 인식과 신뢰가 전제가 되어야 한다.

김효의 「박정희의 〈하녀들〉 : 연극성의 새로운 지평과 욕망담론」은 2001년 초연되어 연극인들의 이목을 집중시킨 박정희의 〈하녀들〉을 다루었다. 특히 박정희가 연출한 〈하녀들〉의 공연이 연극성의 측면에서 한국연극계에 각별한 의의를 가진다는 입장에서 쓴 글이다. '연극성'이란 연극 고유의 예술성을 뜻하는 용어로서 현대의 연극이 희곡 중심의 경향을 탈피하는 방향을 취하면서 부상하게 되는 중요한 이슈이다. 따라서 20세기 이후 현대연극의 역사는 연극성에 대한 지속적인 탐구와 확장의 역사라 할 수 있는데, 이 글은 연극성 문제와 관련하여 한국연극에 나타났던 일반적인 경향과 대비하여 박정희 연출의 〈하녀들〉이 갖는 연극사적 · 연극미학적 의의에 관해 고찰하고 있다. 더불어 주네가 원작에서 다루고 있는 욕망의 주제를 서구의 비극문학 전통과의 긴장 관계 속에서 조망하고 그것이 한국의 연출가에 의해 어떻게 해석되고 무대에 표현되고 있는지 분석함으로써, 난해하기로 정평이 나 있는 작가와 연출가에 대한 이해의 지평을 확장시키고 있다.

마지막 꼭지 "한국적 연출의 독창성"에서는 한국을 대표하는 이윤택과 오태석의 연출미학을 정리하였다. 송민숙의 「이강백 작, 이윤택 연출의 〈느낌, 극락같은〉 공연분석」은 1998년 예술의전당에서 열린 이강백 연극제에서 이윤택의 연출로 초연된 〈느낌, 극락같은〉에 대한 분석이다. 작가가 극의 제목으로 택한 〈느낌, 극락같은〉은 오로지 정신적인 요소라기보다는 형식과 내용의 이분법을 넘어선 직관적인 합일의 경지를 뜻한다. 작가는 느낌을 통해 소통하는 인물들 중에서도 진정으로 자신의 삶에 대한 직관과 통찰력을 가진 인물이야말로 작품의 제목이 시사하는 '극락 같은' 마음의 평정을 얻을 수 있다고 말한다. 극의 지문은 인물의 등퇴장, 소품, 의상, 무대장치, 사운드, 조명, 신체언어 등을 지시하고 있으며 연출은 이를 대부분 충실하게 무대화한다. 이윤택 연출은 작가 이강백의 관념적 세계가 담고 있는 미묘한 틀을 연극무대의 시청각적 요소들을 통해 환기시키고 관객과 소통하고자 최선을 다하고 있다. 본 공연분석은 지문이 지시한 바를 넘어서는 '몸의 연출'을 확인한다. 코러스가 만드는 유연하고도 일체감 있는 신체언어는 연출의 몫이자 안무가의 미학적 상상력, 나아가서 코러스 전체의 정확한 수행 덕분이다. 극의 주제인 '극락같은 느낌'은 반복해서 형식과 균형을 강조하는 대본에서보다는 어둠과 침묵을 바탕으로 하여 보이고 들리는 시청각적 이미지를 제시한 공연에서 더욱 분명히 전달된다. 그러나 좋은 공연은 좋은 대본이 없다면 불가능하다. 그리하여 결국 문학성과 연극성은 훌륭한 공연을 위한 상호보완적인 두 요소라는 사실을 재삼 확인하고 있다.

김향의 「〈용호상박〉과 〈심청이는 왜 두 번 인당수에 몸을 던졌는가〉에서 드러나는 오태석 연출 미학 – '틈 만들기' 방식을 중심으로」에서는 물신주의가 팽배한 사회에서의 인간구원의 문제를 다루는 오태석의 공연미학을 다루고 있다. 오태석 연출의 특징을 '틈 만들기'로 보고 1990년대의 대표적인 작품 〈심청이는 왜 두 번 인당수에 몸을 던졌는가〉와 2000년대에 주목받은 작품 〈용호상박〉을 논한 글이다. 이 글에서는 오태석의 '틈 만들기'를 극작과 연출에서 의도적인 '생략과 비약', 때론 '없어도 될 만한', '우연한', '쓸데없는' 행위나 무대 공간을 만들어내는 것으로 체계화하였다. 이러한 '틈 만들기' 방식은 관객들의 '틈 채우기'에 새로운 인식의 전환을 수반하는 것이 특징이다. 관객들은 확정적이고 논리적인 내용으로만 그 '틈'에 개입하는 것이 아니라 자신들의 상상력을 동원해 열린 시각으로 그 '틈'에 개입하게 되는 것이다. 이로 인해 '틈'에는 관객들의 다양한 관점과 다성적인 목소리가 존재할 수 있는 해체적인 의미가 생성된다. 〈심청이는 왜 두 번 인당수에 몸을 던졌는가〉와 〈용호상박〉은 서로 다른 특징을 지닌 작품으로, 〈심청이는 왜 두 번 인당수에 몸을 던졌는가〉에서는 장면들을 이어 붙인 듯한 콜라주 같은 방식을, 〈용호상박〉에서는 한편의 민담을 구현하는 듯한 방식을 보인다. 그러나 이 두 작품은 그 구현 방식은 다를지라도 관객들에게 이분법을 탈피한 해체주의적인 사유 방식, 거리두기 또는 집단적인 제의에서 발생하는 유희를 경험하게 하는 '틈'을 생성하고 있었다. 관객들은 '틈' 공간에서 부조리한 현실 사회에 대해 비판하고 반성하면서 인간 존엄성과 생명력에 대해 사유하게 되는 것이다. 이러한 사유는 인간들이 존엄성을 잃고 살아가는 것에 대한 반성, 생명력이 결핍된 이기적이고 비인간적인 인간들의 행태에 대한 비판으로 귀결된다. 〈심청이는 왜 두 번 인당수에 몸을 던졌는가〉와 〈용호상박〉을 통하여 1990년대 이후 오태석의 문제의식이 만물의 조화를 만들어내는 생명력에 대한 반성으로 강화된 것으로 평할 수 있다. 오태석은 물신주의가 팽배한 사회에서 인간 구원의 문제가 만물의 조화, 생명력을 되살리는 것이라는 문제의식을 두 작품에서 각기 다른 '틈'의 구현으로 형상화했다고 볼 수 있다.

이 책이 햇빛을 보게 된 데에는 여러 사람들의 힘이 컸다. 한국연극평론가협회 김형기 회장님을 비롯하여 집행부에서 적극적인 후원을 하였고, 열세 명의 저자들은 바쁜 틈에도 성의를 다해 원고를 어루만졌다. 세미나에서 날카로운 질문을 던져 발표자를 당황케 한 여러 평론가 선생님들, 오늘의 한국연극 평론이 있게 한 원로 선배님들 그리고 궂은일도 마다하지 않은 간사들의 도움역시 컸다. 자료와 사진을 제공해 준 극단 관계자, 연출가, 작가, 스태프, 배우들도 이 책의 주인공들이다. 특히 내 일처럼 정성을 다해 준 푸른사상의 한봉숙 사장님을 비롯하여 출판사 식구들에게도 감사의 말씀을 전하고 싶다. 앞으로의 바람이 있다면, 이 책의 출판을 시작으로 적어도 10년에 한번 정도는 한국연극이 정리되었으면 한다. 이 책이 한국연극을 사랑하는 모든 사람들에게 조금이라도 도움이 되기를 기대한다.

2011년 1월

이 선 형

차 례

제1장

포스트모던 시대의 한국 연극의 새 경향

한국 일상극의 글쓰기와 공연방식

김성희

1. 들어가며

2000년대 한국연극에 나타난 주요 경향 중의 하나는 일상극의 부상이다.[1] 하지만 우리나라에서 일상극으로 지칭되는 공연들은 프랑스나 독일 등에서 하나의 미학적 양식 개념으로 구축된 '일상극' 과는 차이가 있다. 서구의 일상극은 1950년경 영국의 '키친 싱크 드라마' 를 위시해서, 1970년대 영국

---

1 여러 평론가들이 2000년대 연극의 가장 특징적인 현상으로 일상극의 부상을 꼽는다. 『연극평론』(2007년 여름호)은 쟁점비평으로 '연극성과 일상성' 을 다루었고, 필자는 김성희(「일상성의 표현미학과 사유성」), 장성희(「일상성, 한국연극의 약인가 독인가」), 김소연(「일상과 '잔혹' 」)이었다. 김윤철도 "2000년대에 접어들어 한국연극에 나타나고 있는 가장 중요한 형식적 징후라면 그것은 일상극의 부상일 것이다."라고 언급하고 있으며, 김형기도 1990년대 한국연극의 지형도 중 포스트모던 양상 중 하나로 일상연극을 꼽고 있다.
김윤철, 「동시대 한국연극(1990년대~2008년)의 풍경들」, 한국연극협회 편, 『한국현대연극100년 공연사』 Ⅱ, 연극과인간, 2008.
김형기, 「1990년대 이후 동시대연극의 지형도와 미학적 특징–포스트모던적 해체구성과 문화상호주의, 일상연극을 중심으로」, 같은 책.

웨스커, 독일 크뢰츠의 신자연주의, 프랑스의 벤젤, 도이치, 비나베르, 라쌀 등의 창조작업과 연출 등 일상의 삶을 무대위에 보여주는 다양한 실험적 글쓰기와 미학을 지칭한다. 파비스에 따르면, 서구 일상극은 소시민 계층의 일상적이고 평범한 삶을 보여주는 '미니멀' 연극으로서 일상적으로 체험되는 몇 개의 이야기와 주제들로부터 환경, 시대, 이데올로기의 생성을 '부재 속에서' 재구성하려 한다. 하이퍼리얼리즘 양식을 취하기도 하는데, 이러한 일상극은 무대와 연기에 있어 자연주의와 관계를 맺지만 관객으로 하여금 항상 일상의 현실과 연관되어 발생하는 반복적인 사건들을 통해 사물들과 전형들의 어떤 축적을 보게 만든다. 일상극의 대화는 대부분 평이하고, 최소한으로 축소되어 있으며, 말하는 주체의 언어적 자발성이 결핍되어 있다. 따라서 등장인물들은 단지 사회관계 안에서 재생하는 이데올로기적 기계 안의 톱니바퀴와 같다. 관객에게는 침묵과 담화의 말해지지 않은 부분들만이 중요하게 수용된다. 일상극은 또한 산출된 현실성과 현실의 연극적인 생산 사이에서 행해지는 끊임없는 단절의 놀이를 보여준다. 관객이 몸담고 있는 현실에 대한 재현들의 축적과 그것들의 표현 사이의 편차를 통해서 관객으로 하여금 그 재현들의 엉뚱함을 인식하게 하고, 현실을 '교정할 수 있는 것'으로 나타낸다.[2]

그러나 우리나라에서 흔히 일상극으로 지칭하는 연극들은 엄밀한 양식적 개념으로 분류된 연극이라기보다는 일상적 삶을 소재로 다루는 모든 연극을 포괄하는 소재적 개념에 가깝다. 더욱이 명칭도 일상적 사실주의, 일상극, 일상주의 연극, 일상성의 연극 등이 혼용되고 있다. 그런데, 일상을 다루는 모든 연극을 일상극으로 지칭하는 소재주의의 입장을 취한다면 예술의 스타일이나 미학을 경시하는 오류에 빠지게 된다. 니체가 『비극의 탄생』에서 언급

2 파트리스 파비스, 신현숙 · 윤학로 역, 『연극학 사전』, 현대미학사, 1999, 380쪽 참조.

한 것처럼, 예술은 "자연 현실의 모방일 뿐 아니라 자연 현실의 형이상학적 보충이며, 자연현실을 극복하기 위하여 자연현실 옆에 놓아진 것"[3]이기 때문이다. 그렇다면 일상을 소재로 다루었느냐 여부가 일상극의 기준이 되는 것이 아니라 일상을 다루되 '일상에 대한 형이상학적 보충'이 있느냐 여부가 미학적 양식으로서의 일상극을 가름하는 한 기준이 될 수 있을 것이다.

최근 100여개에 달하는 대학로의 소극장들에서 올려지는 연극들의 대다수가 일상적 삶을 소재로 한 연극으로서, 평범하고 소소한 미시적 문제들을 다루고 있다. 역사와 이념, 자유의 가치 같은 거대 담론 속에 포박되어 있었던 1980년대까지의 연극, 그리고 해체와 양식적 실험 등 연극성 탐구에 매달리던 1990년대 연극들과 비교해 볼 때, 일상성과 미시적 서사를 주로 다루는 '작은 연극'[4]들의 대유행은 2000년대에 대두한 새로운 형식적 징후인 것이다. 양적으로 압도적 다수를 차지하면서 대중적 취향이나 스타일을 유포하고 있는 것이 '소극장 연극'이라는 것은 확실히 아이러니한 현상이다. 주지하다시피 소극장연극의 본질은 19세기말 프랑스의 '자유극장'이나 베를린의 자유무대, 런던의 독립극장 등이 벌인 리얼리즘극운동처럼 기성연극을 혁신하고 새로운 연극을 만들기 위한 연극적 투쟁에 있기 때문이다. 소극장 연극은 대극장 중심의 상업연극에 맞서 열린 실험정신과 고도의 무대기술 훈련, 시대의 변화에 따른 새로운 극작술과 공연미학의 탐구가 이루어지는 미학적 공간이어야 한다.[5] 하지만 지금 한국연극의 현실은 소극장

---

3 니체, 김대경 역, 『비극의 탄생/바그너의 경우/니체 대 바그너』, 청하, 1991, 144쪽.

4 『연극평론』(2009년 여름호)의 기획좌담 「오늘, 대학로 연극을 말한다」는 오늘의 대학로연극, 특히 절대 다수를 차지한 소극장에서 공연되는 '소극장 연극'들이 주로 미시서사의 '작은 연극', '일상극'이라며, 이들 세 가지를 동격으로 논하고 있다.

5 신현숙, 「전통과 실험 · 소극장 운동 · 한국연극의 해외진출」, 한국연극협회 편, 앞의 책, 258쪽.

이 연극운동이나 미학적 탐구의 장이 아니라 '작은 극장' 이라는 공간 크기의 특성과 대관 위주의 운영이라는 상업적 성격만을 가지고 있을 뿐이다.

이 글에서는 2000년대 한국연극의 주된 흐름으로 자리잡은 일상극이란 연극양식에 대하여 다음과 같은 문제의식을 가지고 몇 가지 고찰을 시도하고자 한다. 일상극이 주된 흐름으로 등장한 이유는 무엇인가? 일상극의 글쓰기와 양식적 특징, 혹은 미학은 무엇인가? 일상에서 소재를 가져온, 흔히 일상극이란 용어로 통칭되는 미시서사의 '작은 연극' 들을 어떻게 봐야 할 것인가? 다시 말해 한국의 일상극은 1970년대 프랑스나 독일에서 대두하여 하나의 양식 개념으로 정립된 '일상극' 과 어떤 유사성/차이가 있으며, 한국 일상극은 어떤 경향을 띠고 있는가? 일상극, 일상적 사실주의, 일상성의 연극, 일상주의 연극 등 여러 용어가 혼용되고 있는데, 그렇다면 일상이란 소재의 문제와 연극양식의 관련성은 무엇인가? 또 기성의 사실주의와 어떤 유사성/차이를 갖는가?

이 중에서 용어의 문제는 가장 먼저 논의할 필요가 있다. 실제의 용법에 따라 용어를 살펴본다면, 일상극은 일상을 다룬 연극들을 총칭하는 소재주의적 개념으로 지칭되고 있으며, 일상적 사실주의는 일상을 소재로 다루되 (극)사실주의 양식으로 그리는 연극을 지칭하고 있다. 그러나 '일상성의 연극' 이나 '일상주의 연극' 이란 용어는 소재주의적인 개념과 더불어 미학적, 주제적 개념을 결합시킨 용어로 보인다. "그동안의 한국연극이 간과했던 작은 담론과 일상을 재발견해주리라는 희망, 거대한 연극이 잘 포착하지 못했던 소소한 밀도와 살아있는 인간을 구축"[6]한 연극을 의미한다. '일상성의 연극' 이란 용어는 일상성의 연극성에 보다 주목하는 입장에서 사용된다. 르페브르의 일상성의 개념에 기대어, 혹은 현대사회의 일상성 비판이

6 김명화, 「현실비판의 서사가 다시 돌아온다」, 『연극평론』 2009년 여름호, 69쪽.

론과 접목하여, 재래의 기준으로 비연극적이었던 일상성에서 새로운 연극성을 발견하고 자본주의에 포박된 일상성을 비판하는 미학 혁명으로서 보고자 하는 태도를 깔고 있다.[7]

이 글에서는 실제의 용례에 따라 90년대 후반 이후 2000년대 연극의 주류를 형성한 일상 소재 혹은 일상주의 연극들을 포괄해서 고찰할 것이다. 물론 여기에는 난제가 있다. 한국에서는 일상극이란 용어가 소재주의적 개념으로 사용되면서 일상극이란 범주 안에 다양한 스펙트럼의 연극들이 범람하고 있기 때문이다. 일상을 새롭게, 성찰적으로 조명하며 그에 따른 새로운 글쓰기를 실험하기보다는 단순히 일상을 소재로 삼아 사실주의, 멜로드라마, 감상주의, 희극 등 재래의 글쓰기와 기법, 연극관으로 포장해낸 연극들이 대다수라는 점이 문제이다. "현재 대학로에서 벌어지고 있는 일상성의 연극들은 1970년대 프랑스에서 쓰였던 '일상극'이나 1990년대 일본의 '조용한 연극'과는 그 근본이 다르다. 우리 연극의 '일상성'은 극장이 제대로 극장의 환영(illusion)을 제공하지 못한다는 뜻이며 배우가 제대로 연극수업을 닦지 못했다는 뜻이며 연극 텍스트가 TV드라마로부터 독립되지 못했다는 뜻이다. 이것은 한편으로는 문화가 철저히 문화적 소비의 대상으로 전락한 포스트모던적, 신자유주의적 조건의 반영이다."[8]라는 비판은 바로 이러한 문제점을 지적하고 있다.

이 글은 일상극을 '일상의 새로운 발견'과 '일상에 대한 형이상학적 보충'의 연극인 동시에, 새로운 미학과 양식적 실험을 통해 현대사회의 일상성을 비판적, 성찰적으로 바라보는 연극으로 정의하고자 한다. 무대에서

---

7 장성희, 「일상성, 한국연극의 약인가 독인가 – '일상성'을 다루는 몇가지 범주」, 『연극평론』 2007년 여름호, 75쪽.

8 노이정, 「21세기 한국의 연극 : 일상적이다, 하지만 리얼리즘에 도달했는가?」, 『연극평론』 2008년 봄호, 32쪽.

재현되거나 제시되는 일상은, 아무리 미니멀리즘에 입각한 것이라 할지라도 엄밀한 의미에서 작가/연출의 치밀한 계산에 의해 만들어진, 다시 말해 연극적으로 구성된 현실이다. 바로 이 조합되고 맞추어진 일상의 풍경을 통하여 연극적 리얼리티를 창출하고, 다시 이 연극적 리얼리티로 관객과 만나 소통을 하고자 하는 연극이 일상극이다.

이 글은 일상극의 연극적 리얼리티가 어떻게 구축되고 있는가, 또 관객과의 소통차원에서 어떻게 실천되는가를 중심으로 일상극의 글쓰기와 공연방식을 살펴보고자 한다. 먼저 한국 일상극의 등장 배경과 주요 경향을 개략적으로 살펴본 후, 일상극의 미학을 성취한 대표작 3편을 중점적으로 분석하여 그 연극적 리얼리티의 구축 방식을 살펴보고자 한다. 한국연극평론가협회가 10년동안 선정해온 베스트 3에 속한 작품들 중 〈청춘예찬〉 〈돐날〉 〈여행〉이 분석 대상이다.

2. 일상극의 등장 배경과 주요 경향

2.1. 일상극의 등장 배경

한국 일상극이 등장한 배경으로는 크게 3가지를 꼽을 수 있다. 첫째, 90년대 포스트모더니즘의 열풍으로 개화된 해체연극 및 연극성 과잉에 대한 반발, 둘째, 탈이념의 시대정신과 포스트모더니즘이 촉발시킨 미시서사와 일상성의 코드, 셋째, 소극장 및 젊은 연극인의 양적 증가현상이다. 이 세가지 요인은 포스트모더니즘의 시대정신이라는 동일한 현상의 세 가지 측면이라 할 정도로 서로 긴밀하게 연결된 것들이다.

1970, 80년대 한국연극은 독재정권에 대한 저항과 비민주적 사회에 대한 비판이라는 이념적 주제로부터 자유로울 수 없었다. 인권과 자유를 억압받

는 현실에서 연극은 미학적 탐구보다는 민중의 저항의식을 깨우치려는 계몽성과 사회개혁적 책무를 걸머지고 있었다. 그러나 80년대 말 동서 냉전의 종식과 92년 문민정부의 수립으로 민주화사회가 도래하고 문화계 전반에 포스트모더니즘 열풍이 불면서 90년대 연극은 역사나 이념 같은 거대담론 대신 형식 실험이나 연극 미학에의 탐닉 등 연극성 탐구에 기울게 된다. 86 아시안 게임, 88올림픽 문화축제들을 통해 연극의 본격적인 국제교류가 시작되면서 90년대 이후 연극은 다양성과 국제적 감각을 지니게 된다. 특히 외국극단이나 국내극단에 의해 서구 포스트모더니즘 계열 작품들이 지속적으로 소개되면서 포스트모더니즘은 연극계를 휩쓰는 미학적 양식으로 뿌리를 내리게 된다.

포스트모더니즘 예술의 특성은 메타 담화의 부재, 다원성, 단편화 현상, 불연속성과 우연성, 일상성 혹은 대중주의, 즉흥성과 퍼포먼스, 비정치성, 주변적인 것의 부상, 패러디와 패스티쉬(pastiche), 퍼즐 혹은 콜라주 구성, 집단창작, 탈장르화 즉 인접예술 장르들 사이의 연계현상, 예술 자체를 문제삼는 자기반영적 경향 등이다.[9] 한국연극에는 90년대 이후 본격적인 포스트모던 연극 시대가 열리게 되는데, 그 양식적 특징은 “해체의 연극, 멀티미디어연극, 물질성과 수행성이 강조된 움직임의 연극”[10] 등으로 나타난다. 수행성의 미학이 강조되면서 텍스트의 비중이 약화되고 새로운 연극 만들기 방식이 도입된다. 원작의 해체를 통한 탈정전화와 비언어적 시청각기호에 의존하는 ‘연출가 연극’, 신체연극의 부상, 디지털매체기술을 활용하는 매체연극이 주요 경향으로 대두한 것이다.[11] 절대진리, 언어의 재현가능

9 신현숙, 「일상극, 혹은 포스트모던 연극」, 『20세기 프랑스 연극』, 문학과지성사, 1997, 228쪽.
10 김형기, 앞의 글, 411쪽.
11 같은 글, 412쪽.

성에 대한 회의는 서사적 재현의 거부와 미장센의 미학 중시, 연극의 매체적 특성을 강조하는 표현적 연출로 나타나게 된다. 90년대를 풍미한 해체연극 혹은 연출가연극은 '연극의 재연극화' 실험과 급진적인 연극성 탐구로 연극의 경계 확장과 미학적 심화를 가져오긴 했으나, 그 반면에 구체적인 경험현실과 살아있는 인간의 이야기는 탈색된 무대였다. 이처럼 지나치게 연극적인 무대, 서사와 인간 및 생활언어가 빈약한 무대에 대한 반발로 우리 주변의 낯익은 일상과 현실적인 인간의 삶을 그린 연극이 등장한 것이다. 일상의 재현을 떠나려던 연극의 움직임이 고정되고 유형화되면서 상투성에 갇혀버린 '연극적인 연극'에 대한 반발로서 '일상'을 새롭게 응시하고 새로운 연극다움으로서 일상을 재발견하게 되었던 것이다.[12]

이를테면 한국 일상극의 기원이자 이후 일상극의 유행을 몰고 오는 기폭제가 되는 박근형의 〈청춘예찬〉(1999)은 그동안 무대가 경시해왔던 주변부 인생의 하잘것없는 일상생활을 거리두기의 미학으로 세밀하게 그려낸다. 이 극에는 뚜렷한 주제나 중심 사건, 강력한 갈등구조는 보이지 않는다. 대신 낯익은 일상적 장면들을 다소 낯설게 비틀어서 에피소드적으로 제시한다. 현실세계를 사실적으로 재현한다는 점에서 사실주의 기법을 보이고 있지만, 종래의 리얼리즘극과는 플롯이나 인물 구축에 있어 차이가 난다. 리얼리즘극은 극적 환상을 창출하기 위해 통일적 주제를 설정하며, 그에 따른 논리성을 부여하여 사실성을 창조한다. 하지만 그 사실성이란 것은 잘 짜여진 인과적 플롯에 의해 구축된 것이므로 실제로는 인공적인 것이다.[13] 그러나 〈청춘예찬〉은 인과적이 아닌 파편적인 장면들, 우발

---

12 김명화, 「최용훈과 장성희의 〈길위의 가족〉 : 연극다움에 대해 다시 고민해 보기」, 『한국연극』 1999년 1월. 김명화 연극리뷰집, 『저녁 일곱시반 막이 오른다』, 연극과인간, 2006, 59쪽.

13 서명수, 「일상극」, 한국연극학회 편, 『우리 시대의 프랑스연극』, 연극과인간, 2001, 192쪽.

적이고 산만한 대사들을 활용하여 무정형의 일상생활을 우리에게 제시한다. 르페브르의 일상성 비판처럼, 우리의 일상생활이 자본주의적 착취와 억압, 소외가 구체적이고도 전면적으로 드러나는 장소라는 것을 보여주는 것이다.[14] 이 연극의 성공은 우리 주변의 소소한 일상생활의 재현이 뛰어난 연극성을 지닐 뿐 아니라 관객과 강력한 소통을 이룰 수 있다는 것을 확인시켜 주었다.

90년대 이후 한국 문화계에는 냉전시대에 매달려왔던 거대서사에 대한 반성이 일어났다. '절대진리'와 총체성에 대한 신뢰가 사라진 포스트모던적 상황에서 미시사나 근대성, 대중성, 일상성에 대한 인문학적 연구가 붐을 이루기 시작했다. 서양사학계에서는 앙리 르페브르의 『현대세계의 일상성』(1968)이 발간된 후 일상성에 대한 문화이론적 연구가 촉발되었으며, 1970년대에 오면 푸코의 '계보학'에 영향받아 포스트모던 역사학인 미시사, 신문화사 연구가 붐을 이루었다. 1980년대 이후 미시사, 문화사, 풍속사적 연구방법은 역사학의 범위를 넘어서 인문학의 다양한 분야로 확대되었다. 특히 미국, 일본에서 괄목할 만한 연구성과가 나왔다. 우리나라의 경우에는 1990년대 후반부터 미시문화사, 풍속사적 연구성과가 나왔으며, 이에 힘입어 문학, 연극, 영화 등 창작 부문에서도 식민지시대를 배경으로 자본주의적 일상이나 근대성을 그린 작품들이 쏟아져 나왔다.

연극의 경우엔 90년대 후반 이후 미시서사의 '작은 연극'들이 붐을 이루었다. 소극장이 100여개에 달하고 대학에서 연극을 전공한 많은 젊은이들이 현장에 뛰어들면서 대체로 미시서사의 작은 연극 만들기를 시도했다. 적은 제작비와 일천한 경험만으로도 쉽게 접근할 수 있으며, "누구나 경험하고, 누구든 재구성할 수 있으며, 가치와 해석의 위계질서를 내세우지 않아

14 앙리 르페브르, 박정자 역, 『현대세계의 일상성』, 기파랑, 2006, 274쪽.

도 되는"[15] 연극이 일상을 다룬 연극이라는 안이한 인식, 또 쉽고 감각적이고 편안한 작품을 선호하는 젊은 대중이 연극 소비의 주체로 부상한 것이 이 붐의 원인이었다.

2.2. 일상극의 특성과 주요 경향

새로운 장르 일상극의 형성은 1970년대 프랑스연극에서 비롯되었다. 70년대 초 프랑스 연극계에는 브레히트, 한트케, 뷔흐너, 크뢰츠 등 독일 극작가들의 작품이 집중적으로 소개되었다. 단편적이고 분산된 장면들로 이루어진 플롯, 자신을 증명하지 못하는 소시민 주인공, 평범하고 시시한 극적 상황, 그러나 현대사회의 은폐된 구조적 폭력을 강렬하게 분출하는 작품들이었다. 1975년, 벤젤(J-P. Wenzel)은 '일상극(Le Theatre du Quotidien)' 이란 극단을 창설하고 도이치(M. Deutsch)의 작품 〈경기 전 챔피언의 훈련〉을 연출, 공연했다. 이후 일상극이란 용어는 벤젤을 위시해서 '테아트르 우베르' 를 중심으로 활동하는 도이치, 비나베르, 칼리스키 등과 라쌀, 벵쌍, 셰로, 죠르주 미셀 등 연출가들의 무대 작업을 포괄적으로 지칭하게 되었다. 너무 평범하고 무의미하고 개별적이라는 이유로 연극무대에서 배제되어 왔던 일상이 창조영역의 전면에 나서게 된 것은 이 신진작가들이 68혁명에 깊은 영향을 받아서 소시민의 세계, 노동자의 세계를 다루면서 그 세계에서 일상적으로 일어나는 일, 혹은 우연히 발생한 사건을 통해 일상성을 표출해내고자 했기 때문이다. 이 일상극 작가들은 논증적인 미사여구나 잘 짜여진 형식을 거부하고, 상이한 양식의 담화들을 뒤섞어 사용하며, 일상의 삶을 바라보는 복수적 관점들의 교차, 충돌 혹은 우연한 일치 등을 그대

---

15 장성희, 앞의 글, 75쪽.

로 보여주고자 했다. 특별한 의미를 찾기 힘든 일상생활의 조각난 현실성을 그려냄으로써 관객들에게서 일상현실에 대한 자각과 성찰을 유발하고자 한 것이다.[16]

일상극은 종래의 연극과는 다른 관점이나 태도로 일상에 접근한다.[17] 이전 연극들은 주로 격정적인 사건이나 감정, 운명적 사건들을 인과적인 구성으로 다루면서 평범하고 진부한 일상은 무대재현에서 배제해왔다. 평범한 일상을 다루더라도 객관적 관찰자의 시각으로 일상에 대해 멀리 떨어져서 조망하는 태도, 혹은 높은 곳에서 일상을 내려다보며 일상에 대해 도덕적, 이념적, 정치적 비판이나 전망을 보이는 경우가 대부분이었다. 그러나 일상극은 일상을 수직적 차원에서가 아니라 수평적 차원에서, 그리고 멀리서가 아니라 가까이서 보고자 한다. 다시 말해 '참여자로서의 관찰자' 위치에서 일상을 접근하면서 일상 속에 들어있는 다양한 삶의 양상과 온갖 갈등, 다양한 관점과 혼돈을 무대 위에 담아내고자 한다. 이처럼 기존의 극과는 상이한 일상에 대한 관점과 접근 태도 때문에 일상극은 독특한 내용과 형식을 갖게 된다.

일상극이 이전의 연극과 가장 큰 차별성을 보이는 점은 내용의 차원에서 '통일적 주제'를 가지고 있지 않다는 것이다. 전체를 통합하고 통일시키는 인과론적 관점이 부재하기 때문에 각각의 사건들은 단편화된 상태로 연결되며, 주제도 명확하지 않거나 다의적, 혹은 모호하게 제시된다. 일상극은 주로 에피소드적 구성을 취하는데, 이는 해체적 글쓰기의 전형이다. 이야기가 파편화되어 전달되듯이 등장인물들의 성격도 파편적으로 제시되며,

16 신현숙, 「일상극에 관한 몇 가지 고찰」, 『불어불문학 연구』 제32집, 1996, 421~422쪽.
17 서명수, 「일상극」, 『우리 시대의 프랑스 연극』, 연극과인간, 2001, 188쪽. 이후 기술한 일상극의 특성은 이 글을 참조했음.

인물들의 성격은 일관성이 결여되어 모순적, 분열적으로 제시되는 경우가 많다. 인물들은 상황에 따라 다양한 반응이나 행동양식을 보이며, 한 인물에 대해서도 다른 인물들은 각자 어떻게 다르게 보는지 상이한 시각을 드러내 보여준다.

일상극은 연극적 리얼리티를 창출하는 전략 가운데 하나로 극사실주의를 사용한다. 이는 사실주의극이나 부조리극과 구별되는 현실 재현 방식이다. 사실주의극은 극적 환상을 창출하기 위해 통일적 주제와 개연성있는 이야기를 통해 인위적인 사실성을 만들어낸다. 부조리극은 인간의 소외와 삶의 부조리성을 그리기 위해 현실을 과장하거나 상징적으로 변형시킨다. 그러나 일상극은 극도로 사실적인 묘사와 연기 뿐 아니라, 특히 극사실적 시간과 공간(무대－객석)의 운용을 통해 종래의 사실주의적 재현의 연극과 커다란 차별성을 보인다. 일상극은 대화주의에 입각하여 등장인물들의 즉각적이고 즉흥적인, 우발적이고 산만한 '일상 회화의 연극'[18]을 보여준다. 또한 한 장면에 여러 상황이나 목소리가, 한 사건에 다른 사건이 뒤섞이는 복합적인 시공간을 그려낸다. 이질적인 목소리가 섞이고, 현재 공간에 과거나 꿈, 몽상 같은 비현재적이고 비실재적인 요소들을 중첩하는 입체적 글쓰기를 시도한다. 이렇게 일상극은 파편화된 사건들을 제시하면서 논리적인 의미를 부여하지 않으므로 관객은 능동적으로 의미와 주제를 찾아내야 하는, 관객이 의미생산의 주체가 되는 '관객의 연극' 이라고 말할 수 있다.[19]

1970년대 프랑스 일상극이 주장한 연극이념은 '창작 기술의 수정' '대중

---

18 Jean-Pierre Ryngaert, *Lire le Théâtre Contemporain*, Paris, Dunod, 1993, pp.106~111. 서명수, 앞의 글에서 재인용.

19 서명수, 앞의 글, 193쪽.

의(복수의) 목소리 발견' '일상생활에 밀착'이라는 공통의 관심사이다. 또한 일상의 소재에 지나치게 밀착하여 관점없이 나열하는 것을 막기 위해 '거리두기'를 유지한다.[20] 일상극이 주로 사용하는 거리두기, 몽타주, 콜라주, 단편화, 다중시점, 옴니버스 형식 등에 의존한 내러티브 구성방법은 사실 브레히트의 서사극, 다다이즘, 초현실주의, 미래주의 등에서 이미 시도되었던 것이다. 그러나 이들 연극과 일상극의 일상에 대한 관점이나 묘사방식은 분명 궤를 달리 한다. 브레히트의 서사극은 서민들의 일상을 그리고 있으나 일상 자체가 아닌, 전체적인 사회학적 조망 속에서 그린다. 또 초현실주의, 다다이즘, 미래주의 등 20세기초 아방가르드극은 단편화나 콜라주, 자동기술 등의 기법을 사용했으나 소시민의 일상 자체에는 그다지 관심이 없었다. 그러나 일상극은 묘사하고자 하는 어떤 사건이나 현상에 대한 직접적인 가치판단을 포기하고 오로지 자신의 관점에서 포착한 현실 속 실재의 편린만을 객관적으로 제시하므로 기존의 글쓰기에 대한 도전이고 해체이다. 또한 관객의 삶과 가까운 일상을 수행적 행동으로 보여주지만, 관객의 카타르시스를 의도하는 게 아니라 "지금과는 다른 자아, 다른 삶에 대한 사유와 성찰을 불러일으키는 '의식의 연극'"이다.[21]

이상에서 미학적 양식과 특성을 가진 서구 일상극의 특성을 살펴보았다. '일상극'은 '사실주의극' '비극' '서사극' '부조리극'처럼 독특한 양식과 세계인식으로 개념화된 연극형식이기 때문에 한국의 일상극도 소재주의적 개념이 아니라 연극이념과 미학에 따라 범주화해야 할 것이다. 한국에서 일상극으로 지칭되어온 작품들을 열거해 보면 다음과 같다.

장성희의 〈길위의 가족〉(최용훈 연출, 1999), 박근형의 〈청춘예찬〉(1999)

20 신현숙, 「일상극, 혹은 포스트모던 연극」, 『20세기 프랑스연극』, 233~235쪽.
21 김형기, 앞의 글, 417, 419쪽.

〈집〉(2003) 〈삼총사〉(2003) 〈선착장에서〉(2005) 〈경숙이, 경숙 아버지〉(2007) 〈돌아온 엄사장〉(2008) 〈너무 놀라지 마라〉(2009), 위성신의 〈늙은 부부 이야기〉(2003), 김명화의 〈돐날〉(2001) 〈카페 신파〉(2004), 윤영선의 〈여행〉(2005) 〈임차인〉(2006), 김한길의 〈춘천 거기〉(2005) 〈임대아파트〉(2006) 〈장군 수퍼〉(2006) 〈사건발생 1980〉(2007), 장우재의 〈차력사와 아코디언〉(2003) 〈그때 각각〉(2005) 〈악당의 조건〉(2006), 김낙형의 〈지상의 모든 밤들〉(2005), 민복기의 〈양덕원 이야기〉(2004), 〈슬픈 연극〉(2006), 김재엽의 〈'오늘의 책' 은 어디로 사라졌을까〉(2006), 고재귀의 〈당신이야기〉(2005) 〈고요〉(2006), 최진아의 〈연애 얘기 아님〉(2004) 〈사랑, 지고지순하다〉(2006), 〈금녀와 정희〉(2008) 등이 있다.

이들 작품 모두가 서구 일상극처럼 뚜렷하게 일상에 대한 세계인식과 문제의식을 갖고 아방가르드적 글쓰기를 구현하고 있는 것은 아니지만, 이전 극들과는 달리 일상을 수평적으로 접근하는 태도는 분명해 보인다. 개인의 생생하고 미세한 일상들, 일상적 상황 속에서 여러 인물들이 보이는 다양한 목소리와 반응들, 먹고 마시고 대화를 나누는 하잘것없는 삶의 재현, 우연히 일어나는 사건들, 의미를 찾을 수 없는 파편화된 현실성 등을 그려내고자 하기 때문이다. 이러한 일상극의 유행에는 일상을 그린 번역극(번안극)의 성공도 일조를 했다. 평단의 지지와 관객의 호응을 얻은 번안극 〈거기〉(코너 맥퍼슨 작, 이상우 연출, 2002)라든지, 일본의 '조용한 연극'[22] 〈서울노트〉(히라타 오리자 작, 박광정 연출, 2003, 〈도쿄노트〉는 1999년, 2009년 내한공

---

22 1990년대 일본의 '조용한 연극' 도 우리나라처럼 1980년대 연극의 화려한 양식주의 연극에 대한 반작용으로 등장했다. 히라타 오리자는 연극에서 주관적 표현을 후퇴시키고 사물의 리얼리티를 우선으로 삼는다. 그는 무대 표면에 나타나는 세계가 일상적인가, 비일상적인가는 중요하지 않으며, 일상생활에서 놓쳐버리는, 혹은 보고도 못본 척하는 인간의 미세한 정신의 진폭을 표현의 구조를 통해 겉으로 드러나게 그려야 한다고 주장한다.
센다 아키히코, 서연호 역, 『일본의 현대연극』, 소화, 2001, 250~255쪽.
히라타 오리자, 고정은 역, 『연극입문』, 동문선, 44쪽.

연), 〈바다와 양산〉(마사카 마사타카 작, 송선호 연출, 2004), 〈과학하는 마음〉3부작(히라타 오리자 작, 성기웅 연출, 2006~2009) 같은 공연들은 마치 현미경으로 일상을 들여다보듯 극사실적 기법으로 일상성을 그려냈다. 감정을 배제한 극히 절제된 태도로 일상적 삶을 있는 그대로 다루고 있지만, '조용한 연극'의 현실은 극도로 계산된 연출과 연기에 의해 인위적으로 만들어낸 것이다. 무대 위에서의 극사실적 재현은 산만하고 우발적인 일상의 풍경을 사진을 찍듯 모사하는 것 같지만 실제로는 고도의 정밀한 계산에 의해 허구적으로 가공한 일상이라는 역설을 안고 있다.

위에 열거한 일상극 목록 중, 멜로드라마나 코미디 같은 재래적 글쓰기로 일상을 재현하는 민복기나 위성신의 연극은 일상에 대한 성찰을 새로운 미학으로 보여주지 못한다는 점에서 본격적인 일상극이라고 말하기 어렵다. 사라작의 주장처럼 "연극에서는 새로운 것을 말하는 것으로 충분하지 않고, 그것들을 '다른 방식으로' 말해야 하기 때문이다.[23] 일상성의 표면 뒤에 은폐된 실재를 드러내어 관객에게 일상에 대한 비판적 성찰과 자각을 유발하는 것이 소재주의가 아닌 미학적 양식 개념으로서의 일상극의 목표이기 때문이다.

90년대 말, 2000년대에 부상한 한국 일상극에서 일상성이 그려지는 방식을 보면 크게 두 가지이다. 한 가지는 해체적, 비재현적 방식이고, 다른 한 가지는 극사실적 재현방식이다.[24]

대체로 한국의 일상극은 '일상의 발견'이라는 소재주의적 접근이 주종을 이룬다. 일상극 특유의 새로운 미학과 양식으로 묶을 만한 공통적인 글쓰기

---

23 Jean-Pierre Sarrazac, *L'Avenir du drame*, L'Aire théatrale, 1981. p.24. 신현숙, 230쪽, 앞의 글에서 재인용.

24 김성희, 「신진 극작가들의 새로운 극작 경향과 일상극」, 한국연극협회 편, 앞의 책 참조.

의 특성을 보이지는 못하고 있다. 그러나 그동안 이념이나 역사, 혹은 거창한 삶의 목표 같은 거대주제에 의해 무시되거나 간과되었던 일상을 기존의 글쓰기와는 다른 방식으로 접근하고 무대화하였다는 사회문화적 함의는 주목할 만한 것이다. 우리의 삶을 이루는 것이 사실은 소소한 일상이라는 것, 그동안 탐구되지 못했던 소시민의 하찮것없는 일상, 주변부 인물들이 발언권을 얻어 당당한 개인 주체로서 대중의 목소리를 대변하게 되었다는 점이다. 그러나 2000년대 소극장을 중심으로 주류연극으로 부상한 일상극들에서 아쉬운 점은 일상의 세밀한 재현에만 초점을 맞출 뿐 일상성에 내재한 소외와 분열, 일상생활을 식민화하는 소비 조작의 관료사회[25], 신자본주의사회에 대한 비판이 미약하다는 점이다. 그리고 일상의재현이 TV드라마적 글쓰기와 표현방식으로 이루어진, 대중적이고 통속적인 취향을 반영하는 경우가 많다는 점이다. 이 시대의 트렌드나 삶의 내면풍경을 환유하는 일상성으로서의 재현, 평범한 일상의 이면에 은폐되거나 숨어있는 사회적 무의식을 반영하는 삶의 형상화에 대한 고민[26]이 일상성의 본질을 반영하는 특유의 글쓰기와 새로운 양식적 실험으로 추구되어야 할 것이다.

3. 대표작을 통해 본 일상극의 글쓰기와 공연방식

3.1. 〈청춘예찬〉 : 해체주의적 글쓰기와 일상의 재현방식

〈청춘예찬〉(1999)에는 몇 년째 고등학교를 다니는 불량학생 '청년', 무위도식하는 '아버지', 안마시술소에서 일하는 이혼한 '어머니', 일탈행동을

25 앙리 르페브르, 앞의 책, 133쪽.

26 김성희, 「일상을 통해 콤플렉스를 들여다보다」, 『연극평론』 2006년 여름호, 105쪽.

〈청춘예찬〉

일삼는 청년의 친구들(용필, 여자, 독사), 뚱보 다방레지 '간질', 사회현실에 대한 절망에 빠진 '선생'이 등장한다. 한국 근대화 과정에서 누락된 개인주체들을 내세워 현실의 남루함을 은폐하거나 장식하지 않은 채 일상을 재현하고 있는 것이다.[27] 작고 남루한 단칸방에서 아버지는 날마다 술만 마시고 TV를 보며 소일한다. 청년은 아버지와 반말을 하며 술 대작을 하고, 간질과의 동거문제로 술상을 엎으며 싸움을 벌이기도 한다. 일을 하지 않는 아버지는 자기가 염산을 던져 눈을 멀게 한, 이제는 이혼하여 다른 남자와 살고 있는 어머니에게 찾아가 조금씩 생활비를 뜯어온다. 장님이 된 어머니는 안마시술소에서 힘든 노동을 하면서도 아버지에 대해 원망하는 기색도 없고 착하게 돈을 꺼내 준다. 청년의 사회적 관계는 친구들, 선생과의 관계 속에서 묘사된다. 용필이, 여자, 독사는 비속어와 거친 거리언어를 섞어 쓰는 말

27 최영주, 「박근형의 〈청춘예찬〉에서의 현실주의 상상력과 일상의 재현」, 한국연극학회, 『한국연극학』 28호, 2006, 279쪽.

투나 별명에서 암시되듯 일탈적 학생들이다.

이 극은 파편화된 장면들이 오버랩되듯 연결되며, 한 시공간에 이질적인 목소리가 끼어들거나 비실재적인 요소들을 중첩시키는 일상극 특유의 글쓰기를 구현한다. 장면 구별이 따로 되어 있지 않지만, 시공간의 변화에 따라 10개의 장면으로 분절된다.[28] 장면들은 인과성이나 통일적 주제에 따른 연결이 아니라 연상이나 교차, 불연속적 몽타주, 파편화, 비약 등의 방법으로 연결된다.

(1) 아버지 : 여보세요?
받아 네 담임이래.
그냥 나가는 청년
환하게 밝아오는 텔레비전
술을 따르는 아버지 음악 흐른다.
장면 바뀌면 교실.

(2) 선생 : 숫자 세!
청년 : 하나, 둘, 셋
용필 : 넷, 다섯, 여섯, 세븐, 여덟…… 열아홉, 스물.
아 씨발 왜 담배는 스무가치야.
한 달은 30일인데. (용필 담배를 문다)[29]

---

28 최영주는 앞 논문에서 9개의 장면으로 보고 있으나, 용필, 여자, 독사, 청년이 등장하는 장면은 앞의 교실 장면과 오버랩되다가 분명히 학교 근처의 골목으로 전환되기 때문에 하나의 장면으로 파악해야 할 것이다.

29 박근형, 〈청춘예찬〉, 『박근형 희곡집 1』, 연극과인간, 2007, 14쪽. 앞으로 작품 인용은 이 책의 쪽수만 표시할 것임.

(1)장면은 이 극의 첫 번째 장면으로서, 아버지는 청년과 대작하다가 전화를 받고 담임선생에게서 온 전화임을 알려준다. 그러나 청년은 전화를 받지 않고 라면을 사러 그냥 나가버린다. 두 번째 장면은 담임(세계사 선생)이 수업하는 교실 장면으로 이어진다. 이러한 장면 연결은 연상에 의한 공간 이동의 예이다. (2)장면은 이 극의 두 번째 장면과 세 번째 장면이 교차 혹은 오버랩에 의해 연결되는 글쓰기의 예이다. 교실 장면에서 청년은 선생에게 장기 결석을 했다고 훈계를 듣고 매를 맞는다. 매를 세고 있는 청년을 보여주다가 느닷없이 용필이가 담배가치의 숫자를 청년의 매 숫자에 이어 세고 있는 다음 장면으로 이동한다. 교실 장면에서 선생이 강의하는 중에 담배 연기를 뿜고 딴지를 거는 등 엉뚱한 짓을 하는 용필이를 한켠에서 보여주다가 전혀 시간적 단절 없이 용필이 여자와 함께 있는 학교 근처 골목으로 전환하는 것이다. 이런 식으로 〈청춘예찬〉은 파편화된 장면들을 연상, 교차, 오버랩, 비약, 몽타주 등의 기법으로 연결한다.

> 선생 : […] 힘이 없는 민족은 망한다.
> 힘은 어디에서 나오나?
> 용필 : 용가리 아가리에서요.
> (담배 연기를 뿜어대며) 하악!
> 선생 : 힘은 무턱대고 보이지 않는다.
> 너희들! 용가리 봤나?
> 용필 : 까고 있네.
> 선생 : 학생들! 감히 말하지만 속지 마라!
> 속인다고 속으면 그건 바보다!(11쪽)

선생의 강의 중에 용필이가 담배 연기를 뿜으며 내뱉는 대사는 선생과 학생 사이의 의사소통의 단절, 현실에 대한 상이한 관점, 느닷없이 끼어드는

〈청춘예찬〉

다른 목소리에 의한 단절과 의식의 상호침투 등을 보여준다. 시간, 공간, 의식의 상호침투를 통해 새로운 현실성을 만들어내는 것이다. 이처럼 현실의 표면 뒤에 숨어있는 리얼리티를 드러내는 일상극의 글쓰기는 기존의 사실주의극의 관습에 도전하는 해체적 글쓰기로 아방가르드극적 성격을 보여준다.

방 안 술상 장면, 교실 장면, 안마시술소 장면은 두 번씩 반복된다. 일상의 삶이 불연속적이고 잡다하고 반복적인 단편들로 이루어진 것임을 드러내는 것이다. 인물들의 대사는 매우 간결한 구어체이며 거리언어의 거친 활력, 리듬감과 유머를 지니고 있다. 또 인물들간의 대화는 극도로 절제되어 있어서 관객으로 하여금 행간에 은폐된 많은 생략된 의미에 대해 상상으로 채워넣고 사유하도록 이끈다. 청소년들이 쓰는 비속어나 은어, 담배를 피우고 술을 마시며 칼을 휘두르는 행위는 학교 교육에 적응하지 못하고 뒷골목을 배회하며 조폭의 행태를 모방하거나 싸구려 대중문화가 유포하는 '허

〈너무 놀라지 마라〉

위의식'과 '개폼'을 흉내내는 청소년층의 하위문화를 생생하게 재현한다. 단문투의 대사, 문장부호의 생략, 엇갈리는 대사나 비약 등은 극작-연출을 겸하면서 배우들과 함께 공연 대본을 완성해가는 박근형의 수행적 글쓰기와 연극 만들기를 드러내는 표지이다.

이 연극은 극적인 사건을 배제하고, 소소한 일상적 단편들을 매우 절제된 태도로 제시한다. 또 재현된 일상의 이면에 여러 겹의 리얼리티를 깔고 있다. 그런 점에서 내러티브는 극적 행동이라기보다는 현실의 리얼리티나 사회적 무의식과 연결되어 있다. 매우 사실적인 배경 속에서 인물들은 파격적인 대화와 행동을 보인다. 아버지와 맞먹는 아들의 대화와 행동, 이혼한 아내를 찾아가 돈을 타내는 남편, 남학생(독사)을 거친 언어로 협박하며 스위스칼로 손톱을 뽑는 여학생(여자), 학생을 매로 다스리는 선생 등, 인물들의 행동은 당혹감을 안겨줄 정도로 파격적이다. 그러나 술과 TV에 중독되어 무위도식하는 아버지나, 가정폭력을 당하고 이혼한 어머니는 1990년대 후반 IMF경제위기와 가족의 해체라는 한국사회 현실을 표상한다. 경제력의 상실과 동시에 부권을 상실한 '고개숙인 아버지'의 초상을 하층민의 리얼리티 안에서 그려내고 있는 것이다. 또 아버지의 TV중독 혹은 드라마를 통한 대리만족이라든지, 청소년들이 조폭 영화 같은 대중문화의 이미지를 모방하며 허풍을 치거나 폭력을 휘두르는 모습은 경제성장과 제도권 교육에서 소외된 박탈감을 대중문화의 환상적 이미지로 환치시켜 살아가는 주변부 인물들의 단면을 보여주는 것이다. 어머니나 간질이 벌어서 생계를 부양하고, 여학생(여자)이 남학생(독사)을 폭력으로 제압하는 장면 또한 엄격한 가부장적 사회였던 한국 사회의 90년대 변모한 모습을 대변한다. 한편 이극의 유일한 지식인으로 등장하는 선생은 세계사를 가르치는데, 처음에는 역사의 힘이나 지식의 힘을 믿는다. 그는 아편전쟁이 서구제국의 식민주의가 본격화된 전쟁이었음을 가르치면서 지금의 우리 현실 또한 글로벌 제국주의의 식민지가 될 수 있음을 암시한다. 두 번째 교실 장면에서 선생은 러시아 사회주의 혁명에 대한 강의를 마지막으로, 사표를 내고 이민을 간다고 말한다. "나는 이나라 포기다 역사는 힘이 없어 원래는 그게 아닌데……" 작가의 목소리를 대변하는 듯한 선생의 대사는 한국사회가 신자본주의적 질서로 재편되면서 계층간의 양극화가 뿌리를 내리는 상황에 대한 우회적 비판이다. 그런 점에서 이 연극은 주변부 인물들의 일상적 삶을 재현하고 있는 듯 하지만 사실은 우리의 일상을 소외시키고 예속하는 자본주의적 식민화에 대한 비판을 깔고 있다.

그러나 작가는 자본주의적 소외로부터의 해방의 가능성을 가족간의 유대에서 보고 있다. 사회적 소외에서 벗어날 수 있게 하는 것이야말로 일상이 가진 잠재력이라고 암시한다. 암울한 청춘에 '예찬'이라는 역설적인 제목을 붙이고 있는 것처럼, 작가는 아무리 누추하고 비열한 삶일지라도 가족간의 사랑과 유대가 있다면 야광별처럼 반짝이는 희망이 있노라고 제시한다. 바로 공연에서도 좁은 방안에서 이불 한 장을 끌어당기며 몸을 부비고 누운 식구들의 온기와 유대, 그리고 태어날 애기를 위해 천장에 붙여놓은 야광별의 반짝임을 통해 희망을 시각적으로 표현한다.

〈청춘예찬〉 〈경숙이, 경숙 아버지〉 〈너무 놀라지 마라〉 등 박근형의 성공적인 일상극은 매우 간결하고 즉물적인 대사, 상황의 논리에 얽매이지 않는 대사들, 단편적으로 제시되는 장면들과 분열되고 모호한 인물들로 이루어져 있다. 문학적인 대사들을 꾸며내지 않으며 통일적 주제나 인과성을 거부한다는 점에서 그의 글쓰기는 구술텍스트를 지향한다고 할 수 있다.

〈청춘예찬〉은 1999년 초연 이후, 2000년, 2002년, 2004년 등 여러 번 재공연되었다. 배역이 바뀜에 따라 캐릭터의 표현이 다소 달라진 정도일 뿐, 별 변화없이 공연되었다. 세 개의 계단으로 된 작은 세트 외에는 텅빈 무대로 공간의 변화를 신속하게 표현했다. 술상과 녹차팩을 넣은 소주 등 사실적인 오브제, 가수 조용필이 그려진 티셔츠를 입은 용필의 의상, 영화나 TV드라마 같은 일상적 화술을 따르는 듯하면서도 이를 뒤집어 새로운 현실성을 만들어내는 즉물적인 연기, 은어와 욕설 등 거리언어나 유머의 거침없는 구사, 대중가요 부르기 등 실제 일상과 근접한 재현이 박근형 일상극의 특성이다. 동시에 희극적 과장과 비틀기, 기존의 가부장적 생활태도에 균열을 내는 언행 등 거리두기의 미학을 활용한 양식화된 연출과 연기를 통해 낯선 새로운 현실성을 만들어낸다. 그러나 이 극이 일상극의 미학적 성취를 이룰 수 있었던 것은 “궁상맞은 현실이 때론 서정적으로 묘사되고, 거친 폭력이 편안하고 자연스럽게 연출된” 점이다. 신파처럼 상황을 과장하거나 인간을 유형화시키는 인위를 피함으로써[30] 그전 연극들의 연극적 과장과는 차별

30 김명화, 「박근형의 〈청춘예찬〉: 누군가 시궁창에서 별을 바라본다」, 『한국연극』, 1999년 5월. 김명화, 앞의 책, 64쪽.

되는 일상극의 진정성을 보여줄 수 있었다. 박근형은 이후 연극들, 이를테면 〈경숙이, 경숙 아버지〉 등에서처럼 소극장 무대에 이불을 펴고 바닥에 앉거나 눕는 행동, 혹은 상자들을 오브제로 활용하는 양식적 연출과 연기를 시도하는데, 이는 소파나 의자에서 극행동이 이루어지는 '응접실연극'의 관습에 대한 도전이었다.

3.2. 〈돐날〉 : 일상극과 전통적 드라마 극작술의 결합

김명화가 쓰고 최용훈이 연출한 〈돐날〉(2001)은 〈길 위의 가족〉(장성희 작, 최용훈 연출, 1999)에 이은 극단 작은 신화의 일상극이다. 이 연극 역시 일상의 소품들을 무대 위에 가득 채워넣고 극사실적으로 일상행위를 재현한다. 그래서 여자들이 전을 부치고 음식을 만들 때 실제로 무대에는 고소한 냄새와 진짜 음식 접시들이 가득 넘친다. 여자들은 음식을 만들면서 과거 대학시절의 회상과 그때의 드높았던 이상, 그리고 현재 삶의 지리멸렬함과 남루함에 대한 환멸을 얘기한다. 남자들은 술을 마시고 화투를 치면서, 정력에 좋다는 음식 얘기와 사업 얘기, 논문 대필 청탁 같은 대화들을 나눈다. 우리가 흔히 목도하는 낯익은 일상의 풍경을 정밀하게 재현하면서 그 속에 과거의 순수한 이상과 현재의 변질된 삶 사이에서 느끼는 386세대의 좌절과 고통을 극명하게 표현해내는 것이다.

이 극의 글쓰기는 극사실적 재현과 동시다발적 목소리, 다중의 주관적 관점 같은 일상극의 특성을 취하면서, 동시에 마지막 파국을 향해 치닫는 선적인 흐름, 행위의 플롯을 결합하고 있다. 장면들은 파편화되거나 분산되어 있지 않고 '음식장만－잔치－파국'이라는 순차적 연결을 가지며, 클라이막스의 강렬한 폭력과 감정의 분출을 향해 인물들의 정서와 갈등을 섬세하게 직조하는 전통적인 드라마 극작술을 사용하고 있다. 다시 말해 구조적 완결

〈돐날〉

성을 가진 연극적인 일상극으로서,[31] 파편화된 서사와 몽타주 기법을 주로 사용하는 일상극의 글쓰기와는 궤를 달리 한다. 가부장적 권위의식에 젖어 있으나 경제적으로 무능한 남편 지호는 음식 부족, 아내 정숙의 유산 수술, 성공한 사업가 친구의 논문 대필청탁 등에 화가 나서 아내와 싸움을 벌인다. 남편이 술상을 뒤엎고, 무대는 온통 깨진 그릇과 음식이 나뒹구는 난장판이 된다. 바로 그 순간에 미국으로 유학을 떠났던 경주가 들어온다. 친구들이 다 돌아간 후 정숙은 지쳐서 잠이 들고, 경주가 혼자서 독백하며 바닥에 뒤엉킨 음식과 화투장으로 현대화가들을 모방한 그림을 그릴 때 지호가 들어온다. 지호의 대사를 통해 경주가 과거에 정숙과 동성애 관계였으며 정숙을 뺏기지 않으려 지호를 유혹했던 사실이 폭로된다. 지호는 자신의 실패하고 타락한 삶을 짓이기듯 경주를 겁탈하려다가 스스로 경주가 쥔 칼에 찔

31 김윤철, 「동시대 한국연극(1990년대~2008년)의 풍경들」, 한국연극협회 편, 앞의 책, 402쪽.

린다.[32] 평론가 김윤철은 이 장면이야말로 등장인물 모두의 타락과 실패를 웅변하는 연극적 폭력으로 승화시킨 장면으로서, 현대한국연극의 가장 탁월한 장면 중의 하나라고 높이 평가한다. "일상극의 관습을 넘어 관습적 드라마터지를 흡수 통합하면서 연극의 새로운 지평을 열었다"[33]는 것이다.

김명화는 이러한 글쓰기 전략에 대해, "사실주의적 연극을 극대화시켜 나가면 소외라는 반작용을 만들 수 있을 것 같다는 미학적 계산"을 했다고 밝힌다. 음식을 직접 만들어 먹고 엎지르고 하는 과정을 무대가 흉내내지 않고 체험한다면 그 극단적인 현장성이 연극을 기호로 경험하는 관객을 소외시킬 수 있으리라고 생각했다는 것이다.[34] 실제로 이 연극은 현실세계의 리얼리티와 연극세계에서의 리얼리티를 겹쳐나가는 가운데, 인물들이 수행하는 일상생활이나 개인적 경험의 이면에 거대한 사회역사적 배경이 자리하고 있음을 암시한다. 거대담론의 종말 이후 생성된 글로벌 신자유주의 질서 속에서도 일상은 똑같이 존재한다. 그러나 공동선을 위한 이상이나 가치관은 실종되고 대신 자본주의적 무한경쟁체제와 자본에 의한 위계질서가 더욱 막강해졌다는 역설이 놓여 있다. 통일과 민주화를 외치며 투쟁했던 투사 지호는 현재 경제적인 무능함과 가부장적 권위의식 때문에 아내로부터 존경을 받지 못한다. 시민운동가 경우는 글로벌 신자본주의의 표상인 다단계회사의 세제를 팔고 있으며, 물려받은 재산으로 성공한 사업가가 된 성기는 납품 청탁을 하는 친구를 마구 부려먹는다. 불평등한 사회를 개혁하고

---

32 공연과 김명화의 희곡집에 실린 대본은 서로 다르다. 공연에서는 돌사진을 찍는 프롤로그와, 경우와 강호가 병원에 입원한 지호의 위문을 가는 장면이 에필로그 장면으로 덧붙여져 있다. 그러나 희곡집에서는 지호가 칼을 쥔 경주 앞에 배를 내밀어 일부러 찔리는 것으로 처리되어 자살을 암시할 뿐, 확실한 결말을 보여주지 않고 여운을 남기며 끝낸다. 김명화, 〈돐－날〉, 『카페 신파』(희곡집), 연극과인간, 2006.

33 김윤철, 앞의 글.

34 김명화, 「작가의 말」, 앞의 책, 367쪽.

자 투쟁했으나 신자본주의 질서로 개편된 이후 경제적 지위에 따른 서열화가 이전보다 더욱 굳건해졌음을 보여주는 것이다. 이처럼 이 극은 일상성의 배경, 혹은 삶을 소외시키는 결정요인인 자본주의에 대한 문제의식을 선명하게 드러낸다.

〈돐날〉의 글쓰기가 기존의 사실주의극과 갈라지며 일상극의 특성을 드러내는 것은 동시적인 행동의 수행과 동시다발적인 목소리들, 다중의 주관적 관점들이 얽혀 있다는 점이다. 2막에서는 거실에서의 남자들의 술자리 장면과 부엌에서의 여자들의 음식 만들기 장면이 동시적으로 진행된다. 지호가 부엌에 와서 정숙과 말싸움을 벌이는 것과, 남자들이 화투를 치며 떠드는 장면의 대사들이 동시다발적으로 얽히거나 병렬된다. 또, 중간중간에 세제를 마신 경우의 중얼거리는 대사가 끼어든다. 이처럼 동시다발적인 인물들의 대사나 행동을 보여줌으로써 한 인물로 초점화된 일상이 아니라 여러 인물들이 동시에 얽혀 만들어가는 일상의 산만함과 관계성이 드러난다.

그러나 이 극은 인위적이고 연극적인 설정이 도드라져서 산만하고 반복적인 평이함으로 이루어진 일상성의 재현이란 극의 의도와는 상충되는 취약점을 드러내기도 한다. 유산수술과 사흘 연속 돌잔치를 치러야 했던 정숙의 깊은 피곤은 이해되지만 경주와 지호의 몸싸움과 칼부림이 지척에서 일어나는데도 소파 위에서 잠든 채 깨어나지 않는 것은 관객의 일상적 리얼리티의 감각에 위배된다. 마찬가지로, 경우와 강호가 지호를 문병 가는 에필로그 장면은 3막의 강렬한 연극적 폭력을 경험한 관객에게 그이후의 경과를 설명해주는 정도의 역할이며, 강호가 릴케의 시를 거리에서 읊는 '문학적 행동' 때문에 사족 같은 느낌이 강하다. 일상극의 글쓰기가 파편화된 장면들, 불연속적 연결, 몽타주, 콜라주기법들을 즐겨 사용하는 것은 일상의 불연속성, 분열, 조각난 현실성, 산만함 등을 표현 한 것이다. 그런데 이 극은 일상을 정밀하게 재현하면서도 통일적 주제와 유기적 구조로 일상적 삶을 구조화하고 있기 때문에 연극적이고 허구적이라는 느낌이 강하다. 이를 테면, 극의 시작부에서 라디오를 통해 9월 중순이지만 폭염의 날씨와 비가 오리라는 예보를 들려주고, 비발디의 '여름' 악장을 들려준다. 극이 진행되면서 지호와 정숙의 갈등의 고조, 상을 뒤엎는 싸움, 경주과 지호의 폭력이라는 점층적 사건에 따라 마른 벼락소리－빗소리－장대비로 이어진다. 펼쳐지는 사건과 자연의 조응을 묘사하는 기법은 연극이나 문학에서 사용되는 대표적인 장치이다. 일상의 극사실적 재현을 통한 '역설적인 소외효과'를 노렸다는 작가의도는 디테일에서까지 지나치게 조율된 웰메이드 기법들 때문에 일상의 우발성과 파편화나 균열이 제대로 드러나지 않는다.

공연은 "빈 음료수 박스, 유한락스 통, 굴러다니는 장난감, 때묻은 벽의 낙서",[35] 낡고 초라한 소파, 아무렇게나 책들이 꽂힌 책장, 선풍기, 전기프라이팬 등 무대 위에 초라한 물건들을 빼곡하게 채워 넣어 낡고 비좁은 서민아파트의 물질성을 재현해냈다. 또, 극중 인물에 동화된 배우들의 재현적 연기는 극적 환상에의 몰입효과를 자아냈다. 그러나 음식상이 뒤집히고 난장판이 된 무대에서 갑자기 칼로 찌르는 극단적 폭력이 들어올 때, 관극심리는 몰입에서 소외로 급전한다. 내 얘기 혹은 주변의 얘기를 체험하는 듯한 잔잔한 일상의 풍경이 갑자기 '연극적'인 것으로 돌변할 때 소외효과가 작동하는 것이다. 돌날의 주인공인 애기는 간헐적인 울음소리로만 자신의 존재를 알릴 뿐 어른들의 관심을 전혀 받지 못한다. 정작 축하의 대상인 주인공은 소외되고 어른 남자들의 술자리가 중심이 되는 것, 이는 예스러운 표기법을 사용함으로써 강조하고자 한 '돐날'의 역설이다. 공연에서는 애기 울음소리를 어른이 흉내내는 울음소리로 표현했는데, 아마도 돌날이 갖는 이러한 역설과 소외를 표현하려 한 의도였을 것이다. 그러나 전반적인

35 김방옥, 「〈돐날〉－음식, 술, 광기, 그리고 여자와 남자」, 『연극평론』 2002년 봄호, 54쪽.

〈여행〉

극사실주의적 재현과 괴리되는 기괴한 희극적 효과를 산출했을 뿐, 일상을 성찰하게 하는 데는 기여하지 못했다.

3.3. 〈여행〉 : 일상의 비일상성

윤영선이 쓰고 이성열이 연출한 〈여행〉(2005)은 객사한 초등학교 동창의 장례식에 갔다 오는 중년남자들의 1박 2일간의 여행을 극사실적으로 다룬다. '여행'이 흔히 인생에 비유되듯이, 그리고 여행의 종착지가 죽음이듯이, 이 극은 우리 일상 속에 은폐되어 있던, 혹은 갑자기 돌출하는 죽음에 대한 체험과 불안, 사유를 그리는데, 이들 행동에 대한 현미경적 묘사를 통해 놀라울 만큼 낯선 소외의식을 만들어낸다. 장례식에 참석하는 여행을 통해 이들이 자신의 죽음을 겹쳐 바라보듯이, 떠났다가 다시 일상으로 돌아오는 하루 동안의 여행은 죽음이란 종착역을 향해가는 인생의 의미를 상징적으로 축약한다. 그러나 이 작품은 일상 자체를 묘사하는 데서 멈추지 않는다. 삶-죽음의 문제에 정면으로 맞서기 위해 일상성을 무대화하고 있는 것이다.

윤영선의 〈여행〉은 여러 차원에서 매우 일상적인 삶을 그려낸다. 먼저, 여행을 떠나는 5명의 인물들은 전통적인 드라마에서처럼 통일적 주제로 연결되는 집중적인 대화를 나누지 않는다. 기차 안에서 5명의 남자들은 성적인 얘기, 고인이니 친구니 하는 용어문제, 혹은 자식얘기, 실종된 기택이 얘기, 다른 여자 승객에 대한 관심 등 두서없이 떠들어댄다. 여러 화제들이 산만하게 이어지고, 단절되기도 하고, 다른 인물의 엉뚱한 목소리가 끼어들기도 하는 등 분산되고 파편화된, 다성성의 대화를 이어나간다. 산만하고 잡다하고, 연상에 따라 다른 방향으로 전개되고, 여러 화제들로 분산되는 일상적 대화의 성격을 반영하고 있다.

6개로 이루어진 무대의 공간 역시 죽음과 삶을 반추하게 만드는 일상의 공간이다. '서울역－기차 안－장례식장－화장터－관광버스 안－터미널'로 이어지는 공간의 이동은 우리의 인생이 아무리 비일상적 삶을 체험한다 해도 결국에는 일상으로 돌아와 무의미하고 반복적인 삶을 지속해야 할 것임을 보여준다. 서로 다른 공간들을 이어붙임으로써, 각 파편들의 연결로 다면적인 일상의 인상을 묘사한다. 서울역을 출발하여 객사한 동창의 장례식에 참례하러 간 그들이 발견한 것은 고향인 후산리도 개발 바람에 사라졌으며, 언젠가는 그들도 죽어서 한줌의 재로 화할 것이며, 아무리 광란에 빠져봐도 일상의 무의미와 공허를 벗어날 길은 없으며, 그럼에도 일상으로 돌아와 이전과 똑같은 삶을 반복해야 한다는 자각이다. 죽음과 삶의 교차, 혹은 부조리는 한 친구(경주)는 죽어서 화장되고, 또 한 동창생(기택)은 죽은 줄 알았으나 장례식에 문상하러 나타남으로써 대비적으로 강조된다.

친구의 화장을 치르고 다시 일상으로 귀환했을 때 택시기사 양훈은 죽음의 공포와 삶의 허무에 맞닥뜨리고 몸부림친다. 다른 친구들도 삶의 공허를 느끼면서 허공을 응시한다. 이들은 일상의 표면 밑에 은폐되어 있었던 비일상성, 즉 죽음을 직면하는 것이다. 1박 2일의 여행을 하면서 이미 서로 다른 경제적, 사회적 배경에서 살고 있는 초등학교 동창생들은 서로 진정한 관계를 맺지 못하고 겉도는 행동들을 보인다. 관계의 불모성과 파편화된 행위들, 죽음에 대한 무의식적 공포와 삶의 공허는 양훈의 과장된 연기로 인해 더욱 신성성을 얻는 역설을 성취한다. 양훈은 화장터에서 다른 친구들과는 달리 밥도 먹지 않고 울부짖으며, 화장장에 뛰어들어가 유골을 만지겠다고 몸부림친다. 또 서울 터미널에 도착해서는 갑자기 집에 못 돌아가겠다며 주저앉고 나중에는 울부짖는다.

> 양훈 : 무슨 마무리? 우리 아직 마무리 하지 않았어. 우리 다음달에 다시 만나서 뭘 하자고 그랬었잖아. 그리고 나 이렇게 못가.(태우에게) 야, 정말 우리 힘들어. 그냥 먹고 사는데 바빠. 그러다보면 그냥 세월이 막 가는 거야. 이번에도 그러잖아. 어쩌다보니 경주가 죽었잖아. 우리라고 안그러겠어? 매일매일 먹고 산다고 바쁘다 보면 그냥 시간이 가는 거야. 그러니까 우리를 좀 어떻게 해줘야지.

양훈은 다시 돌아온 일상에 복귀하는 데 혼란과 불안과 공포를 느낀다. 친구의 장례식, 화장터의 참석 같은 비일상적 사건을 경험한 후 그는 일상성의 내면을 발견하게 된다. 이처럼 일상성의 내면은 죽음과 같은 비일상성이다. 삶이 죽음과, 일상이 비일상성과 동전의 양면처럼 결합된 것임을 깨닫는 것이다. 이 극의 마지막이기도 한 대사는 양훈의 "경주도 죽고, 또 오늘밤에 내가 죽을지도 모르잖아.(흐느낀다)"이다. 양훈 뿐 아니라 다른 친구들도 "그자리에 영원히 못박힌 듯 말없이 서 있다." 이들은 일상 속에서 비일상적인 사건을 체험한 후, 삶 속에 죽음이 현존하며, 일상과 비일상이 뫼비우스의 띠처럼 연결되어 있다는 형이상학적인 깨달음을 얻는 것이다. 이 장면은 일상 자체의 재현만이 아닌, 일상성을 무대화한 예이다. 일상성을 담은 무대는 마치 체홉의 극처럼 반일상의 시공인 것이다.[36] 따라서 공연에서 이 극의 캐릭터들, 특히 양훈(박수영 분)은 캐릭터를 연기하는 배우처럼 보이는 게 아니라, 캐릭터를 연기하는 캐릭터처럼 보인다. 일상/비일상, 삶의 진부함/죽음, 광란/공허가 대립쌍이 아니라 서로 접합되어 있기 때문이다.

시간의 차원에서 볼 때 이 극의 일상성은 특히 부각된다. 일상은 원래 반복적인 시간의 연속으로 짜여진다. 〈여행〉도 새벽부터 다음날 밤까지 이어지며, 서울－창원－서울로의 귀환이란 공간적 이동과 더불어, 하루의 주기를 통해 반복하는 시간의 순환성을 표현한다. 이러한 일상으로의 귀환 혹은 삶의 지속과 반복성은 비일상적인 사건들의 의미를 일상의 진부함 속으로 포섭한다. 비일상적인 것들이 일상 속에 포섭되고 익숙하게 만들어 결국 삶의 일부가 된다. 친구의 죽음을 통해 자신의 죽음과 생의 공허를 느낀 양훈이나 친구들도 결국 일상공간으로 귀환하면 이를 잊고 살아갈 것이다. 그러나 일상 속에 포섭되고 은폐된 비일상적인 것들은 우리 삶의 무의식을 이루고 언제든지 계기만 주어지면 일상의 표면을 뚫고 나올 것이다. 그런 점에서 일상은 평범하고 익숙하면서도 낯선 것(uncanny)과 부조리성을 포함하고 있다. 〈여행〉은 다른 일상극과는 달리 일상의 내면과 형이상학적인 의미에 주목한다. 다시 말해 일상에 은폐된 부조리함과 낯선 측면, 비일상적인 것, 존재론적 소외를 드러내 보여준다. 그리고 이를 극히 극사실적인 행동들, 파편화되고 분산된 대화체, 일상적인 어투 등 일상적 현실을 반영하는 글쓰기로 성취하고 있다.

이성열의 연출은 소극장 객석 측면에 기타리스트를 배치하여, 여행하고

---

36 오종우, 「바냐가 부르는 희극적인 절망의 노래－체홉의 드라마에 흐르는 음악과 일상성에 관한 연구」, 한국슬라브학회, 『슬라브학보』 제14권 1호, 1999, 75쪽.

낮익은 일상적 행동을 수행하는 반복적인 삶의 음악적인 성격을 부각시킨다. 서정적인 음률은 일상을 감싸안고 흐르는 잔잔한 삶의 긍정성, 혹은 비일상적인 죽음과 맞닥뜨리며 겪는 고통과 공허 같은 비애를 표현한다. 또한 분산된 화제나 불쑥 끼어드는 목소리 등 다성성의 대화를 산만하게 나누고 다중 초점으로 묘사되는 5명의 인물들은 기타의 음조에 힘입어 마치 서로 다른 선율로 동시에 노래를 부르는 가수들처럼 느껴지게 한다. 그런가 하면, 극의 시작부인 서울역 장면에서 노숙자나 관광안내원을 판넬로 처리하여, 이들의 여정이나 삶이 '영원한 여행자' 인 노숙자나 키치화되고 낭만화된 관광안내원 판넬과 다를 바 없다는 역설적 의미를 덧입힌다. 더욱이 종이판넬 사람은 알맹이가 빠진, 사물화된 사람의 이미지로서, 죽음으로 가는 삶의 여행을 표상한다. 한편 연출은 조명을 통해서도 '허깨비와 같은 삶'[37]을 강조한다. 이들이 화장터 철조망 앞에 서서 자신들에게 닥칠 생명체의 소멸을 생각할 때, 혹은 서울 터미널에 도착하여 빗줄기 속에서 일상으로의 귀환에 공포를 느낄 때 조명의 강도를 높임으로써 일상의 낯설음과 존재론적 소외를 표현한다.

4. 나가며

2000년대 한국연극의 주된 흐름으로 부상한 연극이 일상극이다. 그동안 연극계에서는 일상의 재현과 미시적 서사에 치중하는 '작은 연극' 을 통털어 일상극으로 지칭하는 소재주의적 입장을 취했기 때문에, 기존의 글쓰기와 공연방식과는 차별성을 가진 새로운 연극 양식으로 등장한 '일상극' 의

37 조만수, 「허깨비들의 여행－극단 파티 〈여행〉」, 『한국연극』 2006년 2월, 65쪽.

세계인식이나 특유의 미학에 대한 정당한 개념 설정이 이루어지지 못했다.

이 글은 일상을 재현한 연극을 모두 일상극의 범주로 포괄하는 소재주의적 입장을 지양하고, 일상극이 새로운 세계인식과 연극미학 및 아방가르드적 글쓰기를 가진 연극 양식이라는 점을 밝히고자 하였다. 1970년대 서구에서 등장하여 특유의 연극양식으로 정립된 일상극의 미학을 개념틀로 참조하면서 한국 일상극의 특성과 주요 경향을 살펴보고자 한 것이다. 일상성의 본질을 구현하고자 하는 새로운 세계인식과 미학을 보여준 일상극의 대표작으로 박근형의 〈청춘예찬〉, 김명화의 〈돐날〉, 윤영선의 〈여행〉을 선정하고, 이들 세 작품의 글쓰기와 공연미학을 분석해 보았다. 그 결과 일상극의 글쓰기와 공연미학이 사실주의극이나 부조리극 등의 종래의 미학과는 다른 특성을 보이고 있음을 발견할 수 있었다. 일상극은 기존의 극과는 다르게 일상에 대한 수평적 관점과 가까이서 조망하는 접근 태도를 견지하기 때문에 독특한 내용과 형식을 갖게 된다. '참여자로서의 관찰자' 위치에서 일상을 접근하면서 일상 속에 들어있는 다양한 삶의 양상과 온갖 갈등, 다양한 관점과 혼돈을 무대 위에 담아내고자 하는 연극인 것이다. 일상을 단순히 재현하는 연극이 아니라 일상의 우연성과 혼종성을 글쓰기와 공연방식 속에 반영하여 파편화된 장면들, 분열되고 모호한 인물, 실재와 비실재가 혼합된 시공간, 여러 목소리와 관점의 혼재와 상호침투 등의 기법을 활용하는 연극인 것이다. 일상극은 연극적 리얼리티를 산출하기 위한 전략으로 극자연주의(hyper-naturalism)를 사용한다. 극도로 자연적인 묘사와 연기 뿐 아니라 특히 극자연적인(hyper-natural)시간과 공간(무대-객석)의 운용을 통해 사실주의적 재현의 연극과 커다란 차별성을 보인다. 세 작품의 분석을 통해서 보았듯, 일상극은 서사극의 거리두기 방식, 아방가르드극의 해체적 글쓰기, 혹은 전통적 드라마나 수정리얼리즘의 글쓰기, 복합적인 시공간, 몽타주나 콜라주 기법 등 다양한 구성과 기법이 혼용된 글쓰기를 시도한다.

일상극이 갖는 사회문화적 함의는 그동안 연극무대에서 폄하되어 왔던 주변부 인물과 일상의 다면적 의미를 새롭게 제기하여 관객으로 하여금 일상에 대한 성찰을 유도한다는 점이다. 일상극은 이념이나 역사 같은 거대담론 대신 평범하고 진부한 일상을 관객 앞에 제시하면서 파편화된 장면이나 분열된 인물들, 복수의 목소리와 관점이 혼재하는 시공간, 열린 결말 등을 통해 관객이 그 의미의 틈새를 메우고 자신의 세계인식에 따라 스스로 텍스트의 의미를 구성하게 만드는,[38] 다시 말해 관객의 능동적인 의미해석을 유도하는 '관객의 연극' 이다. 일상극의 가치는 이처럼 일상의 재현을 넘어서 일상의 균열과 틈새를 드러내는 글쓰기와 공연방식으로 일상에 은폐된 자본주의적 모순이나 역사와 세계의 다면성과 다의성, 일상의 비일상성을 드러내는 데 있다고 할 수 있다. 일상극은 기표의 사슬을 통한 연상과 의미생산의 과정을 촉발하는 것 못지 않게 관객과 무대가 서로 소통하고 호흡하는 '작용방식' 을 중요시한다. 무대와 객석을 밀착시켜 그 구분을 없애고자 한 이유도 사실주의적 재현의 연극과는 차별화되는 관객의 지각방식이나 미적 경험을 산출하고자 하기 때문이다.

38 신현숙, 앞의 글, 257쪽.

참고문헌

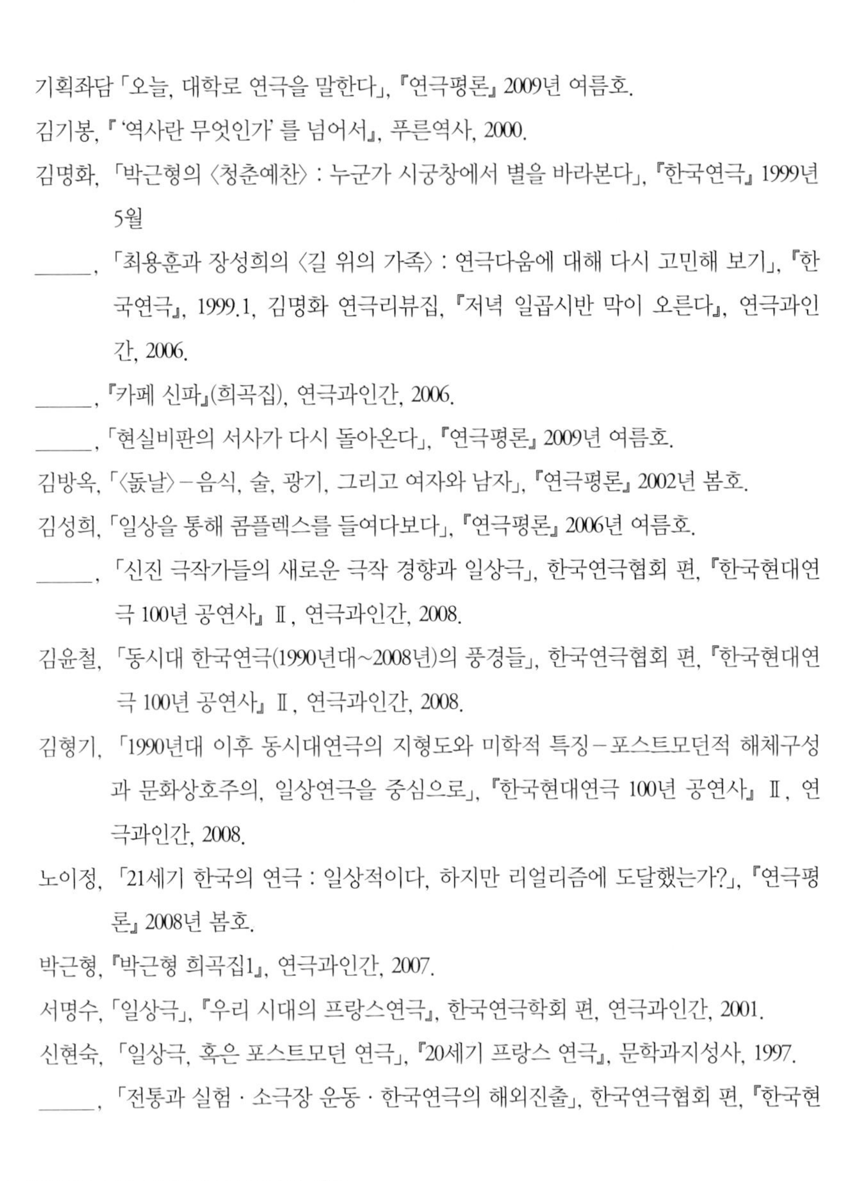

기획좌담 「오늘, 대학로 연극을 말한다」, 『연극평론』 2009년 여름호.

김기봉, 『'역사란 무엇인가' 를 넘어서』, 푸른역사, 2000.

김명화, 「박근형의 〈청춘예찬〉 : 누군가 시궁창에서 별을 바라본다」, 『한국연극』 1999년 5월

______, 「최용훈과 장성희의 〈길 위의 가족〉 : 연극다움에 대해 다시 고민해 보기」, 『한국연극』, 1999.1, 김명화 연극리뷰집, 『저녁 일곱시반 막이 오른다』, 연극과인간, 2006.

______, 『카페 신파』(희곡집), 연극과인간, 2006.

______, 「현실비판의 서사가 다시 돌아온다」, 『연극평론』 2009년 여름호.

김방옥, 「〈돐날〉 – 음식, 술, 광기, 그리고 여자와 남자」, 『연극평론』 2002년 봄호.

김성희, 「일상을 통해 콤플렉스를 들여다보다」, 『연극평론』 2006년 여름호.

______, 「신진 극작가들의 새로운 극작 경향과 일상극」, 한국연극협회 편, 『한국현대연극 100년 공연사』 Ⅱ, 연극과인간, 2008.

김윤철, 「동시대 한국연극(1990년대~2008년)의 풍경들」, 한국연극협회 편, 『한국현대연극 100년 공연사』 Ⅱ, 연극과인간, 2008.

김형기, 「1990년대 이후 동시대연극의 지형도와 미학적 특징 – 포스트모던적 해체구성과 문화상호주의, 일상연극을 중심으로」, 『한국현대연극 100년 공연사』 Ⅱ, 연극과인간, 2008.

노이정, 「21세기 한국의 연극 : 일상적이다, 하지만 리얼리즘에 도달했는가?」, 『연극평론』 2008년 봄호.

박근형, 『박근형 희곡집1』, 연극과인간, 2007.

서명수, 「일상극」, 『우리 시대의 프랑스연극』, 한국연극학회 편, 연극과인간, 2001.

신현숙, 「일상극, 혹은 포스트모던 연극」, 『20세기 프랑스 연극』, 문학과지성사, 1997.

______, 「전통과 실험 · 소극장 운동 · 한국연극의 해외진출」, 한국연극협회 편, 『한국현

대연극 100년 공연사』Ⅱ, 연극과인간, 2008.
오종우, 「바냐가 부르는 희극적인 절망의 노래－체홉의 드라마에 흐르는 음악과 일상성에 관한 연구」, 한국슬라브학회, 『슬라브학보』 제14권 1호, 1999.
윤영선, 『윤영선 희곡집』, 지안, 2008.
이미원, 『포스트모던 시대와 한국연극』, 현대미학사, 1996.
이상우, 「미시사, 근대적 일상, 그리고 한국연극」, 『연극평론』, 2009년 봄호.
이원양, 「크뢰츠의 민중극과 희곡기법」, 양혜숙 편, 『15인의 거장들－현대 독일어권 극작가 연구』, 문학동네, 1998.
장성희, 「일상성, 한국연극의 약인가 독인가－ '일상성' 을 다루는 몇가지 범주」, 『연극평론』 2007년 여름호.
조만수, 「허깨비들의 여행－극단 파티 〈여행〉」, 『한국연극』, 2006.
최영주, 「박근형의 〈청춘예찬〉에서의 현실주의 상상력과 일상의 재현」, 한국연극학회, 『한국연극학』 28호, 2006.

니체, 『비극의 탄생/바그너의 경우/니체 대 바그너』, 김대경 역, 청하, 1991.
르페브르, 앙리, 『현대세계의 일상성』, 박정자 역, 기파랑, 2006.
센다 아키히코, 『일본의 현대연극』, 서연호 역, 소화, 2001.
파비스, 파트리스, 『연극학 사전』, 신현숙, 윤학로 역, 현대미학사, 1999.
히라타 오리자, 『연극입문』, 고정은 역, 동문선.

한국 해체주의 연극

— 〈청춘예찬〉, 〈서안화차〉, 〈자객열전〉을 중심으로

이미원

1. 들어가며 – 해체주의와 한국연극

포스트모더니즘은 지난 20여 년간 우리 문화계의 쟁점이었으며, 그 중앙에 해체주의(deconstruction)가 서 있다고 해도 과언이 아닐 것이다. 그만큼 데리다가 제기했던 기성에의 의심은 강했으며, "어떤 글에서도 가능한 모든 철학적 혹은 과학적 완결에 대하여 진보적으로 의심하는 것"[1]은 이제 포스트모더니즘 논의에서 당연시 되고 있다.

연극에 있어서도 해체주의 논의는 크게 다르지 않다. 연극에서의 해체주의도 근본적으로 데리다(Derrida)의 세계관과 방법론의 연장이다. 해체주의 이전의 "중심"은 흔히 종합적이며 총제적인 의미망의 핵심이었다. 해체주

---

1 Mark Fortier, *Theory/Theatre* (London and New York : Routledge, 1997), p.38. "Deconstruction arises from an emphasis on the reading of particular texts, as opposed to general models, and from radical suspicion about the philosophic or scientific integrity possible in any piece of writing." 이하 번역 필자.

의는 바로 그 중심을 거부한다. 텍스트의 의미는 조직된 상하구조가 아니라, 드러났다 숨고 숨었다 드러나는 의미들의 상호작용이라고 진단한다. 차연(deferring & differing)은 해체주의 세계관의 핵심이라고 하겠으니, 작품의 궁극적 의미는 끝없이 지연되며 관객은 현재의 어떤 특수성만을 경험한다. 작품은 문자로 고정되어진 단어들이 아니라, 원초적 글쓰기에 연관된 모든 경험과 사고를 섭렵하는 텍스트(Text)라고 명명했다. 따라서 작품의 궁극적 의미는, 텍스트 및 공연에서 반복해서 새로운 상황으로 대체되고, 어떤 지적, 윤리적, 정치적 질문에도 궁극적인 결론은 불가능하다.[2]

우리 연극계에서 '해체' 라는 단어가 처음 쓰인 것은 90년대 초반 이윤택에 의해서가 아닌가 싶다. 그는 〈햄릿〉을 재구하면서 자신은 작품을 해체하여 재구성하였으며, 자신의 '해체' 는 서구의 해체와 다르다고 말했다. 실제로 그는 막연하게나마 '해체' 는 단순히 플롯의 삭제나 재구와는 다르다는 것을 알고 있었다고 생각된다. 그러나 그 후 우리 연극계에서 종종 플롯의 재구성이 해체주의와 연결되어 사용되었던 것도 사실이다.

서구에서 해체주의 연극의 예로는 블로우(Herbert Blau)의 이론과 연극에서 잘 나타난다. 블로우는 해체주의의 연루(complicity)와 환영(Illusion)을 잘 응용하여 작업한다. 인간의 시와 철학과 관련된 행동들이 어떻게 얽혀있는가를 보여주는데, 그의 연극은 실로 '피의 추상(Blooded Abstraction)' 과 '살의 형이상학(metaphysics of the flesh)' 이며, 그의 이론은 공연적인 충동을 반연극적 관념작용의 편견과 연결시킨다. 〈엘시노어(Elsinore : 블로우의 Hamlet 번안)〉는 해체적 시나리오로 불리 운다. 그의 작업은, 미묘한 차이와 진실과 그럴듯함(거짓) 사이를 밝히려는 시도의 어지럼증에 주력한다. 그리하여 단순하고 명확한 의미는 처음부터 포기 되었고, 그 어지럼증을 통해서 여

---

2 같은 책, p.39.

러 질문들이 물어진다. 가령 연극이란 재현의 장소인가, 블로우가 말하듯이 환영이요 유령인가? 직접적인 사고와 생각하지 않은 재현은 환영이며, 육체는 언제나 언어로 다시 유령화하기에, 공연은 텍스트가 없어도 쓰여지는 것 같다. 배우는 모든 인간처럼, 피의 사고(blooded thought)를 공연하는 생각하는 육체이다.[3] 〈엘시노어〉에서 햄릿은 '나는 나의 육체를 본다. ……어떻게 여기서 벗어날 수 있단 말인가?' 라고 한탄한다. 즉 햄릿의 고뇌는 피(육체)와 사고의 피할 수 없는 투쟁으로, 연극은 서구 메타피직의 문제를 실연해 낸다. 블로우는 가차 없는 의혹과 끊임없는 의무를 햄릿에서 본다. 기존 해석의 주제였던 '아버지의 복수' 나 '정의' 를 넘어서, 그의 해체주의는 절망 속에서 본질을 향한 인간의 능력을 시험하는 햄릿을 해석해 낸다.

이렇듯이 해체주의는 단순한 기성 플롯의 재구가 아니라, 궁극적으로 해체주의가 보여주는 의미 없음 혹은 다의성을 통해서 결국 기성의 이분법을 부정한다. 삶과 죽음, 존재와 비존재 등등의 명확한 구분을 부정하고, 그 경계를 제시 보여준다. 가령 트랜스 젠다는 남자와 여자의 이분법을 부정하는 실재이다. 해체주의 이전의 중심은—흔히 종합적이며 총제적인 의미망의 핵심이었다. 비단 문자뿐만 아니라 사회와 문화 등등 모든 구성에는, 이를 조직하는 구조(Structure)가 있으며, 그 구조는 중심을 정점으로 상하구조(Hierarchy)로 조직되어 있다고 믿어져 왔다. 단적인 예로 지금까지의 세계문화는 백인과 남성주의가 중심이었으니, 이들의 가치가 우선순위로 세계를 지배했다고 해도 과언이 아니다. 근대 제국주의는 이러한 믿음의 부산물이었다고도 하겠다. 해체주의는 바로 그 중심을 거부한다. 텍스트의 의미는 조직된 상하구조가 아니라, 드러났다 숨고 숨었다 드러나는 의미들의 상호작용이라고 진단한

---

3 같은 책, pp.48~49. 종전에는 생각하는 것은 사고이며, 피는 육체와 직결되었다. 그런데 블로우는 이를 반대로 연결시킨다.

다. 따라서 중심은 구조(만일 진짜로 구조가 있다고 하더라도) 안에도 있을 수 있지만, 이면의 구조 밖에도 있을 수 있어서, 다양한 의미를 제시하면서도 확실한 의미는 끊임없이 연기시키고 있다고 하겠다. 그러하기에 씌어진 기호는 보내지는 것이 아니라 수용되는 것이다. 심지어 작가까지도 그저 또 다른 독자에 지나지 않다.[4]

최근의 페미니즘이나 소수 마이너리티 문화의 부상은 바로 중심에 대한 반발이오, 다발적인 의미의 확인이다. 한편 '주변'은 작품에서 단순히 '중심'에 대조되는 개념에서 나아간다. 주변은 텍스트가 철학적 다른 존재를 대면할 수 있는 한계적 상황이다. 텍스트의 이중적 의미는 이 주변으로 말미암아 분명하게 드러날 수 있다고도 하겠다. 기존의 중심이 철학적 편견이거나, 제도적 조직이거나, 가상적인 것임을 밝힐 수 있음은, 주변이 제시하는 '다른 존재' 때문에 가능하다고도 하겠다. 중심의 부재는 다양한 주변의 존재(Other)로 확인될 수 있기 때문이다. 데리다는 우리에게 해체적 인간을 선보이는데, 그는 중심의 주변에서 기표들의 자유로운 놀이와 구조의 편향적 생산을 추적하며, 인간과 휴머니즘을 가치 절하하며, 낡은 이성중심주의 너머로 나아간다. 해체적 인간은 낡은 감수성을 차갑고 냉혹하게 공격하며 전통을 무너뜨리며 기호학을 짓밟지만, 우리에게 새로운 열린 지평을 보여준다. 한마디로 말해 그는 '의미되는 것'을 전체로 해온 서구 철학(이성중심주의)의 논리를 마감하고 그 대신 '의미하는 것'의 논리로 대체하려 했던 것이다.[5]

물론 해체주의의 문제점도 많다. 이는 기존의 고정된 해석이나 담론을 열어 놓고 해체하는 데는 유용했지만, 그 해체 이후를 제시하지 못한다. 더

---

4 리차드 할랜드 저, 윤호병 역, 『초구조주의란 무엇인가』, 현대미학사, 1996, 181쪽.
5 이광래, 『해체주의와 그 이후』, 열린책들, 2007, 125쪽.

구나 그 경계는 실재적으로 너무나 모호하다. 가령 삶도 죽음도 아닌 존재가 과연 실재하기는 하는가? 즉 트랜스젠다와 같이 있다고 해도 전체에 비해서 너무 작은 부분을 부풀려서, 전체로 보기를 강요하고 있지는 않은가 하는 의문이 드는 것이다. 뿐만 아니라 해체주의 담론은 다른 담론에 비하여 심각성이나 투명성을 결여한 느낌이다. 하나의 지적 유희라는 지적이 있었듯이, 너무나 사소한 증거들로 기성의 담론을 해체하기에 심각성이나 투명성이 결여되었다. 더구나 이들은 이성도 해체한다. 서구의 장구한 전통인 로고스를 부정하며 다만 확고한 것은 아무것도 없다니, 그 자체가 심각성을 결여하지 않았나? 따라서 해체주의자들에게서 전체적 균형 감각을 기대하기란 힘들다. 이들이 사소함에 기대어 전통의 거대한 담론들을 파괴했듯이, 정치나 역사에 있어서도 특정한 순간이나 어떤 시각을 옹호한다. 사실 푸코의 문서보관서도 차이를 강조하며, 전통적 역사 기록을 조직하는 이분법을 파괴하기 위한 도구였다. 따라서 해체주의는 신역사주의가 발현하는 밑거름이기도 했다. 중심이 파괴된 후 한 개인사는 한 왕조사만큼이나 중요하다. 또한 궁중생활을 다루어도 중심인 왕보다는 주변인 내시나 궁녀를 중심으로 다루는 이야기들도 이러한 해체주의적 시각을 반영한 것이다. 이러한 중심의 해체는 결국 해체주의가 상대주의이며 허무주의라는 비판도 가져온다. 아무것도 확실한 것은 없으며, 아무것도 더 중요한 것도 덜 중요한 것도 없다면, 과연 우리는 무엇을 논할 수 있는가? 위대한 전통을 대체할 그 무엇도 없다면, 도대체 그 해체는 무엇을 위한 것인가? 해체 이후 결과적으로 다변화된 사회를 초래했지만, 해체주의 그 자체에는 아무 답변도 없다.[6]

---

6 졸고, 「해체주의 와 연극비평」, 『동시대 연극비평의 방법론과 실제』, 연극과 인간, 2009, 249~250쪽.

이렇듯이 해체주의는 세상을 보는 하나의 방법론에 불과하지만, 그러나 우리에게 새로운 의미들을 열어보였다. 우리 연극계가 흔히 해체라고 행했던 플롯의 재구성은 '해체주의'의 부수적인 효과일 수도 있으나, 본격적인 해체주의가 되기 위해서는 궁극적으로 기성의 이분법을 해체해야 한다. 이런 희곡은 선구적으로 80년대 이현화의 〈불가불가〉 같은 작품을 꼽을 수 있으나,[7] 본격적으로 이러한 공연들이 우리 연극계에 나타난 것은 새 밀레니엄을 전후하여 일어나기 시작했다. 1999년 〈청춘예찬〉을 시작으로, 2003년 〈서안화차〉와 2004년 〈자객열전〉은 이러한 해체주의의 징후를 확연히 보여준다. 그리고 이들은 모두 한국연극평론가협회에서 뽑았던 '올해의 베스트 3' 연극에 올랐다. 그만큼 평론가들이 주목하고 시대를 선도하는 좋은 연극이었다는 말도 된다. 즉 이렇듯이 '해체주의' 연극은 우리 연극계에서도 새로운 의미망을 열면서 중요한 연극으로 떠올랐다고 하겠다. 이상의 세 작품을 한국 해체주의 연극의 대표로 꼽은 것은, 이들이 해체주의의 특징을 잘 반영했을 뿐만 아니라 사실 이들이 '올해의 베스트 3'에 뽑힐 만큼 역량과 시사적 의의를 인정받은 공연이라는 것 때문이다. 실로 2000년 이후의 공연은, 직접 본 공연을 제외하고는 아직 희곡집이 발표된 것도 드물고, 그 동영상 역시 흔하지 않다. 본고에서는 일단 해체주의의 한국 연극적 수용을 의도했으므로, 그 특징을 지닌 인정받은 공연을 3편 선정했다는데 의의를 두겠다.

본고에서는 이들 작품을 해체주의로 분석하면서, 그 새로운 의미와 다의성을 논의하고자 한다. 해체주의 분석을 위하여 몇몇 중요한 개념들이 있으니, 본고에서는 다음을 그 개념들로 삼았다. 즉 중심(Center) 및 주변(Margin), 차연(Différance), 그리고 역사관(Historiality) 이 그것이다. 물론 이러한 개념들이 한 작품에서 모두 다 잘 드러날 수는 없으나, 궁극적으로

7 졸고, 「이현화 희곡과 포스트모더니즘」, 『한국현대극작가연구』, 연극과 인간, 2003 참조.

이분법을 깨뜨리고 있는 것만은 확실하다. 이러한 해체주의 개념들이 〈청춘예찬〉, 〈서안화차〉, 〈자객열전〉에서 어떻게 나타나는가를 살피는 것은, 작품의 해체주의적 분석과 그 다의적 의미망에 이르는 첩경일 것이다.

2. 〈청춘예찬〉 : 기성 상하구조와 상식의 해체

〈청춘예찬〉(박근형 작, 연출, 1999년 초연)은 박근형과 극단 '골목길'을 일약 유명하게 만든 작품이다. 평범한 일상극인 듯하기에 종종 오늘의 사실주의극으로 이야기되어 왔다. 그러나 단순 사실주의극에 머물기에는 작품의 그 역설적인 이야기법과 현실 인식의 감각이 너무 특이하다. 주인공은 고등학생이다. 그러나 2년이나 학년을 꿇고 있으며, 학교도 어쩌다 나간다. 드디어 학교에 열심히 나가겠다고 결심하자, 결국 학교에서 퇴학당한다. 그는 아버지와 맞담배를 피우지만, 그래도 아버지에게 라면을 끓여준다. 아버지는 어머니에게 황산을 뿌려 눈멀게 하여 이혼을 했으면서도, 꾸준히 어머니가 일하는 안마소를 찾아간다. 맹인과 재혼한 어머니는 아버지가 오면, 오지 말라면서도 아버지에게 꼭꼭 돈을 쥐어준다. 주인공은 친구 누나이기기도 한 뚱보 다방 레지에게 순간적인 연민을 보이다가 관계를 갖게 되는데, 그녀는 그를 따라와 함께 살겠다고 고집한다. 어이없어 하면서도 그는 이를 허락한다. 드디어 뱃속의 아이는 크고, 좁은 단칸방에서 아버지와 소년과 여인의 생활은 계속된다. 다소 황당할 수도 있는 이야기가 공연 후에 그토록 많은 공감을 일으킨 것은, 분명 그 새로운 이야기법의 설득력 때문일 것이다. 이를 한마디로 해체주의적으로 논한다면, 기성 이분법의 해체가 보여주는 또 다른 오늘의 진실 때문일 것이다. 그 이분법의 해체를 해체주의 개념에 맞추어 분석하면 다음과 같다.

〈청춘예찬〉

2.1. 중심과 주변 : 이분법의 해체

공연에는 중심과 주변이 없다. 우선 작가는 기성 가치의 어떤 상하구조도 허락하지 않는다. 부자간의 서열이나, 사제 간의 권위나 부부간의 통념적 신의는 아예 없으며, 선악이나 도덕적 우위도 아예 고려되지 않고 있다. 선생님만이 작품에서 유일하게 정상적인 가치를 설파했으나, 소년이 작심을 하는 순간 퇴학당했음을 알리고 오히려 맘대로 살라고 한다. 선생님 역시 정상적인 가치를 회의하듯, 스스로도 교직을 떠나서 이민을 간다고 한다. 즉 도덕적 가치나 서열은 완전히 뒤섞여서, 중심도 주변도 없다. 이런 전도된 가치들은 기성의 중심 가치와 동등한 무게를 가지며, 오히려 일상은 감히 말해지지 못한 바로 전도된 가치들로 채워져 있음을 일깨운다.

한 소년의 성장이야기로 돌리기에는 작가가 제시한 가치의 전도는 너무 크다. 즉 한 소년의 반항이 아니라 세계의 새로운 현실 인식의 방법이 나타나고 있음을 시사하고 있다. 서열이나 정상과 비정상이 해체된 이후의 삶이 그려지고 있으며, 그 무질서 이후에 존재할 수 없을 것 같은 삶을 그리고 있다. 그리고 그 이후의 삶 역시 순간순간 따뜻함을 보이며 건재함을 보여준다.

가장 화려해야 할 것 같은 청춘은 삭막하게 그려진다. 통념에서 생각한 화려한 청춘이 아니라, 아무 미래도 없이 숨이 막힐 듯한 생활을 작가는 일체의 감정을 배제하고 담담하게 그려간다. 이제 청춘의 통념 자체를 해체하고 인정하기에 흥분할 아무 이유가 없다. 그러나 역으로 이러한 극도의 감정 절제는, 그 세계의 파편화에 아직은 낯설은 관객들에게 오히려 분출 직전의 어마어마한 에너지를 느끼게 했다. 그러면서도 아슬아슬하게 끝끝내 절제되는 해결책이나 감정은, 갇혀버린 실존의 무게로 다가왔다. 청춘이라는 화려한 단어의 허상을 허물어 버린 이후, 그 실존의 무게를 감당하는 주인공이 대단해 보이기조차 하는 것이다. 이는 실로 삶에 대한 신세대의 새로운 인식이며 감각이라고 하겠다.

그럼에도 불구하고, 작가는 아직 실낱같은 인간애까지를 해체하지는 못한다. 아들은 아버지를 위해 라면을 끓이고, 어머니는 마다하는 아버지에게 돈을 건넨다. 선생님은 그래도 소년을 위해 애쓰고, 소년은 결국 선생님의 마음을 받아들인다. 더구나 소년은 뚱보 여인을 한없이 연민한다. 인간과 인간을 연결하는 것은 연민으로, 작품은 세계의 파편화와 해체 이후에도 이 작은 휴머니즘을 놓지 못하고 있다. 바로 이 점이 인물들을 더욱 애틋하게 만든다. 그러나 이들이 보여주는 연민조차 어디로 튈지 모르게 엉뚱하며, 통념을 해체하고 있어서 여전히 불안하다. 즉 해체 이후를 묶어주는 연민이라고도 하겠다.

무대는 거의 텅 빈 공간이다. 무대와 연출을 통관하는 미니멀리즘적 기법은 적절했다고 보인다. 여기에 여인의 발작이나 벗은 몸은 대조적이었다. 소위 아름다운 육체를 보여준다는 고정관념을 깨고, 뚱뚱한 누드를 보인 것도 작품의 가치전도와 잘 연계되었다. 그리고 이러한 누드 역시 당당하고 아름다울 수 있음을 보여주었기에, 작품의 해체를 시각적으로 상징하였다 하겠다. 여인 역의 고수희는 사실적 연기력도 뛰어나서, 이후 새로운 유형의 여배우로 주목되고 있다.

이렇듯이 〈청춘예찬〉은 중심 통념의 해체를 통해서, 새로운 감각으로 그간 우리 극계에서 미처 그려내지 못했던 현실을 인식하고 있다. 즉 평범한 일상에 뿌리박은 가치의 서열을 꼼꼼하게 파괴하면서, 우리 개개 존재의 실존의 무게를 묻고 있다. 지극히 사소한 개인을 지극히 담담하게 그려내기에 역으로 그들의 가치가 드러난다. 그것은 아이로니컬하고 '뒤집어보기식' 이라고도 명명할 수 있으며, 분명 현실에 대한 새로운 감각대를 실험하고 있다고 느껴졌다. 공연이 보여주었던 음울하고 어두운 감각조차, 전에는 경험하지 못한 보다 섬세하고, 보다 객관적인 새로운 감각을 경험하게 하는 것이다. 작품이 보여준 한 소년의 청춘이 어쨌거나 중심이 아닌 주변에서, 기성 가치의 이분법을 깨뜨리며, 중심을 향해 해체를 향한 조용한 첫발을 내딛고 있다.

2.2. 차연

〈청춘예찬〉은 서로 대화하지 못하며, 확실한 이야기를 미루고 있다고 생각된다. 즉 부자지간이나 사제지간 혹은 부부지간에서도 그러하다. 그들은 감히 중요한 이야기를 서로에게 묻지 않는다. 가령 "아버지! 또 천호동 갔었구나. 엄마한테 자꾸 가지마. 쪽팔리지도 않냐 아버지. (사이) 아직도 그 새끼랑 산데?"라는 아들의 물음에 "응 그런가 봐. 안 물어 봤어"라고 아버지는 대답한다. 혹은 "아버지는 행복해 지고 싶어?"라고 묻는 말에 아버지는 "너는?"이라는 물음으로 대답을 회피한다. 이런 식의 대화는 여러 관계에서 계속된다.

청년 : 저 선생님 맞긴 맞는데 학교 나오는 건 한 일주일만 더 생각하다가 오면 안 되겠습니까?

선생 : 진짜 이 새끼가! 무슨 생각? (팽개치며) 안 때릴게 내 앞에 나타나지마! 새꺄

청년 : 아직 결론을 못 내렸습니다. 어떻게 해야 할지……

아빠 : 누구 맘대로 여기서 사냐

청년 : 맘은 무슨 맘이예요 기냥 사는 거지 내가 좋대요.

아빠 : 왜

청년 : 앞으로 밥하고 빨래하고 애가 다 할꺼예요. 나이는 나보다 많아요.

이렇듯이 대화는 이어지되, 사실상 가장 중요한 질문에의 답변은 연기되며 유보된다. 그리고 더욱 놀라운 것은 연기되는 답변에도 불구하고 삶은 계속된다. 즉 이유나 사고보다 삶의 실존이 앞서는 사실을 확실하게 보여준다고 하겠다.

사람 사이의 관계 역시 미뤄진다. 엄마는 이혼을 했으면서도 찾아오는 아빠를 거절하지 못하며 돈을 쥐어준다. "집에 가야죠 나, 들어, 갈게요 지금은 돈 없구 나중에 일본 가기 전에 해일이랑 한번 와요 전화 먼저 하세요"라는 대사처럼 관계는 끝나지 않는다. 아빠와 해일 역시 서로 집을 나가라며 서로 나가지 않는다. 선생은 해일을 야단치면서도 가능한 한 퇴학을 말린다. 그러나 해일이 진작 학교로 돌아오려 하자 퇴학되었음을 알리며, 자신도 학교를 떠나 이민을 간다고 한다. 선생과 해일의 관계는 그 가치관에서 항시 상반되며 미루어진다. 어쩌면 양측 모두가 자신의 도덕관을 더 이상 신념하지 않기 때문이라고 하겠다. 즉 가족관계나 사제관계가 통념을 해체하며, 그 관계를 미루고 있다.

뿐만 아니라 작품이 전하는 종합적인 의미는 알기 힘들다. 어떤 도덕관

이나 반항이나 혹은 교육이나 가치를 이야기 하는 것이 아니다. 사소한 일상이 연결될 뿐 그 의미는 궁극적으로 유보되고 있다고 하겠다. 그 지연 때문에 관객은 소소한 일상을 보며 스스로를 돌아보게 된다. 그리고 통념의 이분법이 해체된 이후에도 삶이 별 이상 없이 진행될 수 있음에 놀라게 된다. 그러나 해체 이후 어떤 확실한 가치도 제시하지 않았기에, 작품이 말하려는 종합적인 의미는 다가오지 않는다. 그 종합적 의미는 현재 연기되면서, 의미가 공백인 해체 이후의 삶을 보여준다.

2.3. 역사관 : 개별화와 주변화

〈청춘예찬〉에서 역사관은 존재하지 않는다 해도 과언이 아니다. 그만큼 개별화되고 일상화된 이야기이다. 이러한 사소한 일상은 무수히 반복되기에 어쩌면 언급할 가치도 없는지 모른다. 그런데 〈청춘예찬〉에서는 바로 그런 이야기를 진지하게 하고 있다. 그만큼 주변화 되고 귀퉁이의 시각이다.

바로 이 시각이 해체주의 역사관과 이어진다고 하겠다. 왕조사를 다루어도 왕의 실록을 다루는 것이 아니라 주변 한 궁녀의 일대기를 다루는 것이 해체주의 역사관이라면, 바로 이 사소한 일상은 그 역사관과 이어진다. 감히 역사관을 거론하기조차 어렵게 개인화되고 사소해진 일상의 나열은, 해체주의의 개별화 되고 주변화한 역사관을 역으로 말하고 있다고 하겠다. 한 사소한 개인의 일상은 그 어떤 중요한 영웅의 일대기만큼이나 의의를 갖는다. 그러하기에 빗나간 한 청춘의 일상은 오늘의 진실로 확대되는 것이다.

이렇듯이 〈청춘예찬〉의 독특한 감각은 기성 이분법 가치의 파괴와 그 개별화에서 온다. 부자지간이나 사제지간의 상하구조가 파괴되고, 각각 인물들의 관계 역시 지연되거나 모호하며, 어떤 역사관도 피력하지 못하는 사소함이, 이 작품을 이 시대의 새로운 고발자로 만들고 있다. 기성담론 이분법의 파괴 이후의 삶이야말로 이 작품이 보여주는 세계인 것이다.

3. 서안화차 : 다원적 글쓰기의 다의성

극단 물리의 〈서안화차〉(한태숙 작 · 연출, 2003)는 오랫동안 미묘한 여운으로 남는 공연이다. 그리고 그 여운은 바로 해체주의적 글쓰기에 있다고 하겠다. 작품의 주요 소재인 동성애나 소외된 한 인간의 집념 등은 궁극적으로 기성가치의 이분법을 해체하고 있다. 무심한 듯한 서안으로의 기차여행은 실로 놀라운 기억으로의 다가감이었으며, 비굴할 정도로 겸손했던 한 인간은 냉혹한 가해자였음이 드러난다. 여기에 진시황의 영원불멸의 염원과 토용들이 주인공의 기억의 집착과 조각들과 얽히면서, 평범한 주인공을 진시황의 스케일로 확대한다. 진시황의 개인사적인 해석이라고도 하겠다. 진시황처럼 주인공도 가혹했으며, 진시황처럼 진흙 조각을 다듬으며 영원을 꿈꾸었다. 그리고 유한에서 무한을 추구했던 이들을 보며, 사소한 일상에 갇힌 스스로를 돌아보며 되는 것이다. 그 무한이 비록 도덕적으로 온전치 못한 것일지라도 그 무한의 힘으로 용서될 수 있으리라고 설득하고 있다. 실로 〈서안화차〉는 몇 가지 점에서 독특한 연극이었으며, 포스트모던하다고 할 새로운 글쓰기를 제시했다. 한마디로 이분법적 경계를 허문 공연이었으니, 그 해체주의적 적용은 다음과 같다.[8]

---

8 〈서안화차〉의 분석은 졸고, 「〈서안화차〉 : 다원적 글쓰기의 의미망과 그 여운」, 『연극평론』 2003년 가을호.

〈서안화차〉

3.1. 중심과 주변 : 이분법의 해체

희곡에 있어서의 '권선징악' 내지 주인공의 '도덕적 정당성'은 흔들리지 않는 원칙이었다고 하겠다. 여태까지 탐미주의적인 소수의 작품이나 부조리극 등 특수한 작품들을 제외한다면 궁극적으로 주인공은 '도덕적 정당성'을 갖고, 또한 이 '도덕적 정당성'이 주인공의 매력이었을 것이다. 그리고 이러한 특수한 작품들은 보통 특수한 구조를 갖고 있으니, 대개 기승전결의 직선적 플롯을 거부한다. 그런데 〈서안화차〉는 특수한 작품의 구조를 갖지 않은 극임에도 불구하고, 주인공 상곤은 '도덕적 정당성'이 확실하지 않다. 즉 중심과 주변이 없으며, 그 가해자와 피해자의 이분법이 작용하지 않는다.

초반부 회상에서 상곤은 확실히 피해자였다. 친구 찬승을 숭배하며 안타까우리만큼 집착하기에 그에 의해 쉽게 이용당하는 상곤을 보며, 깊은 연민을 느끼게 된다. 어머니의 정사장면 목격이나, 찬승의 집에서 지하에 숨어

살던 중증 장애인 찬승의 형에게 충격적인 성적 능욕을 당한 일이나, 또한 찬승의 비밀을 엿보았다고 생매장 당할 뻔한 일이나, 무심하고 사소한 기억인양 말해지지만, 역으로 상곤의 깊은 상처와 좌절을 말해주고 있다. 중국인 혼혈이라는 태생부터 드러나지 않는 소외감을 상징하니, 혼혈이 외모로 드러나지는 않으나 분명 이방인이다. 존재의 소외감으로 상곤은 찬승에게서 벗어나고 지우고 싶어도 점점 더 찬승에게 얽매인다. 이 모두에도 불구하고 찬승에 대한 애정만으로 버틸 수 있었던 상곤이기도 하기에, 찬승의 거취를 쫓으며 찬승의 모습을 조각하는 일에 몰두한다.

〈서안화차〉

우연한 듯한 상곤과 찬승의 만남은, 극의 결말 부분까지 상곤의 치밀한 계산이었다는 것이 밝혀지지 않는다. 상곤이 찬승을 산 채로 자신의 '조각'으로 만들었을 때야 비로소 상곤의 병적인 집념에 놀라게 된다. 그리고 유아적인 찬승의 어린 모습이 더욱 떠오르며, 이제 찬승을 동정하게 된다. 그들의 동성애적 친교는 사실상 상곤이 주도했을지도 모른다는 생각이 떠오르게 되는 것이다. 상곤은 찬승을 살해하고 태연하게 진시황을 향하고 관객들은 그런 주인공에게 놀라게 된다. 사실 진시황의 토용과 영원불멸의 믿음이 상곤의 '조각'을 영원하게 해주는 것이라 하더라도 상곤의 냉정함에 몸서리 쳐진다. 피해자는 어느 덧 가해자로 변해 있으니, 실로 극적인 변화이다. 그리고 그 차가운 냉정과 치밀함에, 분노에 가까운 놀라움을 경험하게 되는 것이다. 그 후회 없음과 계획성에서 상곤은 주인공 인물의 '도덕적 정당성' 을 잃고 있다.

상곤과 찬승 역은 잘 어울리는 배우들로 캐스팅되었다. 상곤 역의 박지일은 왜소하고 내면에 응축된 상곤 역에 잘 어울리는 배우였다. 상곤의 소외감과 그리고 역으로 깊어지는 집착을 박지일보다 잘 표현하는 배우는 쉽지 않을 것이다. 또한 수려하게 잘생기고 허영에 찬 찬승 역은 이명호가 맡았다. 그는 찬승의 유아적인 이중적 성격이나 상곤에 대한 거만한 애정을 잘 표현하였다. 때문인지 피해자와 가해자의 위치를 가름하기 쉽지 않았다. 그만큼 심리적 대결을 잘 나타냈다고도 하겠다.

뿐만 아니라 애정에 있어서도 통념적인 사랑을 거부하고, 동성애를 등장시켰다. 사실 우리 희곡에서 동성애는 아직도 터부시되는 주제이다. 아직 몇 작품에서 주변만 울리고 만 주제이다. 그런데 〈서안화차〉에는 그 사랑으로 인하여 살인까지 저지르게 된다. 상곤의 소외된 삶이 그를 동성애에 집착하는 인물로 만든 것은 이해가 되는 상황이기도 하다. 찬승의 잦은 이혼도 사실상 상곤과의 동성애 때문은 아니었을까 하는 의심을 비로소 하게 된다. 호텔방에서 찬승의 정사는 상곤의 엿보기로 중단된다. 우연한 듯한 이 사건은 사실상 찬승의 삶에 거는 상곤의 딴지걸기이다. 자유로운 듯한 찬승의 삶도 궁극적으로 상곤과의 동성애에서 자유로울 수 없었다. 상곤이 기다리고 있는 한 찬승도 이 사랑에서 놓여날 수가 없었던 것이다.

그래도 여기까지는 사춘기에 있을 법한 동성애이기도 하다. 한 소극적 소년의 애 타는 사랑 앞에서 군림하는, 수려하고 허영에 찬 다른 소년의 이야기는 젊은 날의 추억으로 있을 법한 일이기도 하다. 그런데 잘못된 사랑임을 알면서도 상곤은 이 사랑을 포기하지 못한다. 상곤은 자신의 삶을 동성애가 이끄는 대로 설계하였다. 한때 같이 일하는 이성인 정선을 사랑하려고 노력했으나 이는 부질없는 짓임을 깨닫고 다시 찬승의 환상에 매달리며 그를 조각한다. 그리하여 마침내 용의주도한 계획 아래 찬승을 불러내어 영원한 토용으로 만들어 자신 곁에 남긴다. 이 잘못된 동성애의 대상은 상곤이 향하는 진시황릉의 토용들과 겹쳐지며 영원과 하나가 된 듯도 싶다. 이분적 대상인 남녀 사이가 아니라도 그토록 무섭고도 애절한 사랑은 가능한 것이다. 이렇듯이 강렬한 동성애를 논의한 희곡은 아직 없다고 하겠다. 그러하기에 상곤의 '도덕적 정당성' 의 결여와 맞물리며 묘한 파문을 더한다. 비정상적인 시작이 비정상적인 결말로 이어진다는 당위성도 있으나, 아직 우리에게 낯설고도 독특한 소재가 더욱 작품의 억눌린 소외감을 살렸다고 하겠다. 즉 애정에 있어서도 우리의 중심사고인 남녀 간의 사랑이 아니라 동성애라는 주변을 등장시켰다.

극의 진행에 있어도 필연적인 결과가 아니라 우연한 사건이 중요하다. 작품은 주인공의 집요한 집념의 산물이지만, 이러한 집념이 있기까지는 우연한 목격으로 연속된다. 어린 시절 어머니의 정사를 목격하고, 찬승의 집에서 우연히 중증 장애인 찬승 형을 목격한다. 커서는 호텔에서 찬승과 정선의 정사를 목격한다. 그리고 역으로 정선은 주인공이 찬승을 산 채로 토용을 만드는 과정을 목격할 뻔 한다(적어도 찬승의 가방을 보고 충분히 주인공을 의심할 수 있었다). 이러한 목격하지 않았어야 할 우연한 목격은 사건을 부르고, 어느덧 필연으로 집념화된다. 주인공은 진시황릉을 건설할 때 황릉의 비밀을 알았다는(목격했다는) 죄로 처단되거나 산 채로 능에 묻힌 무수한 사람들과 비극적 동질성을 느낀다. 삶에는 알 필요가 없는 많은 것들이 있고, 이것을 우연히 목격해서는 안 된다. 즉 중심과 주변이 뒤섞이며, 우연은 필연보다 중요해진다.

또한 한 사람을 하염없이 또 무심히 바라보던 우리의 시선은, 갑자기 '본다' 는 것을 깨닫는다. 그것은 우리에게 죽음을 유발할 정도로 중요하고, 존재의 근원과 잇닿아 있다. 그리고 주인공의 범죄를 목격했다는 것은 마치 이에 동참한 것 같은 섬뜩함마저 들게 한다. 이러한 '본다'의 중요성은 우리를 공연에 참여시키고, 자칫 행동의 부족으로 지리할 수도 있었던 우리의 주의를 계속해서 끄는 것이다. 그러면서 무심히 지나쳤던 삶의 우연성에 놀라게 된다. 즉 우연인 주변은 어느덧 중심에 자리 잡았다.

3.2. 차연

〈서안화차〉라는 제목이 말해주듯이, 공연에서 기차여행의 비중과 의미는 크다. 기차는 실제로 진시황릉이 있는 서안으로 향하고 있으며, 회상은 과거를 향한다. 기차는 진시황과 주인공, 피해자이며 가해자, 황릉의 토용과 주인공의 조각을 이어주는 일관된 가상의 공간이다. 그러나 동시에 이 기차여행은 회상과 시간에 일정한 속도를 한정하며 그 궁극적인 파국을 지연시키고 있다. 즉 "비행기나 쾌속으로 달리는 자동차가 아니라 기억의 시간들을 위한 적절한 속도를 갖고 있는 기차를 타고 사랑과 집착 또는 일탈에 대하여, 그리고 그 안의 나는 과연 무엇인가를 생각하며 창밖의 풍경을 바라보기를 권유한다"는 작가의 충고는 〈서안화차〉의 또 다른 층위의 의미이다. 작가는 관객에게 기차여행을 통해서 모든 사건들, 즉 역사와 개인, 가해자와 피해자, 그리고 죽었으나 아직도 살아있는 토용들, 사랑과 집착의 충격에서 객관적 거리를 요구하며 그 궁극적인 의미를 연기시킨다. 그러하기에 '나는 무엇인가를 생각하며 창밖의 풍경을 바라보기'는 작품의 직접적인 의미 밖에 있었으면서도, 공연 안에 있었다. 나아가서 기차여행을 통한 사건의 궁극적인 의미 연기는 언젠가 관객의 글쓰기로 마무리된다고도 하겠다. 즉 이들 사건을 접하며 '창밖의 풍경'까지를 그려 넣는 것은 관객의 몫인 것이다. 그 일정량의 빈 의미는 공연의 확실한 의미를 지연시키고 나아가서 더욱 개인적이고 은밀하게 했다. 관객의 글쓰기로 마무리되는 부분이야말로 새로운 관객을 만날 때마다 끊임없이 새롭게 채워지기에, 역으로 작품의 완성은 항시 연기된다.

3.3. 역사관 : 진시황의 개인사적 해석

공연은 진시황의 개인사적인 해석이라고도 하겠다. 진시황처럼 주인공도 가혹했으며, 진시황처럼 진흙 조각을 통하여 영원을 꿈꾸었다. 진시황의 영원불멸의 염원과 토용들이 주인공의 기억의 집착과 조각들과 얽히면서, 평범한 주인공을 진시황의 스케일로 확대한다. 다시 말하면 개인화된 오늘의 진시황 이야기를 작품은 말 한다고도 하겠다.

공연에서는 시종 진시황의 토용과 주인공의 조각이 얽히며, 과거와 현재가 넘나들었다. 뿐만 아니라 이례적으로 조각가 임옥상이 인간의 크기를 넘는 20여점의 조각을 출품했다. 연극이면서도 마치 조각전을 보고 있는 듯했으니, 실로 무대는 토용의 이미지로 가득 찼다고 해도 과언이 아니다. 이들 토용 이미지는 작품에 중첩적인 의미를 부여했다. 서안의 진시황릉을 "무덤이라고 생각을 한 것이 아니라 전시장"이라고 느꼈다는 조각가 임옥상의 말처럼 그것은 영원을 향해 던진 집념이었다. 주인공 상곤이 사랑하는 동성애자 찬승을 산 채로 토용으로 만들고 진시황릉을 찾았던 것은 결코 우연이 아니다. 자신이 만든 토용의 영원성을 진시황릉에서 직접 확인하고 싶었던 것이다. 그리하여 평범한 자신의 개인적인 사랑을, 진시황의 영원불멸의 염원에 접목시키고자 했다. 상곤의 사랑이 삐뚤어지고 불쾌하듯이, 진시황의 야심 역시 삐뚤어지고 불쾌하다. 인물상 하나하나의 생생한 표정은 그들이 살아있었던 인물들임을 반증하기도 한다. 토용이야말로 원대한 야심과 집념의 결과인 것이다.

사후 영원불멸 세계의 구축은 현상계의 도덕적 잣대로 재기에는 너무 사소하다. 그러하듯이 토용으로 변한 상곤의 사랑 역시 항간의 잣대로는 쉽게 평가할 수 없을지도 모른다. 그렇듯이 지독하고 영혼을 건 사랑이었다는 반증이기도 한 것이다. 유한에서 무한을 추구했던 이들처럼 우리도 사소한 일상에 갇힌 자신을 돌아보며 문득 무한을 동경한다. 그 무한이 비록 도덕적으로 온전치 못한 것일 지라도 그 무한의 힘으로 용서될 수 있으리라고 믿고 싶은 것이다. 그리고 이러한 중첩적인 의미는 무대의 토용 이미지를 통해서 가능했다. 그러하기에 토용은 장식이 아니라, 작품의 핵심이요 시각화인 것이다. 토용을 통해서 상곤의 개별적 사랑은 진시황의 역사성을 띠게 된다.

〈서안화차〉는 실로 새로운 글쓰기이다. 얼핏 단순한 회상 같지만, 여기에는 여러 해체주의적 해석들이 얽혀있다. 선악의 이분법을 거부하고 피해자와 가해자 경계를 모호하게 흐렸으며, 등장하는 사랑 역시 남녀 간이 아닌 동성애간의 사랑이다. 역시 이분적 규범(Norm)의 경계를 철저하게 무너뜨렸다고 하겠다. 굳이 신역사주의를 들먹이지 않아도, 어찌 보면 이 공연은 진시황이라는 역사에 대한 개인사적인 해석이기도 하다. 또한 기법에서도 미술의 '조각'에서 빌어 와 장르의 혼합을 시도하고 있으며, 부조리극과 같이 '우연'을 강조한다. 뿐만 아니라 기차여행이라는 설정을 통해, 일정 부분 빈 의미를 제시하며 관객의 글쓰기를 유도했다. 이야기하면서도 객관적으로 거리를 두기에, 공연은 어떤 의미도 강요하지 않을뿐더러 연기하고 있다. 그러하기에 이 사랑과 집착을 더욱 복합적이며 애절하게 그렸으며, 토용 이미지를 통해서 그 영원불멸을 암시하게 된다. 실로 새로운 시각이며, 다의적인 현실이다.

4. 〈자객열전〉 : 테러리즘과 혁명 사이

미국 9 · 11 사건 이후 온 세상이 '테러와의 전쟁'으로 한창이었던 시절 참으로 이상한 연극이 있었으니, 이가 극단 파티의 〈자객열전〉(박상현 작, 이성열 연출, 2004)이다. 분명 김구 선생님을 중심으로 한 상해 임시정부 요인들의 이야기인 듯싶은데, 이들이 테러리스트로 그려지고, 동서고금의 온갖 자객(테러리스트)들이 언뜻 언뜻 등장한다. 다시 말하면 소위 오늘의 테러리즘을, 중심이 아닌 주변에서 다시 바라보기라고 하겠다. 그만큼 시사적이라고도 할 이 연극은, 연극의 사회적 소명을 환기시키면서도 곧 우리가 갖고 있는 테러리즘의 이분법을 부수고 있다.

4.1. 중심과 주변 : 이분법의 해체

공연은 김구선생을 중심으로 그 애국지사들이 거사를 논의하는 것이 주된 내용이다. 그런데 만고의 애국자로 알려진 김구나 그 거사자들의 행동은 우스꽝스럽기 짝이 없다. 김구는 거사자를 데리고 중국 요리점에서 먹지도 않을 비싼 요리를 시켰다가 취소시킨다. 마치 비싼 음식을 사주었다는 듯이 행동하는 김구는 우리가 존경했던 김구의 모습이 아니다. 거사자들도 끊임없이 돈타령이다. 간신히 거사지에 도착했는데, 거사자금이 모두 떨어졌다고 난리고, 목적했던 요인이나 장소에는 폭탄을 투척하지도 못할뿐더러 설령 투척했다고 해도 그 폭탄은 불발이다. 뿐만 아니라 언뜻 언뜻 등장하는 동서고금의 온갖 자객(테러리스트)들도 마찬가지이다. 이들은 하나같이 누군가를 죽이겠다고 아우성치나, 그 누구도 개인적인 원한으로 사람을 죽이지는 않는다. 오히려 그 분명한 명분으로, 자신의 목숨을 초개와 같이 내어놓은 사람들이다. "누군들 죽고 싶겠습니까? 또 누군들 죽이고 싶겠습니까? …하지만 이유는 분명 있습니다. 그렇다면 그 이유가 무엇일까요?"라고 연출은 묻고 있다.

실로 죽어간 사람은 많다. 김구, 이봉창, 윤봉길, 조말, 예양, 형가, 마자알, 엠마, 소피아, 체첸의 여인들… 이들은 어떤 의미에서 "見利思義 見危授命(눈앞에 이득을 보면 의로움을 생각하고, 위급함을 보거든 목숨을 던져라)"한 사람들일 수도 있으나, 또한 이 작품의 이야기는 분명 그들의 실패에 대한 희화화이며 패러디이다. 테러리즘의 한계를 보여주며 그 자체의 무위를 나타내기도 한다. 그러하기에 동시에 '악의 축' 인 테러리즘의 거꾸로 보기이며, 그들에 대한 연민인 동시에 동시대에 대한 성찰이기도 하다. 어째서 이들은 명분 앞에서 죽음을 선택하는가? 테러리즘은 거대한 절대적 적(敵) 앞에서 스스로를 소멸하는 마지막 항거이다.

그러나 장구한 역사 앞에서 도대체 그 명분이란 무엇인가를 묻고 있다. 그러하기에 등장인물들은 하나같이 희화화 되어 있다. 그러하기에 이는 세상의 테러리즘과 혁명에 대해 중심과 주변을 뒤바꾸어 보는 시각이기도 하다. 사실 이들은 같은 것이거나, 혹은 종이 한 장 차이인 것이다. 그러하기에 작품은 혁명과 테러리스트의 이분법을 거부하고, 오늘 사회의 한 핫 이슈를 꿰뚫는 질문이기도 하다. 혁명과 테러리스트가 같을 수도 있다는 가능성은 이미 오늘의 테러 논리에 대한 우회적인 답변이요 반성이기도 하다.

이러한 사고는 적절한 연극적 기법으로 더욱 돋보였다. 서사극적 기법을 활용하여 내레이터를 설정함으로써 그 잡다한 사건 진행을 단순화하였고, 감정의 이입과 소외를 적당히 반복하였다. 가령 암살하러 떠나는 이봉창 열사가 자신의 소원은 첫째도 독립, 둘째도 자주 독립이요, 셋째도 완전한 자주 독립임을 선포하여 감정이 고조되는 순간, 갑자기 김구는 "자네도 백범일지를 읽었구먼"이라고 말하여 감정을 소외시킨다. 이 소외는 곧 백범일지를 읽었다는 주변적 사실이, 독립이라는 중심적 가치를 대신하는 데서 온다. 또한 자객들의 무수한 실패 끝에 윤봉길 의사의 성공이 알려지고 애국가를 부르는 순간 실로 무수한 실패에서 참았던 눈물이 흐르나, 연출은 곧바로 다시 감정을 소외시킨다. 그것은 작품이 말하려고 하는 것이 기성의 중심인 테러리스트들에 대한 열광이나 동정이 아니라, 주변적이라고도 할 수 있는 그 반복되는 상황을 주시하고 역사의 게스투스를 읽어내기 바랬기 때문이다. 즉 서사극적 기법 역시 하나의 중심과 주변의 엇바꾸기 이다.

배우들의 연기 역시 희화화를 의식한 듯 단편적이고 몰입하지 않았다. 각기 연기하는 인물로 완전히 변신하지 않은 채 하는 연기는, 등장인물 개별의 중심과 주변을 흐린다. 즉 잦은 감정의 이입과 소외로 등장인물들은 누가 더 중요하지도 덜 중요하지도 않게 된다. 따라서 공연이 끝났을 때, 거의 모든 테러리스트들은 같은 인물로 기억된다.

뿐만 아니라 인형극의 적절한 사용도 자칫 단조로울 수 있었던 공연에 미학적 즐거움을 더하였다. 작은 인형이었지만 일본 분라꾸를 연상시키는 도움이들과 인형의 정교한 움직임이 인상적이었다. 유명한 고사(故事)의 주인공들은 인형으로 처리하여, 그 거리감을 일깨우고 감정의 이입을 방해하였다. 또한 조정되는 대로 움직이는 인형들과 오늘의 테러리스트(거사자)들을 동일시함으로써, 명분의 대소를 떠나 누군가에게 조정되고 있는지도 모르는 테러리스트들의 왜소함을 나타내기도 했다.

이렇듯이 공연은 정당화 되는 거대한 명분과 테러로 치부되는 사소한 명분의 이분법을 없애고, 동시에 오늘의 테러리즘을 다시 보기를 요청한다. 실로 테러리즘에 경악하는 세상을 향한 테러리즘의 허상을 부수었다고 하겠다. 테러리즘 개념의 중심과 주변을 뒤집어서, 그 통념적인 이분법을 넘어선 세상읽기이다.

4.2. 차연

작품에서는 끊임없이 거사의 연기나 실패가 계속된다. 김구가 그러하며, 이봉창이 그러하며, 오성륜, 김익상, 이종암이 그러한 것은 물론, 고금동서를 막론하고 거사는 연기되고 실패된다. 준비한 폭탄은 일본 황궁에서나 경찰서에서도 뻬쩨르부르그에서도 체첸에서도 항시 터지지 않는다. 결코 테러리스트들은 성공하지 못하며, 그러나 끊임없이 그 대열은 다른 사람들이 잇는다. 즉 김구의 애국운동처럼 그 명분이 거대해서 중심 가치에서 인정되는 경우이든, 아니면 체첸의 반군처럼 주변 가치여서 테러리스트로 낙인이 찍히든(그러나 사실 이들은 체첸의 애국자이다), 이들의 성공은 계속 연기된다.

이러한 연기는 그 거사의 의미가 연기되는 것이기도 하다. 그리고 그 의미조차 목숨을 걸 정도로 그렇게 대단하지 않을지도 모른다는 것을 암시한다. "백범은 일단 미국인 피치의 집에 숨어 일경의 검색을 피한다. 이후 백범의 임시정부는 항저우(杭州)로 옮겨간 후 1934년 난징(南京), 1937년 한코우(漢口), 1938년 장샤(長沙), 그리고 광저우(廣州), 꾸이양(貴陽) 시절을 거쳐 중국의 남서쪽 끝, 총칭(重慶)까지 옮겨간다. 이 길고 긴 도주의 기간에 백범은 어머니와 맏아들 인(仁)을 잃고, 조국의 광복을 맞기까지는 13년을 기다려야 했다"는 작품의 결말은 거사의 행동성이나 초조함과는 무관하게 시기가 익어야 결과가 온다고 이야기하는 듯하다. 즉 테러리스트들의 행위의 결과는 끊임없이 연기되는 것이다. 어쩌면 그들의 행동은 영원히 성공하지 못할 수도 있다는 암시가 있다. 그리고 이 행위 결과의 불확정성이야말로 테러리즘을 부인하는 것이기도 하니, 작품의 중요한 의미이기도 하다. 이 끝없는 연기를 통해서, 혁명과 같을지도 모르는 테러리스트들의 무의미를 다시 확인시키는 것이다.

4.3. 역사관-반복되는 테러리즘, 역사의 게스투스

해체주의는 알다시피 기성의 일회적이고 총체적인 역사관을 의심한다. 역사의 상황은 끝없이 반복될 수 있기에, 역사는 끝없이 다시 해석되고 쓰이어진다는 입장이다. 해체주의자들은 일어난 사실이 진정으로 객관적으로 전달될 수 있는가를 의심하고, 역사를 직선적이며 진보하는 것으로 간주하기보다는, 현재를 향하여 진행하는 무엇으로 생각하였다.[9]

이라크의 테러리즘이 세계적 이슈인 즈음, 이 작품은 그 테러리즘을 고금의 테러리즘과 연결시킨 이야기이다. 그러면서도 정작 이라크라는 핵심은 빗겨가며, 뜬금없기도 한 김구의 독립운동을 희화화하여 그리면서 고금의 테러리스트를 언뜻언뜻 보였다. 작가는 수많은 테러리스트의 등장을 통해, 반복되는 역사를 보여준다.

실로 〈자객열전〉은 한마디로 극단으로 기울고 있는 우리 시대의 반성이다. 막강하게 거대해 질 때 스스로를 낮추어 반성하고, 집요하게 명분에 집착할 때 자신 속의 테러리즘을 경계해야 한다는 공연의 메시지는 실로 유효하다.[10] 9 · 11 이후 테러에 놀란 미국이 집요하게 명분에 집착하는 것은 또 다른 테러리즘일지 모른다는 경고가 강하게 다가온다. 다시 말하면 공연은 무수한 테러리스들을 등장시켜 현재를 향하여 진행하는 무엇으로 생각했으며, 여전히 반복되고 있는 테러리즘을 경계하고 있다.

뿐만 아니라 독립운동을 이야기하며 동시에 거대한 역사를 개인화 시킨

---

9 Ross C. Murfin, "What is the New Historicism?" *The Scarlet Letter* (Boston : Bedford Books of St. Martin's Press, 1991).
"The new historicist critics are less fact-and event-oriented than historical critics used to be, perhaps they have come to wonder whether the truth about what really happened can ever be purely objectively known. They are less likely to see history as linear and progressive, as something developing toward the present."

10 〈자객열전〉 프로그램.

다는 점도 역시 작품에서 유효하다. 김구의 과장이나 개인화된 일상들은 독립이라는 명분보다 가깝게 다가온다. 또한 온갖 테러리스트의 묘사 속에 개인사적 이야기를 들려주는 것도 테러리즘 자체를 개인화시키고 있다. 동시에 소위 기성의 거대한 명분과 사소한 명분을 동일시하고 있다. 대한민국 독립이나 체첸의 여전사(女戰士)나 앞으로 있을 가상 역사에서 절멸을 택한 일인 초밥왕이나, 그들은 모두 명분을 위해 초개와 같이 목숨을 버린 자들이다. 이렇듯이 작품은 거대한 테러리즘에서조차 반복되고 개인화되고 개별화된 역사관을 잘 보여주고 있다.

이렇듯이 〈자객열전〉은 한 마디로 우리 시대의 반성이다. 9 · 11 이후 테러리즘에 히스테리적 반응을 보이고 있는 현대 사회에서, 이것 역시 하나의 테러리즘이 아닌가를 묻고 있다. 우리가 갖고 있는 혁명과 테러리스트에 대한 이분법을 깨뜨리면서, 끝없이 실패하여 연기되는 테러들을 나열하면서, 반복되는 역사의 게스투스를 환기시키며, 오늘의 테러리스트를 중심이 아닌 주변 시각으로 다시 일깨우고 있다. 해체주의를 통하여 연극의 사회적 소명을 상기시키고, 그 '사고하는 연극' 의 무게와 재미를 일깨웠다 하겠다.

5. 나오며－이분법의 해체이후 : 다의성

이상과 같이 〈청춘예찬〉, 〈서안화차〉 및 〈자객열전〉을 해체주의적 시각으로 분석하여 보았다. 해체주의적 분석은 어째서 이들 공연이 새로운 감성과 다의적 의미로 다가오는 지를 말해준다. 이들 공연들은 모두 기성의 이분법적 통념을 벗어나서, 제3의 의미와 가치를 지적하고 있었다. 아이러니컬하게도 〈청춘예찬〉은 예찬할 아무것도 없는 청춘의 막막함을 기성 가족의 상하구조나 이분법적 가치를 허물며 보여주었으며, 〈서안화차〉는 기성의 이분법적 선악논리를 넘어선 제3의 사랑인 동성애를 보여준다. 〈자객열전〉은 애국지사와 테러리스트의 경계를 허물고, 오늘의 히스테릭한 테러리즘에의 공포 역시 하나의 테러리즘은 아닌가를 묻고 있다.

이렇듯이 3편의 연극에서 보이듯이 이제 우리 한국 연극도 명실공이 해체주의를 도입했다고 하겠다. 80년대 〈불가불가〉에서 시작되었던 해체주의의 조짐은 새 밀레니엄을 맞아 본격적으로 해체주의를 연극에 도입하고 있다. 해체주의가 보여주는 기성 이분 논리의 파괴와 그 결과 보여주는 다원성은 우리 연극에 새로운 감성과 가치를 더해나갈 것이다. 그리고 이러한 경향은 우리 사회가 포스트모던 사회로 성숙할 수록 더욱 새로운 이분법의 파괴가 나타나지 않을까 싶다. 그러하기에 앞으로 더욱 개별화되고 다원적인 시각으로 새로운 감성과 다의적 의미의 해체주의 연극을 예견하게 된다.

참고문헌

공연대본 : 〈청춘예찬〉, 〈서안화차〉, 〈자객열전〉

이광래, 『해체주의와 그 이후』, 열린책들, 2007.

_____ 편, 『해체주의란 무엇인가』, 교보문고, 1989.

이미원, 「이현화 희곡과 포스트모더니즘」, 『한국현대극작가연구』, 연극과 인간, 2003.

_____, "해체주의와 연극비평" 『동시대 연극비평의 방법론과 실제』 연극과 인간, 2009.

컬러, 조나던 · 이만식 역, 『해체비평』, 현대미학사, 1998.

피종호, 『해체미학 : 니체에서 후기구조주의까지』, 뿌리와 이파리, 2005.

한상철, 『데리다의 해체주의에 대한 비판적 이해』, 철학과 현실사, 2001.

할랜드, 리차드, 윤호병 역, 『초구조주의란 무엇인가』, 현대미학사, 1996.

Best, Steven & Douglas Kellner. Postmodern Theory. New York : The Guilford Press, 1991.

Carlson, Marvin. Performance. London & New York : Routledge,n 1996.

Culler, Jonathan. On Deconstruction : Theory and Criticism after Structuralism. Ithaca, N.Y. : Cornell University Press, 1982.

Derrida, Jacques, Derrida and Différance, ed. David Wood and Robert Bernasconi, Warwick : Parousia, 1985,

Derrida, Jacques, Of Grammatology. Trans. Gayatri Chakravorty Spivak. Baltimore & London : The Johns Hopkins University Press,1976.

Fortier, Mark. Theory/Theatre. London & New York : Routledge, 1997.

MacDonald, Eric. Theater at the Margins. Ann Arbor : University of Michigan Press, 1993.

우리 시대의 비극론

— 〈잠들 수 없다!〉, 〈염소 혹은 실비아는 누구인가?〉를 중심으로

김형기

들어가는 말

비극이란 무엇인가? 우리 시대에 비극은 가능한가? 비극은 과연 오늘날 어떤 의미와 가치를 지니는가? 이 글의 발단은 이 같은 물음에 대한 답을 찾고자 하는 데서 비롯한다. 비극(성)(tragedy, the tragic)은 첫째, 장르를 표기하는 명칭으로서 희극이라는 장르와 구분하여 비극과 비애극(悲哀劇, Trauerspiel)[1]의 희곡형식을 포괄하는가 하면, 인간의 행동에서 빚어지는 비극

1 'Trauerspiel(비애극)' 이란 말은 독일의 작가이자 시학자인 마틴 오피츠(1597~1639)가 1628년 외래어인 '비극'(Trgödie)을 번역하기 위해 네덜란드어인 'Treuerspiel' 을 차용한 것에서 비롯한다. 독일어로 '비애', '슬픔' 을 뜻하는 Trauer와 '유희', '극' 을 의미하는 Spiel을 결합하여 만든 이 '비애극' 이라는 용어는 17세기 이래로 '비극' 과 거의 같은 의미로 사용되어 왔다. 그러나 발터 벤야민(1892~1940)은 Tragödie란 용어를 신화에 기반을 둔 고대 그리스 시대의 비극에 국한하여 사용하면서, 자신의 역사철학적 관점에서 볼 때 현재와 미래를 향해 열려 있는 "새로운 비극"으로서의 "비애극"과 엄격히 구분하였다. Hierzu vgl. Walter Benjamin, Der Ursprung des deutschen Trauerspiels(발터 벤야민, 최성만, 김유동 옮김, 『독일 비애극의 원천』, 한길사, 2009, 15쪽 참조.)

(성)의 경험과, 그리고 비극적인 것의 이론 및 철학을 포괄한다. 미적인 것과 도의적인 것 그리고 이론적인 성찰의 이러한 대상영역들은 비극(성)의 개념 안에서 각기 개별적으로 분리된 영역을 이루면서 동시에 서로 연관되어 있다.

비극에 관한 진술은 때로는 기술(記述)적이고, 때로는 규범적 성격을 지니며 또 때로는 그 자체로 개념정의이기도 하다. 규범적인 진술이 개념을 규정하려고 하는 반면에, 기술적인 진술에서는 비극(the tragedy)에 귀속되는 특성들, 즉 비극의 구조와 작용 그리고 기능에 대한 명제들 외에 비극이 형성되거나 혹은 비극의 형성에 장해가 되는 여러 조건들에 대한 고려들이 중심이 된다. 이 가운데 규범적인 표현이 따르는 모델은 두 가지다. 첫째는, 비극은 시류에 적합한 장르(가 아니)며, 그리하여 비극들이 오늘날 쓰여져야 한다(쓰여지지 않을 것이다)는 것이다. 둘째는, 오늘날에 쓰여질 수 있는 비극들은 a, b, c 등의 이러저러한 특성들을 지녀야 한다는 것이다. 그러나 비극에 대한 정의와 기술적이고 강령적인 명제들은 종종 일치하거나 서로 중첩되어 나타난다.[2]

이러한 경계넘기는 비극이론과 '비극적인 것' (das Tragische)의 이론의 관계에서도 확인이 가능하다. 독일에서 '비극적' 이라는 형용사에서 "비극적인 것"이라는 명사화가 일어난 것은 이미 18세기 후반기이다. 또 질풍노도시기에 장르구분에 대한 관심이 점차 사라짐에 따라 영향미학적으로 논증하는 문학 장르인 "비극"(Tragödie)의 시학이 1800년에 내용(가치)의 미학과 "비극적인 것"의 철학으로 옮아가기 시작한다. "비극성"(Tragik)이란 조어가 "비극적인 것"(das Tragische)이란 말과 나란히 등장하는 것은 비로소 19세기에

2 Ulrich Profitlich(Hg.), Tragödientheorie. Texte und Kommentare vom Barock bis zur Gegenwart, (Reinbek bei Hamburg : Rowohlt, 1999), p.11 참조.

들어서면서 이며, 20세기에 와서는 하나의 유행어가 된다.[3] 그런데 여기서 주목해야 할 점은 20세기의 작가들이 비극적인 것이 동시대의 실재 속에 폭넓게 존재한다고 선언하면서도, 그러나 바로 이 비극적인 것의 묘사를 위해서는 정작 종래의 특정한 비극을 배제하고 있다는 사실이다.[4] 이런 점에서 전통적으로 알려진 소위 고유한 '비극'과 현대적인 비극의 구분은 어느 의미에서는 필수불가결하다. 말하자면, 비극이라는 낱말이 유럽 문명의 장구한 전통을 거쳐 오늘의 우리에게 전해졌지만, 그렇다고 비극을 곧장 이러한 문화적 연속성이 가장 단순하고 강력하게 나타난 하나의 실례로 파악하기 어렵다는 것이다. 하지만 이제까지 비극에 관한 대부분의 연구는 무의식적으로 이러한 가정에서 출발하여 전통적인 비극 개념을 가르치고 전파하려는 욕구에 의해 결정되어 왔다.[5]

필자는 이 논문에서 비극의 전통을 검토함으로써 비극이란 말과 연결되어 있는 작품과 개념들을 비판적으로, 역사적으로 고찰하고자 한다. 그 결과 우리 시대의 작가와 이론가들이 이해하고 실천하는 비극은 과연 무엇이며, 이들의 비극론은 종래의 전통적인 이론과는 어떻게 차이가 나는지를 규명하는 것이 이 글의 궁극적 목표이다.

이를 위해서 필자는 비극에 대한 개념을 고대 그리스 시대부터 오늘에 이르는 비극작가, 연극이론가, 철학자, 미학자들의 견해를 중심으로 살펴본 다음, 20세기 후반에 들어 무대에서 전개되고 있는 비극(성)의 양상을 한국연극평론가협회가 1994년 이래로 해마다 선정해온 '올해의 연극 베스트 3' 작품을 중심으로 분석함으로써 우리 시대의 비극론의 실체에 접근하고자 한다.

---

3 같은 책, p.11.
4 같은 책, p.12.
5 레이몬드 윌리엄즈, 임순희 옮김, 『현대비극론』, 학민사, 1985, 18쪽 이하 참조. 이 책은 Modern Tragedy라는 제목으로 1966년에 초판이 출간되었다.

1. 비극에 관한 본질주의적 입장

드라마와 연극의 장르 개념으로서 '비극'을 말할 때, 우리는 먼저 고대 그리스 비극을 떠올린다. 그리스 시대에 처음으로 비극의 개념을 설명하고 규정한 인물은 플라톤이다. 사실상 비극 개념의 변천사는 고대 그리스 시대에 시도된 개념 규정에 대한 끊임없는 작용과 반작용의 연속이라 해도 과언이 아니다. 비극과 비극성의 개념을 둘러싼 학자들의 입장은 크게 두 가지 방향으로 나뉜다. 하나는 비극의 '본질'을 비극작품의 다양한 실상을 도외시하고, 운명론적이고 엘리트주의적으로 규정하면서 근대 이후에 비극은 사실상 사멸하였다고 주장하는 입장이다. 또 다른 하나의 입장은 비극을 어느 특정 시대의 정치 · 문화를 기반으로 하는 특정 작가들의 유일무이한 산물들로 귀속시키는 첫 번째 입장과는 달리, 비극은 특정 시대를 넘어서 역사적으로 형태와 양상을 달리하며 지금도 계속되고 있다고 파악하는 입장이다.

먼저 고대 비극론을 집대성한 아리스토텔레스의 『시학』(B. C. 367~347)에 기초하여 당대는 물론 그의 영향을 받은 후대의 비극이론가들이 비극의 본질 내지 구조를 강조하면서 폭넓게 합의를 이루며 자연스럽게 형성된 첫 번째의 주류 비극이론을 정리하면 아래와 같다.[6]

지극히 광범위한 합의에 의거할 때, 비극으로 간주할 수 있는 희곡들은 특정한, 극히 제한된 시기에서만 만나볼 수 있는 소수에 불과하다. 이는 여타의 시기에는 훌륭한 영웅들이 살아남고 범죄자들이 처벌받는 것을 보고자 했던 반면에, 경탄할 만한 영웅들의 흥망성쇠를 보고자 하는 욕구가 있

6 Hans-Dieter Gelfert, Die Tragödie. Theorie und Geschichte, (Göttingen : Vandenhoeck & Ruprecht, 1995), p.29 이하.

었던 특별한 시기들이 분명히 존재했기 때문이다. 또한 어떤 사건이 비극적이라고 하는 경우는, 어떤 인간이 결코 자연스럽거나 우연적이지 않은 방식으로, 또 계획적으로 의도한 것은 아니나 그렇다고 무죄는 아닌 상태로 거기에 얽혀있음을 확실히 알면서도 몰락하는 경우를 가리킨다. 비극이 어떤 비극적 사건을 묘사할 때, 이 사건은 주인공의 그릇된 행동(Hamartia)을 통해 우선 두려움(Phobos)을 야기하고, 급전(Peripetie) 이후에는 비통함(Eleos)을 파국에 직면하여 촉발시킨다. 이 파국의 연관망을 주인공은 죽음 직전에 비로소 간파(Anagnorisis)하는데, 이러한 것이 관객에게 정서적 해방(Katharsis)을 일으키도록 작용한다. 공포와 연민은 동일한 주인공에게 관계하며, 주인공은 범죄자여서도 성자여서도 안 된다. 왜냐하면 전자일 경우는 두려움이, 후자일 경우는 비통함이 생기지 않기 때문이다. 수직으로 구조화된 귀족주의 사회에서 사람들은 위험에 처한 영웅에게 고도의 공포를 느끼지만, 그의 추락에 대한 슬픔은 단지 긴 조사(弔詞)를 통해서만 이겨낼 수 있을 뿐, 연민을 통해서 정화와 해방에는 이르지 못한다. 반면에 수평으로 구조화된 평등한 사회에서는 사람들이 걸출한 영웅에 대해서 아무런 공포심도 갖지 않으며, 그가 추락할 때조차도 겨우 연민과 도덕적 만족감을 느낄 뿐이다. 이에 따라 비극들은 수직적 이데올로기가 아직 존속하고 또 수평적 이데올로기가 벌써 존재하는 곳에서 기대할 수 있으며, 그 결과 그 사회는 이념적 양가성을 띠게 된다. 그러나 하나의 이데올로기에서 다른 이데올로기로의 전환이 일어나는 혁명적 과도기는 배제된다. 왜냐하면 사람들이 그 시기에는 이념적 양가성 대신에 명확한 편 가르기를 강요받기 때문이다. 이런 의미에서 비극적 시기들이란 벤야민의 말대로 신구의, 수직과 수평적으로 구조화된 이데올로기 간의 소위 "지진중심지대"(Erdbebenzentren)에 다름 아니다.

이상에서 간략히 정리한 비극론은 자세한 부연설명을 필요로 한다. 우선 어떻게 비극에서 관객은 쾌감을 얻을 수 있는 것인지 그 작용근거를 심리적, 도덕적 그리고 미학적 차원에서 설명해야 한다. 또한 비극이 특히 어느 특정한 시기와 장소에 국한하여 나타난다면, 그 때가 언제이며 또 왜 그러한지에 대한 설명이 뒤따라야 한다.

1.1. 비극에 대한 쾌감의 원천

'어떻게 사람들은 무대에서 모방된 형태로 행해지는 살인과 폭력을 볼 때 솔직한 쾌감을 느끼는 것인가, 또 어떻게 관객은 이를테면 〈햄릿〉 공연에서 네 구의 시체 위로 막이 내려진 후에 흡족해진 상태로 극장을 떠날 수 있는가?' 사람들이 현실에서는 보기 꺼려하는 사물들(예 : 혐오스러운 동물, 시체 등)이지만 무대에서는 쾌감을 느낄 수 있다는 것은 아리스토텔레스가 이미 『시학』 4장에서도 밝힌 바 있는 오래된 경험이다. 이 같은 질문은 특히 18세기 전체에 걸쳐 진행되어온 논쟁으로서 1792년에 프리드리히 실러가 자신의 논문 「비극적 대상에 대한 쾌락의 근거」에서 다룬 핵심 논제이기도 하다.[7] 수많은 답변 가운데 되풀이되는 몇 가지 입장들을 구분하여 정리해보면 다음과 같다.[8]

먼저 가장 명료한 답변은 인간이 다른 사람들의 불행에서 재미를 느낀다고 생각하는 것이다. 왜냐하면 그때 자신의 상황이 상대적으로 행복하게 여겨지기 때문이라는 것이다. 두 번째 테제는 온갖 형태의 심리적 흥분이 고

7 Friedrich Schiller, Über den Grund des Vergnügens an tragischen Gegenständen, Friedrich Schiller, Werke in drei Bänden, Bd. II. Unter mitw. v. Gerhard Fricke hrsg. v. Herbert G. Göpfert, (München : Carl Hanser, 1966), pp.341~351; 한미희, 숭고의 이념과 쉴러의 비극론, 『독일문학』, 71(1999), 49~85쪽 참조.

8 Gelfert, 앞의 책, pp.19~24 참조.

통의 한계에 미치지 못하는 경우, 인간은 그 흥분을 재미있는 것으로 감지 한다는 가정에서 출발한다. 이 두 가지 입장은 비극에 대한 쾌감을 도덕적으로 비관여적인, 심리적-생리적인 반응으로 보는 것이다. 반면에, 세 번째 이론은 비극이 관객에게 연민의 감정을 불러일으킨다는 것이며, 또 이 감정은 모든 인간에게서 도덕적으로 만족감을 주는, 쾌활한 기분이라는 점이다. 도덕적 측면에 강조점을 두는 이런 설명은 이미 아리스토텔레스에게서 나타난다. 네 번째 입장은 비극의 공동체험에서 비단 도덕적 감정을 불러일으킬 뿐 아니라 윤리적 세계질서에 대한 통찰과 또 그로써 인식론적인 만족도 중개하는 일종의 인식과정을 본다는 것이다. 이것은 실러가 위의 논문에서 말하고 있는 입장으로, 니체에게 와서는 "형이상학적 위로"(metaphysischer Trost)[9]라는 유명한 말로 표현된다 : "사물의 근저(根底)에 있는 생명은 현상의 온갖 변천에도 불구하고 불멸의 힘과 환희로 가득 차있다고 하는 형이상학적 위로 – […] 진정한 비극이라면 어느 것이든 간에 이 위로를 우리에게 안겨다준다– 가 활기차고 뚜렷이 나타나는 것은 사티로스 합창단이다."[10] 하지만 이에 따르면 "형이상학적 위로"의 시발은 비극성이 아니라 결국은 사티로스극에서 성취되는 희극성이다. 그러므로 각기 유리되어 나타난 위의 네 가지 입장 가운데 어느 것도 단독으로는 무엇이 비극에 대한 특수한 쾌감을 규정하는가에 대한 질문에 만족스러운 답을 주지 못한다.

이 가운데서 우리의 질문에 대한 가장 명백한 답변을 주는 사람은 아리스토텔레스와 실러이다. 아리스토텔레스가 제시하는 핵심어는 카타르시스

---

9 Friedrich Nietzsche, Die Geburt der Tragödie aus dem Geiste der Musik. Mit einem Nachwort v. Peter Sloterdijk, (Frankfurt a. M. : Insel, 1987), p.63 이하.

10 같은 책, p.63 이하.

(정화)[11]이고, 실러의 핵심어는 숭고함(혹은 고양)이다. 아리스토텔레스에 의하면 비극은 우리의 정서 속에 특정한 형태의 '정화'가 작용하게 하기 때문에 우리에게 특수한 방식으로 쾌감을 마련해준다고 한다. 그리고 실러는 비극이 우리의 정서를 숭고함의 감정으로 충만케 하는 데서 비극에 대한 쾌락의 근거를 발견한다. 비극의 본질과 작용에 관한 동일한 질문에 대한 답변이지만 이 두 이론은 서로 일치하지 않는다. 그렇다면 이러한 사실이 의미하는 바는 무엇인가? 서로 차이 나는 이 두 답변에서 우리가 도출할 수 있는 결론은 무엇인가?

아리스토텔레스가 말하는 설명의 근거는 상대적으로 경험에 근접해 있다. 즉 인간은 고통을 주는 공포와 연민이라는 정서들로부터 괴롭힘을 당하고 있으며, 그래서 힘들게 또 적응을 해가면서 존재한다는 사실이다. 이때 비극적 '정화'는 긴장을 완화하고 해방시키는 균형과 조절의 기능을 한다. 그가 『시학』의 6장에서 "[…] 연민과 두려움을 일으켜서 그런 흥분상태의 정화를 행한다."[12]라고 기술할 때, 여기서는 도덕적 가치에 대해서든 인식적 가치에 대해서든 아무 언급이 없다. 오로지 흥분의 과정만이 얘기되고 있을 뿐이다. 그러나 두려움을 통해서 관객에게는 흥분의 수준이 최고점으로까

---

11 아리스토텔레스의 카타르시스 개념은 자신의 위대한 스승인 플라톤을 거스르는 것이었다. 플라톤은 인간에게서 일어나는 열정의 지극히 작은 동요조차도 공공의 선을 위해서는 유해한 것으로 간주하였고, 그래서 모든 예술을 자신의 이상국가에서 추방하고자 했다. 이것은 무엇보다도 비극과 특정한 종류의 음악에 해당되었다. 이상주의자인 플라톤에게는 이성적 존재로서의 인간이 억압해야 하는 비합리적 열정의 흥분이었던 것을 현실주의자인 아리스토텔레스는 의학적 의미에서 건강하게 유지해야 할 인간적 본성의 일부로 간주하였다. 가장 좋은 치료는 그에 의하면 제어가 되는 정화작용이었다. 이 정화작용을 하기에 비극은 뛰어나게 적합했다. 비극은 그에게 일종의 사회적 심리치료약이었다. Gustav Adolf Seeck, Die griechische Tragödie, (Stuttgart : Reclam, 2000), pp.252~255 참조.

12 Aristoteles, Poetik. Griechisch/Deutsch, übers. u. hrsg. v. Manfred Fuhrmann, (Stuttgart Reclam, 1991), p.19.

지 솟아오르고, 연민을 통해서 그렇게 쌓인 자극의 긴장이 다시 감소된다. 바로 이때 관객은 배설 내지 정화의 형태로 짐에서부터 해방되어 극장을 떠나게 되는 것이다. 이것은 모든 신체적 쾌감체험의 바탕이 되는 생리적 과정이다. 하지만 인간은 이 심리적 쾌감체험의 과정에 힘입어 문화적 승화를 거쳐 고상한 비극에까지 이를 수 있는 것이다.

한편 실러가 말하는 설명의 근거는 단순한 자기경험의 영역을 확실히 넘어선다. 즉 어떤 무시무시한 운명이 생명체로서의 인간을 짓밟더라도 그의 이성(理性)성격을 통하여 '상승시키고' 또 '고양시키는' 것을 가능하게 하는 것은 다름 아닌 인간의 이중성이라는 것이다.[13] 그러므로 비극은 인간의 이중적 본성의 갈등을 보여주어야 한다. 즉 고통 받는 격정적인 본성을 묘사함과 동시에 고통에 좌우되지 않는 도덕적 자율성(숭고함)을 묘사함으로써, 관객에게 이성적 능력을 일깨우고 내면의 도덕적 자유를 의식하게 해주어야 한다고 한다. 이는 그의 유명한 "격정적 숭고함"(das Pathetischerhabene)의 개념에 잘 집약되어 나타난다.

이 같은 입장은 비극을 '디오니소스적인 통찰력과 힘의 아폴로적인 구현'으로 파악하는 니체에게서도 발견된다. 비극은 영웅들을 창조해 내고 또 파멸시키지만, 우리에게 또 다른 존재의 차원과 더 높은 기쁨을 상기시켜 준다.[14] 이런 의미에서 비극의 행동은 심리적이고 도덕적이며 인식적인 것과 나란히 미적인 것이다.

비극이 이렇게 작용하는 데 기저가 되는 원리는 긴장의 해소이다. 인간은 긴장해소를 위해 웃음과 울음이라는 메커니즘을 가지고 있다. 웃음이란

---

13 Hans Wagner, Aesthetik der Tragödie von Aristoteles bis Schiller, (Würzburg : Königshausen + Neumann, 1987, pp.7~15 참조.

14 윌리엄즈, 앞의 책, p.47 참조.

칸트가 말하듯이, "어떤 긴장된 기대가 무(無)로 갑자기 전화(轉化)하는 데서 일어나는 정서"[15]이다. 웃을 수 있기 위해서는 무언가를 기다릴 수 있어야만 한다. 이것은 울음에 대해서도 똑 같이 적용된다. 우리는 상실이나 고통을 겪는 순간에 울지 않는다. 오히려 우리는 그것을 울음이라는 상징적 고통을 통하여 줄여나가면서 고통을 방어하려는 긴장감을 우리 안에서 해소할 때 비로소 울게 된다. 그러므로 축제와 애도는 사회적 긴장해소의 아주 오래된 제의에 속한다. 거기서 인간들 사이의, 그리고 사회적인 긴장을 해결하기 위한 두 개의 타고난 기관, 즉 유머와 연민이 생겨났다.[16]

그렇다면 유머와 그것을 희극으로 형체화한 것은 문학사 전반에 걸쳐 두루 만나볼 수 있는데 반해, 어째서 비극에서 연민을 예술적으로 승화시키는 것은 고대 그리스 비극시기를 비롯하여 단지 아주 특정한 시기들에서만 등장하는가 하는 의문이 제기되지 않을 수 없다. 만약에 비극적 형태의 긴장해소에 대한 욕구가 인간 보편적 욕구라고 한다면, 무엇 때문에 이 욕구가 문학에서 그토록 드물게 충족되었는가 하는 이유를 찾지 못할 것이다. 만약에 비극이 단지 특정한 사회적 조건 하에서만 출현한다는 사실이 맞는다면, 이러한 특수한 형태의 긴장해소에 대한 욕구를 야기하는 사회상황이 문제의 핵심이 될 것이다.

1.2. 비극의 역사적 지점 : 비극적 단면(斷面)들

그렇다면 비극이 출현하는 역사적 장소는 어디인가? 주류 비극이론가들에 따르면 그 장소는 인간들이 한편으로는 영웅들과 동일시하면서 다른 한

---

15 Stefanie Hüttinger, Die Kunst des Lachens – das Lachen der Kunst. Ein Stottern des Körpers, (Frankfurt a. M. : Peter Lang, 1996), p.15에서 재인용.

16 Gelfert, 앞의 책 p.23 참조.

편으로는 걸출한 개개의 인간에 대하여 벌써 불신을 하는 그런 곳이다. 이러한 양가성이 나타나는 곳은 어떤 사회구조에서 다른 사회구조로 넘어가는 과도기에 위치하는 사회, 그러니까 귀족적 사유가 아직 존재하면서 또 평등의 사유가 벌써 존재하는 사회이다.[17] 물론 혁명적 과도 형태는 처음부터 배제되어야 한다. 그 까닭은 귀족적 사회형태가 강압적으로 평등한 사회형태로 대체될 경우, 사람들은 양가적 태도를 취할 수 없고, 오히려 분명한 편 가르기를 하도록 강요받는다고 느낄 것이기 때문이다.

그렇다면 위와 같은 조건들에 부합하는 역사적 단면들은 어디인가? 첫 번째 단면은 기원전 5세기 그리스에서 있었다. 그 당시는 광범위한 개혁을 통해 귀족의 지배가 제한되어서 아테네에 민주주의가 도입될 수 있던 시기였다. 그러나 동시에 위대한 영웅들에 대해서는 얼마든지 감탄할 수 있을 정도로 옛 귀족적 가치질서가 사람들의 뇌리에 충분히 견고하게 박혀 있던 때이기도 하였다. 따라서 그리스 비극은 원시사회 형태와 새로운 사회질서 사이에 존재하는 갈등을 구체적으로 구현한 것으로 여겨졌다. 두 번째 단면이 이어진 때는 그로부터 약 2천년 후인 16세기 영국의 엘리자베스왕조 시대였다. 당시에 상위 귀족계급은 장미전쟁(1455~1485) 이후에 소수의 칭호소유자들로 축소되어 있었던 반면에, 하위 귀족계급과 도시의 시민계층은 하원에서 정치적 주도권을 획득하였다. 귀족의 전통은 충분히 강하게 남아 있어서 위대한 영웅들에 대하여 감탄하도록 단순한 시민들을 이념적으로 활용할 정도였다. 반면에 시민들은 평등한 청교도주의교리에 기꺼이 귀를 기울였다. 엘리자베스왕조 시대의 비극이 가진 성격은 물려받은 질서의 요소들과 새로운 휴머니즘의 요소들 사이의 복잡한 관계에 의해 결정되

17 카를 야스퍼스, 전양범 옮김, 『철학학교/비극론/철학입문/위대한 철학자들』, 동서문화사, 2009, 171쪽 이하 참조.

었다.[18] 그로부터 두 세기가 지난 18세기에 독일에서는 레싱이 계몽주의의 영향 아래 절대주의에 저항하는 투쟁을 시작하면서 신고전주의 이론을 거부하고 셰익스피어를 옹호하는 가운데 시민비극(bourgeois tragedy)이 형성되었다.

이것이 비극 문학을 위한 자양의 토대로서 거론되는 3대 시기이며, 동시에 비극 문학이 활짝 꽃피운 전성기이기도 하다. 말하자면 아티카 비극[19]의 시기, 셰익스피어 및 그 동시대인들의 시기, 그리고 레싱에서 실러, 클라이스트, 프리드리히 헵벨을 거쳐 게르하르트 하우프트만에 이르기까지 비극을 둘러싸고 독일에서 오랫동안 씨름이 펼쳐진 시기가 그것이다. 그러나 개인을 절대주의적 국가이성과의 갈등 속에서 제시하고 있는 17세기의 프랑스 신고전주의 비극은 주류비극이론가들에게는 하나의 예외를 이룬다. 왜냐하면 이 시기에는 지극히 경미한 단면의 징후조차도 존재하지 않았기 때문이다.[20]

이와 함께 특히 주목해야 할 것은 헵벨의 비극작품이다. 그에게 있어서 비극은 가장 일반적인 인간적 능력을 지닌 개인과, 사회적 · 종교적 제도를 통하여 그를 형성하고 제한하는 '관념'(Idee) 사이의 갈등이다. 즉 그의 비극작품은 개체와 전체(관념, 도덕법칙), 일반적인 것과 특수한 것의 근원적 합일이 이미 깨져 있는 인간적 삶의 비극적 상태에 기초해 있다.[21]

---

18 윌리엄즈, 앞의 책, 36쪽 참조.

19 그리스 비극이 가장 중요한 발전단계와 전성기를 아테네에서 가졌고, 또 전래하는 비극작품들이 대부분 아테네 사람들에 의해 씌어지고 공연되었기 때문에 '아티카 비극'(attische Tragödie)이라고 말하며, 또 헬레나 비극(hellenische Tragödie)이라고도 한다.

20 Gelfert, 앞의 책, p.26 이하; 윌리엄즈, 앞의 책, 18~43쪽 참조.

21 헵벨의 이러한 비극관을 가리켜 "범비극론"(Pantragismus)이라 부른다. Dieter Kafitz, Grundzüge einer Geschichte des deutschen Dramas von Lessing bis zum Naturalismus, 2. Aufl., (Frankfurt a. M. : Athenäum, 1989), pp.207~210 참조.

이런 점에서 비극은 인간의 발전과정의 큰 위기들과 관계를 맺고 있다. 즉, 인간과 운명 사이의 그리스적 갈등, 그리고 인간의 이원론에 입각한 르네상스 시대의 갈등이 이제 관념 자체로까지 확장된다. 헵벨은 "인간과 도덕개념과의 관계"뿐만 아니라, 그러한 "도덕개념의 타당성" 자체도 논의하기 시작한다. 이는 곧 현대연극의 중요한 영역인 '자유주의 비극'(liberal tragedy)[22]의 새로운 형태를 처음으로 이론적으로 공식화한 것이란 점에서 주목을 요한다.[23]

2. 비극에 관한 역사주의적 입장

앞장에서 살펴본 바와 같이 비극과 비극적인 것의 작용을 본질주의적 입장에서 이해하고 규정한다면, '현대의 비극'이란 명백히 존재할 수 없다고 할 것이다. 그러나 무엇보다도 영국과 미국에서는 비극의 개념을 현대의 희곡에 적용하고 이를 가리켜 '현대의 비극'이라고 부르는 학자들이 있다. 그 가운데 특히 영국 출신의 저명한 문화비평가로서 60, 70년대에 좌파지식인들로부터 존경받아온 인물인 레이몬드 윌리엄즈는 자신의 저서 『현대 비극』(Modern Tragedy, 1966)에서 톨스토이, 체홉, 입센, 스트린드베리, 오닐, 테네시 윌리엄즈, 아서 밀러, 피란델로, 이오네스코, T. S. 엘리엇, 브레히트와 베케트 등과 같은 현대 희곡의 거의 모든 작가의 이름을 '비극'의 개념 아래 망라하고 있다. 그러나 여기서 말하는 '비극'의 개념 하에서 이해할 수 있는 비극, 비극적인 것이란 어떤 것인가? 사실 다양한 시기의 극문학 속에서 비극적 주인공의 변천을 관찰하는 일은 매우 흥미 있는 일이다.

---

22 '자유주의 비극'에 관한 개념설명은 윌리엄즈, 앞의 책, 101쪽 참조.

23 윌리엄즈, 앞의 책, 43쪽 참조.

먼저 비극적인 생활감정, 비극적 의식과 비극적 인식이란, 내던져져 있는 실존 속에서의 해결할 수 없는 대립과 불가결한 존재의 분열, 이율배반적인 구조를 지각하는 것에 대한 인간의 예민하고 영적이며 정신적인 반응에 다름 아니다. 이미 1장에서 살펴본 바와 같이, 비극은 '최고로 훌륭한 인간들'을 묘사하는데, 이들이 보이는 비극적 반응은 몰락의 와중에 드러나는 미덕으로서 인간적인 품위의 이상(理想)이 된다. 혼돈과 불행 그리고 소름 돋게 하는 사건의 인상을 뚫고 나타나는 이러한 숭고한 상(像)은 모든 비극이 매개하는 위로하는 것(das Tröstliche)의 출발점이다.[24] 이것은 야스퍼스의 말을 빌면 고뇌(Leid)의 비극적 한계상황 속에서 얻을 수 있는 가치요 이득이다. 이런 고뇌의 한계상황에 처해 있을 때 존재 속에서 자신의 존재가 비로소 증명되며, 개개의 모든 위대한 비극이 매개하는 디오니소스적 생활감정(dionysisches Lebensgefühl)이 유발된다. 디오니소스적 생활감정은 인간을 동시에 총체적인 실존 속으로 세워놓으며, 고뇌에서 최종 완결의 환호가, 좌절에서 비로소 존재의 충만이 반짝이게 한다.[25] 이렇게 온갖 혼돈으로부터 인간적인 관념세계의 구원을 경험하는 것은 비극의 생리적이고 카타르시스적인 작용과 서로 짝을 이룬다.[26]

그렇다면 이러한 비극의 주인공이 우리 세기에서는 어떤 모습으로 나타나는가? 우리 세기도 비극작품들에서 심연과 화해를 하는 비극적 인간상(像)을 창조하는 것이 가능한가? 비통과 끔찍함에서부터 치유되고 회복된 것이 싹터 나오는 상을 그릴 수 있는가?

---

24 Margret Dietrich, Das moderne Drama. Strömungen · Gestalten · Motive, 3., übera. u. erw. Aufl., (Stuttgart : Kröner, 1974), p.716 참조.

25 야스퍼스, 앞의 책, 205~216쪽 중 특히 207, 210쪽 참조; Dietrich, 앞의 책, p.721 참조.

26 '비극성과 구원', 비극적인 것에 내재하는 '구원'에의 욕망과 초월적 힘에 관하여는 야스퍼스, 앞의 책, 179~180, 205~210쪽 참조.

2.1. 레이몬드 윌리엄즈의 현대 비극론

흥미롭게도 윌리엄즈는 비극적인 것을 전적으로 어떤 역사적 지점과 결부시킨다. 즉 그도 여러 비극적 시기에서 붕괴의 시간을 목격한다. 그는 비극들이 실제적인 안정의 시대에도 또 개방적이고도 단호한 갈등의 시기들에도 나오지 않았을 것이라고 확신한다. 윌리엄즈에 의하면 낡은 위계적 질서가 여전히 존속하는 가운데 새로운 평등한 질서가 이미 존재하는 곳이 바로 '비극적 단면'이며, 이런 의미에서 "옛것과 새로운 것 사이의 긴장"이 곧 비극의 조건이라는 것이다. 그러면서 그는 현대의 희곡 전체가 비극적 기본특질을 지니고 있다는 가정에 도달한다. 그러나 그의 이러한 입장은 1952년에 출간된 그의 저서 『입센에서 엘리엇까지의 희곡』(Drama from Ibsen to Eliot)[27]이라는 저서에서는 찾아볼 수 없는 것으로, 이를테면 이 책에서는 비극적인 것에 관한 언급이 거의 전무하다. 결국 윌리엄즈는 14년이라는 그 사이에 비(非)교조적 마르크스주의 문학관에 근접했던 것이다.[28]

윌리엄즈와 같은 자유주의적 마르크스주의자 혹은 사회주의적 휴머니스트는 우리가 살고 있는 자본주의적 시민사회를 여전히 위계질서상의 계급이 엄존하는 사회로서 파악하고, 이런 상태는 마땅히 지양되어야 한다고 확신한다. 그런 점에서 그는 실제의 시민적 세계와 이념적으로 선취된 이상적 세계가 긴장을 이루고 있는 저 '단면'(斷面)에서 살고 있는 셈이며, 현대 사회의 이런 삶의 조건은 위에서 언급한 바 있는 비극적 구도(構圖)의 전제가 된다.

문학 내에서 비극성의 계기로서 오늘날 생각할 수 있는 것은 개체와 사회 사이의 대립일 것이다. 하지만 비극적 주인공의 입장은 전통적으로 그 사회

---

27 이 책은 『입센에서 브레히트까지의 희곡』(Drama from Ibsen to Brecht)이라는 제목으로 1968년 수정 · 보완되어 나왔다.

28 Gelfert, 앞의 책, p.154 참조.

에서 수직적으로 돌출해 있는 사람의 입장이다.[29] 평등한 사회에서는 모든 '돌출' 은 수평적 이탈로, 국외자성격으로 여겨질 수밖에 없다. 이를테면 막스 프리쉬의 희곡 〈안도라〉가 야기하는 것과 같은 국외자의 고뇌는 사실 종종 비극적으로 표기되기는 하지만, 소포클레스의 〈오이디푸스〉가 불러일으키는 고뇌와는 완전히 다른 것이다. 즉 프리쉬한테서 우리가 느끼는 것은 도덕적 요청이고, 소포클레스한테서는 카타르시스적으로 해방되는 것이다. "수평적 세계 속에서의 아웃사이더는 비극적 주인공일 수가 없는 것이다."[30] 국외자가 경험하는 사회적 규범들의 위반은 가치혼돈(Anomie) 현상으로서 학문적 연구 대상이 되고, 소외로서 이념화되며, 일탈행위로서 실천된다. 그러나 이런 위반은 시민적 세계와 비극적 긴장관계에 있는 어떤 '제2의 가치세계' 를 보여주지 않는다. 즉, 여기서는 어떤 해방이나 정화도, 어떤 화해나 존재의 충만도 일어나지 않는다.

2.2. '부조리한 비극성'

어떤 작품의 주인공이 실재에 어긋나는 진정성을 요구하고 또 그로 인해 좌초한다면, 그는 부조리한 위상을 갖게 된다. 이러한 사실은 최근의 문학에서 얼마든지 증명되고 있다. 한 개체가 자기 자신을 지키기 위해 익명이 되어버린 사회의 이질성에 맞서 벌이는 사투는 부조리극에서보다 더 철저하게 표현된 경우가 없다. 예컨대 이오네스코라든가 베케트의 작품들—그 가운데서도 특히 〈수업〉, 〈고도를 기다리며〉 등—은 현대 인간의 새로운 양가성을 혹독할 정도로 날카롭게 보여주고 있다. 다시 말해 현대의 작가들이 경험하는 부조리한 비극성이란 육체적 삶의 강렬함과 죽음의

---

29 비극적인 것의 성립과정, 비극성의 계기에 관해서는 야스퍼스, 앞의 책, 184~186쪽 참조.

30 Gelfert, 앞의 책, p.156.

확실성 사이의 비양립성, 인간의 끈덕진 합리성과 그가 사는 불합리한 세계의 비양립성에 대한 영원한 모순점을 인식하는 것이다. 이런 점에서 "'오늘날 비극은 집단적이다'"[31]라고 설파한 카뮈를 비롯해, 부조리 작가들의 작품을 고전적 의미에서의 '비극'으로 볼 수 있는가?

그러나 일찍이 1945년에 "대중은 아트레우스가(家) 이야기, 고전으로부터의 차용물[…]에 싫증이 나 있다. 위대한 현대적 비극형식은 탄생되어야 하며 또 탄생될 것이다."[32]라고 언급한 카뮈의 발언이 시사하듯이, 현대의 비극의식은 새로운 것이며 근본적으로 다른 표현을 요구하고 있다. 20세기의 부조리극들은 우리가 관객으로서 그 진정어린 인간들을 눈앞에서 동일시하며 볼 때 어떤 카타르시스적 만족이나 해방도 남기지 않는다. 그보다 우리는 우리의 시민적 실존이 처해 있는 소외로부터 빠져 나와 존재하지 않는 또 영원히 존재할 수 없을 지도 모르는 삶의 형태를 동경하게 된다. 그러므로 카뮈나 이오네스코, 베케트의 작품들은 우리가 잃어버린 것에 대해 슬퍼하고 또 치료된 상태에서 현재로 되돌아오게 되는 비극들이 아니다.[33]

니체가 말한 바와 같이 신화적 비극성을 통한 "개별화"[34]의 해소가 기분

---

31 윌리엄즈, 앞의 책, 212쪽 참조.

32 같은 책, 211쪽에서 재인용.

33 테리 이글턴은 베케트와 같은 현대 부조리 극작가들의 비극은 실러, 헤겔, 쇼펜하우어, 니체, 야스퍼스, 조지 스타이너 등에 의해 주창된 관념주의적 비극론, 승리주의적 비극론 등으로 수렴될 수 없음을 상술한다. Terry Eagleton, Sweet Violence : The Idea of the Tragic, 2003(『달콤한 폭력 : 비극의 사상』), 테리 이글턴, 이현석 옮김, 『우리 시대의 비극론』, 경성대학교출판부, 2006, 95~151쪽 참조.

34 "개별화의 원리"(principium individuationis)는 쇼펜하우어가 한 말이다. 그에 의하면 이 세계의 밑바닥에 있는 참된 세계인 물자체(物自體)의 세계는 불합리한 맹목적으로 살려고 하는 의지의 세계이고, 어디를 가나 고뇌에 찬 세계이다. 그의 "개별화의 원리"는 위와 같은 근원적인 의지의 세계를 구체적으로 개개의 현상으로서 현상화하는 원리를 가리킨다. 니체는 조형의 신인 아폴로를 이 "개별화의 원리"의 장려한 신상(神像)이라고 불렀으

좋은 해방으로서 느껴지기 때문에 비극이 "형이상학적 위로"의 출발점이라면, 베케트에게서는 자아동일성(self-identity)을 해체하고 균일화시키는 거대한 힘에 맞서는 각 개인들의 자기주장이 제시된다. 이런 점에서 베케트의 작품들은 역설적이게도 일말의 '희망'을 일깨운다.[35]

이러한 희망의 불빛도 카타르시스적 만족이라고 간주한다면, 여기서도 비극을 말할 수는 있다. 그렇지만 그 비극은 길항 대립적이지도, 이원주의적이지도, 변증법적이지도 않은 비극이며, 그저 부조리한 비극이다. 이와 같은 유형의 비극은 무의미함과 모호함, 불확실성의 경계에서 살아가고 또 이런 무의미함으로부터 의미를 억지로 끌어내려고 끝없이 애쓰는 현대인들도 물론 쉽게 이해하고 받아들인다.

3. 비극의 거부 – 혹은 현대 비극(성)의 실천

지금까지 비극(성)의 구조와 본질에 대한 주류 이론의 입장과 또 이에 맞서 비극을 역사적 변천의 과정 속에서 파악하려는 진보적 입장의 일면을 살펴보았다. 위에서 서술한 레이몬드 윌리엄즈와 나란히 진보적인 비극이론을 주장하는 또 다른 대표적인 학자로 영국 출신의 문화연구가 테리 이글턴을 들 수 있다. 그에 의하면 기존의 주류 비극이론들의 가장 큰 문제점은 비극작품들의 다양한 실상을 무시하고, 운명적이고 엘리트주의적인 색채를 다분히 띠는 일종의 "플라톤적 이데아"[36]를 고집하는 데서 연유한다. 그는 자신

며, 아폴로적인 것과 디오니소스적인 것의 결합에 의해 이 "개별화의 원리"가 깨뜨려지고 해소될 때 비로소 가장 내면적인 근거로부터 기쁨에 넘치는 황홀감이 솟아오른다고 보았다. Nietzsche, 앞의 책, p.30 참조.

35 Gelfert, 앞의 책, p.157 이하 참조.

36 이글턴, 앞의 책, 231쪽.

의 저서 『달콤한 폭력 : 비극의 사상』(Sweet Violence : The Idea of the Tragic, 2003)[37] 에서 비극 전체를 규정하는 일정한 형식이나 내용은 존재하지 않는다고 주장한다. 이 책에서 그는 비극의 '본질'에 대한 많은 비극 이론가들의 주장에 숨어 있는 계급적 속물근성과 이데올로기를 비판하며 우리 시대의 현실에 적실성(適實性)을 지니는 새로운 '민주적' 비극 개념을 제안한다. 여기서 이글턴이 주목하는 것은 연극에서 범속한 비극성이 가능함을 인식한 몇 안 되는 철학자들 중의 한 명이었던 쇼펜하우어가 주장한 "고통의 불가피한 통상성"(通常性, normality)[38]이다. 쇼펜하우어는 『의지와 표상으로서의 세계』에서 "지극히 엄청난 불행조차도 희귀한 상황이나 괴상한 인물들에 의해 초래되는 어떤 예외적인 사건이 아니라, 사람들의 행동이나 성격에서 쉽게 그리고 저절로 발생하는, 어찌 보면 인간에게 거의 본질적이기까지 한 사건"[39]이라고 본다. "비극의 죽음"을 동명의 저서[40]에서 선언한 조지 스타이너는 "비극에 민주적인 것은 전혀 없다"고 주장하는 반면에, 테리 이글턴은 "현대 세계에서 비극으로부터 안전한 사람은 아무도 없다"고 반박한다.[41] 윌리엄즈나 이글턴 같은 현대 비극이론가들은 우리 시대에 비극이 사멸한 것이 아니라, 인간 세상에 편재하는 비극으로 인하여 오히려 일반적이 되었다고 주장하는 것이다.

20세기에 이르러 많은 작가와 비극이론가들이 비극을 이 시대에 바람직한 것이라고 여기든가(자유주의적 좌파 이론가들 : 윌리엄즈, 이글턴), 아니면 비극이 사라진 것을 애석해하거나(주류 비극이론가들 : 조지 스타이너)

37 우리말 번역본(이글턴, 『우리 시대의 비극론』, 위의 각주 34) 참조.

38 윌리엄즈, 앞의 책, 44쪽.

39 Arthur Schopenhauer, Sämtliche Werke. Bd. I : Die Welt als Wille und Vorstellung I, Textkritisch bearb. u. hrsg. v. Wolfgang Frhr. von Löhneysen, (Frankfurt a. M. : Surhkamp, 1986), 앞의 책, p.355 이하.

40 George Steiner, Der Tod der Tragödie. Ein kritischer Essay, (Frankfurt a. M. : Suhrkamp, 1981).

41 이글턴, 앞의 책, 185쪽.

혹은 비극에 대하여 유보 내지 거부의 태도를 보이고 있는데(마르크스주의자들 : 브레히트,[42] 아도르노), 이는 전통적인 의미의 비극 장르가 몰락해간 원인과 이유에 대해 이들이 각기 보여주는 다양한 진단의 목소리에 다름 아니다. 그 진단의 내용은 크게 세 가지 테제로 압축할 수 있다.

첫 번째 테제가 향하는 지점은 비극이라는 장르에 속해 있는 생산과 특히 수용의 조건들이다. 무대사건에 대하여 '비극'에 적합한 태도를 가지고 반응할 능력이나 준비자세가 동시대인들에게는 부족하다는 것이다. 가치붕괴, 신앙의 상실, 신화의 구속력 상실 등과 같은 문화비판이 가지고온 각종 소견들이 그 원인이다. 조지 스타이너는 『비극의 죽음』이라는 저서에서 오늘날 우리는 제의적 공동체의 일원으로서가 아니라 단순히 시간을 보내기 위해서 극장에 간다고 말하며, "유기적인 세계관"이 오늘의 우리에게는 결여되어 있다고 말한다.[43]

두 번째 테제는 비극이 관객에게 미치는 '영향'을 고찰하는 데서 시작한다. 말하자면 비극이 관객에게서 촉발하는 것이 오늘날 연극의 과제와 합일될 수 없다는 것이다. "고뇌를 지나치게 강조함으로써 [...] 불변성을 편드는"(아도르노)[44] 것을 비난하는 사람들이 비극을 거부하는 이유도 바로 관객에게 미치는 비극의 패배주의적 영향 때문이다.

세 번째 테제는 희곡적인 취급 대상으로서의 '현재'와 연관되어 있다.

---

42 Profitlich(Hg.), 앞의 책, 256~267쪽. 20세기의 탁월한 극작가인 베르톨트 브레히트에게 비극(성)은 저주였다. "비극적인 것에 관한 3인의 대화"에서 브레히트는 비극적 주인공의 운명을 결정하는 사회적 상황의 지속과 불변성을 비극(성)의 전제라고 부른다. '과학시대의 자녀들'을 위한 연극에서 겉으로 보기에 변화불가능한 상태들이 인간에 의해 만들어지고 인간에 의해 변화가능한 상태들로 제시된다면, "옛날 사람들의 비극적 정취"는 사라질 것(Brecht 1992, S. 398)이라는 것이다.

43 Profitlich(Hg.), 앞의 책, p.302 이하.

44 Theodor W. Adorno, Gesammelte Schriften, Bd. II : Noten zur Literatur, hrsg. v. Rolf Tiedemann, (Frankfurt a. M. : Suhrkamp, 1974), pp.599~606, 특히 p.606.

동시대의 실재에서 극작가의 관심을 살만한 것을 "비극"으로 재현하려면 '위조'라는 대가를 치러야만 가능하다는 것이다. 이 같은 진단을 내리는 근거들은 각 작가마다 현재를 어떻게 파악하고 인식하는가에 따라, 또 그들의 각기 다른 비극 개념에 따라 상이하게 나타난다.[45]

이 장에서는 한국 무대에서 공연된 작품들에 대한 실제 분석을 통하여 동시대 연극에 나타난 비극(성)의 실체는 무엇이며, 이러한 형태의 비극성으로 작가와 연출이 얻고자 하는 궁극적인 효과와 목표는 무엇인지에 관해 서술하고자 한다.

3.1. 〈잠들 수 없다!〉[46]의 현대 비극성

신예 작가 김도원이 쓰고 남미정이 연출한 상황극 〈잠들 수 없다!〉는 근래에 보기 드문 수작이다. 인간의 문제를 천착하는 사유의 깊이와 이를 무대 언어화하는 연출적 상상력에서 그러하다.

막이 오르면 "전혀 자고 싶은 생각이" 없고, "잠을 자야 할 필요성도 못 느끼"는 탓에 49일째 '불면'의 밤을 보내고 있는 '가'(이승헌 분)의 방안에 뜻밖의 인물 '나'(조영진 분)가 불쑥 찾아온다. 의사 가운을 걸친 '나'는 이러한 '가'의 상태를 "이상증세"로 단정한다. '가'는 정상적인 '나'에 의해서 가차없이 "타자"로 분류되고, 그의 비정상 증세를 바로잡기 위한 치료 아닌 통제와 감시의 조처가 시작된다. '나'가 지배계층의 이해(利害)를 대변하는 의사로 등장하는 것은 결코 우연이 아니다. '나'는 그 후로 재단사, 목수, 목사, 간수 그리고 페인트공(工) 등으로 기표를 바꾸어가며 '가'를 잠재

---

45 Profitlich(Hg.), 앞의 책, p.301 이하 참조.

46 김도원, 〈잠들 수 없다!〉(남미정 연출, 극단 연희단거리패, 2003. 6. 11~7. 6, 혜화동 1번지, 공연대본 참조.)

김도원, 〈잠들 수 없다!〉

우기 위한 유무형의 온갖 폭력을 동원한다. 그는 대다수의 인간이 '자연스럽고' '자명한' 것으로 받아들이는 수면을 취하지 않기 때문에 비정상적 인간으로 취급되는 것이다. 여기서 수면이 시민사회의 기존 질서체계를 가리킨다는 사실을 유추하기란 어렵지 않다. 그 결과 본래의 '가'의 정체성은 강제로 해체되고 그 자리에 소위 '정상적인' 시민사회의 질서와 규율, 도덕과 관습 체계에 맞춰진, 다시 말해 순치된 '가'가 대신 들어선다.

이 연극은 부르주아 사회 내 인간이 처해 있는 비극적 실존조건을 가시화하고 있는 작품이다. 그 조건이란 제도화된 익명의 폭력이 지배하는 상황, 따라서 개성적 자아의 말살을 초래하는 출구 없는 부조리한 상황이다. 이런 사회에서 살아남기 위해서는 자아는 지배적 이데올로기 내지 담론권력에 의해 다시 조립되어 태어나도록 자신을 방기하지 않으면 안 된다 : "진리를 알았다고요. 좋은 게 좋은 거. 우주가 돌아가는 법칙을 알았다고요."[47] 이 인식의 획득과 함께 들려오는 '가'의 처절한 절규의 종착점은 현존질서에의 절대적인 동의 내지 순응이며, 그것은 곧 자아상실, 주체의 죽음을 의미한다. 코를 골며 결코 깨지 않을 깊은 잠에 빠진 또 하나의 인간영혼을 달래기 위해 레퀴엠이 작품의 시종을 장식하며 흘러나오는 것도 이 같은 맥락과 일치한다.

옥죄어 오는 이 같은 실존조건은 밀도 높은 배우들의 연기와 협소한 무대

---

47 김도원, 〈잠들 수 없다!〉, 15쪽.

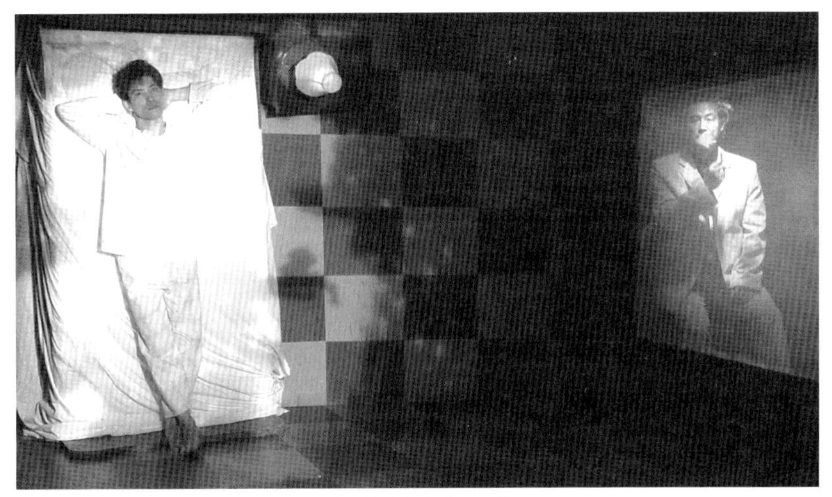

김도원, 〈잠들 수 없다!〉

공간 상으로도 잘 표현되고 있다. '가'와 '나' 간의 일방적인 소통관계는 '지배–피지배'의 형태로 나타나는 권력의 불균형 관계를 미리부터 암시하고 있다. 언어가 멈추는 곳에서 몸과 무대장치, 소품은 말하기 시작한다. 작품의 전반부에 침대를 벽면에 수직으로 세워 놓고 관객이 마치 위에서 내려다보는 것처럼 하게끔 연기를 펼치도록 하는 무대디자인(박재민)은 단연 이 공연의 압권이다. 이것은 관객에게 아르키메데스의 시점(視點)을 부여함으로써 제도적 폭력에 인간이 송두리째 포위되어 있음을 입체적으로 인지시키는 효과 외에도 불필요한 몰입과 동화를 방지하는 효과를 거둔다. 무대 왼쪽에 설정된 대형의 반투명창문도 엿봄을 통한 감시와 처벌이라는 부르주아 사회의 작동 메커니즘을 적절하게 표현하고 있다. 청진기, 가위, 대형배척, 성경과 십자가, 간수용 모자와 몽둥이, 전정가위, 페인트와 롤러붓 등은 시민사회의 지탱에 필요한 다양한 억압 수단들의 연쇄적 기표에 다름 아니다. 무대를 가득 채우는 파열음, 자극적이고 예리한 조명, 그리고 배우의 응축된 호흡과 에너지가 어우러져 카프카적 세계를 강렬한 스펙터클로 보여주면 줄수록, 객석의 관객은 이 가학과 피학의 현장에서 점점 더 불안하고 신경질적으로 되어 간다. 바로 이것이 부르주아 사회 내 인간의 부조리한 실존조건이자 상황임을 웅변하기 위해서 연출은 잔혹한 '지각의 현상학'을 택하고 있는 것이다.

이 작품에서는 전통적 비극이론의 모든 원칙이 지켜지지 않는다. 헤겔이 그의 『미학』에서 말하는 바, 비극의 핵심은 윤리적 실체의 갈등에 집중된다. 다시 말해 비극은 고통을 능동적인 인물들 자신의 행동의 결과로서 그들 위에 드리워지는 것으로 인식한다. 즉 비극적 인물과 고통과의 연루를 우연 및 이와 관련된 상황의 경우와 반대되는 것으로 인식한다.[48]

> 진정하게 비극적인 행동이 가능하기 위해서는 개인적인 자유와 자립의 원리, 또는 적어도 자신의 행위와 그 결과에 대해 스스로 자유로이 책임을 지려고 하는 자기결정이 반드시 이미 각성되어 있어야 한다.[49]

헤겔에 의하면 이러한 의식적인 개인성이야말로 비극의 조건이 된다. 우리들의 연민은 인간 감정의 신성한 표출을 볼 때 환기되는 바, 비극의 주인공들은 인간 감정을 신성하게 표출하는 뚜렷한 대표자로서 우리들 앞에 나타난다는 것이다.[50] 그 결과로 일어나는 갈등의 비극적 해결은 개인들의 몰락과 파멸을 포함한다 할지라도 비극은 "단순한 공포와 비극적 연민을 초월하여, 그 영구한 정의의 비전에 의해서 화해의 감정"[51]을 제공한다는 것이다.

그러나 현대 비극에서는 어떠한가? 고대의 비극에서는 인물들이 영구한

---

48 Georg Wilhelm Friedrich Hegel, Werke 15 : Vorlesungen über die Ästhetik III, (Frankfurt a. M. : Suhrkamp, 1986), p.526 이하.

49 같은 책, p.534.

50 같은 책, p.524 참조.

51 같은 책, p.526; 윌리엄즈, 앞의 책, 40쪽 이하 참조.

정의(正義)를 달성하기 위하여 실질적인 윤리적 목적을 표상한다. 반면에 현대 비극에서 그 목적들은 전적으로 개인적인 것이며, 따라서 우리의 관심도 '고립된 개인과 그의 상황'에 쏠린다. 이에 따라 비극적 해결의 양상도 다르게 나타난다. 현대 비극에서는 해결이라는 전체적인 문제가 한층 어렵게 나타난다. 이는 인물들이 좀 더 개인적인 때문이다. 유기적 세계관의 부재, 통일된 가치관과 신앙의 상실 등으로 말미암아 정의 그 자체는 한층 더 추상적이고 냉엄하거나 또는 단순한 외적인 상황의 우연성으로서만 나타날 수 있으므로 충격적이거나 비참할 뿐이다.

상황극 〈잠들 수 없다!〉[52]는 푸코와 그람시가 말하는 '위생'과 '질서' 유지라는 미명 하에 시민사회 안에서 작동하고 있는 국가권력과 그 통제기구에 송두리째 포위되어 무방비 상태로 내맡겨 있는 현대인의 고립된 실존상황에 대한 은유라 할 수 있다. 그러나 이 거대한 지배담론의 권력('나') 앞에서 힘없이 무너지는 '가'의 희생과 파멸은 개인적인 자유와 독립의 원리에 의해 초래되는 필연적인 것이 아니기 때문에 관객에게 어떤 생리적-심리적 해방을 통한 구원도 또 도덕적, 인식적 고양의 체험도 결코 가져다주지 않는다.

3.2. 〈염소 혹은 실비아는 누구인가?〉[53]의 현대 비극성

에드워드 올비(1928)의 〈염소 혹은 실비아는 누구인가?〉(The Goat or Who is Sylvia?)[54]는 2002년 3월 10일 브로드웨이 45번가에 위치한 골든 극장에서

52 연희단거리패가 공연팜플렛(2003)에서 이 작품을 "연희단거리패 상황극"이라고 표시한 것에 주목할 필요가 있다.

53 에드워드 올비 작, 신호 연출, 극단 신기루만화경, 2007. 3. 1~25, 아르코예술극장 소극장.

54 Edward Albee, The Goat or Who is Sylvia? Notes toward a definition of tragedy, (Woodstock & New York : Overlook, 2000).

에드워드 올비, 〈염소 혹은 실비아는 누구인가?〉

개막된 이후 그 해 12월 15일까지 총 309번 공연이 되었으나, 개막 초기에 충격을 받은 비평가들과 관객들로부터 비난과 무시를 받아야 했다. 올비는 개막 당일 〈플레이 빌〉(Play Bill)지와의 인터뷰에서 이 극에 대해 "나는 관객들이 느끼는 관용의 한계, 사실인 즉, 감정이입의 한계에 대하여 실험한 것이다"라고 설명하면서 관객들에게 "내 작품이 유용하기를 바란다"라고 말하였다.[55] 이 극은 2002년 관객에게 가장 만족을 주며 또 가장 충격적인 소재를 다루었다는 이유로 토니 상을 수상하기에 이른다. 현재 미국의 주류 게이 극작가에 속하는 올비의 작품들[56]에서는 이성애(異性愛)주의에 대한 반발과 이성애 이데올로기에 대한 조롱 그리고 가족 이데올로기에 대한 전복적 시각이 분명히 드러난다. 이는 〈염소 혹은 실비아는 누구인가?〉의 내러티브에서도 마찬가지다.

55 www.playbill.com/news/article

56 그의 Off-Broadway 데뷔작인 〈동물원 이야기〉(1961)를 비롯하여 〈누가 버지니아 울프를 두려워하랴?〉(1961), 〈조그만 앨리스〉(1964), 〈바다풍경〉(1974), 〈팔이 세 개인 사나이〉(1981), 〈키 큰 여자 셋〉(1991) 등의 작품이 있다. 이연자, 〈염소 혹은 누가 실비아인가?〉: 금기의 실험과 브로드웨이, 『현대영어영문학』, 제48권 3호(2004. 12), 한국영어영문학회, 35~55쪽 참조.

세계적 명성을 지닌 건축가 마틴(김정호 분)과 그의 아내 스티비(임선희 분)는 22년간의 결혼생활을 스티비가 "이보다 더 완벽한 결혼일 수가 없다"라고 말할만큼 아주 충실하고 성실하게 이끌어 온 부부다. 그러나 스티비가 "모든 것이 잘 되어 가고 있다는 느낌은 곧 모든 것이 잘못 되어가고 있다는 확실한 증거"[57]라고 말한 것처럼, 스티비에게 만족한다는 마틴의 말은 오히려 그가 그녀에게 전적으로 만족하고 있지 않음을 암시한다. 이들의 완벽해 보이는 결혼생활은 상상도 못 했던 마틴의 외도로 인해 상황이 전복된다. 마틴은 스티비에게 가볍게 지나가듯 실비아에 대한 사랑을 언급하지만, 스티비가 농담으로 여기자 자신의 혼란스러운 마음을 친구인 로스(방승구 분)에게 토로하면서 실비아에 대한 비밀을 밝히기 시작한다. 마틴은 장차 스티비와 함께 지낼 농가별장을 구입하기 위해 시골을 돌아다니다 우연히 마주치게 된 염소, 즉 실비아한테 느낀 신비로운 감정을 처음에 로스에게는 제대로 설명을 못하지만, 2장에서 스티비에게 고백할 때는 자신의 감정을 솔직하게 구체적으로 서술한다.

> 마틴 : (화를 내며; 가르치듯) 얘기 좀 끝내자! 당신이 원했잖아, […] 그래, 잘 들어. 그건 마치 어디선가 외계인이 나타난 것 같았어, 그건 … 날 어쩔 수 없게 만들고, … 무아지경에 빠지게 하고 해맑은 … (독단적으로) 상-상-조-차 할 수 없는 … 사랑 같은 것이었어. 그리고 이건 아무것하고도 전혀 상관이 없다고, 그 어떤 것도 연관될 수 없다고![58]

실비아와 조우하는 첫 순간부터 마틴은 일찍이 경험한 적이 없는 새로운, 그리고 자신의 의지로는 제어가 불가능한 감정에 굴복할 수밖에 없었음

57 Albee, 앞의 책, p.10.

58 같은 책, p.81. 임선희 옮김, 〈염소 또는 실비아는 누구인가?-비극의 정의에 관한 소고〉 2007년 공연대본, 27쪽.

을 스티비에게 고백하는데, 이런 설명은 그녀에게 오로지 역겨운 변명에 불과하다. 올비는 이 작품이 발표되기 이전에 염소가 등장인물이냐는 질문을 받고서 "물론, 이중의미"(Double-meaning, of course)[59]라고 대답했다. 이 말에서 알 수 있듯이 실비아는 염소이기도 하지만, 동시에 어떤 불가항력적인 힘을 가지고 사람을 매료시키는 어떤 대상을 표상한다고 볼 수 있다.

이런 실비아의 등장과 함께 마틴의 부부관계, 부자관계, 친구관계는 모조리 다 도전을 받게 된다. 혼란과 곤경에 빠진 마틴에게 가족과 친구는 이해와 사랑 대신에 분노를 드러내고 그의 일탈을 공격하기 시작한다. 그러면서 이전의 완벽하고 평온해보이던 이들의 관계는 서로에 대한 파괴적인 관계로 돌변한다.

마틴과 실비아의 관계가 수간(獸姦)이라는 육체적인 관계를 뛰어넘어 "연결"과 "의사소통"[60]으로 표현된 정신적 교감이 가능한 영적 관계에 가깝다면, 마틴과 가족 그리고 친구와의 관계는 이와 반대로 연결과 소통이 단절된 관계임이 점차로 입증된다. 마틴은 자신의 행동의 동기를 설명하면 그들이 자기를 이해줄 것으로 믿었기 때문에 비밀을 털어 놓은 것이다. 그러나 로스와 스티비는 이해는커녕 동기에 대한 관심도 없으며, 마틴의 사랑의 대상이 동물이라는 생각에서 벗어나지 못한다. 로스는 마틴의 사랑을 변태적 욕정 이상으로 간주하지 않고, 스티비 역시 6개월간 동물과 사랑을 나눈 그에게 혐오감을 느끼는 동시에 자신의 연적이 동물이라는 사실에 심한 치욕감과 분노를 느낀다. 그 결과 마틴의 40년 친구 로스는 마틴의 비밀을 스티비에게 곧 바로 폭로하고, 22년을 함께 살아온 아내 스티비는 실비아를 살

---

59 김기애, 「*The Goat or Who is Sylvia*〉에 나타난 실체와 그림자」, 『현대영미드라마』 제13호 2004. 12, 27~45쪽 중 35쪽에서 재인용.

60 Albee, 앞의 책, p.82.

해한다.

마틴과 가장 가까운 사이인 스티비와 로스는 마틴이 속해 있는 시민사회의 소위 "정상인(正常人)"을 자처하고 대표하는 인물들이다. 하지만 그들은 자신들이 이해하지 못하는 타인에 대해서 인내하고 용납할 줄 아는 관용이 부족하고, 서슴없이 폭력을 행사한다. 스티비가 휘두르는 폭력은 마틴이 실비아에 대해 고백하는 동안 거실의 물건을 하나씩 부수는 형태로 나타나다가, 마침내 실비아를 살해하는 데서 절정에 달한다.

마틴이 처한 상황이 비극적인 것은 그의 처지가 개인적으로도 또 사회적으로도 전혀 이해되거나 수용되지 못하기 때문이다. 급기야 마틴은 "왜 아무도 이해 못하지… 내가 외로운 걸 … 내가 … 정말로 … 외롭다는 걸!"[61] 라고 말하며 절규한다. 이 사회의 어디에도 속하지 못하는 마틴의 소외감과 상실감은 실비아의 주검을 목격할 때 극에 달한다. 여기서 실비아는 마틴에게 새로운 정신적 체험을 안겨준 대가로 스티비에 의해 살해되는 무고한 희생양으로 강하게 부상하면서 이 비극의 또 다른 주인공이 된다.[62] 실비아의 죽음에서 마틴은 자신의 죽음에 상응하는 고통과 절망을 느끼며, 이를 통해 그는 "상징적인 죽음"을 맞는다고 할 수 있다.

올비는 〈염소 혹은 실비아는 누구인가〉를 책으로 출판하면서 "비극의 정의에 대한 주해"(Notes Toward a Definition of Tragedy)라는 부제를 달아 이 작품이 지니는 비극성을 강조하였다. 이 작품의 비극성은 인생의 최정상에 있는 마틴의 갑작스러운 추락이나 파멸이 아니라, 마틴이 처해 있는 단절과 고립의 상황에서 기인한다. 올비가 이 작품을 통하여 찾아 헤매는 것은 실비아에 대해 느끼는 마틴의 정신적, 영적 체험에 비견되는 사랑이다. 그러나 이

---

61 같은 책, p.109.

62 김기애, 앞의 논문, 38쪽 이하 참조.

런 사랑은 지배담론의 가치를 내면화하여 광기와 비정상을 단호히 제거해 나가는 〈염소 혹은 실비아는 누구인가?〉 속의 인간관계에서는 발견되지 않는다. 〈염소 혹은 실비아는 누구인가?〉에서 마틴은 인간에게서 찾기 힘든 그런 사랑을 오히려 염소인 실비아에게서 발견한다. 하지만 그의 친구나 아내는 자신들의 몰이해에 근거하여 마틴에게 새로운 자각을 일깨워준 대상을 가차 없이 폭로하고 제거한다.

〈염소 혹은 실비아는 누구인가?〉에서 주요 소재로 다루어진 수간은 올비가 제시하는 현실의 암울한 인간관계로부터의 탈출과 구원을 꿈꾸는 마틴의 일탈에 대한 욕망으로 읽을 수 있다.[63] 그러나 올비가 이 작품에서 주목하는 것은 기존의 담론 가치로부터 벗어나려는 마틴의 어두운 욕망의 심연보다, 그에 대해서 보이는 주위 사람들의 태도와 반응이다.

현대는 획일적인 거대담론의 특권적 지위와 권위가 붕괴된 시대이다. 이를테면 이성애 가치를 절대적으로 신봉하는 대신에 문화적 다원주의에 근거해 차이를 주장하고 존중하는 주변의 목소리가 다양해지면서 이질성이 강조되고 있다. 그럼에도 불구하고 대다수가 로스와 스티비 같은 사람들로 구성되어 있는 오늘의 사회는 나와 '다른' 것을 이해하고 수용하는 대신에 인습적이고 권위적인 이분법적 가치관(금기)과 제도에 의존하여 소외와 단절, 그리고 고립과 고독을 조장하고 확산시키고 있다. 이 작품의 비극성은 이렇게 새로운 인간관계 수립의 가능성이 지극히 불투명한 현대사회의 암울한 현실에서 분명히 드러난다. 이는 마틴의 다음의 대사에서도 함축적으로 표현된다. 실비아의 주검을 끌고 들어오는 스티비를 보고 마틴은 경악하면서 이렇게 말한다:

---

63 같은 논문, 41쪽 참조.

마틴 : (스티비에게; 공허하게) 미안해. (빌리에게; 공허하게) 미안해. (그리고 나서…) 미안해.[64]

마틴이 던지는 "미안해"(I am sorry)라는 말은 한 번은 스티비에게, 한 번은 아들 빌리(정청민 분)에게, 그리고 마지막 한 번은 특정인에게 하는 말이 아니라 혼자 내뱉는 말이다. 이는 가족을 이렇게 만든 스스로에 대한 자책이면서 동시에 자신이 현재 처해 있는 '출구 없는' 비극적 상황에 대한 탄식 바로 그것이다. 현대인들이 처한 고독과 고립의 상황에서 올비가 〈염소 혹은 실비아는 누구인가?〉를 발표한 이유는 분명해 보인다. 올비는 이 작품이 "유용하기를 바란다"고 말한 바 있다. 이는 기존의 담론가치에 대한 회의, 진정한 인간관계와 구원의 탐구 등과 같이 그가 일관되게 추구해온 문제를 가지고 이제 관객을 막다른 상황으로 몰아넣으면서 가치관의 전복과 변혁을 모색하도록 도발시키는 데 있다고 할 수 있다.[65]

나오는 말

이 논문은 비극 개념에 대한 비판적, 역사적 고찰을 통하여 우리 시대의 비극(성)의 특징과 그 양상을 파악하기 위해 씌어졌다. 비극에 관한 연구사를 고찰해보면 비극/비극성에 대한 학자들의 입장은 크게 두 가지 방향으로 나뉜다. 하나는 엘리트주의적인 시각에서 비극의 본질을 규범적으로 정하면서 오늘날 "비극의 죽음"(스타이너)을 설명하는 입장이다. 여기서는 여러 비극의 다양성이나 차이들이 당연히 도외시된다. 이 같은 주류 이론가들에 따르면 비극

64 앞의 책, 110쪽.
65 이연자, 앞의 논문, 51~53쪽 참조.

의 개념은 경험적으로 한정된다. 즉, 비극은 단지 드물게, 그리고 널리 흩어져 나타나는 짧은 시기에만 집필될 뿐이라는 것이다. 이들의 전통적 고전주의적 비극론에서는 무엇보다도 비극이 갖는 심리적-생리학적, 도덕적, 인식적 그리고 미학적 작용방식이 전면에 부각되며, "정화"와 "도덕적 숭고함" 그리고 "형이상학적 위로"(아리스토텔레스, 실러, 헤겔, 니체, 조지 스타이너 등)가 그 핵심을 이룬다. 그렇다면 이와 같은 특수한 형태의 작용(긴장해소)에 대한 사회적 욕구가 싹트는 것은 도대체 어떤 정치적, 사회적 조건 하에서 가능한 것인가? 이 질문에 이들이 제시하는 답변은 어떤 사회구조에서 다른 사회구조로 넘어가는 과도기에 위치하는 사회, 그러니까 "역사적 단면(斷面)"이야말로 비극의 역사적 장소가 된다는 것이다.

또 하나의 입장은 이와 대립하는 것으로서, 비극이 어느 특정한 시공간의 정치와 문화에 기초하는 특정 작가들의 유일무이한 산물이 아니라고 주장한다. 비극은 오히려 특정의 시기를 뛰어넘어 문화적으로 또 역사적으로 매번 달라진 형태와 내용으로 지속된다는 것이다(레이몬드 윌리엄즈, 테리 이글턴 등).

이상에 살펴본 비극이론의 두 입장 가운데 우리 시대의 작가들은 후자의 입장을 취한다. 그런데 여기서 유념해야 할 점은 20세기의 작가들은 비극적인 것이 동시대의 실재 속에 계속 상존한다고 하면서도 그러나 그것을 문학적으로 묘사할 때는 비극을 배제하고 있다는 점이다. 그렇다면 현대에 와서 비극과 비극적인 것이 생소한 까닭은 무엇이며, 작가들이 이 장르에 유보적 태도나 심지어 단호한 거부를 드러내는 연유는 무엇인가? 그 이유는 다음의 세 가지 명제로 압축해 설명할 수 있다. 첫째, 동시대인들에게는 "비극"에 적합한 태도를 가지고 무대사건에 반응할 능력이나 마음의 준비가 결여되어 있다는 것이다. 그 원인은 보편적인 "가치붕괴"와 "신앙의 상실", "유기적 세계관"의 결핍 등에서 찾을 수 있다(뒤렌마트, 베케트, 이오네스코, 아서 밀러,

올비 등). 두 번째 명제는 비극이 관객에게 미치는 '영향'에 대한 고찰에서 출발하는 것으로, 말하자면 비극이 관객에게 불러일으키는 것이 오늘날 연극의 과제와 합일될 수 없다는 것이다. "고뇌를 지나치게 강조함으로써 […] 불변성을 편드는"(아도르노) 것을 비난하며 비극을 거부한 것이 이에 대한 적확한 사례이다(브레히트, 아도르노).

세 번째 주장은 희곡이 다루는 대상으로서의 '현재'와 연관되어 있다. 다시 말해 동시대의 실재에서 극작가의 관심을 살만한 것을 "비극"으로 재현하려면 '위조'라는 대가를 치러야만 가능하다는 것이다. 물론 이 같은 진단을 내리는 근거들은 각 작가마다 현재를 어떻게 파악하고 인식하는가에 따라, 또 그들의 각기 상이한 비극 개념에 따라 다르게 나타난다.

비극이 오늘날 거부되는 위의 세 가지 이유들은 이 논문에서 분석과 논증의 예로 삼은 〈잠들 수 없다!〉와 〈염소 혹은 실비아는 누구인가?〉에도 타당하게 적용된다. 이 논문에서 필자는 한국에서 공연된 이들 두 연극작품을 토대로 고전적인 비극(성)과 구별되는 현대 비극(성)의 특징들과 그 효과를 규명하고자 하였다. 이러한 현대 비극성의 일면은 〈세일즈맨의 죽음〉(아서 밀러, 1949)에서도 쉽게 확인할 수 있다. 이 작품이 현대 비극으로서 갖는 비극적 진지성은 인생에 패배를 겪고 어리둥절해진 윌리 로먼이 어느 정도로 상업주의 사회의 거짓된 가치를 열망하는 보통 사람들의 대표가 되고 있는가에 달려 있다.[66] 다시 말해 그는 거짓에 대항함으로써가 아니라 그 거짓대로 살아감으로써 스스로에게 비극을 초래한다. 이 같은 비극이 관객에게 불러일으키는 효과는 비극적 연민과 공포라기보다는 연민에 가득 찬 이해일 뿐,

---

66 Robert Siegel, 앞의 책, p.145 : "So a more modern definition of tragedy might be, a character who is driven by a conflict and who is pushed to his limits in trying to work through this conflict. The character fails but his failure leads to a reckoning of all that was possible and not possible about his life and brings the audience to the same kind of understanding about their lives."

어떤 해방이나 구원의 목적을 위한 것이 아니다. 통일된, 유기적인 세계상이 부재하고 가치관이 다원화된 우리 시대의 비극작품에 반복해서 나타나는 주인공이 전통적인 비극의 주인공과 다른 점을 지칭하기 위해 사용되는 용어가 바로 '반영웅적 주인공'(anti-hero)이다. 그는 〈잠들 수 없다!〉의 '가'나 〈염소 혹은 실비아는 누구인가?〉의 마틴과 마찬가지로 도전으로 다가온 운명 앞에서 위대함과 위엄과 능력과 영웅적 자질을 드러내는 대신에, 무력하거나 수동적이거나 하찮거나 비열한 사람이다.

그렇다면 이러한 연구결과가 시사하는 것은 결국 무엇인가? 한 마디로 역사의 형식과 비극의 형식 간에는 기본적인 연관성이 존재한다는 점이다. 고대로부터 시작하여 오늘날까지 계속 이어지고 있는 비극의 형식과 이념을 둘러싼 이론적 논쟁은 어느 면에서는 비극이 맞이한 위기의 결과이며, 비극의 토대가 되는 '단면' 내지 '세계상태'(Weltzustand 헤겔)가 사라졌거나 달라진 데 기인한다. 그러므로 오늘의 우리 시대에 비극의 미학적 형식을 다시 취하는 일은 시간을 초월한 본질주의적 비극론에 의지할 수가 없다. 오히려 현행 비극론을 항시 새롭고 수미일관하게 역사화할 것을 요구하고 있다.[67]

---

67 코리건(Corrigan)은 "우리는 비극을 소네트나 소나타처럼 일종의 형식적 구조로서 파악하거나 논의해서는 안 된다"고 말하며, 리처드 시월(Richard Sewall)은 "각 시대가 안고 있는 긴장과 테러는 차이나지만, 이들은 같은 나락을 향해 있다"고 주장하며 이에 동조한다. 윌리엄즈 역시 "비극적 의미는 항상 문화적으로 또 역사적으로 조건지어져 있다. 하지만 특별한 무질서가 경험되고 또 해결되는 예술적 과정은 훨씬 더 폭넓게 이용이 가능하고 또 중요하다" 고 말한다. Robert Siegel, The Twentieth Century Antihero in Western Drama and the Decline of Tragedy, Forum Modernes Theater, 17/H. 2 (2002), (Tübingen : Gunter Narr, 2002), pp.144~157, 특히 p.144.

참고문헌

1. 1차 문헌

김도원, 〈잠들 수 없다!〉(원제 : 불면증), (남미정 연출, 극단 연희단거리패, 2003. 6. 11~7. 6, 혜화동 1번지, 공연 프로그램 내 수록 대본).

야스퍼스, 카를, 전양범 옮김, 『철학학교/비극론/철학입문/위대한 철학자들』, 동서문화사, 2009.

올비, 에드워드, 임선희 옮김, 〈염소 또는 실비아는 누구인가?－비극의 정의에 관한 소고〉, 2007년 공연대본.

Adorno, Theodor W., Gesammelte Schriften, Bd. II : Noten zur Literatur, hrsg. v. Rolf Tiedemann, (Frankfurt a. M. : Suhrkamp, 1974).

Albee, Edward, The Goat or Who is Sylvia? Notes toward a definition of tragedy, (Woodstock & New York : Overlook, 2000).

Aristot eles, Poetik. Griechisch/Deutsch, übers. u. hrsg. v. Manfred Fuhrmann, (Stuttgart : Reclam, 1991).

Benjam in, Walter, Der Ursprung des deutschen Trauerspiels(벤야민, 최성만 · 김유동 옮김, 『독일 비애극의 원천』, 한길사, 2009.

Hegel, Georg Wilhelm Friedrich, Werke 15 : Vorlesungen über die Ästhetik III, (Frankfurt a. M. : Suhrkamp, 1986).

Nietzsc he, Friedrich, Die Geburt der Tragödie aus dem Geiste der Musik. Mit einem Nachwort v. Peter Sloterdijk, (Frankfurt a. M. : Insel, 1987).

Schiller, Friedrich, Über den Grund des Vergnügens an tragischen Gegenständen, Friedrich Schiller, Werke in drei Bänden, Bd. II. Unter mitw. v. Gerhard Fricke hrsg. v. Herbert G. Göpfert, (München : Carl Hanser, 1966).

Schopenhauer, Arthur, Sämtliche Werke. Bd. I : Die Welt als Wille und Vorstellung I, Textkritisch bearb. u. hrsg. v. Wolfgang Frhr. von Löhneysen, (Frankfurt a. M. : Surhkamp, 1986).

2. 2차 문헌

김기애, 〈The Goat or Who is Sylvia〉에 나타난 실체와 그림자, 『현대영미드라마』, 제13호 (2004. 12)

이연자, 〈염소 혹은 누가 실비아인가?〉 : 금기의 실험과 브로드웨이, 『현대영어영문학』, 제48권 3호(2004. 12), 한국영어영문학회

한미희, 숭고의 이념과 쉴러의 비극론, 『독일문학』, 71(1999)

Dietrich, Margret, Das moderne Drama. Strömungen · Gestalten · Motive, 3., übera. u. erw. Aufl., (Stuttgart : Kröner, 1974).

Eagleton, Terry, Sweet Violence : The Idea of the Tragic, 2003(『달콤한 폭력 : 비극의 사상』), 테리 이글턴, 『우리 시대의 비극론』, 이현석 옮김, 경성대학교출판부, 2006.

Profitlich, Ulrich(Hg.), Tragödientheorie. Texte und Kommentare vom Barock bis zur Gegenwart, (Reinbek bei Hamburg : Rowohlt, 1999).

Seeck, Gustav Adolf, Die griechische Tragödie, (Stuttgart : Reclam, 2000).

Siegel, Robert, The Twentieth Century Antihero in Western Drama and the Decline of Tragedy, Forum Modernes Theater, 17/H. 2 (2002), (Tübingen : Gunter Narr, 2002), S. 144~157.

Steiner, George, Der Tod der Tragödie. Ein kritischer Essay, (Frankfurt a. M. : Suhrkamp, 1981).

Wagner, Hans, Aesthetik der Tragödie von Aristoteles bis Schiller, (Würzburg : Königshausen + Neumann, 1987.

Williams, Raymond, Modern Tragedy, 레이몬드 윌리엄즈, 『현대비극론』, 임순희 옮김, 학민사, 1985.

1990년대 이후 한국 연극의 주요 변화와 흐름을 중심으로

허순자

1. 들어가며

격동의 세기말과 새로운 천년을 이으며 100년의 역사를 신고하는 1990년대 이후의 한국연극은 발전과 성장으로 요약되는 변환의 시대였다. 그것은 또한 현대문명의 여러 가지 불안한 징후들을 드러내며 정보화시대라 이름한 후기산업사회로 이동을 완료한 시간이기도 했다. 그 사이 연극은 첨단기술과 복제로 수놓는 영상 시대의 압박을 받으며 나름의 변모를 추구해왔다. 때로 시원(始原)에 뿌리를 둔 연극 고유의 속성마저도 포기하면서 동시대 대중문화의 감각적 요구와 기호에 적극 조응하였다. 글로벌리즘의 소용돌이에 휘말리며 국제화 무드에 편승하고, 파편화된 포스트모더니즘의 문화에 도전 받으면서 연극은 전통적 체질의 변혁을 추구해왔다. 우리 삶에 직접적인 영향을 끼치는 정치, 경제, 사회의 변화에 또한 민감하게 반응하면서 연극은 그것이 존재하는 생태계의 변화에 적응해온 것이다.

문화의 빗장을 활짝 열고 개방 시대로 진입한 90년대 이후의 한국연극은 다양성, 복합성을 전반적 속성으로 하면서 양적, 물리적으로 확장된 우주를 경험했다. 특유의 시대적 거울로 부지런히 진짜 세상을 비춰 내온 우리 연극은 부실한 인프라를 다져내며 구조적, 내용적 변화를 초래했던 것이다. 동시에 국제화시대가 조장한 밖으로부터의 영향을 적극 수용하며 변화에 동참하였다. 그것은 더 이상 60년대 동인제 극단들의 아마추어리즘에 입각한 순수 열정으로 무장했던 과거의 연극과 동질의 것은 아니었다. 또한 전통의 현대화나 한국적 정체성의 구현으로 구심점이 모아졌던 70~80년대 연극과도 톤을 달리하며, 굳이 공동의 방향성을 내색하지 않는 객체들의 스펙트럼이었다. 그리하여 미학적으로 모호한 회색지대를 통과하며, 종종 혼성과 혼재의 종(種)을 이뤄온 오늘의 연극은 놀라우리만치 실험적이지도, 감동적이지도 않은, 복합적인 생존들을 증명해왔을 따름이다. 그럼에도 불구하고 다양하고도 지속적인 연극행위를 이룰 수 있게 한 제반 조건의 변화는 그 지형도를 넓히는데 공헌해온 것이 사실이다. 이러한 관점으로 접근하는 이 글은 1990년대 이후 한국연극의 커다란 줄기를 헤아리는 것으로 그 범위를 제한하고자 한다. 따라서 논의의 전개를 위한 기본 스킴(scheme)으로 먼저 전체적인 배경을 이루는 연극 환경의 조성이 제공한 주요 변화들을 개략적으로 살펴볼 것이다. 이어 이 시기 연극발전의 핵심이라고 여겨지는 주요 희곡과 공연들[1]로 검증되는 90년대 이후의 특성과 흐름을 반추해보고자 한다.

1 한국연극평론가협회 선정 '베스트 3'을 중심으로 엮어지는 『90년대 이후 한국연극의 미학적 경향』에 등장하는 작품들은 사실 이 시기를 특정 지어주는 대표작들이다. 따라서 각 챕터에서 보다 심도 있게 다뤄지게 될 그러한 대상들을 따로 강조해 언급하기 보다는 이 글에서는 밑줄로 '베스트 3'에 해당하는 작품들을 그 시대적 대표성 내지 중요성을 암시하는 것으로 대신하고자 한다.

2. 연극 환경의 주요 변화들

앞선 시대보다 크게 확장된 90년대 이후의 연극 지형에서 주목 되는 주요 현상들 가운데 첫 번째로 꼽을 수 있는 것은 연극의 국제화요, 국제교류이다. '연극 · 영화의 해'로 지정된 1991년도 아시아태평양연극제로 국제화의 포문을 연 한국연극은 글로벌리즘의 강력한 영향을 받게 된다. 해외연극의 빈번한 국내출현이 주도한 연극의 국제화는 사실 80년대부터 그 싹이 트기 시작한 했다. 제3세계연극제(1981)[2], '86서울아시안게임 및 '88서울올림픽게임 문화예술축전의 일환으로 마련된 국제연극제들이 신호를 던진 국제화 경향은 90년대 이후 더욱 활기를 띠게 되었다. 이를테면, 아시아-태평양연극제를 시발로 한 · 중 · 일 3국이 매년 순차적으로 각국의 주요 도시를 돌며 개최되는 베세토연극제 창립(1994), 역대 최대 규모를 자랑하는 국제연극행사 '97 ITI 제27차 서울총회 및 세계연극제(27th ITI Seoul World Congress & The Theatre of the Nations, Seoul/ Kyounggi, 1997) 등 주요 행사가 한국연극의 국제적 위상을 드높이며 연달아 치러진 것이다. 또한 앞서 1987년 서울연극제로 개명했던, 본시 창작극의 제전이었던 대한민국연극제(1977년 창설)가 그러한 굵직한 국제행사들의 자극으로 90년대 후반에는 다시금 서울국제연극제로, 그리고 2003년 마침내 오늘의 서울국

1994년 서울에서 창설된 한 · 중 · 일 3국의 베세토 연극제

2 이후, 동일 행사나 이슈, 개념, 작품 등의 반복의 경우 연도 표시는 하지 않음.

제공연예술제[3]로 발전하면서 연극의 국제화는 그야말로 시대적 화두가 되었다. 또한 90년대 중반부터 실시된 지자체에 탄력을 받으면서 과천, 의정부, 수원, 남양주, 안산, 안동 등 수도권 및 지역 도시에서 경쟁적으로 탄생시킨 연극제들, 그리고 1989년 한 발 앞서 춘천, 마산, 거창에서 민간 주도로 출범한 기존연극제들은 마치 약속이라도 한 듯, 국제화에 동참하면서 해외작품 초청을 중심으로 한 교류에 관심을 기우렸다.

이처럼 연극제 설립 열풍은 전국으로 번져갔고, 거기서 '국제'라는 단어는 행사의 내실과 상관없이 예산확보를 위해서도 빠질 수 없는 필수 조건이 되고 말았다. 어찌됐든, 연극의 국제화 경향은 시간이 가면서 국·공립단체 및 기획사, 일반극단, 개인이 주도하는 해외초청이나 방문공연들을 통해 더욱 짙어졌다. 해외 유명예술가들의 렉처/데몬스트레이숀, 워크숍, 레지던시를 통한 창작 및 국내 단체들과의 공동작업 내지 협업 형태를 이루는 문화상호적 프로젝트의 실행도 빈번했다. 특히 2000년대 들어 세계 '명품' 공연물의 단골 국내 프리젠터로서 확고한 입지를 마련하게 되는 엘지아트센터의 개관(2000년 3월) 및 뮤지컬 장르의 거센 상승물결을 타고 연달아 수입되는 해외 우수 외국 공연들은 호황을 이루곤 했다. 그러나 이 같은 형태의 수입형 국제화 경향은 균형 있는 국제교류는 아니었다. 1990년대 후반 뮤지컬 〈명성황후〉의 뉴욕공연 이후 〈난타〉, 〈점프〉 등의 비언어극 공연을 비롯한 서구 정전(正典)에 대한 한국적 해답을 성공적으로 찾은 〈한 여름 밤의 꿈〉(극단 여행자), 〈보이첵〉(사다리움직임연구소) 같은 공연들이 세계무대

---

3 2002년도 서울에서 개최된 한·일 월드컵게임을 앞두고 문광부, 서울시, 한국문화예술위원회 후원으로 연극협회와 무용협회가 주축이 돼 마련된 문화축전으로서의 서울국제공연예술제는 이듬해인 2003년부터 국제적 관행에 따른 '예술감독제'를 채택하면서 독립된 법인으로 새로운 출발을 한다. 강일중, 『공연예술축제를 만드는 사람들』, 연극과 인간, 2009, 243~245쪽 참조.

의 러브콜을 받기도 했다. 그러나 해외공연물의 국내 출현에 비해 그러한 작품들의 수는 상대적으로 적다. 또한 베세토연극제, 한일연극교류협의회, 아시아연극연출가전, 문화상호적 공연 및 프로젝트 등을 통한 보다 생산적이고도, 균형 잡힌 양방향 국제교류가 있기도 하나, 아직까지는 범위가 좁고 제한적인 것이 사실이다.

1995년 원로연출가 김정옥이 국제극예술협회 세계본부(ITI-UNESCO) 회장으로 당선되고, ITI 한국본부가 집행국으로 선정되면서 한국연극이 글로벌 리더십 대열에 동참하게 된 것도 국제교류의 주목할 사건이었다. 90년대 후반, 한국연극평론가협회 역시 아시아 최초로 집행국, 그리고 이어 부회장국으로 선출되었다. 그 후 수차례의 집행위원회는 물론 2006년에는 세계평론가협회(IATC) 50주년 특별총회를 서울에서 성공적으로 개최하였다. 2008년 4월 불가리아에서 열린 총회에서 다시금 비유럽 권 최초로 세계회장(김윤철)을 탄생시킴으로서 한국연극의 국제적 리더십을 증명한 것도 쾌거였다.

둘째, 극장공간의 증가 및 연극예술의 확대된 범위이다. 80년대의 대학로는 문예회관(현 아르코극장), 동숭아트센터, 바탕골소극장 외 몇몇 소극장들이 명맥을 유지하던, 그야말로 명목상의 연극메카였다. 지난 십 년 사이 100개 이상으로 늘어난 소극장들은 연극동네의 범위를 혜화동로터리를 넘어 성대근처까지 넓히면서 부단히 그 세를 넓히고 있다.[4] 한편, 대학로를 벗어나면, 장충동 국립극장과 서초동 예술의 전당 등 대체로 인접성이

---

4 남기웅, 「아시아의 브로드웨이 '대학로 Ⅱ'」, 『문화+서울』 2007년 8월, 47쪽 참조. 그러나 대학로소극장들 특유의 빈번한 생성과 소멸로 인해 정확한 집계 대신 대략 140여개로 일컬어지는 숫자는 대학로를 A, B, C, D의 4개 구역으로 나눠 각기 그곳의 극장들을 명기한 서울연극센터의 『대학로 문화지도』최근호에 따르면 131개이다. 『대학로 문화지도』 25호, 2010년 4월, 10~17쪽 참조.

2009년 6월 34년 만에 재개관된 명동예술극장 내부

고약한 소수의 극장들로 공연은 제한됐을 따름이다. 그러나 밀레니엄의 문턱을 넘으며 문화에 대한 새로운 인식과 함께 사방으로 확대된 공간은 시내 한복판의 정동예술극장으로부터 시작해 역삼동의 엘지아트센터, 신촌의 산울림소극장과 서강대 메리홀을 비롯, 뮤지컬 전용관으로 입지를 굳힌 충무아트홀, 잠실의 샤롯데극장, 각 구의 주민회관들까지 증가일로에 있다. 게다가 2009년을 기해 도심에서 거의 동시다발적으로 (재)개관을 알린 명동예술극장, 대학로예술극장, 남산드라마센터, 이해랑극장은 이른바 '중극장 시대'를 알리며 현대한국연극사의 새로운 이정표를 세웠다.[5] 그밖에도 의정부, 수원, 안산, 고양, 성남 등 인근 수도권 도시들에 앞서거니, 뒤서거니 세워진 최신식 복합공간들에 대한 다른 지역들의 열망 또한 강렬했다. 연극예술을 위한 그럴듯한 하드웨어구축은 마치 문화의 '유행병'처럼 전국으로 번진 것이다. 그러나 치적 중심의 화려한 전시 형 외관과 상관없이 빈약한 소프트웨어들은 '빈 공간'의 회의를 남기곤 한다.

연극공간의 증가는 장기공연과 전용극장의 출현도 가능케 하였다. 이를테면, 1994년부터 시작하여 2008년 하반기에 기록한 4,000회를 마감으로 '일시 정차'를 선언한 뮤지컬 〈지하철 1호선〉과 11년째 장기공연으로 역시 같은 해인 2008년 6월, 400만 관객을 동원하며 서울과 제주도에 총 3곳의 전용

5 특집 「중극장 시대, 변화하는 연극 지형도」, 『한국연극』 390호, 2009년 1월, 50~69쪽 참조.

관을 운영 중인 〈난타〉[6]를 비롯, 〈사랑은 비를 타고〉, 〈용띠 위에 개띠〉, 〈휴먼코미디〉 같은 작품들을 꼽을 수 있을 것이다. 특히 90년대 중반 이후 독립된 장르로서의 입지를 확고히 굳힌 뮤지컬의 경우는 좀 더 심각한 편이다. 즉, 2001년 뮤지컬 장기공연의 전기를 마련하며 엘지아트센터에서 256회 롱런을 기록한 〈오페라의 유령〉, 꾸준한 인기로 중년관객들을 유혹하는 〈맘마미아〉나 〈시카고〉 같은 대형 인기 뮤지컬들이 빈번히 공공극장을 장기 대관함으로써 빚어진 논란, 그리고 일본 뮤지컬의 한국진출이라는 일대 논란을 일으키기도 했던 극단 사계의 아사리 게이타를 경유한 〈라이온 킹〉이 아마도 대표적 예가 될 것이다.

한편, 90년대 후반부터는 일부 주요 극단들이 서울을 탈출해 지역에 새로운 뿌리를 심는 움직임도 심심찮게 발생했다. 양주 백석으로 이주한 극단 미추, 죽산에 M－캠프를 차린 극단 무천, 멀리 밀양으로 내려가 여름마다 연극제를 차리며 훈련에 정진하는 연희단거리패, 원주에 터를 잡고 국제워크숍, 레지던시를 꾸준히 실천하며 지역민과 관계 맺는 극단 노뜰, 봉평의 폐교를 활용해 훈련과 축제장소로 활용하는 극단 유 등이 연극 활동의 범위를 지역으로 확충시키는 주인공들이다.

셋째, 연극교육의 저변 확대로 인한 지형변화이다. 대중문화의 확산이 몰고 온 연극에 대의 관심은 교육에 대한 과열된 열망으로 나타났다. 1994년 한국예술종합학교 연극원의 개원을 전후해 전국으로 번진 연극학과 개설 열풍은 전문 인력, 젊은 단체들의 기하급수적 증가를 부추겼다. 현재 전국에 걸쳐 70여 개에 이르는 연극관련 및 응용학과들은 지난 십 수년 사이 우리연극의 지각변동을 알리는 신진예술가들을 대거 배출시켰다. 주지하는 바처럼, 20세기 전반의 연극사 초창기부터 동인제 단체들의 집단적 탄생

---

6 http://news.chosun.com/site/data/html 참조.

으로 현대연극의 본격적인 활로를 찾는 60년대 이후의 중심세력은 아마추어 활동으로 연극에 발 들여놓은 비전공자들이었다. 연우무대를 위시한 80년대의 소극장연극, 대학가를 중심으로 번지던 마당극의 주인공들 또한 그러한 전통에서 크게 벗어나지 않았다. 그러나 국외에서 수학한 고급인력들의 귀국과 짧은 시기, 급격히 증가한 국내 연극학과들이 배출한 젊은 재능들의 대거 출현이 맞물린 90년대 이후의 한국연극은 전공자들 중심의 전문인력으로 대치되면서 판도가 바뀌기 시작했다. 물론 전자에 속하는 이들 가운데 다수는 현장 대신 캠퍼스의 안정된 삶을 택하여 기대했던 현대연극 발전의 유감스러운 공백을 남긴 것도 사실이다.

민주화 자유화, 세계화의 열린 시대로 속도를 내는 가운데 연극의 세대교체 현상은 뚜렷해졌다. 60년대 이후의 대표적 동인제 단체들이 '개점휴업' 중이거나 긴 동면, 또는 영구해체로 연극현장에 공백이 생기게 된 것이다. 검열제도는 물론, 극장 및 단체설립의 규제가 완화된 틈새를 비집고 신세대 연극인들이 새로운 단체들을 결성하기도 했다. 2000년대 중반 이후엔 서울을 중심으로 이미 200개를 넘는 연극단체들이 활동을 하게 된다.[7] 극단 연희단거리패, 작은 신화, 백수광부, 청우, 골목길, 물리, 여행자, 사다리움직임연구소, 풍경 등이 독특한 작업으로 주목받는 대표적 단체들로 꼽힌다. 그리고 다소 메인스트림에서는 벗어나 있긴 하지만 자신들만의 작업스타일과 성향, 독특한 컬러를 지닌 극단 수레무대, 우투리, 뛰다, 동, 몸꼴 등도 주목할 수 있을 것이다. 자기 단체의 활동 외에 일부 젊은 연출가들(93년도 제1기의 김아라, 이병훈, 황동근, 박찬빈 등에 이어 97년부터는 가장 활발한 활동을 하였던 최용훈, 김광보, 박근형, 양정웅,

7 김미도, 『21세기 한국연극의 길 찾기』, 연극과 인간, 2001, 14쪽. 서울연극협회, 「2008 회원단체목록」 2008년 10월 참조.

이성열, 손정우가 형성한 제2기 동인, 그리고 신진연출가들로 구성된 3기와 4기의 젊은 후배들로 현재까지 이어지는)은 혜화동로터리 근처의 소극장 혜화동 1번지를 터전으로 대를 물리면서 동인제 연대를 하기도 했다. 그 외에도 오경숙, 박상현, 김동현, 이해제, 김낙형, 선욱현, 고선웅, 송선호, 임형택, 문삼화, 김재엽, 서재형, 구태환 등 30 · 40대 젊은 연출가들이 각자 자신들의 단체를 조직하여 2000년대 첫 10년을 향하는 한국연극에 새로운 피를 수혈해주고 있다. 한편, 인간의 본성과 심리에 대한 깊이 있는 이해와 탁월한 형식미학의 구현으로 주목받는 중견연출가 한태숙을 비롯하여, 현대연극의 다양성과 풍요를 고하며, 작업의 정체성을 찾는 여성연출가들도 각기 단체구성으로 작업의 토대를 마련하였다. 즉, 김아라, 오경숙, 류근혜, 박정희, 문삼화, 최진아, 백은아, 박혜선, 오유경, 최은승, 송현옥, 그리고 주로 뮤지컬에 전념하는 이지나, 장유정에 이르는 일련의 여성연출가들의 출현은 전통적으로 남성중심의 작업에 대한 시대적 도전이기도 했다.

새로운 작가와 배우들의 출현 외에 스텝, 그중에서도 연극경영 분야는 새로운 세대들의 참여가 눈에 띈다. 실제로 오늘날 공연기획으로 두각을 나타내는 기획자들이나 축제나 단체의 운영을 책임진 젊은 실무자들은 거의 연극정책이나, 예술경영, 축제운영 등, 전문교육을 받은 인력들이다. 이들은 90년대 이후 많은 대학에서 특수대학원 프로그램으로 개설한 연극경영을 전공하거나 해외에서 유사한 교육프로그램을 마친 학문적 배경을 지니고 현장에 임하고 있다. 이러한 신진 전문가들의 등장은 기획을 비롯한 극장경영 및 연극운영 전반에 체계성을 확립함으로서 전 시대와의 차별화를 꾀하고 있다.

넷째, 연극제도나 장치의 틀 안에서 언급할 수 있는 사항가운데 하나는 지원이다. 문화예술진흥법의 제정으로 1973년 설립된 한국문화예술진흥원

이 "동아시아 최초로 공공자금에 의한 문화예술 지원정책"[8]을 펴기 시작한 이후 대다수가 비영리연극단체인 우리 극단들의 운영은 주로 지원금에 의지해왔다고 해도 과언이 아니다. 1991년 '사랑의 연극잔치' 이후 실시해온 '사랑 티켓'을 통한 직접 지원을 비롯해, 진흥원 등의 공적지원은 대체로 공연제작 관련 사업들에 초점이 맞춰졌다. 지원금은 사실 재정자립도가 낮은 대부분의 극단들에게 단비 같은 존재였다. 특히, 90년대 이후 극단들의 지원금 의존도는 높아가는 반면, 한정된 액수는 '소액다건'이라는 비난에 시달려왔다. 2005년 여름, 문화예술위원회로 전환한 문예진흥원은 다년간 집중지원, 소극장특성화지원, 창작활성화지원 등으로 수정하며 지원정책을 펼쳐왔다. 그러나 만족할만한 대안을 찾지 못한 채, 새 정부 들어 대부분의 지원금 관련 사업들을 지자체로 이관하려는 움직임가운데 지원정책은 과도기적 증세에 시달리고 있다. 2004년 서울문화재단의 출범이후 2007년 상반기까지 경기문화재단을 비롯한 6개 지자체를 중심으로 한 지역문화재단들이 탄생하여, 지원의 부담을 나누고 있다. 그러나 역할 분담조차 뚜렷하지 못한 상황에서 지원정책은 큰 실효를 거두지 못하고 있다.[9]

1990년대 이후 연극계에는 극단들 이외에도 많은 공 · 사립 단체들이 탄생했다. 먼저, 위에 언급한 문화예술위의 출범이다. 하지만 유감스럽게도 팡파르가 울린 지 수년이 지났지만, 각 분야를 대표하는 위원들 간의 각축, 그리고 이어 현 정권의 출범과 함께 따른 여러 가지 진통으로 기대했던 바와 달리 표류 중이다. 연극의 국제화 현상에 발맞추고자 2006년 뒤늦게 (재)예술경영지원센터가 설립되었다. 우리 공연단체들의 해외진출 창구역할,

---

8 여석기, 「한국연극사－1945년에서 79년까지」, 『한국의 공연예술－고대에서 현대까지』, 현대미학사, 1999, 54쪽.

9 「문화예술위원회 소위원회 자료」, 2007.6.18 참조.

국제아트마켓과 예술경영관련 세미나, 평가업무들을 수행하며 의욕적으로 움직이고 있으나 전문성 면에 있어서는 좀 더 경험이 축적돼야 할 것 같다.

1970년대 중반 전국의 전문연극단체들의 합의체로 탄생한 한국연극협회로부터 서울지역 연극단체들은 2004년 독립선언을 했다. 이후 두 단체 간에는 서울연극제 주최를 둘러싸고 갈등을 빚기도 했다. 이듬해 서울연극제 주최를 이양 받으며 탄력을 얻은 서울연극협회는 적극적인 리더십으로 초기 의욕을 다지기도 했다. 허나 초기 운영상의 시행착오 이후 최근 다소 주춤한 상태이다. 한국연극의 대표적 저널인 월간 『한국연극』 발간의 주체인 전자 역시 비슷한 맥락에서 90년대 이후 기대한 만큼의 존재감을 부각하지 못하고 있는 것이 사실이다. 그밖에 2000년대 들어 많은 이들의 관심 속에 지속되고 있는 현대일본희곡낭독회 및 심포지엄, 희곡집 발간 등을 격년제로 실시하며 양국 현대극의 이해를 도모하는 한·일연극교류협의회, 신춘문예당선작 연속공연 및 아시아연극연출가워크숍 공연, 연출가포럼 등의 정기사업을 펼치는 연출가협회, 일찍이 한국현대연극의 정신적 이정표 기능을 했던 70년대의 정기간행물 『연극평론』을 복간(2000년)하여, 곧 계간으로 정착시킨 평론가협회, 드라마투르기 작업으로 젊은 연극단체들과 연대하며, 해외신작희곡낭독회, 전문지 『공연과 이론』을 발간하는 공연과 이론을 위한 모임, 그리고 현대연극의 핵심 분야로 부상한 기획과 제작자들의 모임인 프로듀서협회 등의 전문단체들의 활동을 주목할 수 있을 것이다. 특히, 90년대 이후 일간지 등의 지면 축소로 위축된 평론, 평론의 위기 혹은 부재를 염려하는 시절, 『연극평론』, 『공연과 이론』, 『극작에서 공연까지』 등 연극전문지들의 출현은 기록장치가 부실한 우리연극에서 현재뿐 아니라 미래의 독자들을 위해서 기여하는바 크다고 하겠다.

다섯째, 연극축제와 뮤지컬의 성장을 꼽을 수 있을 것이다. 위에서 살펴본 연극의 국제화, 국제교류 분야에서뿐 아니라 연극제는 90년대 이후 한국

연극 전반의 성장과 발전이라는 차원에서도 평가받을 수 있는 항목이다. 대한민국연극제와 전국연극제(1983 창설)를 제외하면, 1964년의 세익스피어 탄생 400주년 기념축제부터 80년대까지 연극축제는 우리연극에서 국제문화행사의 일환으로 특별히 마련되는 부정기적, 단발적 행사였다. 허나 오늘날 무려 1,000개 이상의 각종 지역축제들이 존재한다는 이 땅엔 연극제 역시 헤아릴 수 없을 만큼 많다. 앞서 언급한 축제들 외에도 춘천마임축제, 춘천인형극제, 변방연극제, 세계국립극장축제, 젊은연극제, 2인극페스티벌, 의정부국제음악극제, 수원화성국제연극제, 안산국제거리극축제, 거창국제연극제, 근간의 거제세계희극축제, 통영연극예술축제 등 규모와 내용, 성격을 달리하는 축제들이 연중 열리고 있다. 설립의도가 의심스러울 만큼 운영능력도, 안목도 갖추지 못한 채 난립하던 혼란의 시절을 지나 우리의 축제들은 점차 내실 있고, 차별화된 행사들로 자리 잡아가는 중이다. 그러나 미학적 안목과 철학, 행사운영에 대한 훈련과 실전 경험, 외국어 및 국제 네트워킹 능력을 고루 갖춘 전문예술감독, 행정감독, 프로그래머, 큐레이터들은 아직 부족한 현실이다. 세계 혹은 국내공연예술시장의 잘 나가는 기성품들을 사다가 나열하는 시대는 이미 지났다. 국내 · 외 단체, 개인 및 축제들과의 공동 생산, 신작의뢰 등 창작생산과는 거리가 먼 우리의 축제들은 여전히 갈 길이 멀다.

90년대 이후 한국연극에서 뮤지컬의 성장은 외면할 수 없는 현실이 되어 버렸다. 정치적 해빙기를 벗어나자 연극은 통속적 희극, 화려한 춤과 노래의 뮤지컬, 감상적 악극에다 선두를 빼앗겼다. 특히 브로드웨이, 웨스트엔드로부터의 직수입 혹은 라이선스 형태의 메가 개념뮤지컬들이 상륙하면서 한국은 세계뮤지컬 시장에다 비싼 값을 치르는 고객으로 분류됐다. 책임경영이니 뭐니 해서 흑자정책을 요구하는 국 · 공립극장의 대형 공간들은 외국뮤지컬들이 장기 대관으로 싹쓸이하기 일쑤요, 수백억 제작비의 상당

부분을 차지하는 로열티는 결국 비싼 입장료로 관객에게 부담을 떠넘기게 된다. 그간 우수 해외뮤지컬들의 국내공연은 백스테이지 스텝들의 기술향상에 이바지 한 바 적지 않고, 우리 배우들의 기량도 크게 향상된 것이 사실이다. 그러나 무대를 꿈꾸는 젊은 재능들이 하나같이 뮤지컬 배우를 선호하고, 관객 또한 상대적으로 완성도 높은 수입뮤지컬을 선호하는 작금의 현상은 우리 연극을 고립시키고, 창작뮤지컬이 설 틈을 주지 않는다.

3. 희곡

연극이 미처 균형 있는 발전을 이루기 전인 1960년대 전반, 원로평론가 여석기는 당시 상황을 이렇게 진단한다.

> 한국연극의 현 상태에 대한 진단을 한마디 하라고 하면 필자는 서슴치 않고 아래와 같이 말할 것이다. 한국연극에서는 배우보다는 연출자가 없고, 또 그 연출자보다는 작가가 더 없다고. 다시 말하자면 우리 연극에서 제일 아쉬운 것이 좋은 작품이고 그 다음이 작품을 잘 다룰 수 있는 좋은 연출자란 말이다. 이점은 배단 한국연극에만 국한시킬 것이 아니라 세계 공통의 아쉬움이라고 할 수도 있는데 우리의 경우 작품의 질량 양면에 걸친 결핍상은 거의 병적이라고 해도 과언이 아닌 듯하다.[10]

이처럼 일찍이 한국연극이 "질적으로 저조한 이유"를 좋은 작품을 생산해내지 못하는 데서 찾은 그는 문제 해결을 위해 직접 발 벗고 나섰다. 1962년, 남산 드라마센터 부설 초대 연극아카데미 원장을 맡으며 '극작워크숍'을 주재한 것이다. 그 결과 1차 워크숍을 통해 노경식, 박조열, 오태석, 윤

10 여석기, 「경험의 내면적 심화를」(1964.1), 『한국연극의 현실』, 동화출판사, 1974, 163쪽.

대성, 그리고 그 뒤를 잇는 70년대의 이강백 등 오랜 세월 한국연극을 리드해온 기라성 같은 작가들을 배출한 바 있다.

물론 그것은 시대를 앞서가는 상상력으로 1920년대의 극작전통을 선보였던 김우진, 1930년대 극예술협회를 희곡공연의 생산기지로 삼았던 유치진, 그리고 직 · 간접적으로 후자의 극작정신을 유산 받은 50년대 이후의 차범석, 신토불이의 세련미 넘치는 희극 전통을 구사한 오영진 등의 단단한 서사적 뿌리 위에서 태동한 현대극작의 혁명적 전초지였다. 그러나 동인제 극단들을 중심으로 한 60년대 이후의 서구번역극의 범람은 창작에 대한 갈증을 더욱 부추겼고, 이를 적극적으로 해결할 범국가적 장치로 마련된 것이 1977년의 대한민국연극제였다.[11] 이는 70년대에 발화되기 시작한 우리 것에 대한 관심, 그리고 서구 실험극의 비재현적 글쓰기 방법론의 이식 등과 맞물리며 80년대 한국연극은 창작극의 풍요를 맞게 된다. 위에 언급한 극작워크숍 출신의 유명 작가들과 함께 70~80년대 창작극을 꽃피운 작가들의 목록은 화려하다. 반연극적 발상에 근원을 둔 지적 희극의 이근삼, 소설로 기반을 다진 신화적 깊이의 서사작가 최인훈, 한국형 부조리기법이 돋보이는 이현화, 투철한 역사의식을 극작에 투입한 김의경이 있으며, 한국적 심상과 굿극 전통을 떠들썩한 해체적 극장주의로 풀어낸 이윤택, 보수적이리만치 극작 본연의 스토리텔링에 만전을 기하는 이만희 등으로 이어지는 좋은 작가들이 많이 탄생한 것이 사실이다.

연극의 오랜 재현 전통을 무너트리고, 종래의 인문학적 성찰을 밀쳐 낸 90년대 이후의 한국연극은 유감스럽게도 우수 희곡이 양산될 수 있는 기름진 토

---

11 원로 평론가 한상철은 1987년 서울연극제로 개칭된 대한민국연극제가 창작극 활성화 시킨 기여한 공로를 높이 평가하면서 "한국의 극작가들은 원로부터 신인까지 모두 이 연극제에 자신의 신작을 발표하기를 원하였"다고 했다. 「한국연극사-1980년에서 현재까지」, 이두현 외 저, 『한국의 공연예술』, 현대미학사, 1999, 67쪽.

양을 제공하지 못한다. 공연은 많되 좋은 희곡은 상대적으로 소수였던 것이다. 이처럼 전반적으로 희곡의 결핍을 드러내는 90년대 이후의 연극현실을 통찰하는 평론가 김방옥은 이렇게 말한다. "희곡은 이제 우리 주위에 너무나 희미하게 존재하고 있다. 어딘가에 아직 존재하고 있다고 막연히 알고는 있지만 그것은 우리의 살과 정서 속에서 숨 쉬면서 빛을 발하지 못한다"[12]고 말이다. 한편, 눈여겨보면, 앞서 언급한 이강백을 포함함 80년대의 작가들, 특히 오태석과 이윤택이 오늘날도 여전히 활동하고 있으며, 90년대의 심지 깊은 전업작가로 이름을 굳힌 정복근, 기발한 착상으로 통일연극에 몰두하는 오태영, 극작과 연출을 왕래하며 세기말의 불안한 징후들을 현상적으로 포착해내는 김광림, 세태 풍자에 능란한 이상우를 비롯하여, 극작과 연출을 겸하거나, 혹은 전업으로 90년대 이후까지 지속적으로 작업하는 좋은 작가들도 있다. 80년대 작가들의 유산을 이으며 90년대를 거쳐 오늘에 이어지는 새로운 작가들의 목록은 사실 적잖이 길고, 화려하다.

90년대 이후 한국연극 대표하는 우수 희곡들인 동시에 공연인 '베스트 3'를 중심으로 집필된 본서를 염두에 두고 잠시 그 목록을 살펴보자. 우선, 역사의 미로를 파헤쳐 권력의 무상과 파행, 지식인의 인간적 고뇌 등을 화려한 연극적 필치로 탐구한 〈문제적 인간 연산〉(1995), 〈시골선비 조남명〉(2001)의 작가 이윤택, 초기의 난해한 관념의 시대를 거쳐 중간 지대를 이룬 〈키스〉(1997), 그리고 보다 접근이 용이하면서도 진정성 있는 대표작 〈여행〉(2005)을 우리에게 남기고 떠난 윤영선을 비롯, 폭력으로 가부장적 질서의 회복을 꾀한 남성의 불행을 로컬컬러 진한 연극적 스토리텔링으로 제시한 〈남자충동〉(1997)의 조광화, 시대적 변화와 함께 386세대가 겪는 거친 현실 속의 갈등을 지적인 필치, 예리한 감성으로 풀어낸 〈새들은 횡단보도로 건너지 않

12 김방옥, 「희곡의 위기, 희곡의 존재방식」, 『연극평론』 2000년 겨울호(복간 1호, 통권21호), 28쪽.

는다〉(1998)와 〈돐날〉(2001)의 김명화, 전통적, 역사적 소재를 동시대적 연극 감각으로 녹여내 대중적 반향을 일으킨 〈이〉(2000)의 김태웅, 붕괴된 가족관을 그로테스크미학의 도발적 상상력으로 공격하는 한국판 '인 유어 페이스(In-Yet-Face) 극'의 선두주자인 〈청춘예찬〉(1999), 〈경숙이, 경숙 아버지〉(2006), 〈너무 놀라지 마라〉(2009)의 박근형, 제도권의 편견을 질타하며 갇힌 자들의 구원을 꿈을 환상적으로 펼쳐낸 〈인류 최초의 키스〉(2001)의 고연옥, 동성애적 집착을 역사적 보편성과 맞물린 극적 신화창조에 성공한 〈서안화차〉(2003), 인문학적 심도로 각색과 창작의 두 세계를 자유롭게 오가는〈벽속의 요정〉(2005), 〈열하일기만보〉(2007)의 배삼식, 현대연극이 잃어버린 서사의 회복 가능성을 실증한 〈원전유서〉(2008)의 김지훈 등 세대를 거르며 희곡의 생명을 연장시킨 작가들은 이처럼 적지 않다. 그밖에 현실문제로부터 설화, 복제과학기술이 암시하는 미래까지 스펙트럼이 다양한 장성희를 비롯하여, 정우숙, 김윤미, 이상범, 차근호, 유진월, 김수미, 선욱현, 이해제, 김낙형, 최창근, 고선웅, 최치언, 장우제, 김한길, 최진아, 동이향, 성기웅, 한아름, 정영욱, 손기호, 김민정 외 각자의 성향과 감각, 재능이 다른 젊은 작가들은 90년대 이후 우리연극과 동행하고 있었던 것이다. 하여 돌이켜보면, 80년대부터 조금씩 그 기미를 보이더니 드디어 90년대 중반쯤에 이르면 창작극의 증가로 번역극 공연을 능가하는 이변의 시절도 있었다.[13]

그럼에도 불구하고, 단순히 양적 증가로 설명되지 못하는 90년대 이후 연극에서의 희곡의 전반적인 결핍 내지 부재라는 문제는 어떻게 설명돼야 할

---

13 일예로 평론가 구히서는 1996년도의 창작극 공연을 『문예연감』에 정리 · 보고하면서 "창작극이 번역극에 비해 숫자적으로 약세를 보이던 7, 80년대와 비교해본다면 이러한 (96년도 창작극의)양적인 증가는 우선 우리 무대의 많은 변화를 얘기해 볼 수 있는 숫자다"라고 얘기했다. 「창작극」, 『문예연감 1997』, 문화예술진흥원, 1997, 939쪽.

까. 위에 언급한 작가들의 작품이 감각적 기호체계를 달리하는 테크놀로지 지배 하의 관객, 세계화로 질주하는 그들의 시대적 감성에 맞지 않는 걸까. 혹 그 내용과 형식의 수월성에서 미진한 것은 아닐까. 명확한 답은 질문을 피해가는 듯하다. 추정일진대 전반적으로 좋은 희곡의 기본이 되는 인문학적 사상의 결여, 즉 드라마투르기의 감각적 표피를 뚫고, 삶의 대한 통찰, 은유의 세계를 관통하는 극작의 힘은 부친 것이 사실인 듯하다. 또한 반추컨대, 검열제도의 철폐(1989)로 희곡의 소재적, 방법론적 출구가 열리자 너나 할 것 없이 통분을 뿜어냈던 적도 있었다. 그러나 폭로, 비판, 야유 일색의 어두운 정치 · 사회극들은 경박한 희극의 시대로 차원이동을 해버린 적도 있었다. 전통과 신화, 역사적 소재들도 싫증인지, 고갈인지 잠잠해졌다. 가부장적 질서를 물리고 여성연극에 심취하던 것도 오래가진 않았다. 어느새 문학적 전통을 해체하고, 언어를 경시하는 시대적 풍조는 감각적 스펙터클의 구현을 선호하게 된 것이다. 관객의 사고를 자극하고, 상상을 풍요롭게 하던 희곡의 고상한 언어는 공격적인 몸, 과격한 비주얼로 파괴되었다. 그리하여 위에서 '베스트 3'를 앞세워 요약한 우수 희곡의 대다수는 주지하다시피 작가 겸 연출의 극본이요, 희곡보다는 공연의 완성도로 진가를 인정받은 경우이다.

90년대 이후의 많은 희곡들은 포스트모더니즘의 영향 아래 성장한 것들이기도 했다. 서사성 짙은 희곡전통의 파괴는 스토리텔링의 권위 대신 언어의 분절화, 구성의 파편화, 장르의 파괴, 혼종화, 절충화를 초래하였다. 연극을 연극으로 말하는 메타 구조를 차용하거나, 서사극, 부조리극, 표현주의, 혹은 전통극의 가용가능한 장치와 테크닉을 빌어 빈곤한 인문학적 정서를 가리는 연극의 일상성엔 종종 도식적 감상성이 위험도 발견되곤 했다. 그럼에도 불구하고, 현실의 모방과 복제에 능한 대중매체들의 보다 수월하고도, 매력적인에 글쓰기, 이야기 방식에 굴복해 언어 고유의 힘을 포기한 것은 희곡 스스로에게 책임을 물어야 할지도 모른다. 그러한 와중에서 관객들은 뮤지컬, 악극을 편애하기 시작했고, 심지어는 언어가 설 자리를 송두리째 없앤 촌극형 넌버벌극, 비보이들의 퍼포먼스에 유혹되기도 했다. 대학로에 운집한 백 수 십 여 곳의 소극장들에서 매일 밤 오르는 창작극들을 외면하고서 말이다. 또한 창작극의 양적 풍요 속 빈곤을 채운 것은 서구의 정전들이기도 했다. 번안과 각색의 이름으로 고전비극을 찾아 그리스로, 셰익스피어를 찾아 르네상스로, 최후의 도전으로 미뤘던 체홉의 러시아로, 일본현대극으로 이방의 희곡들을 찾아 나선 것이다. 상대적으로 안전한 희곡여정을 꿈꾸면서 말이다.[14]

이 같은 틈새를 비집고 어렵사리 명맥을 이어온 우리의 희곡들은 2000년대에 들어서서는 약속이듯 일상극으로 변신하고 있는 중이다. 삶에 대한 진지한 고민이 배어있는, 극적환상의 경이로운 체험할 수 있는, 꿈의 희곡과 거리를 둔 그들은 서로를 베끼고 모방하는 경우가 잦기도 하다. 그리하여 내용적으로 풍요롭고, 형식적으로 놀라운 희곡이 드문 시대엔 깊이와 격조 있는 고전을 그리워하기도 한다. 동시대적 감각은 다소 뒤질지라도 변치 않는 감성과 진실로 가슴을 뜨겁게 하는 그런 희곡들을 말이다.

그렇다면 이처럼 희곡의 인문학적 영양실조를 초래한 이유는 무엇일까. 앞에서 인용했던 김방옥의 글에서 정확하게 포착하듯, 그건 우리 연극의 무게 중심이 희곡에서 공연으로 이동한 데서 찾아야 할 것 같다.[15] 작가 고유의 영역이었던 희곡은 공연의 수장인 연출의 대본작가 겸업으로 과거와는

---

14 일예로, 한국의 셰익스피어 공연에 대해 꾸준한 관심을 표해온 이현우 교수(순천향대)는 그의 90년대 셰익스피어공연에 관련된 그의 논문들에서 80년대에 년간 10편 미만이던, 따라서 주목받는 비평의 대상이 되지못했던 셰익스피어 공연들이 90년대에 이르면 30편 이상으로 증가했으며, 표현형식과 해석의 유행 또한 매우 다채로웠음을 지적한다. 이현우, 「90년대 셰익스피어 공연 현황에 대한 소고」, 『우리극연구』 7, 1996, 77~79쪽 & 「할리우드의 셰익스피어 붐과 한국 연극계의 셰익스피어 붐」, 『연극평론』 21, 2000년 겨울호, 41~45쪽 참조.

15 김방옥, 앞의 글, 32~36쪽 참조.

다른 종류의 저자들에 의해 탄생되거나, 작가들의 원작은(긍정적이든 부정적인 의미에서든) 훼손되기 일쑤이다. 'playwright' 이란 단어가 암시하듯, 희곡은 극작가의 머리속에서 미학적으로 이미 형상화된 것인데, 타인에 의해 공연화 되는 과정에서 빚어지는 연출가와의 해석의 차이는 종종 갈등을 빚는다. 체홉이 그의 희곡들을 월드클래스 공연으로 완성시켜준 스타니슬라브스키의 해석을 못마땅해 했듯, 〈느낌, 극락 같은〉 공연을 두고 우리시대 최고의 작가와 연출에 속하는 이강백과 이윤택의 논쟁이 상기시키듯 말이다. 이는 다시금, 1926년 고골의 〈검찰관〉을 대폭 수정해 올린 기념비적인 공연으로 원작의 가치를 상승시켜줬을 뿐 아니라, 연출가의 작가시대를 예고했던 메이어홀드, 그리고 오늘날 개념연출의 거장들이 빚곤 하는 작가와의 갈등이다. 하여, 원작의 훼손을 두려워하는 작가는 자기 작품을 직접 연출하거나, 거꾸로 연출가 스스로(혹은 배우들과의 공동창작으로) 대본을 집필하는 경우는 허다하다.

90년대 이후 한국연극에서 부각되는 공연의 중요성은 연출가의 높아진 위상과도 관련된다고도 할 수 있다. 한편, 일간지의 신춘문예 당선이나 희곡공모전을 통해 등장하는 젊은 작가들이 척박한 공연현실을 겪으며 꿈을 접는 예는 허다하다. 신춘문예당선작 공연이 잠시 장미 빛 희망을 보여주기도 하나 대부분의 초심 작가들은 전문극단의 공연으로 검증받는 기회가 다가올 때까지 견뎌내지 못한다. 작가들의 꿈의 기회였던 서울연극제가 희곡심사에서 실연심사로 바뀐 적도 있으며(1996년), 번역극마저 대상이 되자 창작희곡의 입지는 더 비좁아 진 것이 사실이다. 젊은 작가들로 하여금 좋은 작품을 생산할 수 있도록 유도하는 실질적인 장치, 펀더멘탈이 마련돼 있지 못한 것도 희곡의 빈곤을 초래한 중요한 이유 중에 하나가 될 것이다. 앞서 언급했던 60~70년대 '극작워크숍' 이 소중한 결실을 남긴 예에도 불구하고, 지속되지 못한 현실이다. 신춘문예공연을 제외하곤, 신작공연을 전문으로 하는 세계적

명성의 영국의 로열코트극장이나 미국 켄터키주 루이빌 액터즈씨어터의 휴매나페스티벌같은 신작연극제는 그만두고라도 극작워크숍 기회조차 제대로 마련되지 않은 우리 연극이다. 창작 인큐베이팅이나, 무대화된 독회, 낭독공연 등이 산발적으로 시행되고 있긴 하다.[16] 그러나 그 숫자에 있어서나 실질적 영향력은 대단치 않다. 더구나 독회, 낭독공연들은 신작의 실질적 창구기능을 하는 서구의 경우와 달리 해외희곡 소개로 용도변경된 것이 사실이다.

4. 공연

1990년대 이후 한국연극에서 가장 괄목할만한 성장을 이룬 분야는 공연이다. 희곡은 물론, 연극을 이루는 모든 요소들이 한데 결집돼 완성되는 것이 공연일 때, 그것의 성과가 곧 연극예술의 총체적 발전을 요약한다. 여기서 말하는 성장의 의미는 반드시 양적 증가와 일치하는 것은 아니다. 그렇지만 다양한(따라서 다수를 암시하기도 하는) 공연행위가 이루어지고 있는 것은 분명하다. 이는 공연을 하고자 하는 의욕과 역량, 필요성, 그리고 그것을 할 수 있는 제반 여건의 조성이 함께 맞물렸을 때 가능한 일이다. 이 모두가 완벽한 균형과 조화를 이룰 수는 없었을지라도 어느 정도 기본적인 조건들이 갖춰졌기에 다양하고도 많은 공연들이 가능했다고 본다. 앞에서도 말한 것처럼, 백수십 개의 소극장들이 운집해 있는 대학로만 해도 매일 밤

---

16 이러한 문제를 부분적이나마 해결해보려는 의지로 문화예술위원회에서는 2007년부터 '창작희곡활성화사업' 을 실시해 공모를 통해 4편의 희곡을 선정하여 1년 3개월간의 튜터를 통한 일련의 수정심화, 낭독공연, 워크숍 과정을 가졌다. 그 최종결과물들은 '창작예찬' 이라는 제목으로 이윤택 외 3인의 중견연출가들의 지휘아래 2008년 7월 4~8, 10일까지 아르코 대 · 소극장에서 공연되었다. 『연극위원회 제1차 소위원회 회의 자료』, 한국문화예술위원회(2008.3.20) & 「창작예찬 공연 브로슈어」(2008.7) 참조.

그만한 숫자의 공연이 오르고 있다. 대학로를 벗어나 국립극장 해오름극장, 예술의 전당 오페라극장, 그리고 최근에 (재)등장한 명동예술극장을 비롯한 연극하기 적합한 중극장들 등 서울 곳곳에 자리한 쓸만한 규모의 극장 무대에 오르는 작품들까지 포함한다면 실로 적잖은 수의 공연들이 제작되고 있는 것이다.

한태숙 재창작, 연출의 〈레이디 멕베스〉(극단 물리)

그런데 공연의 숫자적 증가에 대비한 질적 수준은 어떠했을까. 언제나 그렇듯, 양과 질이 정비례하지는 않지만 다양한 공연들 가운데는 향상을 가늠하는 우수한 공연들도 많았다. 잠시, 이야기를 돌려 보자. 연전 2008 북경올림픽기념 문화예술축전("Meet in Beijing")의 한국공연예술주간에서는 한국현대연극－삼인삼색전' (7월 2~13일)이 올라갔다. 초대된 세편의 공연(〈청춘예찬〉 극단 골목길, 〈보이첵〉 사다리움직임연구소, 〈레이디 맥베스〉 극단 물리)은 하나같이 90년대 이후에 등장한, 오늘날 우리연극을 대표하는 연출가들의 수작들이었다. 자신만의 시선으로 누추한 삶과 관계의 진정성을 정확히 읽어내는 박근형의 언어극, 움직임을 공간의 시로 구현해 미완성의 원작을 몸으로 완성시킨 임도완의 신체극, 그리고 놀라운 집중력, 파괴적 상상력으로 정전에 도전한 한태숙의 재창작 물체극이 바로 그들이었다. 한국연극의 다양성과 우수성을 요약해주는 이들 세 편의 공연은 국내뿐 아니라 국제무대에 자랑할 만하다(이들은 이미 각기 다른 경로를 통하여 근년, 해외무대 혹은 국제관객들로부터 호평을 받은 바 있다). 서로 다른 미학적 개성이되 공히 완성도 높은 공연을 지향하는 이들은 또한 이 작품들을 일회성이 아닌, 10여년 가까운 세월동안 갈고 다듬어냄으로써 최고의 가치실현에 매진한 예를 보여준다. 그러나 사실, 이 사례는 특별한 경우다. 90년대 이후 쏟아져 나온 다수의 공연들이 이들처럼 확연한 개성으로 빛나고, 오랜 세월 숨죽이고 다듬어지면서 국내는 물론 마침내 해외 무대에서까지 인정받는 경우는 그리 흔치 않다.

앞서 말한 것처럼, 90년대 이후 우리 연극에서 연출가의 위상은 상당히 높아졌다. 작가를 능가하는 그들은 언제나 공연의 주체요, 프로덕션 체계는 연출을 중심으로 이루어진다. 대부분의 경우, 그들은 자기 단체의 설립자요, 극단운영과 제작을 동시에 책임지는 대표를 겸하는 이중적 존재이다. 또한 그의 예술적 동기와 컬러는 극단의 정체성과 동질을 이루며 독특한 아우라를 지닌다. 이제 관객은 더 이상 희곡작가의 이름이나 그의 희곡만을 보고 공연을 선택하지는 않는다. 어쩌다가 스타의 이름이 관객의 선택에 유리할 수 있지만, 그들은 연출가의 이름을 보고, 극단 명을 보고 공연을 선택한다. 뿐만 아니라 위의 세 예술가들처럼 오늘날의 많은 한국연출가들은 스스로 작가를 겸하거나 최소한 공연을 위한 대본 구성 능력을 갖추고 있다. 따라서 그의 권위는 절대적이요, 언제나 최상이 아닐지는 몰라도 역량과 재능에 대한 기대치도 크다.

예나 지금이나 여전히 소극장 중심인 우리 공연은 왜소하다. 뿐더러 그들은 '소극장' 본래의 이념적 의미와 상관없이, 공간의 사이즈에 의한 구분으로 제한된다. 처음부터 소극장에 길들여진 우리의 연출들은 중극장 이상의 공간 운용에 종종 성공적이지 못했으며, 그건 발성과 움직임에 공히 애로를 겪는 배우들 역시 다르지 않았다. 뿐만 아니라 프로시니엄으로 획일화된 공간구조에 익숙한 나머지 돌출무대나 블랙박스, 원형무대 등 보다 리스크가 높고, 실험적인 스테이징은 드문 것이다. 어쩌다 활용된다 하더라도 불만스러울 때가 많다. 또한 공연장 수가 많이 증가했더라도 제작비의 가장 큰 부분을 차지하는 대관료(때로는 배우들의 스케줄)로 인해 대개 단기간의 공연만을 올릴 수 있을 따름이다. 배우, 스텝들이 공간에 익숙해질만 하면 끝나는 공연은 대개 그걸로 일회성의 운명을 다하며 사라진 것이다. 다소 거칠게 말해 이전 시대와 그다지 다를 바 없는 이 같은 상황 속에서 90년대 이후의 공연은 잘(못) 만들어진 것이다.

G. 뷔히너 작, 임도완 연출의 〈보이첵〉(사다리움직임 연구소)

그럼에도 불구하고 위에 말한 북경에서의 사례들처럼 우리연극의 발전을 시사해주는 주목할 만한 공연들도 적지 않았음도 기억해야 할 것이다. 개략적으로 이들을 구분해보면 첫째, 한국인의 연희전통과 제의, 삶의 관습, 심성 등 우리의 정서적 재료에서 출발하는 작품들이 있다. 이들은 종종 무대화 작업에 있어서 극장주의적이요, 파격적 포스트모던 기법이나 해체로 뛰어난 감각을 지니는 문제작들인 경우로서 오태석의 〈심청이는 왜 두 번 인당수에 몸을 던졌는가〉(1991), 이윤택의 〈오구〉(1993), 〈문제적 인간 연산〉(1995), 〈시골선비 조남명〉(2001), 〈아름다운 남자〉(2006) 등을 꼽을 수 있다. 작품 전반에 걸쳐 진지한 보수주의적 경향을 띄지만, 손진책의 〈남사당의 하늘〉(1993)을 비롯한 극단 미추의 많은 정극공연 및 마당놀이 또한 전통예능의 활용과 토속적인 정서를 바탕 한다는 점에서 이 계열에 넣을 수 있을 것이다. 이 공연은 대규모의 앙상블과 공간처리에 스케일이 크고, 대범한 예를 보여주었다.

두 번째로는 원작의 핵심사상이나 주요 아이디어에 근거해 이미지, 상징,

배삼식 작, 김동현 연출의 〈하얀 앵두〉(두산아트센터)

몸, 움직임, 물체, 소도구, 소리 등을 기저로 장면을 재구성하거나 입체적 재창작으로 거듭나는 개념공연들이다. 대표적인 예들로써 한태숙의 〈레이디 맥베스〉, 임도완의 〈보이첵〉(2000), 박정희의〈하녀들〉(2002), 서재형의〈죽도록 달린다〉(2005) 등을 꼽을 수 있다.

세 번째로는 사실주의의 큰 테두리 내에서 자신만의 문법을 찾아내 연극적으로 확대하거나 (극)사실주의를 구사함으로서 일상 속에 숨어 있는 가부장적 폭력과 죄의식, 소외, 외로움을 밝혀내는데 관심을 둔 작품들이다. 이들은 필요에 따라 탄력적으로 표현주의, 서사극, 부조리극 등의 기제에 기대며 절충적인 연출미학도 불사한다. 예를 들면, 앞서 언급했던 박근형 작 · 연출의 대부분의 작품들을 비롯한, 최용훈 연출의 〈돐날〉, 김광보의 〈인류 최초의 키스〉, 한태숙의 〈서안화차〉, 강대홍의 〈허삼관 매혈기〉(2003), 송선호의 〈바다와 양산〉(2004), 이성열의 〈여행〉, 손진책의 〈벽속의 요정〉(2005), 김동현의 〈하얀 앵두〉(2009) 등이 그렇다고 할 수 있다.

네 번째로, 셰익스피어의 한국적 모색으로 주목받은 작품들로 오태석의

〈로미오와 줄리엣〉(1994, 2005), 이윤택의 〈햄릿〉(1996), 양정웅의 〈한 여름 밤의 꿈〉(2002), 원영오의〈동방의 햄릿〉(2002) 등이 있다, 이들은 주로 문화 상호적 입장에서 서구의 텍스트를 해체해 한국적으로 재구성하거나, 재창조하여 움직임, 소리, 무대미술적 측면에서 한국적, 동양적 전통을 적극 수용한 공연을 만들어낸다. 원작의 언어를 대폭 삭제하는 대신 시각적 스펙터클로 소통을 모색한다.

다섯 번째, 글로벌시대의 빈번해진 국제교류의 영향으로 인적, 기술적 결합의 측면에서 문화상호적 성향이 짙은 공연들이다. 국제합작공연의 형태를 지닌 공연들로 로버트 윌슨 연출의 〈바다의 여인〉(2000), 이병훈 · 히라타 오리자 공동연출의 〈강 건너 저편에〉(2002), 그레고리 지차트코프스키의 〈갈매기〉(2004), 유리 부투소프의 〈보이체크〉(2003)와 〈갈매기〉(2008), 양정웅 · 정의신 공동연출의 〈야끼니꾸 드래곤〉(2008)이 기억할만하다.

국가와 문화 간의 경계가 무너진 글로벌리즘의 침투가 역력한 이러한 공연들에서는 전 시대와 달리 장르간의 결합과 해체가 자유로운 형식은 무한히 열려있다. 희곡에서도 그렇듯, 공연에서 전통의 접목이나 현대화라는 구호를 내건 '정체성 구현'에 대한 과거의 집념이나 강박관념은 희박해졌다. 대신 들어선 것은 다양성, 개방성이다. 2006년 가을, 서울세계평론가협회 50주년 기념 특별 총회 시 우리연극을 집중적으로 볼 기회를 가졌던 『American Theatre』의 시니어 에디터 랜디 제너(Randy Gener)가 정확이 보았듯이 말이다. "일반적으로 알려진 바와 달리 오늘의 한국 극작가들과 연출가들은 한국적 정체성이나, 한국인의 의식을 추구하지 않는다. 그러한 피상적인 공식으로 치부하기엔 그들의 작업은 미학적으로 너무나 다양하며, 주제적으로 다채롭다."[17] 우리의 연출가, 배우, 스텝들은 그간 적잖은 국제화

17 Randy Gener, 「Songs of Belligerent Harmony」, 『American Theatre』 24 (Jan. 2007), n. 1, p.71.

시대의 추세에 따라 해외 수입 · 초청 혹은 합작공연들의 경험을 축적할 수 있었다. 해외 유학, 여행 등을 통해 체계적 이론과 사조를 터득하고, 월드클래스 공연들을 체험하면서 세련된 취향을 연마했던 것이다. 그래서 90년대 이후의 공연은 양적으로 풍요롭고, 질적으로도 우수한 예가 많았다. 훌륭한 현장예술가들도 다수 등장하였다. 무엇보다도 다양했다. 핵심 방향을 종잡을 수 없을 만큼 말이다. 그러나 우리의 기대치를 배반하는 일정 수준 이하의 공연들은 이글에서 거론한 작품들보다 훨씬 많았을 것이다.

5. 나오며

연극사 100년을 마무리하는 90년대 이후의 한국연극은 이전 시대와 색채와 질감을 달리한다. 동인제 단체들의 아마추어리즘에 기반하며, 번역극이 우세했던 현대연극의 발아기 60년대, 그리고, 원로평론가 여석기가 "자기 정체성 찾기"로 규정한 진정한 의미의 현대연극의 태동기 1970년대[18], 그리고 그 연장선상이되 마당극, 시대적 긴장을 담은 정치 · 사회극이 추가된 80년대의 유산으로부터 이탈한 것이다. 정보화 사회로 이동한 후기산업사회의 개방적 경향을 따라 연극은 고유의 성격마저도 포기하면서 변화하였다. 외적으로 글로벌리즘, 포스트모더니즘의 세례를 받으면서, 복제와 영상시대의 요구를 따라 언어와 성찰 대신 감각을, 전통적 구조 대신 해체와 파편을 선호하게 된 것이다. 인문학적 성찰을 소홀히 한 희곡은 연극예술 창조 과정에서 이뤄지는 위계질서 상의 상위를 차지한 공연에 복종하는 경

18 여석기, 「한국연극의 현재」, 『공연과 리뷰』 34(2001.9~10), 26~27쪽 참조. 이 원고는 원래 2001년 9월 1일 도쿄에서 열렸던 제8회 베세토연극제 심포지엄(주제 : '일본, 중국, 한국－현대연극의 역사와 현재')에서 발표된 글임.

향도 감지됐다. 이러한 상황에서 연출은 종종 스스로 공연대본의 작가가 되기를 소망하고, 따라서 극작가가 올곧이 그의 작품만으로 설 자리가 좁아지기도 한 것이 사실이다. 한편, 변화된 문화예술적 생태환경에 끊임없이 도전받고, 적응하면서 90년대 이후의 한국연극은 딱히 규정지을 수 없는 모호한 혼종의 객체들로 스펙트럼을 이루기도 했다. 국제화, 세계화의 동요에 기다렸다는 듯, 문이 열리고, 공간을 추가하며, 지역적 범위를 넓히고, 유행이듯 연극교육에 쏠리며 배출시킨 젊은 재능들로 세대교체를 이르고 있는 중이기도 하다. 그리고 지원을 비롯한 각종 제도에 지속적으로 영향 받으면서 어느새 100년의 역사를 기록한 동시대 한국연극은 나름대로 지형확대를 계속한 것이다. 90년대 이후 경쟁적으로 탄생시킨 다양한 규모와 프로그램들로, 또는 장르 특화를 지향하는 추세의 연극제들을 즐기는 한편, 수입 뮤지컬의 유혹에 노출되면서 성장과 발전이라 이름 한 연극의 큰 시대적 변화를 맞은 것이다. 동시대연극 최대의 미덕, 혹은 가치를 다양성, 복합성에서 찾으면서 말이다.

참고문헌

강일중, 『공연예술축제를 만드는 사람들』, 연극과 인간, 2009.

구히서, 「창작극」, 『문예연감 1997』, 문화예술진흥원, 1997.

김미도, 『21세기 한국연극의 길 찾기』, 연극과 인간, 2001.

김방옥, 「희곡의 위기, 희곡의 존재방식」, 『연극평론』21, 2000년 겨울호.

남기웅, 「아시아의 브로드웨이 '대학로 Ⅱ'」, 『문화+서울』, 2007. 8.

여석기, 「한국연극사－1945년에서 79년까지」, 『한국의 공연예술－고대에서 현대까지』, 현대미학사, 1999.

_____, 「경험의 내면적 심화를」(1964. 1), 『한국연극의 현실』, 동화출판사, 1974.

_____, 「한국연극의 현재」, 『공연과 리뷰』 34, 2001. 9~10.

이현우, 「90년대 셰익스피어 공연 현황에 대한 소고」, 『우리극연구』 7, 1996.

_____, 「할리우드의 셰익스피어 붐과 한국 연극계의 셰익스피어 붐」,『연극평론』 21, 2000년 겨울호.

한상철, 「한국연극사－1980년에서 현재까지」, 이두현 외 저,『한국의 공연예술』, 현대미학사, 1999.

『대학로 문화지도』 25, 2010. 4.

서울연극협회, 「2008 회원단체목록」 2008. 10.

「특집－중극장 시대, 변화하는 연극 지형도」, 『한국연극』 390, 2009. 1.

한국문화예술위원회, 「문화예술위원회 소위원회 자료」, 2007. 6. 18.

한국문화예술위원회,『연극위원회 제1차 소위원회 회의 자료』, 2008. 3. 20

한국문화예술위원회 & 아르코극장, 「창작예찬 공연 브로슈어」, 2008. 7

Gener, Randy, 「Songs of Belligerent Harmony」, 『American Theatre』, 24(Jan. 2007), 24, n. 1.

제2장

사회적 이념과 연극적 흐름

역사적 소재의 활용을 통한 새로운 연극미학의 개발 : 〈언챙이 곡마단〉과 〈자객열전〉

심재민

1. 들어가며

세계 연극사를 조망할 때 역사는 언제나 새로운 이야기의 소재가 되었다. 하지만 역사 그 자체를 있는 그대로 다루는 것이 아니라, 역사를 거울삼아 작가의 동시대적 상황을 역사의 거울에 비추어보는 형상화 방식이 특히 20세기 후반기 이래로 동서양을 막론하고 이미 새로운 기법으로 정착하고 있다.[1] 이런 맥락에서 볼 때 역사적 소재는 동시대적 문제에 대한 작가의 관점과 의식을 표출하기 위한 매우 적절한 도구로서 활용된다. 국내에서도 이미 몇몇 작가들과 연출가들이 역사적 사실의 의도적 왜곡과 과장이라는 형식에 기대어서 역사적 소재를 재구성하면서 궁극적으로 동시대 한국 연

1 그 대표적인 예를 우리는 스위스의 작가 프리드리히 뒤렌마트(Friedrich Dürrenmatt, 1921~1990)에서 발견할 수 있다. 그의 여러 작품들에는 역사적 소재를 바탕으로 동시대적 상황에 대한 작가의 관점이 개입되어 있다.

극 양식의 외연을 확대해가고 있다.

그런데 역사적 소재를 다룬 연극들이 역사의 불연속적인 빈 자리를 메우기 위해서는 작가와 연출가의 역사적 상상력이 전제되어야 한다. 그러니까 역사적 소재에 충실한 가운데 역사 자체에 대한 작가의 관점을 제시하는 역사극이 아니라, 역사적 소재를 활용하여 역사를 새로운 시각에서 바라보는 상상력을 통해서 과거의 거울에 현재를 비춤으로써 현재를 성찰할 수 있는 기회를 제공해야 한다. 역사를 소재로 하되, 역사의 빈틈을 상상력을 발휘하여 메우면서 궁극적으로 관객의 현재적 상황, 그러니까 관객이 속한 사회와의 연관성을 이끌어 내는 연극이 바로 새로운 연극 형식 개발의 핵심이 된다. 여기서는 역사적 소재에 대한 작가의 관점이 개입하며 그러한 관점은 기실 역사적 사실과는 거리가 있는 것이지만, 이를 통해서 역사는 궁극적으로 관객의 동시대적 상황 인식에 기여하게 된다. 따라서 연극은 때때로 역사를 의도적으로 왜곡하고 과장하며, 그 단편(斷片, Fragment)만을 활용하면서 새로운 형식을 개발하고, 여기서 역사적 소재는 다양하게 형상화될 수 있는 기회를 얻게 된다. 이처럼 역사적 소재를 의도적으로 왜곡하고 과장하며 파편화하는 작가와 연출가의 궁극적인 목표는, 활용된 역사적 현실을 통해서 관객이 자신이 속한 사회 현실을 올바르게 직시하기를 바라는 것이다. 물론 이러한 현실은 처음부터 확정된 것으로서 관객에게 강요되는 것은 아니다. 관객은 연극을 통해서 스스로 자신이 속한 사회적 현실을 되돌아보고 문제의 핵심을 파악하며, 그 문제에 대한 해답 역시 스스로 찾아야 하는 것이다. 연극은 관객에게 역사의 왜곡에서 빚어지는 생소한 상황을 주선하면서 세계의 부조리하고 그로테스크한 상황을 깨닫게 만들고, 현실의 문제에 대하여 관객 스스로 사유할 수 있는 기회를 제공하는 것이다.

역사적 소재의 틈새 공간을 역사적 상상력에 힘입어 새롭게 채워나가는 작업이 관객의 동시대적 현실과 연관을 갖기 위해서는, 과거와 현재를 거리를 두고 바라볼 수 있는 드라마투르기적 기법이 선행되어야 한다. 또한 그러한 드라마투르기가 궁극적으로 관객의 현실 인식에 도움을 주어야 한다. 이런 맥락에서 볼 때 역사의 빈틈을 메운다는 것은 결국 역사를 바라보는 생소한 관점에 입각한 상상력의 작동을 의미하며, 여기서 의도적으로 역사를 변형하거나 왜곡하고 과장하는 방식은 연극형식적으로 하나의 새로운 가능성을 획득하게 된다. 연극은 이러한 방식을 통해서 관객의 현재적 관점에서 역사에 새로운 상상력을 주선해야 하며, 역사적 소재는 관객에게 세계와 관련한 자기 성찰의 계기를 제공해야 한다. 이러한 연극형식적 기법 중 가장 두드러진 것이 패러독스에 입각한 희극성(Komik)을 동원하는 것이다. 그 까닭은 희극성은 무엇보다도 무대 위에 주어진 상황으로부터 거리두기를 가능하게 하며, 더 나아가 세계에 대한 관객 자신의 자기관련성을 주선하기 때문이다.

역사적 소재에 근거한 희극성을 얻기 위한 대표적인 방법은, 극작가가 특히 개인의 일상적이고 사적인 이야기에 대한 상상력을 동원하는 것이다. 즉 개인의 미세사적 이야기를 소재로 삼아서 극중 인물들 사이에 변증법적으로 대립된 입장을 취하게 만든다. 이러한 대립은 패러독스적 희극성을 낳게 되며, 따라서 관객에게 자신이 속한 세계로부터 연극을 바라보는 이른바 '연극 외부적 시각'을 주선하게 된다. 그 결과 관객은 연극 내재적 상황이 자신이 속한 세계 현실과 어떤 연관성을 갖는지를 연극 외적 논리를 통하여 사유할 수 있는 자극을 받는다. 여기서 극중 인물들의 관점에 대한 변증법적 종합을 위한 기회가 관객에게 직접 보장되는 것이다. 역사적 소재에 근거한 연극들이 역사적 사실에 충실하지 않고 오히려 왜곡과 과장을 활용하면서도 궁극적으로 관객이 속한 세계 현실에 기여할 수 있는 가능성은 바로 이러한 드라마투르기적 기법에 근거해서 창조된다.

이런 맥락에서 본고에서는 2001년 김석만 연출의 〈언챙이 곡마단〉 공연과 2004년 베스트 3에 선정된 이성열 연출의 〈자객열전〉 공연을 통해서 드라마투르기적 기법에서 드러나는 패러독스와 희극성이 관객에게 미치는 영향을 집중적으로 조명하고자 한다. 그리고 한발 더 나아가서 이러한 드라마투르기가 관객이 속한 동시대적 사회 및 세계와 관련 맺는 방식까지 사유해 보고자 한다.

2. 김상열의 드라마투르기와 〈언챙이 곡마단〉의 연극미학

2.1. 김상열의 드라마투르기와 뒤렌마트의 영향

김상열의 〈언챙이 곡마단〉은 군사독재정권 시대에 공연된 작품이다. 1982년 초연 당시에는 전두환 군사정권이 한창 위세를 떨치고 있었다. 군사독재 시절의 어둡고 긴 터널에 갇힌 채, 김상열은 이 작품에서 시대적 상황에 대한 진단과 처방을 자기 고유의 드라마투르기에 입각해서 시도한다. 그는 관객에게 동시대적 사회 현실을 바라보는 새로운 관점들을 주선하고, 궁극적으로 이러한 현실의 모순에 대응하는 힘을 잃지 않도록 자극하고자 하였다. 그런데 김상열이 자신의 드라마투르기를 관철하는 데 실제로 도움을 얻은 경우를 우리는 스위스의 극작가이자 연출가인 프리드리히 뒤렌마트의 드라마투르기 이론에서 확인하게 된다. 뒤렌마트에 힘입어 김상열은 자기 시대의 질곡을 표현하는 형상화의 기법을 배우게 되었을 뿐만 아니라, 더 나아가 세계를 바라보는 관점을 획득하기에까지 이르게 되었다. 물론 김상열의 작품을 구성하는 독자적이고 창의적인 소재들은 온전히 작가 자신의 안목 및 사고의 산물이지만, 그것들을 형상화하는 과정에서 드러나는 드라마투르기적 기법에서는 특히 뒤렌마트의 영향이 확인된다. 또한 김상열은 자신이 처한 어두운 시대적 상황을 극복하기 위한 방편으로서 알레고리

〈언챙이 곡마단〉(문예회관 대극장 2001년 11월 21일~12월 2일)

적 글쓰기를 시도한다. 이를 통해서 그의 작품 소재들이 관련 맺고 있는 역사 내재적 상황을 넘어서서, 동시대 사회 현실에 대한 관객의 자기관련성을 강력하게 제시하며, 궁극적으로 관객의 인식이 행위에까지 이르도록 촉구하고 있다.

김상열은 1977년 제7회 '삼성도의문화저작상 희곡부문 수상작 〈길〉에 대한 작가의 말' 〈비극이 없는 시대〉라는 제목 하에 뒤렌마트를 인용해서 다음과 같이 자신의 작품에 대해서 말하고 있다.

> 프리드리히 뒤렌마트 같은 작가가 '현대에는 비극은 없고 희극만이 있을 뿐'이라고 비유한 것도 비극이 존재하기에는 너무도 변명과 주장과 타당한 이유가 선명해서 차라리 그것 자체가 웃음거리라고 비꼰 것이다. 우리는 이 작품에서 각기 다르게 살았던 세 인물을 선과 악이나 비극의 원류를 파악치 말고 단순한 충돌로서 관찰한다면 좀 더 냉혹한 이 작품의 질서를 발견하리라 믿는다. 누구의 삶이 옳다고 판단하는 것은 보는 사람들의, 그야말로 기호이기 때문이다.

우리가 살고 있는 시대도 그와 같은 모순 속에 빠져 있지 않다고 누가 단정하겠는가?[2]

이 글에서 김상열은 〈길〉의 역사적 소재가 단순히 비극을 주선하기 위한 것이 아님을 밝히고 있다. 오히려 뒤렌마트를 인용하면서 자기 시대가 처한 모순적 상황을 암시하고 있으며, 그럼으로써 그러한 모순을 극복하기 위한 방편으로 뒤렌마트의 드라마투르기가 유용하다는 점을 암시하고 있다. 또한 그의 〈언챙이 곡마단〉은 뒤렌마트의 〈로물루스 대제〉를 연상시키고 있으며, 위의 인용에서도 확인되듯이 김상열은 실제로 뒤렌마트에 대한 독서를 실행했다는 것도 알 수 있다. 다시 말해서 김상열의 드라마투르기에서는 뒤렌마트의 그것과 유사점이 발견될 뿐만 아니라, 이를 한국적 상황에 맞게끔 이해한 흔적이 역력히 보인다. 더 나아가 이러한 드라마투르기 적용을 위한 한국적 소재의 발굴 및 예술적 형상화가 확연히 드러난다. 뒤렌마트는 "희극이 거리를 창조한다"는 단정적인 표현과 더불어 그 수단으로 '착상'의 중요성을 강조한다. 그는 이러한 착상을 이용한 인물로 아리스토파네스를 지목하며, 이 그리스 희극 작가가 당시 그리스 시대에 일어났던 일들을 소재로 삼아서 작품의 줄거리들을 꾸며내었다는 점을 강조한다.[3] 뒤렌마트의 이러한 지적은 적어도 김상열의 작품 경우에도 충분히 고려할 가치가 있다. 왜냐하면 김상열은 여기서 역사적 소재들을 바탕으로 작가적 상상력, 즉 착상의 힘을 발휘하여 자신의 동시대적 현실을 신랄하게 파헤치기 때문이다. 역사적 소재는 김상열이 자기 시대의 상처를 헤집고 드러내기 위해서 사용하는 좋은 자양분이 된다. 역사적 소재에 대한 김상열의 착상은 군사독

2 김상열, 『김상열 희곡집 Ⅱ』, 백산서당, 2007, 16쪽.

3 Friedrich Dürrenmatt : Theaterprobleme, in : F. D. : Theater, Zürich 1985, pp.31~72, 특히 p.61 참조.

〈언챙이 곡마단〉(문예회관 대극장 2001년 11월 21일~12월 2일)

재정권의 지배라는 동시대적 상황의 부조리와 패러독스를 조명하기 위한 드라마투르기의 토대가 된다. 예를 들면 〈언챙이 곡마단〉에서 김상열은 역사적 소재를 근거로 비역사적 줄거리를 만든다. 즉 역사가 비역사로 판명되는 순간, 역사의 거울에 작가의 동시대적 현실 상황이 비치게 된다. 바로 여기서 우리는 뒤렌마트가 내세우는 그로테스크와 패러독스라는 개념들이 온전하게 제 모습을 드러내는 것을 목격하게 된다. 뒤렌마트는 자기 시대, 즉 2차 대전 후의 서구의 "얼굴 없는 세계의 얼굴", "무형의 형상"이며, "감각적인 패러독스"로서 그로테스크(das Groteske)를 강조한다.[4] 그러면서 "그로테스크의 개념 없이는 우리의 사고가 더 이상 진행될 수 없는 것처럼 예술과 우리의 세계도 바로 그렇다"고 말한다. 뒤렌마트의 견해에 비추어 볼 때, 김상열의 연극이 가진 비역사적 줄거리에서 확인되는 그로테스크는 바로 작가의 현실 상황의 그로테스크이며 그것은 예술적 형상화의 기법으로서 효용가

---

4 Dürrenmatt : Theaterprobleme, p.62.

치를 가진다. 역사적 소재와 그것의 비역사적 줄거리화가 만나는 접점에서 작품은 감각적 패러독스를 생산하게 되며, 이를 통해서 그로테스크가 확보된다. 여기서 감각적 패러독스는 연출가에 의해서 과장된 연극적 요소들에 힘입어 보장된다. 더 나아가 이러한 패러독스에 근거한 그로테스크는 극중 인물들의 대사가 주선 하는 지적 성찰의 결과물에서도 더욱 뚜렷하게 각인된다. 패러독스에 근거한 그로테스크를 낳기 위한 김상열의 드라마투르기는 더 나아가 생소화효과(Verfremdungseffekt)를 연극의 매우 중요한 견인차로 삼는다. 철저한 생소화효과의 자기 동력에 힘입어 연극은 그로테스크한 현실을 감각적으로 형상화해 내는 것이다.

2.2. 〈언챙이 곡마단〉의 역사적 소재와 연극미학적 특징

〈언챙이 곡마단〉에서 생소화효과는 전방위적으로 생산된다. 전반적인 무대 요소들 자체가 이러한 생소화효과 창출을 위해서 사용되도록 지시하고 있으며, 더 나아가 가장 중요한 것은 극중 인물들의 대사가 주는 효과이다. 김상열은 철저하게 대조적인 시각을 변호하게끔 극중 인물들의 대사를 구성한다. 대조적인 시각들이 만들어 내는 긴장과 갈등은 관객에게 생소화효과를 조성할 뿐만 아니라, 그 자체로 역사적 과거의 시공을 뛰어넘어서 그것이 진정으로 가리키고자 하는 관객의 동시대적 현실을 성찰하도록 유도한다. 2001년 김석만 연출의 공연에서, 생소화효과는 구체적으로 대략 세 가지 방향에서 시도되었다. 첫째 광대들을 동원한 생소화효과, 둘째 극중 인물들의 대화 속에 드러난 시각의 차이를 통한 생소화효과, 그리고 셋째 비언어적 요소 즉 의상과 소품 및 무대장치를 통한 생소화효과가 실현된다. 광대들은 곡마단의 코러스로서 역할을 하며 그중 코러스장(정규수 분)은 해설자의 역할까지 맡는다. 코러스는 더 나아가 악기 연주, 음향효

〈언챙이 곡마단〉(문예회관 대극장 2001년 11월 21일~12월 2일)

과, 연기 및 무대 전환까지도 담당한다. 광대들을 동원한 생소화효과는 결국 역사극으로의 오해를 막기 위한 사실성 배제에 기여한다. 극중 인물들의 시각차에 의한 생소화효과는 대화에서 나타난다. 이 경우 인물들은 동일한 사안이나 사건을 서로 대립적인 시각에서 바라본다. 이 대립성이 관객에게 생소화효과를 불러일으킨다. 그리고 궁녀들의 수영복, 의자왕의 우비, 기자들의 군복 등으로 대표되는 의상의 파격성, 핸드폰과 아기 인형 등의 무대 소품 및 무대 장치에서도 생소화효과가 드러난다. 결국 관객들은 생소화효과를 통해서 역사극에로의 몰입을 차단당한다. 더 나아가 관객들은 무대 위의 과거 사건들이 완전한 사실성에 기인한 것이 아니라는 점을 깨닫게 되며, 따라서 극중 인물들의 언행은 관객의 현재와 계속 관련을 맺게 된다.

그리고 공연 내용과 관련하여 무엇보다 중요한 것은 극중 인물들 사이의 시각의 대립성에 근거한 생소화효과이다. 극중 인물들 중 특히 춘추(기정수

분)와 그의 아들 법민 (장재용 분)사이의 대립은 작가의 의도를 가장 직접적으로 보여준다. 신라왕 춘추의 시각은 독단적인 행위자의 시각이다. 그에게 행위는 오로지 자기 목적의 실현을 위해서만 의미를 가진다. 주변의 일반적 상황은 그에게 아무런 의미가 없다. 백제와의 전쟁은 그에게 니체(Friedrich Nietzsche)가 말하는 '기념비적 역사'의 수립을 위한 수단에 불과하다. 그에게 병사의 죽음이나 상황에 대한 윤리적 감정적 판단은 전혀 무의미한 일이다. 그 반면 태자 법민은 삶의 일상성과 보편성을 고려하며 감정을 중요시하는 인물이다. 그에게는 역사적 기록을 위한 거창한 일보다 현재의 인간다운 삶이 더 큰 의미를 갖는다. 이처럼 두 인물의 대립적 시각은 관객으로 하여금 무대로부터 거리두기를 하게끔 만들며 따라서 사유 기회를 제공한다. 그 단적인 예를 다음의 인용에서 인식하게 된다. 법민은 백제를 공격하려는 아버지의 계획에 반대하면서 다음과 같이 말한다.

법민 : 까마귀가 날고 있습니다.
춘추 : 까마귀는 길조다. 예언은 창조하는 것이다. 알겠느냐?
(법민. 태연히 웃는다) 가소로우냐?[5]

까마귀가 길조가 아니라는 것은 보편적인 상식이다. 상식을 넘어서 사물에 대해 춘추식으로 해석하는 것은 보편적 시각에서 볼 때 당연히 웃음거리가 될 소지가 있다. 그러므로 법민의 웃음은 춘추의 독단적 태도에 대한 비판과 연관된다. 그리고 다음의 인용에서 법민은 보다 구체적으로 아버지의 야망에 대해 비판을 가하고 있다.

5 김상열, 〈언챙이 곡마단〉, 『김상열 희곡집 Ⅰ』, 학고방, 1991, 202쪽.

법민 : 아버님은 후세와 기록에 심취하고 계십니다. 잠시 후 이 황산벌에서 흘릴 신라와 백제군의 엄청난 피에도 불구하고 아버님은 업적을 생각하고 계십니다. 후세의 숙제를 왜 아버님이 풀려고 몰두하십니까? 그것은 야망도 아닌 야만성 때문입니다.[6]

이처럼 작가 김상열은 법민의 입을 통하여 이미 사실로 기록되어 있는 역사—김춘추의 신라에 의한 백제 정복—를 새로운 시각에서 해석하고자 한다. 즉 춘추의 역사적 업적을 새로운 시각으로써 해체하면서 관객의 현재의 거울에 이를 비추어보고자 한다. 여기서 중요한 것은 작가에 의해 시도되는 역사 해체 작업이다. 해체는 그러나 어떤 고정된 시각에 의해서만 가능한 것은 아니다. 그러니까 해체가 특정 시각에 고정되어서만 이루어지는 것이 아니라, 독자나 관객에게 이미 기정사실로 받아들여지고 있는 것들에 대한 의문 제기 내지 회의를 통해서 가능해진다는 것이다. 다시 말해 해체 작업은 이미 알려진 역사적 사실을 대변하는 극중 인물의 시각에 상대 인물이 의문을 제기함으로써 이루어진다. 상대 인물의 대립적 시각이 바로 해체 작업을 가능하게 하는 것이다. 해체를 통해 궁극적으로 '역사 읽기'의 고정된 시각이 가진 권위의 허구성을 들추어내게 된다. 더 나아가 고정된 시각이 가진 권위의 문제는 역사의 차원으로부터 관객의 현실 차원으로 방향을 바꾸는 계기가 마련된다. 바로 드라마투르기적 기법에 의해서 그러한 계기가 주선되는 것이다. 그러므로 관객은 현실을 바라보는 어떤 고정적 시각이 주장하는 일방적인 권위로부터 거리두기를 할 수 있는 기회를 얻는다. 결국 이 작품에서는 작가가 강조하듯이 일상에서 고정관념의 '속임수'를 간파할 수 있는 새로운 시각의 필요성을 관객이

---

6 같은 글, 221~222쪽.

깨닫도록 함으로써, 관객 스스로 사유와 인식의 지평을 확장하게끔 만드는 일이 관건이다.

이러한 해체 작업을 위한 핵심적 인물이 바로 의자왕(최주봉 분)이다. 그의 입을 통해서 작가는 기존의 역사를 파괴하고 비틀며 더 나아가 어이없는 희극성 속에 빠뜨린다. 그러니까 이러한 형식적 특징들을 동원할 때만 해체 작업은 가능해지며 관객은 거리두기에 근거한 '관점 이동' 내지 '시각 확장'을 할 수 있게 된다. 의자왕은 언제나 대화 상대자의 대립적 위치에 서 있다. 이를 통해서 그는 역사적으로 고정된 시각의 허구성을 해체하고 새로운 시각을 재구성한다. 특히 계백 장군과의 대화에서 이러한 점이 두드러지게 나타난다. 극중 인물로서의 의자왕은 이미 자신의 파격적 의상을 통해 역사적으로 고정된 의자왕 상을 부수어 버린다. 동시에 그의 말은 일반적인 '희극성(Komik)'의 단계를 넘어서 독특한 '어처구니없음(Lächerlichkeit)'의 단계에 접어든다. 그럼으로써 그로테스크가 가진 패러독스를 드러낸다. 왜냐하면 관객은 무대 위의 상황을 단순히 부담 없이 즐기는 것이 아니라 의자왕의 대사로 인해서 자신이 속한 동시대적 삶, 그러니까 동시대적 사회 현실에 대한 자기관련성을 강요받기 때문이다. 예를 들면 신라의 침략에 의해 국가의 운명이 풍전등화의 상황에 놓여있음에도 극중의 의자왕은 전혀 다른 시각에서 이 문제에 접근한다. 성충(김갑수 분)과의 대화에서 이 점이 명백히 드러난다.

> 성충 : 칠백 년 사직의 멸함이 전하의 뜻이옵니까?
> 의자 : 육신을 생각하거라. 너희들은 왜 정신을 들먹거리느냐?
> [···]
> 의자 : 백성의 착각을 믿는 임금은 우매한 종만도 못하다. [···]
> 의자 : 늘 다스려 줄 것을 열망하는 비겁한 마음을 가진 게 백성이다.

매를 맞고 싶어하고 눌러 주고 짓밟아 줘야 기뻐하는 게 백성이다. 충성이란 건 게으른 자들의 방패이니라……7

의자왕은 여기서 "정신"의 이름으로 내세우는 통치자의 "속임수"를 노골적으로 폭로하며 동시에 백성의 "비겁함"을 고발한다. 즉 통치자와 백성의 이중적 문제점 위에서 백제는 당연히 패망의 길로 갈 수 밖에 없음을 역설한다. 그럼으로써 의자왕은 스스로 '역사 초월적 시각'과 '역사 내재적 시각'을 동시에 공유한 인물이 된다. 즉 역사를 역사 내부의 구체적 사건들의 인과성과 필연성에 얽매여서 바라보는 상황맥락 안의 '내재적 시각'이 아니라, 그러한 상황맥락을 벗어나서 거리를 두고 바라보는 '초월적 시각'을 함께 보여준다.[8] 바로 이 지점에서 의자왕의 말이 주는 '어처구니없음'이 과거의 문을 박차고 현재의 관객의 의식 속에 도발적으로 쳐들어온다. 왜냐하면 의자왕이 야기하는 웃음은 그저 무대 위의 일에 대한 관객의 웃음으로 머물러 있지 않기 때문이다. 웃음 뒤에서 관객은 오히려 자신이 단순히 의자왕식 '백성'으로 머물러있는 것이 아닌가 하는 자기 점검의 계기를 얻게

7 같은 글, 209쪽.

8 작품 〈길〉과 관련한 '삼성도의문화저작상 작자의 말' 「비극이 없는 시대」를 다시 한 번 인용해 보면, 우리는 김상열이 역사 및 역사상의 인물을 통해서 독자와 관객에게 주선하려는 시각을 보다 명확하게 알 수 있다 : "이 작품도 주장과 주장의 대립을 원칙으로 쓰여진 것이고 적어도 선악의 조급한 판단보다는 좀 더 높은 곳에서 인물과 사건을 조감할 수 있는, 그래서 전체가 충돌하는 그 소용돌이 속에서 관객은 나름대로 가치를 가늠할 수밖에 없지 않겠는가 하는 것이다." 이 글에서 김상열은 관객에게 "좀 더 높은 곳에서 인물과 사건을 조감할 수 있"는 가운데 "전체가 충돌하는 그 소용돌이 속에서", "나름대로 가치를 가늠할 수" 있기를 기대하고 있다. 작품 자체에서와 마찬가지로, 이처럼 작자의 말을 통해서도 김상열은 인물과 사건에 대한 관객의 '조망'을 요구함으로써 결국 역사를 통해서 관객이 동시대적 상황을 함께 고려할 것을 암시하고 있다. 역사적 상황을 통한 현실적 상황의 '조감능력'을 강조하는 것은 결국, '역사 내재적 시각'과 더불어 '역사 초월적 시각'을 주선하려는 김상열의 드라마투르기적 방식으로 인식되어야 한다. 『김상열 희곡집 Ⅱ』, 16쪽.

된다. 다시 말해 인식 지평의 확장을 촉구 당한다. 그로 인해 의자왕이 주는 웃음은 일반적인 희극성과 그것을 넘는 독특한 어처구니없음의 경계를 아슬아슬하게 줄타기한다.

또 하나 중요한 시각 확장의 기회는 의자왕과 계백(박정순 분), 아라녀(한보경 분)와 계백 사이의 대화에서 주선된다. "순교 콤플렉스"에 사로잡힌 계백의 모습을 만들면서 작가는 도식적 사고에 사로잡힌 장군의 이미지를 염두에 두고 있다. 의자왕이 초월적 시각에서 계백을 비판하면서 어처구니없음을 드러낸다면, 아라녀는 내재적 시각을 통해서 삶의 일상성의 측면에서 계백을 비판한다.

> 계백 : 전하 어찌하여 이 영광된 싸움터에 저를 보내십니까?
>
> 의자 : 어느 장군보다 그대가 제일 지능지수가 떨어지기 때문이다. 현명한 장수는 패전에 지원하지 않는 법이다.
> 그러나 계백! (그에게 다가가서) 그대와 같이 현명하지도 영특하지도 않은 바보들 때문에 우리는 역사의 체면을 유지하게 되는 것이다.[9]

'역사의 체면' 을 언급하는 것은 분명 역사 해체의 시각이다. 왜냐하면 계백 장군의 역사적 업적을 초월적 시각에서부터 '戰士의 버릇' 에 대한 것으로 축소해 버리기 때문이다. 여기서 역사 해체의 시각은 역사의 고정관념을 고의로 부수면서 동시에 관객의 고정관념을 흔들어 놓는다. 그리고 "일상의 승리"와 "사는 재미"를 아는 아라녀의 내재적 시각은 삶의 일상성을 무시하는 계백 장군의 버릇에 집중되어 있다.

> 아라녀 : [···] 당신은 나와 애들과 가정이 왜소하다고 생각하고 있어요.

---

9 김상열, 〈언챙이 곡마단〉, 앞의 책, 229쪽.

> 당신이 밟고 있는 영역만이 광대한 것이 아니라, 개미가 사는 한 뼘의 땅도 관대한 것이에요. 당신에게 부족한 건 넓이와 치수를 구별 못하는 무능감각이에요.[10]

아라녀의 일상적 시각 역시 삶의 구체성에 집중하여 고정관념에 의문을 제기한다. 그러므로 여기서 문제가 되는 것은 삶을 초월적 시각과 내재적 시각의 왕복운동을 통해서 바라보지 못하는 계백의 "무능감각"이다. 김상열이 요구하는 이러한 시각의 이중성은 더 나아가 알레고리적 기법을 통해서 더욱 분명하게 드러난다. 언로가 통제된 군사정권의 서슬 퍼런 검열의 칼날 앞에서 현실에 대한 직접적 언급이 불가능할 때, 예술가들은 자기 고유의 형상화 방식을 사용한다. 그 대표적인 경우가 바로 알레고리 기법이다. 김상열 역시 〈길〉에서 알레고리를 사용하고 있다. 알레고리는 여기서 관객의 조감 능력, 다시 말해서 '초월적 시각'의 확보를 주선하는 방식으로 사용된다. 왜냐하면 김상열은 역사극을 가장한 가운데 '다른 것', 다시 말해서 역사를 뛰어넘어서 관객의 사회적 현실 그 자체를 묘사하고 있기 때문이다.[11] 그러니까 김상열이 말하는 것은 '말하는 것 자체이면서, 동시에 그

---

10 같은 글, 232쪽.

11 물론 〈길〉에서의 알레고리 기법보다 〈언챙이 곡마단〉에서는 더욱 노골적인 기법으로서 그로테스크가 사용되고 있다. 〈길〉에서도 그로테스크의 기법이 부분적으로 드러나지만, 검열에서 삭제되기도 하였다. 대표적인 것이, 1막 6장에 나오는 한명회의 대사 중에서 고문에 관한 언급이다. 고문의 종류에 대한 한명회의 발언은 대사의 진행 속에서 볼 때, 그로테스크한 상황을 조성하고 있으며, 그럼으로써 관객에게 동시대적 관련성을 느끼게 만든다 : "고문에는 여러 가지 방법이 있다. 잠을 재우지 않거나, 밝은 불빛 속에 오래 세워두는 경우도 있고, 요란한 소음 속에 가두는 경우도 있으나 대게는 육체에 직접 자극을 준다. 예리한 바늘로 전신을 찌르는 수도 있고 집게로 손톱이나 발톱을 빼는 수도 종종 있다. 간혹 뜨거운 촛농을 손등 위에 장시간 떨어뜨리는 때도 있으나 코나 입속에 뜨거운 물을 붓는 것이 가장 많이 쓰이는 방법이다." 김상열, 『김상열 희곡집 Ⅱ』, 60~61쪽.

것과는 다른 어떤 것' 이 된다. 김상열은 알레고리를 통해서 관객에게 행위를 촉구하는 가운데, 내재적 시각과 초월적 시각의 왕복운동을 주선한다. 그럼으로써 삶의 역동성을 원근법적으로 바라보면서 끊임없는 시각 확장을 통한 관객의 자기반성을 유도하는 가운데, 동시대적 고정관념의 허위의식과 속임수를 간파할 수 있도록 자극한다. 그 결과 사회적 현실과 세계를 매번 새롭게 읽어내는 일이 가능해진다. 따라서 작가에 의한 역사 해체의 시도는 궁극적으로 관객의 인식 지평의 확장을 기대하고 있다. 이는 80년대의 정치 사회적 상황맥락의 연관성을 넘어서 21세기의 관객에게도 여전히 유효하다고 볼 수 있다.

예컨대 〈언챙이 곡마단〉 작품 해설[12]에서 김상열은 "버릇의 도전"이라는 표현을 쓴다. 그는 버릇의 도전 앞에서 "팽팽한 실존의 무게"를 의식해야 한다고 강조한다. '역사의 반복' 을 피력하는 작가는 동시대에서 늘 새로운 것과 변혁이 강조되지만 이는 단순한 "속임수"에 불과하다는 것을 간파하고 있다. 같은 맥락에서 〈언챙이 곡마단〉의 시대적 배경 하에서 극중 인물들이 보여주는 '역사적 반복' 을 그는 "고공"의 시각에서 버릇의 문제로 바라보고자 한다. 여기서 중요한 것은, 이미 〈길〉과 관련해서 확인된 것처럼 '고공의 시각' 이라는 '초월적 시각' 의 전제이다. 초월적 시각으로 볼 때 새로움을 가장한 동시대의 '속임수' 는 당연히 더 잘 보일 것이다. 그러나 작가는 그의 연극이 속임수를 들추어내어서 풍자나 교훈이 되기를 거부한다. 오히려 초월적 시각 하에서 극중 인물들의 성격과 언행은 어떤 버릇으로 압축되며 이것은 작가에게 "하나의 어릿광대 땅재주"로 보인다. 그리고 그는 이것을 "즐겨야" 한다고 역설한다.

'즐긴다는 것' 은 무엇을 의미할까? 극중 인물들에게서 역사의 반복을 확

---

12 『〈언챙이 곡마단〉 공연 팜플렛』, 2001, 11쪽.

인하고 그것을 버릇으로 단정하고 축소해서 즐기기를 유도한다면 이는 앞에서 작가가 언급한 '팽팽한 실존의 무게'라는 개념과 일견 모순되는 것은 아닐까? 다시 말해 구체적 현실의 '무게'와 연극 속의 '즐김' 사이에는 어떤 상관관계가 있을까? 작가는 여기서 현실의 문제와 연극의 놀이판을 서로의 거울을 통해서 비추어보고자 한다. 그러니까 한편으로 연극판의 인물과 사건을 현실에 비추어보고 다른 한편으로 관객이 속한 세계와 사회적 현실을 연극판에 비추어보는 이중 작업의 필요성이 제기되는 것이다. 이런 식으로 놀이판의 즐거움을 통해서 관객은 자신의 현실의 무게를 깨닫고 동시에 지탱해 나가는 힘을 얻어야 하는 것이다. 이를 위해서는 초월적 시각과 내재적 시각 사이의 끊임없는 왕복운동이 전제되어야 한다. 현실이라는 상황맥락을 염두에 두고 극중 인물들에 대한 거리두기를 시도하면서 동시에 극중 인물들과 현실 사이에서 역사의 반복, 습관의 반복을 읽어내야 하는 것이다. 이를 위해서 작가와 연출가는 합당한 연극 형식적 기법을 동원해야 한다. 그러니까 관객이 즐거움을 가질 수 있게끔 드라마투르기를 시도해야 하며, 동시에 이러한 가정된 즐거움 속에서도 관객은 현실을 의식하면서 '팽팽한 실존의 무게'를 감당해야 하는 것이다. 이를 위해 김상열은 "다변과 능변"의 대사 및 행위 그리고 "행간의 시정"의 필요성을 역설한다. 그뿐만 아니라 "어처구니없음, 무절제와 파괴"를 "세련"되게 보여주도록 요구한다. 결국 이러한 형식적 특징들은 그로테스크의 희극성과 알레고리라는 기법을 통해서 형상화된다. 이러한 형식적 기법에 힘입어 연극의 동시대적 현실 관련성이 생산되며, 그 결과 그는 "새 질서의 가치관이나 행동반경을 만들 수" 있기를 희망한다. 즉 관객이 연극을 통해서 역사의 반복으로 인한 허무주의적 절망에 빠지는 것이 아니라, 오히려 실존의 무게를 버텨나갈 수 있는 새로운 힘을 얻을 수 있기를 바란다. 따라서 김상열에게 역사의 반복은 단순히 지루함, 허무주의 그리고 고통 등에 의하여 각인되는 것은 아니다. 또한 반복을 통해 거창한 기념비적 사건이나 인물을 칭송하자는 것은 더더욱 아니다. 그가 역사의 반복에서 인간의 버릇을 확인한다는 것은, 역사에 내재하는 유사 상황 앞에서 인간의 의식을 고정시키려는 일방적 시각이 주장하는 절대적 진리의 허구성을 경계하는 것이다. 이런 맥락에서 관객은 김상열의 연극을 통해서, 삶을 바라보는 시각을 확장하는 기회를 얻게 되며, 동시에 삶의 구체적 상황 속에서 인식과 행위의 일치로 나아가려는 부단한 탐색과 자기성찰을 위한 자극을 받는다.

3. 〈자객열전(Terrorists)〉의 드라마투르기와 연극미학

작가이자 연출가로 활동하는 박상현의 작품 〈자객열전(Terrorists)〉을 이성열이 연출하였다. 이 작품은 2004년에 재공연까지 이루어졌다. 동북아 3국 사이에 영토 분쟁과 역사에 대한 논란이 가열되고 있는 현 시점에 자국의 민족적 자존심과 역사 지키기에 대한 관심과 중요성은 그 어느 때보다도 크고 절실하다. 일제 강점기까지 겪은 우리 민족으로서는 주변국들에 맞서 우리의 영토와 역사를 올바르게 인정받고 지켜나간다는 일은 기실 늘 주어진 도전이지만, 그럼에도 불구하고 오늘날처럼 사소한 방심도 허락되지 않는 시기를 맞은 것도 드문 일이라는 생각이 든다. 신자유주의의 이데올로기로 무장한 주변국들의 힘의 논리 앞에서 우리가 스스로를 지켜나가기 위하여 진정으로 가져야 할 국가적 차원의 정신 자세와 삶의 방식에 대하여 차분하게 심사숙고하고 국민적 콘센서스를 형성해내는 것이 필요하다는 생각을 하게 된다. 이런 맥락에서 볼 때 〈자객열전〉은 국가와 민족의 자주독립과 안위, 그리고 인류 보편의 공존공영의 필요성과 중요성에 대하여 다시 한 번 생각할 수 있는 기회를 제공한다.

〈자객열전〉(한국문화예술진흥원 예술극장 소극장 2004년 5월 20일~5월 30일)

이 연극은 역사를 이미 고정 불변하는 사실로서만 받아들이는 관점에 의문을 제기한다. 이를 위해 작가와 연출가는 우리에게 알려진 정사가 아니라 역사적 상상력을 동원하여 오히려 개인의 일상적이고 사적인 일들, 즉 미세한 개인사에 현미경을 들이댄다. 또한 작가의 상상력은 실제 역사와 무관한 허구의 이야기를 동원하면서 역사와 비역사의 경계를 마구 넘나든다. 그러니까 이 연극은 역사적 소재에 입각했지만 실제 역사와는 다른 새로운 시각이 제시되면서 관객이 속한 사회적 현실에 대한 관심을 촉구한다. 이 연극에서 중심인물은 물론 백범 김구이며 따라서 백범의 삶이 현미경을 통하여 확대되지만, 동시에 왜곡과 과장 작업이 드라마투르기에 의하여 수행된다. 여기서 백범은 피압박민족들의 독립 운동가를 대표하는 성격을 지닌다. 이 연극은 그의 삶을 실제대로 그리는 것이 아니라 작가의 역사적 상상력에 입각하여 왜곡하고 과장하면서 패러독스적 희극성을 만들어낸다. 또한 지배자의 역사에서 피지배자의 역사 중심으로 역사를 보는 관점을 달리하였다.

다시 말해서 벤야민(Walter Benjamin)이 말하듯이, 승리자의 관점에서 바라보는 역사가 아니라 '이름 없이 사라진 사람들의 노고'를 염두에 두는 가운데 역사를 바라보고 있다. 이러한 관점 이동은 결국 역사를 보는 고정관념으로부터의 탈피를 의미한다. 그럼으로써 관객에게는 역사와 세계, 그리고 현실을 바라보는 눈을 새롭게 열어줌으로써 관객은 연극을 통하여 과거의 역사를 넘어서 자신을 둘러싼 사회에서 통용되는 '인간관계의 역학'에 대한 새로운 관점을 획득할 수 있다.

〈자객열전〉은 역사적 소재를 사용하지만 엄밀히 말하면 작가의 허구적 상상력과 동시대적 현실관련성에 입각한 연극이다. 하지만 역사를 바탕으로 한다는 점에서는 일견 해체주의적 역사 인식의 한 단면을 보여주기도 한다.[13] 또한 백범을 예로 들어 역사를 보는 다양한 관점들을 도입하면서 수시로 관점의 변화를 작동시킨다. 첫째, 우리에게 잘 알려진 백범을 보는 관점, 즉 역사를 있는 그대로 객관적으로 보는 관점을 도입한다. 둘째, 작가의 관점이 작용하며 여기서 작가는 현재에서 과거 백범의 사적인 측면, 즉 개인사적 관점을 조명한다. 물론 이 관점은 실제의 개인사라기보다는 역사적 상상력을 통하여 있음직한 개인사를 형상화했다고 보아야 한다. 작가는 관객을 염두에 두고 연극 작품을 형상화하기 위하여 역사적 상상력을 동원하여 역사의 공백 부분에 가공의 줄거리를 집어넣은 것이다. 이 관점을 형성하는 데 있어서 특히 식욕 색욕 사랑 등의 '인간의 본능과 욕망의 문제', 폭탄 투척의 실패의 원인이 되는 자금 부족의 문제, 즉 '물질적 어려움의 문

13 이 연극을 해체주의적 역사극으로 단정할 수는 없지만, 작가의 역사적 상상력에 기반 해서 극의 중심인물 김구의 개인사를 연극적 소재로 삼아 형상화한 것은 어느 정도 해체주의적 역사 인식을 반영한다고 보아야 한다. 역사극 개념에 대해서는 김기봉, 「역사극, 무대로 나온 역사」, 『한국 역사극의 역사』, '한국드라마학회 춘계학술대회 발표문', 2010, 1~13쪽 참조.

제', 그리고 이름 없이 사라져 간 장사(壯士)들, 그러니까 독립 운동가들에 대한 아쉬움을 토로하는 데서 엿볼 수 있는 '죽음의 문제' 등이 중요한 역할을 수행한다. 바로 이 지점에서 작가는 특히 왜곡과 과장 등에 힘입은 드라마투르기적 기법을 발휘한다. 셋째, 작가의 관점에 의해서 확대 묘사된 장면들을 바라보는 관객의 관점이다. 이는 둘째의 개인사적 관점을 현재의 입장에서 받아들이는 가운데 생길 수 있는 관점이다. 그리고 관객의 관점 확보에 도움을 주기 위하여 역시 다른 나라들의 독립투쟁사에 연관된 사건들이 무대 위에서 형상화된다. 관객들은 타국의 독립 운동가들의 활동과 조선 독립을 위한 김구 일행의 활동을 비교하면서 여기에 관객이 속한 현재를 자연스럽게 연관시키게 된다. 따라서 역사적 상상력에 의해 형상화된 연극은 단순히 과거의 역사가 아니라 관객과 직결된 현재의 문제를 사유하게 만든다. 이 세 가지 관점이 교차하면서 연극은 과거와 현재를 교직하여 하나의 관계망을 만들어낸다. 여기서 연극을 형상화하기 위하여 의도된 세 관점을 비교해 볼 때 그 사이에서 서로 논리적 모순이 확인되지만 바로 그 때문에 작품 안에 작가와 연출가의 연극적 상상력이 개입되어있음이 확연히 드러난다. 이러한 연극적 상상력은 관객으로 하여금 무대 위 사건들을 자신이 속한 세계 및 사회적 현실과 연관해서 생각하게 만들며 개인의 사적인 측면, 즉 개인사의 관점에서 역사를 재

〈자객열전〉(한국문화예술진흥원 예술극장 소극장 2004년 5월 20일~5월 30일)

인식하도록 하면서 삶의 사소한 것이라고 단정지어왔던 부분들이 역사의 큰 페이지를 형성하는 단초가 된다는 점을 새삼 깨닫게 한다. 다시 말해서 가공의 개인사는 관객으로 하여금 기존에 잘 알려진 민족독립이나 독립운동이라는 거창한 문제를 일상적이고 개인적인 삶의 관점에서 바라보도록 하기 때문에, 관객들은 거창한 문제들을 인간의 기본적 욕망, 본능, 사랑, 육체적 고통, 돈, 죽음의 공포 등의 문제들에 입각해서 다시 생각하게 된다. 바로 여기서 가공의 개인사적 관점이 무대 위의 역사를 바라보는 관객에게 새로운 관점을 주선하게 되는 것이다. 그 결과 그 사소한 부분에서부터 피압박민족이 겪는 고통에 동조하고 타민족에 대한 존중과 배려가 중요함을 단순히 감상적으로가 아니라 이성적으로 인식하게 된다.

그런 가운데 대사의 상황에서 나오는 희극성은 연극미학적으로 중요한 역할을 수행한다. 즉 가공의 개인사에 치중한 작가의 미세사적 역사쓰기를 단순히 허구가 아니라 관객에게 역사를 보는 새로운 관점을 주선하려는 의도에서 연유한 것으로 파악하게 만드는 데 결정적인 역할을 한다. 단언컨대 이 작품에서 희극성이 없다면 연극의 의도는 관객에게 제대로 전달되지 못했을 것이다. 예를 들면 백범이 스무살 때 객주집에서 조선인으로 위장한 일본 육군 중위 쓰지다를 때려죽인 사건을 알고 있는지 이봉창에게 묻자 그는 『백범일지』를 읽어 알고 있다는 대답을 한다. 같은 맥락에서 김구 역시 "『백범일지』가 벌써 출간되었단 말이지"라는 독백을 한다. 이는 명백히 역사극의 관점을 의도적으로 벗어나는 대사이며 관객에게 패러독스를 낳게 된다. 다시 말해서 관객들은 순간적으로 연극적 상황 앞에서 혼돈을 경험하며, 패러독스를 겪게 된다. 작가는 여기서 무엇을 말하려는 것일까? 객관적인 역사적 사실과 관련된 이러한 혼돈 앞에서 관객은 무엇을 생각하게 될까? 여기서는 특히 역사를 역사 자체로 보지 않도록 하려는 작가의 개입이 눈에 띈다. 작가는 관객의 자동적이고 습관화된 역사극 관람태도에 브레이

크를 걸면서 관객 스스로 역사적 사실을 현재의 관점에서 이성적으로 바라볼 수 있도록 만든다. 즉 패러독스의 경험에 직면해서 관객의 역사를 넘어서 역사가 현재와 어떤 관련을 맺는지에 대해서 진지하게 생각할 수 있는 계기를 얻게 된다. 따라서 연극은 관객으로 하여금 역사와 현재 사이를 왕복운동하면서 현재의 거울에 역사의 순간을 비쳐보도록 유도한다. 작가의 상상력이 동원된 가운데 개인사적 사건에 집착한 묘사 역시 이러한 맥락에서 이해되어야 한다. 백범이 폭탄 투척이라는 거사를 준비하면서 젊은 독립운동가들을 상하이의 식당에 불러 밥을 먹이려는 장면들에서도 개인사적 관점에 몰두하는 작가의 눈이 확연하게 인식된다. 백범이 늘 제안하는 '식욕과 색욕의 충족'은 한편으로 그 상황적 패러독스로 인해서 희극성을 드러낸다. 독립운동이 전제하는 그 진지한 상황에서 식욕과 색욕에 대해서 그토록 자연스럽게 말하는 백범을 바라보는 관객은 당연히 상황적 패러독스를 느끼게 되며 희극성을 발견하게 된다. 동시에 작가가 이처럼 반복적인 문구의 사용에 근거하여 관객에게 어떤 의도를 전달하려는 것임이 명확하게 밝혀진다. 음식점 주인에게 "오늘은 손님 받지 마시오"라고 하는 말이나 그가 데려오는 독립 운동가들에게 매번 "나 돈있네"라고 하는 말에서 관객

〈자객열전〉(한국문화예술진흥원 예술극장 소극장 2004년 5월 20일~5월 30일)

들은 희극성을 느끼지만, 그 말들은 상황을 단순히 웃고 넘어갈 수 있게끔 하지 않는다. 다시 말해서 관객은 이 상황에서 단순히 웃음만으로써 모든 것을 바라보지 않는다. 희극성은 여기서 관객의 감정이입을 막으면서 무대로부터 거리를 확보하게 한다. 희극성에 의해 거리를 갖고 관객들은 개인사적 일화들과 민족사적 거사들을 연결해서 생각할 수 있게 된다. 즉 잘 알려진 역사적 인물들의 알려지지 않은 역사 이면의 이야기에 관심을 기울이게 된다. 그러므로 개인사적 관점에서 확대 묘사된 인간의 본능, 욕망 등은 비록 그것이 실제 사실인지 확인되지 않았다 하더라도 그 자체 정당성을 획득하며 관객들은 그들의 입장에서 역사적 상황을 다시 보게 된다. 그러므로 이 연극은 관객의 역사적 상상력을 촉발시키면서 동시에 역사적 과거와 이를 보는 관객의 현재를 비교하게끔 유도한다. 따라서 희극성은 오히려 개인사적 상황과 혼합된다. 희극성은 결국 백범과 그를 둘러싼 독립 운동가들의 세계를 단순히 타성적인 역사의 관점에서 벗어나서 이성적으로 새롭게 바라보도록 만든다. 일상적인 삶과 직결된 개인사적 관점에서 관객들은 자신의 욕망과 무대 위 인물들의 욕망을 보다 가깝게 비교할 수 있는 기회를 획득하며 따라서 무대 위의 인물들은 역사책 속에서 걸어 나와 살아 숨 쉬게 된다. 관객들은 여기서 보다 생생한 사회적 현실의 상황 맥락 안에 역사를 투영하게 된다.

그리고 이 연극은 그 결정적인 설득력을 2002년 10월 러시아와 체첸 반군 사이에 일어난 사건 묘사에서 얻게 된다. 왜냐하면 작가와 연출가가 꾸준히 시도한 역사의 현재관련성이 여기서는 바로 역사의 현재진행형으로 되살아나기 때문이다. 즉 〈자객열전〉에서 지금까지 전개되었던 모든 역사적 사건들의 상징적인 의미가 바로 이 사건을 통하여 관객에게 현재의 의미로서 생생하게 떠오르기 때문이다. 체첸 반군의 여전사들이 나누는 대화에서 드러난 일상적 이야기는 그 자체 생동감을 가지며 이 연극이 추구하는 역사의 출발점으로서의 일상사와 개인사의 의미를 강력하게 클로즈업시킨다. 죽음의 위협이 엄습한 숨 막히는 순간에도 극중 인물들은 남편과의 사랑에 대한 이야기를 떠올리고 있으며, 여기서 관객은 상황의 패러독스를 느끼게 된다. 따라서 관객들의 현재적 삶 안으로 역사 속 인물들의 고통과 고뇌는 생생하게 전달된다. 작가와 연출가는 사건의 병렬을 통하여 이러한 현장감을 관객들이 느끼도록 만들고자 하였지만 이는 이미 언급한대로 단순한 감정이입의 차원에 머무르는 것이 아니다. 일상사와 개인사에 대한 사유에 근거하여 관객의 공감대를 형성하고 이성과 감성의 동시 작동을 촉발하는 것이다.

작가는 작품 말미에 주변국의 정치적 미래와 관련한 가공의 이야기를 만들면서 역사는 순환한다는 점을 드러낸다. 즉 역사를 단순한 물리적 힘의 역사로 볼 때 힘의 충돌의 피해는 반복될 수밖에 없음을 인정한다. 여기서 작가는 역사적 상상력을 발휘하여 미래의 가공의 사건에 패러디와 희극성을 동원하지만 이 역시 역사의 순환 가능성이라는 하나의 관점을 제시하기 위한 방식이 된다. 그리고 힘의 충돌과 피해라는 역사의 악순환의 원인은 바로 타민족에 대한 "인의 자비 사랑"의 결핍이라고 주장한다. 이는 연극의 말미에 내레이터가 낭독한 '문화의 힘을 가진 나라'에 대한 백범의 소망을 인용하는 데서 다시 한 번 강조된다. 이 인용은 작품 전체를 관류하는 작가의 의도를 확인시켜준다. 즉 피압박 민족의 저항권에 대해 작가는 그 정당성을 인정한다. 피압박 민족이 사용하는 최후의 수단은 "절멸을 각오하고" 적극에 저항하는 것이며 이런 맥락에서 일제에 대한 독립 운동가들의 저항 역시 당연지사가 된다.

〈자객열전〉의 연출가는 연극 형식적 측면에서도 다양한 시도를 보여준다. 므누슈킨의 〈제방의 북소리〉의 한 장면을 연상시키는 데서부터 무술영화의 그것까지 무대의 모습은 연극적 상상력의 옷을 입고서 다채롭게 펼쳐진다. 내레이터를 동원하여 서사적인 방식까지 도입하면서 관객의 이성적 사유를 유도하는 시도 역시 작가의 의도를 잘 살려냈다. 내용의 새로움을 담기 위한 형식적 실험의 시도는 궁극적으로 관객의 관심과 흥미를 유발함으로써 완성된다는 점을 고려하게 만드는 작품이라고 말할 수 있다.

4. 나오며

본고에서 다룬 〈언챙이 곡마단〉과 〈자객열전〉은 한국연극의 드라마투르기와 연극미학 형성에 새로운 지평을 열어 놓은 작품들이라고 말할 수 있다. 두 작품은 역사적 소재를 바탕으로 한국 관객들에게 사회적 현실 및 세계와 가지는 관계를 새롭게 주선하는 연극적 방식을 감행하였다. 물론 이 둘 이외의 작품들에서도 유사한 시도가 점차 눈에 띄고 있다는 점을 감안할 때, 이는 한국 연극계 현실에서 고무적인 일이 아닐 수 없다. 역사적 소재를 토대로 하여 동시대적 상황을 다양한 관점에서 바라보고 탐색하며 궁극적으로 사회와 세계의 문제적 상황에 대한 올바른 인식을 유도하는 작품들이 우리 시대에도 여전히 필요하고 시의성이 있다는 것은 두말할 나위가 없다. 왜냐하면 관객에게 끊임없이 사유하고 성찰할 수 있는 기회를 제공하는 것이 결국 극작가와 연출가의 책무이기 때문이다.

참고문헌

김기봉, 「역사극, 무대로 나온 역사」, 『한국 역사극의 역사』, 한국드라마학회 춘계학술 대회 발표문, 2010.

김상열, 『김상열 희곡집 I』, 학고방, 1991.

______, 『김상열 희곡집 Ⅱ』, 백산서당, 2007.

______, 〈언챙이 곡마단〉, 『김상열 희곡집 I』.

______, 〈비극이 없는 시대〉, 『김상열 희곡집 Ⅱ』.

______, 〈길〉, 『김상열 희곡집 Ⅱ』.

박상현, 「〈자객열전〉 공연대본」, 2004.

「〈언챙이 곡마단〉 공연팜플렛」, 2001.

「〈자객열전〉 공연팜플렛」, 2004.

Dürrenmatt, Fridrich, 「Theaterprobleme」, 『Theater』, Zürich, 1985.

박근형 연극에 나타난 한국 사회와 가족 문제

이선형

1. 들어가며

극작가 겸 연출가 박근형의 연극에는 한국사회를 반영하는 무엇인가가 있다. 1989년 〈습관의 힘〉을 연출하면서 정식으로 연극계에 데뷔한 그는 동시대 한국연극계에서 가장 주목받고 있는 극작가 겸 연출가 중 한 사람이다. 그가 직접 쓰고 연출한 작품은 〈아스피린〉(1994), 〈쥐〉(1998), 〈청춘예찬〉(1998), 〈대대손손〉(2000), 〈삼총사〉(2003), 〈집〉(2003)이다. 특히 〈청춘예찬〉은 파격적인 대사와 충격적이고 극적인 메시지로 뉴밀레니엄을 앞두고 한국연극계에서 최고의 화제작으로 떠올라 신인 연출상 등 각종 상을 거머쥐며[1] 차세대 작가 · 연출가로 급부상하는 계기가 된다. 그 후 발표된 작품

---

1 〈청춘예찬〉은 많은 수상 경력을 자랑한다. 1999년 청년예술대상－희곡상, 1999년 연극협회－신인연출상. BEST 5 작품상 〈청춘예찬〉, 1999년 평론가협회－작품상 〈청춘예찬〉, 1999년 오늘의 젊은 예술가상－문화관광부 장관상, 2000년 백상예술대상－희곡상 〈청춘예찬〉, 2000년 동아연극상－작품상, 희곡상 〈청춘예찬〉, 2000년 평론가협회－올해의 연극 BEST 3 〈대대손손〉, 2003년 동아일보－차세대를 이끌고 갈 연출가 1위 선정.

은 〈선착장에서〉(2005), 〈경숙이, 경숙 아버지〉(2007), 〈백무동〉(2007), 〈돌아온 엄사장〉(2008)이 있다. 빛바랜 사진처럼 복고풍의 색채를 띠고 있는 이들 연극을 공통적으로 관통하는 것은 본격적인 산업사회에 들어서기 이전에 한국인들의 의식에 자리 잡고 있던 전통적인 가족관[2]의 모습과 이에 대한 희화화이다. 가족이란 열려있는 것 같지만 가장 폐쇄된 곳이며 부드러운 것 같지만 가장 단단한 곳으로 그 틀을 바꾼다는 것은 거의 불가능에 가깝다. 한번 설정된 가족관계는 영속적이며 이 관계가 사회와 국가의 근간을 이룬다는 점에서 법을 통해 엄격하게 보호되어 있다. 박근형 연극에서 한국의 전통적인 가부장제도 아래, 남존여비와 남아선호 사상 등이 극적으로 과장되고 반복적으로 나타나는 것은 변화하는 사회적 이념과 엇박자를 이루는 가족의 두터운 틀에 대한 풍자로 여겨진다.

젊은 연출가의 연극 작업은 현재 진행형이다. 그러나 지금까지 보여 온 역량과 관객의 관심도를 감안할 때 20세기 말부터 21세기 초 현재에 이르기까지 맹활약하고 있는 그에 대한 중간 평가가 필요한 시기이다. 특히 그의 극작술과 연출법에는 직접 성장기의 몸으로 체험한 6, 70년대 정치적 · 경제적 격랑의 한국 사회와 가족의 문제가 그대로 노출되어 있고, 급작한 변화에 따른 한국 사회와 가족의 고민과 갈등, 문제의식이 고스란히 담겨 있

2 가족이란 무엇인가? 현대사회에서의 가족은 어떻게 변하고 있으며 특히 한국사회에서 가족의 의미는 무엇인가? 한국은 2008.1.1 새로운 가족관계등록제도 시행으로 호주제가 폐지되어, 자녀의 성을 부성을 원칙으로 하되, 협의 시 모의 성을 선택 가능, 자녀의 성과 본의 변경하는 것이 가능해졌다. 뿐만 아니라 가족 구성원 변화에 따라 가족의 패러다임도 변하고 있다. 이혼이 급증하고 사실혼 관계도 크게 늘고 있으며, 과거에는 찾기가 힘들었던 싱글 대디 같은 한 부모 가정, 국제 부부 심지어 동물 가족, 동성애 부부, 사이버 부부 같은 새로운 가족 형태가 생겨나기도 한다. 이러한 현상의 가족의 해체일까 새로운 형태일까? 정체성의 혼란마저 주는 이러한 가족 형태의 다양한 변화는 낯선 가족이 등장하는 박근형 연극과 연계시킬 수 있을까?

다. 또한 주로 소시민이나 밑바닥 인생이 등장하여 가족이라는 울타리 안에서 일어나는 일상적이면서도 극적인 사건 속에는 가족에서의 권력에 대한 이념이 본질적으로 깔려 있다. 가족의 권력은 국가[3]의 통치권과 직접 연결되는 만큼 권력의 문제에 초점을 맞추면서 과연 가족 내에서 권력이 어떻게 작동하고 있는지 가족의 새로운 권력 지형이 밀레니엄 말의 한국사회와 어떠한 관계를 맺고 있는지 살펴보고자 한다. 이러한 분석은 자연스럽게 박근형 연극을 이해할 수 있는 하나의 단초를 제공할 것이다. 극작품에서 가족에서의 권력투쟁이란 일종의 알레고리로서, 국가나 사회나 심지어 깡패 집단이나 골목길에서 노는 아이들의 세계 등 모든 인간 조직에 존재하는 권력을 포괄한다. 권력은 권력자와 피권력자의 복잡하고 역동적인 관계를 먹고 자란다. 마찬가지로 박근형 연극에서 권력자와 피권력자의 이분법적 구분과 갈등은 핵심적인 극적 사항이므로 이에 초점을 맞출 필요가 있다.

2. 권력은 언제, 어디서나 존재한다

인간은 사회적 동물이다. 이 말은 인간은 권력의 동물이다는 문장으로 대체가 가능하다. 사회는 권력에 의해 생성된 수직적 계층을 바탕으로 형성되고 유지되기 때문이다. 권력은 권력을 가진 자 즉 권력자와, 권력을 가지지 못한 자 즉 피권력자를 구분한다. 권력자는 지배자로서 피권력자를 지배하며 그들에게 희생을 강요한다. 권력자는 피권력자의 희생을 바탕으로 권력을 유지하고 권력자에 걸맞은 행세를 한다. 박근형 연극에서 권력에 의한 작용은 다양한 양상으로 나타난다. 특히 가족 안에서 부부관계 즉 남편은

3 국가(國家) 역시 하나의 가족이란 의미가 들어있다.

권력자이고 아내는 피권력자로 그려지며, 부자관계 즉 아버지는 권력자이고 자식들은 피권력자로 그려진다. 그런데 이러한 권력 도식은 엄격한 가부장 제도는 오랫동안 유전적으로 학습되어 왔기 때문에 사회와 문화의 일원인 우리는 지극히 당연한 것으로 받아들여 온 것이다. 그런데 박근형의 무대에서 하나의 재미있는 현상은 공연이 시작되면 대부분의 관객이 무대의 행위들에서 매우 낯선 느낌이 들거나 또는 심히 불편한 심정이 된다고 하는 사실이다. 그 이유 중 하나는 가족의 권력 개념과 연관이 있는 것 같다. 무대에서 드러나는 권력은 우리에게 익숙한 권력의 지형도를 지니고 있지 않기 때문이다. 현실 사회에서 권력자는 권력을 유지하기 위해, 피권력자로 하여금 권력에 순응해야 살아남을 수 있다는 인식을 교묘히 심어 준다. 그런 까닭에 피권력자는 자신의 피권력적 상황 내지는 희생자임을 미처 깨닫지 못하고 습관적인 순응주의에 빠져드는 것이다. 설령 특별한 상황 속에서 한 피권력자가 어쩔 수 없이 권력자에 대항할 수밖에 없는 처지에 빠진다면 처음에는 본인 스스로 놀라고 불안하고 불편한 느낌마저 받게 된다는 것이다. 그러나 삶의 생동력은 흐름을 거스르는 반역에 있다. 권력자가 물리적이고 이데올로기적인 억압으로 피권력자에게 복종을 강요한다고 해서 그가 언제든지 복종만 하는 것은 아니다. 인간은 언제든지 주어진 상황 속에서 호시탐탐 기회를 엿보고 있고 그 기회 속에서 솟구친 반역은 인류의 역사를 만들어 내기도 한다. 박근형 연극에서도 이러한 생생한 대항은 갈등 유발의 인자로 작용하며 극을 이끌고 가는 원동력이 된다.

가족만을 놓고 따져보면 권력자와 피권력자 간의 관례적인 관계가 쉽게 드러난다. 일반적으로 생의 보금자리라는 상식적이고 고정되어 온 생각이 가족의 이념이지만 실상 그 안에서 일어나고 있는 수많은 사건들, 명절이 끝나면 신문 사회 난을 장식하는 비극적이고 기상천외한 사건들을 볼 때, 우리는 가족은 꼭 이래야 된다는 흔들릴 수 없는 신념의 가족신화에 함몰되

〈청춘예찬〉, 아버지와 아들의 관계가 뒤바뀐 듯 보인다.

어 있는 것 같다. 가장을 중심에 세우고 아내와 자식은 가장을 따라야 한다는 주장은 도대체 무엇을 근거로 하고 있는가? 그것이 정당한 것이긴 한가? 이것은 국가와 개인의 관계, 혹은 고용주와 고용된 자의 관계에서도 마찬가지이다. 그러므로 문화와 관례와 법률에 의거하여 권력자를 옹호하고 피권력자의 반항을 잠재우는 전통적인 모든 것들의 허구성이 무엇인지 따져봐야 할 필요성이 제기된다. 박근형의 연극이 끝났을 때 관객은 어느새 불편한 감정은 사라지고 속 시원한 감정을 맛보았다면 그것은 피권력자로서 응어리진 가슴에 시원하게 정화되었음을 의미한다.

〈청춘예찬〉에는 해체된 가족이 등장한다. 여기서 가장이지만 무능한 아버지는 실상은 집 안의 권력자이고 그에 반해 이혼한 아내나 아들은 피권력자이다. 배다른 삼형제의 이야기 〈삼총사〉의 무대에는 아버지가 없다. 그러나 보이지 않는 아버지의 존재는 삼형제의 모든 일상에 영향을 끼치면서 권력자로 존재한다. 연출가는 무대에 비정상적으로 커다란 문을 설치해 놓고 '아버지' 라는 문패를 걸어놓음으로써 또는 물품을 보관하는 박스 중 가장 커다란 박스에 '아버지'란 이름을 새겨 넣음으로써 비존재의 아버지가 존재의 삼형제를 지배하는 권력자임을 분명하게 표현하고 있다. 인육을 먹는 가족이 등장하는 〈쥐〉에서도 아버지는 존재하지 않는다. 그러나 무대에 등장하는 나머지 식구들의 언행을 볼 때, 아버지는 분명히 집안의 권력자였고 어머니와 아이들은 피권력자 또는 희생자였음은 의심의 여지가 없다. 박근형의 연극답지 않게 의외로 밝은 분위기로 전개되는 〈집〉에서도 시인이라고 자처하는 아버지는 권력자이며 그러한 남편을 떠받드는 어머니나 자식들은 피권력자이다. 이처럼 도식화가 가능한 권력은 권력자 남자, 피권력자 여자로의 확대 해석이 가능하다. 말하자면 아버지는 남자인 까닭에 권력자가 되고 어머니는 여자이기 때문에 희생자가 된다는 식이다.

3. 권력은 무책임하고 폭력적이다

3.1. 무책임한 아버지

〈쥐〉에서 어머니는 아들에게 이렇게 말한다. "너도 곧 아버지가 된다. 아버지란 곧 근엄하되 책임질 줄 아는 사람만이 지니는 호칭이다. 아버지와 그 주변에는 언제나 풍성한 수확과 넉넉한 인심이 있지." 이 어머니의 훈계에서 우리는 아버지가 책임과 풍성한 수확과 넉넉한 인심과 동격이라는 사실을 전혀 믿지 않으며, 어머니의 말이 반어법이라는 사실을 잘 알고 있다. 왜냐하면 박근형의 연극에 존재하는 아버지는 예외 없이 무능하며 무책임하며 나아가 폭력적이기 때문이다. 몇몇 예를 들자면 다음과 같다. 〈돌아온 엄사장〉에서 아들이 오랜만에 아버지를 찾아 왔을 때, 아버지 엄사장은 자식을 몰라본다. 그 자식은 이미 어렸을 때 어머니와 함께 버림을 받았던 것이다. 사실 아들이 오랜만에 엄사장을 찾아 온 것은 자신과 어머니를 소홀히 했던 아버지에게 복수하기 위한 것이다. "고수 : 우리가 아부지집에서 쫓겨나 우옛는지 아십니까? 갈곳 없고 돈 없고 해서 하염 없이 걸었습니다. 걷고 또 걷고 또 걸었습니다." 이처럼 가족을 버린 엄사장은 무책임한 권력의 전형이다. 박근형의 연극에 등장하는 아버지들은 하나같이 무책임하다. 〈경숙이, 경숙 아버지〉에서 전쟁이 터졌을 때 아버지는 그를 따라가려는 아내와 딸을 팽개치고 혼자서만 피난을 가 버린다. "에비 : 내는 절대 니들하고 같이 몬간다. 너희는 둘! 내는 쏠로! 진정 외로운 사람은 내다!" 또 〈삼총사〉에서 자식들을 모기나 흡혈귀로 생각하면서 삼형제를 버려두고 어디론가 떠나버린 아버지는 자식들의 기억으로만 존재한다. 딸 수희가 추억을 말하는 대사, "아버진 우리 식구 챙피하다고 저 앞에 뚝 떨어져서 남처럼 걸어가고"는 자신의 가족에 대한 부정적인 아버지의 가족관이 적나라하다. 그 무책임한 아버지는 자식들이 살고 있는 작은 아파트마저 그들 몰래 처분한다. "효섭 : 근데 왜 치사하게 도망을 가. 그깟 분양권 하나 가지고 자식들 버리고 잘 살면 얼마나 잘 살겠다고." 〈쥐〉에서도 아버지는 가족을 버리고 떠난다. 그런 기억을 지닌 아들에게 있어 아버지는 나쁜 사람이다. "효섭 : 그 날 아버지는 사라졌어. 아버지는 나쁜 사람이야."

가족을 자신의 피를 빠는 흡혈귀로 생각하며, 창피해 하고, 재산이나 빼돌리는 아버지의 삶은 어디에서도 정착하지 못하는 떠돌이 인생이다. 엄사장은 이렇게 말한다. "배도 인생이랑 똑같은 기다. 망망대해 먼 바다를 외롭게 홀로 가다가 피곤하면 아무데나 닻을 내리고 잠시 휴식을 취하는기다." 그의 대사는 박근형 연극 전체를 관통하는 아버지의 인생관을 대변한다. 위험하고 고독한 바다를 홀로 떠다니는 존재, 그리고 기껏 닻을 내리고 잠시 휴식을 취하는 곳이란 여자일 것이고 경우에 따라 자식을 낳기도 할 것이다. 그러니 일부일처의 소위 정상적인 가족을 의미하는 가족의 이념과는 다를 수밖에 없다. 경숙 아버지도 마찬가지이다. "아베 : 내 할 일이 좀 있다. 꿈을 찾아, 꿈 펼치러 간다. 아베 : 내는 혼자니까 내 혼자 할 수밖에 없다.”

그런데 재미있는 것은 이처럼 잡 안에서 나 몰라라 하는 아버지가, 집 밖에서 다른 사람에게는 잘 한다는 것이다. 사실 우리 주위에 이런 종류의 아버지가 전혀 없는 것도 아니다. 오히려 그렇게 할 수 있는 남자가 제대로 된 남자이고 통 큰 남자이고 사나이답다고 생각하던 때가 있었다. 그래서 밖에서 경숙이 아버지 평은 “풍류를 아는 선비 같은 분”이다. 삼총사의 아버지도 밖에서는 잘 했다. “효섭 : 아버지가 밖에선 잘 했는데… / 수희 : 밖에선 잘 했지. / 효섭 : 그럼 밖에서 잘 했지, 밖에서 잘 잤지, 여자들하고! (박장대소)”

사실 집 안의 여자가 아이를 많이 낳던 시절, 폼만 잡고 무책임하던 한국의 아버지를 보는 것이 어려운 것은 아니었다. 또한 사회적으로도 무능하고 무책임한 권력자, 폭력적인 권력자를 종종 보아왔던 것이다.

3.2. 폭력적인 아버지

밖에서는 잘하고 안에서는 잘못하는 아버지의 커다란 특징 가운데 하나는 집 안에서 폭력을 행사한다는 점이다. 권력은 폭력에서 비롯되고 폭력은 권력을 유지시켜 준다. 무능하고 무책임한 권력일수록 폭력적이다. 〈청춘예찬〉에서 아버지의 폭력은 어머니의 눈을 멀게 하였고, 〈대대손손〉에서 바람난 남편은 아내에게 손찌검을 한다. 〈쥐〉에서 사라진 아버지의 폭력은 등장인물에 의해 적나라하게 관객에게 제시되고 있다. 〈쥐〉에서 자식들이 기억하고 있는 아버지의 폭력 장면은 다음과 같다.

> 제문 : 이럴 때 아버지 얘길 꺼내서 죄송합니다만, 아버지가 어머니와 싸움을 할 때도 다 순서가 있었어요, 생각해 봐 형? 아버지가 먼저 주먹으로 어

〈선착장에서〉. 이들은 가족이거나 적어도 친척들이다. 갈등이 극대화되면 극단적인 폭력을 행사한다.

머니 죽탱이를 서너차례 갈긴 다음
효섭 : 얼굴에서 코피가 주르륵
제문 : 머리채를 끄잡아 땅바닥에 몇 번 내팽개치고
효섭 : 그 때쯤 쓰러진 어머니 가슴을 발로 차고
제문 : 마지막에야 구두발로 짓밟았지,
효섭 : 신나게!
제문 : 그러면 어머니는 하루종일 눈탱이가 밤탱이가 되가지고……
효섭 : 온종일 징징징징징……

연출가가 언급한 대로 〈돌아온 엄사장〉은 〈선착장에서〉의 후편이다. 때문에 〈돌아온 엄사장〉은 〈선착장에서〉의 등장인물들이 거의 그대로 등장하고 있고 그들의 관계나 배경도 거의 같다. 최근의 공연인 이 두 공연은 언뜻 보았을 때 앞선 다른 공연들과는 주제와 구조에 있어 다른 차원을 지니고 있는 것처럼 보인다. 하지만 연극 저변에 흐르는 근본적인 사상은 앞선 공연들과 크게 다르지 않다. 예컨대 〈선착장에서〉에서 가족은 다른 공연처럼 전면에 나서지 않고 한 걸음 뒤로 비켜서 있다. 즉 무대가 되는 호수다방의 주된 출입자들, 엄사장이나 김경사, 황마담, 영필 등의 눈을 통해 바깥이 그려지고 있는데 그들의 눈과 입을 통해 나타나는 한 가족은 바로 엄사장과 엄청난 갈등을 일으켰던 상규 가족이다. 이 연극에서 상규 가족이 중요한 것은 극적 이야기가 정신 지체인 상규의 딸 맹숙이의 죽음을 둘러싸고 전개되기 때문이다. 그런데 역시 무대에 존재하지 않는 상규는 아버지－권력자이고 폭력적이다. 학대를 당하던 상규의 마누라는 뭍으로 도망을 치고, 딸을 방치함으로써 그녀의 죽음을 야기 시키기 때문이다. 유일하게 맹숙이 편인 사촌 오빠이자 알코올 중독자인 규희는 맹숙의 유언을 관찰하려다 권력자인 다른 인물들과 갈등을 일으키고 자신도 희생당하게 됨으로 역시 피권력자의 반열에 들어선다. 말하자면 이 공연에서 엄사장 무리들 또는 상규와 같은 아버지는 권력자 쪽에 속하고 그렇지 않은 사람은 피권력자 쪽에 속하는 이원적 도식이 가능하다. 처음부터 죽은 사람으로 등장하는 맹숙이는 피권력자로서 아버지나 동네의 남자들의 폭력에 의한 전형적인 희생물이다. 무수한 남자들의 성적 노리개였던 그녀는 임신(전체적인 맥락에서 태아는 분명 아들일 것이다)을 하지만 아이를 낳는데 실패함으로써 더더욱 그 사회에서 인정받지 못하는 영원한 희생자가 된다.

박근형의 무대는 식칼을 들고 자해를 하거나 남을 위협하는 장면을 왕왕 만난다. 이 폭력 역시 아버지의 폭력과 마찬가지로 권력자와 피권력자의 갈등에 의한 폭력이다. 결론적으로 그의 무대에서 재현되는 폭력은 자욱한 연기와 포화를 뚫고 지나온 한국의 폭력적인 역사를 돌이켜 보는 계기를 마련하도록 한다. 한국사에서 권력자에 의해 비민주적으로 자행된 폭력의 모습이 아버지라는 대리인을 통해 나타난다고 하면 지나친 확대 해석일까.

〈경숙이, 경숙 아버지〉. 시선과 동작 및 위치를 보면 아버지와 모녀와의 관계가 잘 드러난다.

4. 권력은 계승된다

가족으로부터 스스로를 소외시키는 아버지는 그러나 아이러니하게도 수돼지처럼 대를 보존하고 가계를 계승하는 존재이다. 가족에 전혀 무관심한 아버지가 혈통에 관해서는 매우 적극적인 태도를 취하는 것은 무슨 까닭일까? 대 잇기와 가계의 보존 문제는 아버지의 존재와 더불어 박근형 연극에서 매우 중요한 키워드이다. 그런데 혈통 전승의 개념은 오로지 자신에 의해 이루어지는 순수한 혈통의 개념과는 거리가 멀고 단지 가계 보존의 개념이 더욱 강하다. 〈대대손손〉에서 그토록 중요하게 거론되는 대 잇기는 아버지가 아닌 일본인을 통해서이며, 〈쥐〉에서는 근친상간의 형태로 혈통이 이어지며, 〈백무동〉에서는 남자에 의해 가계가 계승되므로 트랜스젠더의 의미로까지 나아간다. 〈삼총사〉에 등장하는 세 명의 등장인물은 전부 배다른 형제들이다.

이처럼 아버지로부터 아들로 계승되는 가계는 근본적으로 남자는 가부장제도 하의 호주나 장손으로서 권력자에 해당하고 이로부터 탄생된 남아선호 및 남존여비 사상과 연관되어 있다. 한국 전통사회의 뿌리 깊은 남아선호 사상을 그의 연극에서 확인할 수 있는 것이다. 그리하여 무대에는 장손이나 남아선호에 대한 발언들이나 아들을 출산하는 장면이 무수히 등장한다. 〈경숙이, 경숙 아버지〉에서 경숙이가 출산한 신생아는 아들이며, 아베의 아베인 할베가 아베한테 하는 말 "우리 집 전 재산은 바로 네다!"가 그러하고, 〈돌아온 엄사장〉에서 임신한 황마담을 놓고 김경사와 영필이 주고받는 말 "김경사 : 이번에는 끝장을 볼라고. 아들이다. 확신한다! 영필 : 아들입니까? 축하합니다"가 그러하고, 선거에서 상대방을 이기기 위한 엄사장이 벌이는 최후의 수단이 상대방의 아들을 납치한다는 발상도 그러하다. 아들 납치는 아버지에게 있어 아들이 가장 중요한 의미라는 무언의 전언이 담겨 있다. 〈삼총사〉에서 임산부를 뒤에서 불렀을 때 고개를 왼쪽으로 돌리면 아들을 낳을 것이라는 믿음도 역시 남아선호 의식의 발로이다.

〈대대손손〉에서 "사대 : 아무리 그래도 그렇지. 너는 우리 집안의 장손이야, 장손"이라는 대사나, 〈삼총사〉에서 "수희 : 이집 아버지가 호주야, 주인이고"라는 대사나, 〈청춘예찬〉에서 "아빠 : 앞으로 네가 아버지 해라 내일 동사무소 가서 호주 이름 바꿔 줄게"라는 대사는 권력자로서 아버지로서 남자로서 법적인 지위를 지니고 당당하게 대를 잇겠다는 의지의 표명이다. 경숙이 어머니가 꺽꺽이와 동침하여 출산하려 할 때 아버지의 태도는 비정상적이다. 그는 아내가 다른 남자와 동침을 했다는 비도덕적 행위보다는 태속의 아이가 아들인가에 더욱 관심을 보이기 때문이다.

아베 : (더욱 버럭!) 애 낳을때 연락해라. 그래도 내가 장손 아이가? [···] 아 낳을때 꼭 연락해라. 그래도 내가 이집 장손 아이가? (경숙에게 춤을 추며) 아버지 멋있지?

자야 : 어데? 니 동생이 고추 달고 태나면 그땐 그때가 천천히 생각해도 안하겠나 뭐

아베 : 답답한 가스나, 이리 온나 퍼뜩 안오나? (경숙이 아베에게 다가간다) 내 장손 아니가 장손의 대를 이을 씨가 나왔으이 당연히 니 새엄니가 젖멕여 키워야 할 거 아이가. 여서, 우리랑 같이 네 아베 그토록 애타게 그리워하는 둘째 나올 때까지.

핵심적인 문제는 가족이 아니라 아들 출산이라는 생각을 하고 있는 아버지-권력자에게 있어 여자(아내나 딸)는 아들을 생산하기 위한 수단이자 먹잇감이자 희생물이다. 사실 박근형 연극에 존재하는 여자들은 페미니즘의 관점에서 봤을 때 매우 커다란 문제를 안고 있는 인물들이다. 예컨대 〈쥐〉에서 어머니(지숙)와 딸은 실제로 잡아먹히게 되며, 경숙이 어머니의 맹목적인 순종이나, 〈집〉에서 남편에 대한 절대적 복종심을 보이는 아내나, 〈삼총사〉에서 아들과는 달리 아버지를 챙기는 딸의 모습이나, 〈선착장에서〉에서 독극물을 마시고(혹은 마시도록 강요당하고) 죽어간 맹숙이나 뭍으로 도망친 그녀의 어머니, 〈대대손손〉의 어머니들, 〈청춘예찬〉의 눈먼 아내 그리고 아버지를 미워하면서도 결코 내치지 못하는 경숙이 등, 모든 여자들이 피권력자의 모습을 하고 있다. 그런데 "순종이 미덕이다." "그 집의 귀신이 되어라"라고 강요받던 여자-피권력자가 남자-권력자에 반항할 수 있는 수단은 극히 미미하다. 아예 반항을 포기하고 순종하고 살거나, 약간 적극적인 경우 도망을 치는 것이 거의 유일한 저항 수단이기 때문이다.[4]

---

4 이 점에서 아버지가 어머니에 의해 죽임을 당한 것으로 추측되는 〈쥐〉는 예외이다.

4.1. 낯선 가계도

아들을 순수 혈통의 개념이 아니라 권력 승계로 간주하는 아버지에게 있어 그 가족의 가계도는 일반 가족에서는 도저히 찾아볼 수 없는 낯선 가계도가 생겨난다. 사전에서 가족의 정의는 다음과 같다. "가족은 일반적으로 혈연 · 결혼 · 입양 등에 의해 묶여진 사람들의 집단으로 인식되는데, 단독 가계를 구성하여 남편과 부인, 아버지와 어머니, 아들과 딸, 형제와 자매 등 각자의 역할로써 상호작용을 한다."(《브리태니커 백과사전》) 그런데 일부일처의 부모와 자녀들로 구성된 사전적 의미의 가족은 짐작하듯이 박근형 연극에서 존재하지 않는다.

예를 들어 〈경숙이, 경숙 아버지〉의 경우 아버지는 자의적으로 꺽꺽이란 사내를 집으로 들여놓고 자신은 다시 길을 떠남으로써("아베 : 남자는 다 똑같은 기다") 묘한 가족 관계가 형성된다. 여기에 새엄마 황자야가 가세함으로 경숙이의 가계도는 아버지가 둘이고 어머니가 둘이 되는 황당한 가계도가 된다. 가문을 중시하고 자랑스러워하는 〈대대손손〉의 가계 역시 아내의 방에 일본 남자("이께 : 애들이 보면 볼수록 귀엽습니다. 꼭 제 자식 같습니다")를 들여 놓음으로써, 또 월남전에 참전하여 월남 여자를 임신시킴으로써, 또 일본 게이샤("마이꼬 : 우리 애? 아저씨! 나도 잘 모르는데. 저 새끼가 니 새낀 지 어떻게 아세요?")사이에서 의심스런 아들을 낳음으로써 경숙이네처럼 비정상적인 가계도가 형성된다. 그런 까닭에 삼순이의 다음의 대사가 가능하다. "삼순 : 우리 식구는 정말 제 각기인 거 같애. 아빠랑 우리랑 안 닮았지? 오빠랑 이찌로랑도 안 닮았지. 나랑 오빠 랑도 안 닮았지." 〈삼총사〉에서 등장인물들이 부르는 노랫말 "배다른 형제끼리 피 다른 사람끼리 어쩌면 어쩌면 함께 살 수 있나요"는 배다른 삼형제가 한 가족을 구성하고 있는 상황을 대변한다. 근친상간을 암시하고 있는 〈쥐〉에서 아내의 임신을 놓고 효섭과 남동생과 설전을 벌이는 가운데 수희의 기막힌 중재는 복잡한 족보의 최종 목적이 무엇인지 잘 보여준다.

수희 : 그 아기의 아빠가 누구인가가 아니라, 그 아이의 가족들이 누구냐지. 결국 우리들 아냐?
효섭 : 그래도 최소한 아기 아빠의 성은 알아야 하는거 아냐?
수희 : 잘 생각해봐 오빠. (사이) 오빠의 성과 작은 오빠의 성을. 다 같은 아버지의 성씨 아닌가?

목적은 하나 즉 아들을 낳는 것이다. 아들을 통해 대를 잇는 것이다. 이렇게 본다면 박근형 연극에서 가계의 승계자로서 아들 생산을 하는 가족은 사전적 의미와는 전혀 다른 아들 생산 공장 정도가 될 것이다.

4.2. 임신과 출산

임신과 출산은 가족의 기본적인 목표 가운데 하나이며, 가계를 잇는 가장 중요한 사건이다. 앞서 설명한 것처럼 박근형 연극에서 여자의 몸은 가계를 잇기 위한 숙주의 개념이며 임신과 출산은 오로지 남자에서 남자로, 권력자에서 권력자로 탯줄로 이어진 아버지와 아들의 관계를 공고하게 하는 것이다. 그의 연극에 임산부들이 끊임없이 등장하는 것은 이러한 이유에서이다. 그러니까 임신이란 혈통을 잇는다는 의미와 더불어 권력의 계승의 의미를 함축하고 있고 또는 희생자로서 여자의 몸, 과거 남자에게 억압당한 한국의 여자들이 과도한 숫자의 아이를 생산하고, '칠거지악'을 운운하며 아들 낳기를 강요당했던 실제적 상황도 포괄하고 있다고 하겠다.

그런데 우리가 무대에서 접하는 임산과 출산은 일반 가족의 그것과는 다르다. 반복하자면 〈청춘예찬〉에서 간질이 청년의 아이를 임신하는 것, 〈경숙이, 경숙 아버지〉에서 경숙이 어머니가 꺽꺽이의 아이를 임신하는 것, 〈대대손손〉에서 일본인에 의한 임신, 〈쥐〉에서 근친상간적인 올케와 시누이의 임신, 〈백무동〉에서 임신하는 남자들, 〈선착장에서〉에서 죽은 맹숙이의 임신, 〈돌아온 엄사장〉에서 황마담의 임신 등은, 여자 등장인물의 임신은 소위 사회적이고 도덕적인 임신과는 거리가 멀다.

임신이란 인간의 원초적이며 본능적인 것이지만, 국가 정책의 변화에 따라 자식을 많이 낳거나 적게 낳는 현상은 개인의 자유가 거대한 권력에 억제되어 있음을 반영한다. 그런데 연극에서 임신이 권력자의 권력을 계승시켜 주기 위한 수단이긴 하지만, 비도덕적인 방법이거나 상식을 벗어난 해괴망측한 방법으로 이루어진다는 점에서 권력자에 대한 비판적 아이러니가 깔려 있다고 볼 수 있다. 한 때 엄청난 출산율을 자랑했던 한국은 국가가 나서서 대대적으로 저출산 장려 정책을 편 결과 현재 세계 최고의 저출산율[5]을 자랑(?)한다. 권력자의 정책에 의한 피권력자의 본능마저 조절되는 현상을 우리는 연극을 통해 깨닫게 된다.

4.3. 아버지와 아들 : 갈등과 화해의 변주

남자-권력자의 도식 또는 가계 계승자로서의 아버지와 아들의 관계는 왠지 긍정적일 것 같다. 그러나 박근형 연극에서 대부분의 남자들의 관계는 일차적으로 반목과 투쟁과 미움의 관계이다. "효섭 : 잡히기만 해 봐라. 난

5 현재 한국사회가 안고 있는 커다란 문제 중 하나는 출산율 감소이다. 출산율 감소의 원인은 정책적 원인, 산업 구조적 원인, 개인적 요인, 결혼관의 변화, 자녀관의 변화, 가족 내 성불평등, 한국사회의 성 평등 수준, 자녀양육 부담의 증가, 자녀교육 부담의 문제, 인구학적 원인 등이 있겠으나 근본적으로 저 출산 현상은 세계적인 추산이며, 여성들의 지적 수준 향상과 사회진출의 욕구 및 탈(脫)가족 개인 · 이기주의 성향으로 인한 현상으로 볼 수 있다.

아버지가 내 앞에 나타나서 빌기 전에 내가 먼저 잡을 거야."(〈삼총사〉), "청년 : 아버지! 또 천호동 갔었구나 엄마한테 자꾸 가지마 쪽팔리지도 않냐 아버진 (사이) 아직도 그 새끼랑 산데?"(〈청춘예찬〉) 등 많은 장면에서 이러한 갈등을 발견할 수 있다. 그런데 흥미로운 것은 아버지를 비하하고 욕하는 아들이 어느새 자신도 아버지가 되고 그를 닮아간다는 사실이다. 〈쥐〉나 〈청춘예찬〉의 아들들은 싫든 좋든 아버지가 될 운명이며 그토록 혐오하던 자신들의 아버지와 크게 다르지 않을 것이다. 예컨대 "엄사장 : 저게 자식이가? 몇 년 만에 나타나가 지 아부지한테 휘발유 뿌리는게? 개새끼야 개호로 새끼야."(〈돌아온 엄사장〉)라고 쌍욕을 해대던 엄사장이 극의 마지막에 이르면 "엄사장 : 잘했다 니는 내아들이 맞다. 막둥아!"라고 칭찬하고 이에 감격한 아들은 아버지를 부르면 포옹한다. 〈대대손손〉에서도 유사한 장면이 있다. "이대 : 미친놈! 너 집 나와서 한다는 짓이 이런 짓이냐? 좋은 학교, 사학과에 잘 다니다 이게 뭐 하는 짓거리야. 넌 우리집안의 대들보야. 더 이상은 안돼./일대 : 아버지. 아버지는 아버지가 원하지 않는 일은 무조건 반대하시죠. 제가 뭘 좋아하는지 뭘 잘하는 지 알기나 하세요?" 권력자－아버지로서 명령조의 파롤에는 갈등을 분명하게 드러내지만 아들을 집안의 대들보로 여기는 부정이 묻어있음을 부인할 수는 없다. 〈경숙이, 경숙 아버지〉에서 딸 졸업식에 신발을 들고 나타나는 아버지의 모습도 같은 맥락이다. 또한 아들을 출산하는 경숙이의 최초의 대사("아부지! 아부지! 경숙이 죽어예!")와 출산한 후 마지막 대사("어메 여기있다! 아부지!")에서

〈돌아온 엄사장〉. 웃음 짓는 아버지와 냉담한 아들의 표정이 지극히 대조적이다.

알 수 있듯, 경숙이의 아들이 아버지를 닮았다는 사실에서, 아버지와 손주-아들를 연결시킴으로서 경숙이-여자도 아버지와 아들의 갈등과 화해의 범주에 포함시키는 것이 가능하다.

우리가 박근형 연극을 분석하기 위해 아버지 권력자, 어머니와 자식 피권력자라는 이원적 도구를 사용하였지만 이 분할의 경계가 애매한 것이 사실이다. 그 이유는 작가 자신의 아버지에 대한 감정이 양면적일 수 있기 때문이다. 자신의 자유로운 삶을 위해 떠도는 아버지의 모습이 전적으로 미움의 감정만으로 다가오는 것은 아니고, 경우에 따라 애틋한 시선도 보여주기 때문이다. 또한 한국의 전통적인 아버지 상은 속 좁고 가벼운 사랑이 아니라 태산처럼 장중한 무게를 지닌 모습이었기 때문이다.

5. 시공간에 대하여

그의 연극은 삼일치법칙이 적용되지 않는다. 시간과 공간이 자유로이 흐르는 무대인 것이다. 시간적으로 현재와 과거와 미래가 뒤섞이기 일쑤며, 순식간에 엄청난 시간이 흐르는 경우도 허다하다. 시간의 흐름은 공간의 변화를 야기 시킨다. 그런데 재미있는 것은 이처럼 비선형적인 시간이 설정되어 있음에도, 그의 연극에는 공간 변화를 위한 실제적인 막 장치가 없다는 것이다. 말하자면 공간의 측면에서 사실주의 양상을 띠고 있지만 이따금 암전과 배우의 동작과 소품을 통해 변모하는 공간인 까닭에 환각적인 사실주의에서 멀어진다. 공간의 차원에서 혼합된 사실주의가 되는 것이다. 혼합된 사실주의는 면밀히 검토해 볼 때, 한국식 전통과 서양식 체계가 어울려 만들어낸 산물이다. 연희에 있어 한국적 전통 공간은 전혀 사실적이지 않고 개별적이지 않으며 통합적 공간으로 이를테면 마당이나 책보의 개념이다.

마당은 한국의 전통 공간에서 가장 중요한 곳이다. 마당은 내적 공간인 동시에 외적 공간의 역할을 한다. 평소 마당은 집이라는 건물과 분리되지만 제의나 예식을 치를 때, 울타리를 경계로 집과 연결된 내부가 된다. 집 안의 모든 문을 활짝 열고 마당에 천막을 치면 내적 공간으로 변형되는 것이다. 책보 역시 마찬가지이다. 물병 모양에 따라 형태가 변하는 물처럼 물건의 형태에 따라 자유자재로 변하는 공간, 이것이 통합된 공간으로서 한국의 전통 공간이며, 박근형 연극에서 간간히 나타나는 공간이다.

한편으로 그의 공간은 골목길에 싸여 있는 연탄재처럼, 〈쥐〉에서 보인 엄청난 신발처럼 자질구레하고 사실적인 소품들이 산더미를 이룬다. 피가 떨어지는 쇠고기를 무대에 올렸던 자연주의 연극 양식에 버금가는 사실주의적인 무대 공간이라 하겠다.

그런데 박근형의 공간 전개 양상을 보면 초기 연극에서 공간의 활용은 우리의 전통 공간에서 점차 사실주의적 공간의 비중이 커진다는 인상이다. 〈청춘예찬〉이 신선했던 것은 오히려 빈 무대였기 때문일지도 모른다. 밥 상 하나에 TV 달랑 하나, 이것으로 전해진 아버지와 아들의 개 같은 삶, 그것이 〈청춘예찬〉의 매력 중 하나가 아니었을까? 최근 공연 〈돌아온 엄사장〉은 울릉도와 포항이라는 공간의 넘나듦이 여전히 존재하고 있기는 하지만 사실적인 다방 내부의 공간에서, 총체적이고 종합적인 공간 활용은 미미하다.

연극 공간은 생명의 공간이다. 연극 공간은 작가나 연출가의 의식이든 무의식이 반영되어 인간의 삶의 공간과 연결된다. 경제 성장과 더불어 한국은 아파트 시대를 맞이하고 있다. 신도시 건설과 엄청난 프리미엄으로 대표되는 아파트, 사는 동네와 아파트 이름과 평수에 따라 신분이 결정되는 아파트 시대, 이 아파트의 특징 중 하나는 한국적 전통 공간인 마당이 크게 훼손되고 있다는 점이다. 사람의 가슴 속에는 마당이 잔존해 있는데 그들이

사는 공간에는 정작 마당이 없다. 아마도 그런 이유로 열대야가 시작되면 서울 시민들은 한강 둔치로 모이고, 다리 밑으로 나오고, 길거리로 나온다. 마당을 빼앗긴 사람들은 서울광장에 모이고 싶어 한다. 내적인 개념을 가지고 있으면서도 열려 있는 마당은 현대를 살아가는 한국인들에게 가장 절실한 공간적 향수이다. 전적으로 마당에서 이루어진 마당극도 아니고 프로시니엄의 사실주의도 아닌, 혼합된 사실주의라 칭할 수 있는 박근형의 무대 공간이 한국인의 무의식 속에 뿌리 깊이 존재하는 이 향수를 가능한 많이 보여주었으면 하는 바람을 가져본다.

6. 언어에 대하여[6]

박근형의 해체적 언어는 그의 연극을 특징짓는 매우 중요한 요소이다. 〈청춘예찬〉를 통해 그의 언어를 살펴보자면 다음과 같다.

첫째 답답한 인생에서 헤어날 길 없어 보이는 〈청춘예찬〉의 등장인물들이 주고받는 언어는 간결하며 단답형이다. 달리 말하면 젊은 언어 또는 이성적 언어에 가깝다. 군더더기나 잉여가 전적으로 배제된 냉정하고 논리적인 언어이며, 꼭 필요한 말만 하는 매우 경제적인 언어이다. 이 언어 형태는 무엇인가를 끊임없이 주절대는 오태석의 연극과는 참으로 판이하다. 오태석의 연극에는 잉여가 넘쳐난다. 없어도 될 것 같은 군더더기가 꼭 필요할 것 같은 말들을 압도한다. 그의 무대는 무질서, 난장, 지랄, 푸념 등을 통해 어느 덧 예컨대 한과 같은 우리 고유의 정서를 표출시킨다. 소위 밭매기나 모내기 식 연기에서 사용되는 언어는 동네 아주머니들이 모여 잡담하

6 이 부분은 2005년 한국연극학회 국제학술대회에서 발표한 '한국연극의 새로운 내러티브'를 재정리한 것이다.

는 형상으로 은연중에 주제가 드러난다. 절제와 잉여의 두 경향은 매우 한국적임에도 불구하고, 상반된 형태를 취하는 것은 재미있는 현상이다. 후자는 주절대는 언어를 통해, 쓸데없는 수다로 몸 안의 스트레스를 배출하듯 한국의 역사, 외면하고 싶은 아픈 역사를 드러낸다. 역사의 질곡을 건너면서 그 포화를 온몸으로 견디어 낸 민초들의 고통스런 삶을 현실감 있게 표현한다. 전자의 언어는 현대의 젊은 세대를 반영한다. 이 언어는 인터넷의 언어, 누리꾼의 언어, 채팅 언어이자 댓글과 닮았다. 글이 약간이라도 길어지면 금방 식상해 하면서 마우스를 클릭하고 마는 젊은 네티즌들 사이에서 절약형 언어는 핵심적 사항이다. 다음의 예는 간결하고 건조한 대화의 전형이다.

> **청년** : 밥은 먹었어? / **아빠** : 아니. / **청년** : 차려줄까. / **아빠** : 됐어. / **청년** : 그럼 라면 먹을래? / **아빠** : 밀가루 냄새나 지겹다 라면 (사이) 있냐? / **청년** : 사 올게. / **아빠** : 됐다 그럼. / **청년** : 같이 먹자.(나가는데) / **아빠** : 신라면으로! (4쪽)

둘째 감정표출이 직설적이다. 젊은 세대의 대화는, 상대방을 배려하면서 듣기 싫은 말을 어렵게 돌려서 하던 어른들의 간접적이며 수사적인 대화와 다르다. 은유와 상징을 통한 해학과 풍자는 수직관계의 사회에서 흔히 나타나는 현상이다. 그러므로 직설법에 의거한 언어형태는 상하에 대한 거부, 기존체제에 대한 거부와 상통한다. 직설적인 젊은 언어 형태 속에는 물론 성개방과 같은 윤리의식의 문제도 곁들여 있다. 〈청춘예찬〉에서 젊은 등장인물들 사이의 거칠 것 없는 성에 대한 담화가 종종 목격된다. 또한 속마음을 감추지 않는 서술 형태의 특징으로 거리낌 없는 욕지기도 있다.

> **청년** : 그래서? 그럼 저번 달에 나가지 년아. 왜 나한테 덤터기를 씌우려고 그

> 래. 이 씨발년이 아주 씨발년이네. / **간질** : 욕하지마. 나 발작 안 할게. / **청년** : 미친년! 너 간질이 무섭냐? 병신아! 사람들은 너한테 관심도 없어. 세상은 잘 돌아가고 병신아! / **간질** : 너 나랑 같이 살면 안될까? / **청년** : 어디서? / **간질** : 너희 집에서. (사이) 아니면 아무 데서나. (19쪽)

셋째, 이들의 언어는 개인적이며 자기중심적이다. 대화에 있어 상대방을 먼저 배려하기보다는 자신이 우선이다. 그들의 대화는 때문에 한 번씩 주고받는 대화가 아니라 일단 자기 얘기를 끝내놓고 남의 얘기에 응답하는 일종의 인터넷 채팅 스타일의 대화이다.

> **아빠** : 너 퇴학시킨 데. 아까 9시 뉴스 끝날 때 네 담임 왔다 갔어. (편지나 봉투 준다.) 학교 오기 싫으면 전화라도 하래. 요번 주안에. / **청년** : 돈이 어디서 났어? / **아빠** : 가서 빌어! / 고등학교는 나와야지 졸업하면 바로 군대나 가! 전방이 밥은 잘 나온 데더라. / **청년** : 아버지! 또 천호동 갔었구나. 엄마한테 자꾸 가지마. 쪽팔리지도 않냐 아버진. (사이) 아직도 그 새끼랑 산데? / **아빠** : 응 그런가 봐 안 물어 봤어. / **청년** : 어유 병신들! 아버지! 우리 일본에 가서 살까. (2쪽)

지극히 자기중심적 대화법은 커뮤니케이션의 단절을 의미한다. 동일한 공간에 존재하지만 서로에게 소외된 존재인 것이다. 이러한 현상은 현대의 단절된 가족 관계를 보여주며 오프라인보다 온라인에 익숙한 현대인들의 삶의 방식과 밀접하게 연관되어 있다.

이렇듯 〈청춘예찬〉의 언어는 맞춤법이나 문법에서 멀어진 버릇없는 동시대의 경향을 반영하는 동시에 엄숙한 과거의 틀과 제도를 해체시키려는 야릇한 모험심으로 가득 차 있다.

7. 나오며 – 연극과 사회

20세기 후반에 접어들어 문민정부가 들어서고 1988년 하계 올림픽과 2002년 월드컵을 치루면서, 한국은 정치적 · 경제적 · 문화적으로 커다란 변혁기 맞이한다. 예술 분야에서도 "우리의 것이 세계적이다"라는 표어 아래 예술 사대주의에서 벗어나 독자성 확립에 자신감을 갖게 되었고, 대중가요 및 영화나 TV 드라마의 분야에서 '한류'의 현상을 낳으며 그 위상을 힘껏 드높였다. 그러나 한편 후기 자본주의의 영향과 한국인들의 자존심을 상하게 한 외환위기를 겪으면서 전반적인 사회 시스템과 전통 가족의 형태에 급작스런 변화가 일어났다. 그러나 외적인 환경 변화 속도에 비해 의식 변화 속도는 따라가지 못함으로써 불균형과 비대칭의 문제점이 드러났다. 몸은 비대해 지는데 정신은 아직도 어린애인 것처럼 말이다. 새로운 가족법이 개정되고, 여성들의 사회진출도 활발해지고 있지만 가장의 권위나 가계 혈통의 중시 및 남아선호 사상은 여전히 강세를 보이고 있다. 이러한 외적인 것과 내적인 것의 불균형은 가족 내의 갈등과 사회에서의 갈등 원인을 제공한다. 이혼이 급증하는 현상도 이러한 불균형이 어느 정도 영향을 미쳤을 것이 분명하다. 이처럼 변화의 급물살과 이로부터 생겨난 갈등은 어느 누구도 비켜나지 못할 만큼 엄청난 것이었고 사회를 반영하고 해석하고 선도하는 연극예술에도 고스란히 흡수되었다. 지금까지의 분석을 통해 볼 때 박근형의 연극도, 어린 시절 작가의 가족사와 변화하는 사회에 커다란 영향을 받고 있음이 분명하다.

문화와 예술의 발전은 결코 하루아침에 이루어질 수 없으며, 종합예술인 연극은 특히 그러하다. 연극의 발전을 위해 중요한 요소 중 하나는 극작가의 발굴이다. 10년 동안 새롭게 등장한 영화의 시나리오 작가나 영화감독에 비해 우리가 내세울만한 새로운 극작가나 연출가는 얼마나 될까라는 질문을 던졌을 때, 매우 난감한 상황에 직면한다. 그만큼 한국연극은 발전의 징후를 찾기가 막막하다. 영화는 자꾸 앞서가는데 연극은 뒤처지는 것 같아 답답하다. 이처럼 막막한 연극적 현실에서 가족이라는 주제에 집중하여 한국 사회를 조명하고 있는 극작가-연출가 박근형은 우리의 주목을 받을 가치가 있는 것이다. 가족을 다룬다는 사실이 그의 독창적인 것은 아니다. 가령 소설이나 영화의 경우, 변하는 가족과 사회 속에서 개인의 삶의 문제가 무수하고 다양하게 다루어져 왔고 또 다른 연극에서도 반복되는 모티브이기다.

그럼에도 박근형의 가족이라는 주제가 공연적 차원에서 독창적인 것이 있다면 무엇일까? 첫째, 허접하고 잘 짜인 것 같지 않은 무대술을 통해 답답한 가족의 현실이 생동감 있게 표현되었다는 점이다. 극작품을 쓸 때부터 염두에 두었을 배우의 캐스팅도 이 현장감에 한몫을 한다. 둘째, 배우가 즉흥성을 발휘하도록 많은 여백을 할애하는 연출 기법이다. 장시간 텍스트 읽기와 연출가-배우 혹은 배우-배우 사이의 의사소통에 중점을 두는 그의 연출방식은 대사와 동작을 포함하는 전반적인 연기가 자연스럽게 형성하도록 하여, 이로부터 리얼한 무대를 만들어 내는 원동력이 된다. 연극은 사회의 반영이다. 현장 예술인 연극은 사회와 직접적으로 소통하고 호흡할 때 역동적인 가치가 생겨난다. 관념적인 소설을 즐겨 쓰던 사르트르가 극작품을 쓰게 된 이유가 관객의 즉각적인 피드백을 알기 위해서라고 고백했으니 연극이 갖는 사회성은 단순히 관객과의 교류라는 차원에서도 충분히 입증이 된다. 그러므로 박근형 연극에서 나타나는 가족의 문제는 어떤 장르보다도 직접 소통에 의한 현실감이 충만하다. 또한 극단 골목길의 팀워크와 극작가-연출가로서의 장점을 십분 발휘하여 열린 태도로 무대를 제작하기 때문에 개인과 사회에 미치는 파급 효과가 상대적으로 크다고 하겠다.

문화상호주의도 아닌 혼합된 리얼리즘은 연극적 관례를 해체한다. 관객을 무대에 동화시키는 동시에 배우는 객석을 정면으로 바라보거나 관객을 의식하여 그들을 이화시킨다. 이런 연출기법은 무대에서 일어나는 일들이 나와는 전혀 상관없는 소외된 계층의 푸념이 아닌 관객 개인의 차원으로 직접 넘어오도록 한다. 박근형 연극은 혼란스런 역사 속에서 현대를 살아가는 개인이 욕망과 좌절을 수 없이 반복하며 자신의 정체성을 추구하거나 각자가 처해 있는 삶의 문제를 심사숙고하도록 권유하고 있다.

제3장

창의적인 연극적 글쓰기

윤영선의 작품 세계 연구
: 해체된 다성적 목소리들의 협주곡

김명화

1. 들어가며

윤영선은 1994년 〈사팔뜨기 선문답〉으로 등단해서 유작이 되었던 2006년의 〈임차인〉에 이르기까지 극작가 겸 연출가로 활동했다. 그 기간 동안 그는 10여 편에 달하는 희곡을 남겼고 실험적 언어가 풍성하지 않은 한국연극계에 주목할 만한 작품을 남겼다. 그러나 완성미를 크게 고려하지 않거나 의도적으로 거부했던 그의 경향성, 한편으론 관념적인 언어에 상대적으로 냉정한 한국연극계의 풍토 속에서 윤영선의 작품들은 관객이나 평단으로부터 큰 인정을 받지는 못했다.

비교적 대중성이나 완성도의 측면에서 긍정적인 평가를 받았던 성공작이 〈키스〉와 〈여행〉인데, 윤영선 역시 이 두 편을 몹시 사랑하였다고 한다[1]. 비록 소품이긴 하지만 윤영선의 전기 작품 중 크게 인정받았던 〈키스〉

---

1 김명화, 이성열과의 서면 인터뷰, 2008.5.

는 1997년 연극평론가협회에서 주최하는 '올해의 연극상 베스트 3'를 수상했고, 후기의 대표작인 〈여행〉 역시 2005년 연극평론가협회에서 주최하는 '올해의 연극상 베스트 3'를 비롯해서 2006년 서울연극제 우수상과 희곡상을 수상하였다.

이 글은 연극평론가협회에서 주관하는 베스트 3를 수상했던 〈키스〉와 〈여행〉 그리고 2000년에 발표되었던 〈나무는 신발가게를 찾아가지 않는다〉 총 세 편을 대상 삼아 윤영선의 작품세계를 조명하고자 한다. 완성도나 대중과의 소통에서 큰 성공을 거두지 못했던 〈나무는 신발가게를 찾아가지 않는다〉를 굳이 포함한 이유는 그것이 해체주의에 관심이 많았던 윤영선의 개성을 전형적으로 드러내기 때문이다. 윤영선의 극형식에서 파격적인 해체의 경향은 초기작인 〈사팔뜨기 선문답〉부터 간헐적으로 나타나는데, 특히 존재론적 주제를 다룬 〈나무는 신발가게를 찾아가지 않는다〉는 이런 경향을 보다 적극적으로 드러낸 작품으로 보인다. 따라서 '올해의 연극상 베스트 3' 수상작을 중심으로 그의 전/후기의 작품을 조명하고자 했던 원래의 의도를 다소 확장하여, 보다 큰 패러다임 안에서 윤영선의 작품세계를 살펴보기로 한다.

방법론의 측면에서 이 글은 희곡만을 대상으로 삼지 않고 현장과의 보다 넓은 연계 속에서 윤영선의 작품 세계를 고찰할 것이다. 청년 시절 그를 매료하였던 해체주의는 이후 작품 활동에도 꾸준한 영향을 미쳐, 견고한 중심과 질서에 대한 거부를 작품 속에서 발견하는 것은 어렵지 않은 일이다. 그런데 이런 경향은 윤영선 작품의 주제나 사상으로만 부각된 것이 아니라 완성된 구조나 극작술에 대한 작가의 의도적인 거부로 나아갔고, 그것은 상당부분 연출과의 협력 작업이나 변형이라는 열린 작업 방식을 낳게 된다. 일예로 비교적 소품이었던 〈키스〉는 세 명의 연출가가 다른 독법으로 그 작품을 연출하는 결과를 낳았으며, 〈나무는 신발가게를 찾아가지 않는다〉와 〈여행〉의 경우에도 연출을 맡은 이성열과의 공동 작업에 가까운 작품이었다. 흥미롭게도 윤영선은 이런 변형이나 참여를 기꺼워했으며, 최종적으로 희곡집에 수록했던 대본 역시 연출과의 협의 과정에서 변형되어진 공연대본만을 수록하였다.

따라서 윤영선의 희곡 텍스트는 전통적 연극 만들기에서 볼 수 있는 작가와 연출가의 명확한 역할 분담이나 구분과는 다른 특성을 가지며, 경계 구분이나 위계를 거부한 이런 작업 방식을 감안한다면 희곡 작품에 의거해서만 윤영선의 작품을 규정하는 것은 위험한 일이 될 것이다. 따라서 이 글은 희곡 분석 외에 작업 과정 및 공연사를 포함할 것이고, 타자와의 열린 협업이나 경계 침식의 과정 역시 연구할 것이다. 그것이 보다 윤영선의 작품을 이해하는데 본질적인 계기를 마련해주리라 믿는다. 이를 위해 참고 자료로 윤영선의 희곡, 그의 작품을 연출했던 연출가들과의 인터뷰, 프로그램에서의 글쓰기, 미출간된 개인적 비망록, 해체주의에 입각해서 쓴 그의 석사 논문 등을 포함하였다.

2. 다성적 목소리에 대한 발견

윤영선의 희곡을 시기적으로는 조망하자면, 초기에는 사회 현실에 대한 관심과 비판적 시선이 지배적이고 후기로 갈수록 내면에 대한 탐사나 보편적인 인간사에 대한 관심으로 변모하는 경향이 있다. 형식적 특성으로는 해체적 작품으로 분류할 수 있는 비사실적 계열의 작품과 극사실주의에 가까운 작품들로 대별된다.[2]

2 김명화, 「윤영선의 작품 읽기, 그를 추모하며」, 『연극평론』 2007년 겨울호.
이 글에서는 그 외에도 윤영선의 작품에서 반복적으로 나타나는 몇 가지 모티프로 아버지/가부장주의/죽음/나무를 지적하였고, 작가의 태도로 야성의 글쓰기에 대해서도 간략하게 언급하였다.

주목할 만한 것은 그의 해체주의적 태도가 극적 형식을 넘어서서 때론 극사실주의 경향의 작품에서조차 그 사상이 나타날 정도로 포괄적이라는 점이다. 해체에 대한 그의 관심은 미국에서 연극학을 공부했던 팔십 년대 후반부터 드러나는데, 데리다를 적용하여 우스터그룹(Wooster group)에 대한 석사논문을 쓰기도 하였고 이후 귀국해서도 〈사팔뜨기 선문답〉, 〈떠벌이 우리 아버지 암에 걸리셨네〉 등 일련의 해체적 경향의 작품들을 발표하였다. 물론 윤영선의 해체적 경향의 작품들은 데리다 식 독법으로만 이해할 수 있는 것은 아니다. 데리다의 해체 철학이 로고스 철학과 로고스 신학의 결합으로 수천 년 간 진행되었던 서구 형이상학을 전복시키고자 한 철학이라면, 윤영선의 해체는 상당부분 위계적이고 흑백구도의 단선적인 정답을 요구하는 한국적 가부장주의나 근대성에 대한 비판 또 이를 견디지 못했던 그의 기질이 함께 작용한 것이라고 볼 수 있다.[3] 초기에 나타난 윤영선 희곡의 해체적 글쓰기가 한국적 사회 현실에 대한 비판이나 가부장주의에 대한 혐오로 소급되는 것은 그런 맥락으로 읽을 여지를 남기며, 또 이런 시각은 형식적 해체만이 아닌 사실주의 형식에서도 여전히 발견된다. 따라서 해체주의는 윤영선의 일관된 철학 혹은 세계를 바라보는 관점이라고 할 수 있을 것이다.

이런 맥락과 연관하여, 이번 글쓰기에서 필자는 윤영선과 관련한 자료를 수집하고 읽는 과정에서 지난번에 간과하였던 또 한 가지의 특성을 발견할 수 있었다. 다성적 목소리(voices)가 그것이다. 목소리에 대한 윤영선의 관심은 등단작 〈사팔뜨기 선문답〉의 프로그램에서부터 명문화된다. 그 프로그램에서 윤영선은 목소리라는 제목 아래 파편적인 11개의 이야기(시)를 수록하였고, 이후 이 11개의 글은 2000년에 공연한 〈나무는 신발가게를 찾아가

---

3 김명화, 앞의 글 참조.

지 않는다〉에 대사로 직접 차용되기도 하였다. 프로그램에 수록된 목소리들의 종류는 다양하다. 그것은 자신의 몸 안에 깊숙이 각인된 어린 시절의 목소리에서부터, 자신을 간질이는 사랑스러운 타자의 목소리, 반대로 자신을 죽이는 세상의 거친 목소리에 이르는 다채로운 패러다임을 갖고 있다. 이들 다양한 목소리는 초기부터 오랫동안 윤영선을 사로잡았고 주체에 대한 확장된 시각을 안겨주었던 것으로 보인다. 개인적 비망록인 「무대와 텍스트 사이」라는 글에서, 윤영선은 미국에서 학위를 끝낸 뒤 자신이 누군가의 입을 빌려 이야기한다는 정신적 해리 연상에 빠졌음을 고백하며 자신을 깊이 탐사하다가 내면에서 들려오는 목소리를 발견하였음을 진술하고 있다.

> 몇 주일 동안 계속 같은 행동을 하다 보니 내 안에는 많은 "그들"이 살고 있다는 것을 알아챌 수 있었어. 다른 결을 가진 그 목소리들은 "나"라고 부르는 사람의 안에 살고 있다는 그 사실 만으로 내 목소리로 간주되고 있었을 뿐이었지. 많은 쪽방에 살고 있는 각각의 타인들인 셈이었지. 물론 그 목소리가 특정한 성을 가진 개별적인 존재의 목소리는 아니야. ……내 안에 있는 그들 중에도 나의 친족들은 좋은 "나"이고 혈연관계가 없는 그들은 나쁜 "그들"로 간주하더군. 일종의 편 가르기 혹은 위계질서를 세운 셈이야. 내가 사용하는 관념들의 뿌리는 바로 밖의 세계의 특정 이념의 소산이었어.[4]

자기 안의 다성적인 소리에 대한 발견은 모든 것을 투명하게 주관하는 이성, 타자와 명확하게 구분되는 고유한 내면이나 또 이를 관장하는 유일한 주체로서의 인간이 아니라 모든 것이 뒤섞인 혼재 상태로 인간을 조망하는 태도에서 연원한 것으로 보인다. 나라는 주체 안에는 타자/세상/밖이 함께

---

4 윤영선, 「무대와 텍스트 사이」.
이 글은 작가 사후 그의 컴퓨터에 저장되어 있던 원고 중의 한 편이다. 필자는 그의 사후를 관리하였던 동인들의 허락을 받고 미 간행된 그의 원고들을 읽을 수 있었다.

공존하며, 때로 모순되고 연결되지 않는 혼란스러운 다양한 목소리가 나를 구성하고 있는 것이다.

윤영선은 이런 인식이 데리다를 비롯한 여타의 철학서에서 유사하게 발견되는 것을 언급하며 사유의 편재성에 대해 언급하기도 하는데, 미국에서의 해체 철학에 대한 공부와 그의 기질이 상생 작용을 불러일으키며 학문으로서의 해체에 대한 인식만이 아니라 자신과 세계에 대한 성찰로 지평을 넓혀가고 있음을 알 수 있다.

이런 인식은 작가 개인의 관심사를 떠나서 연극적 형식으로 모아지면서, 귀국 후의 연극문법에 있어서의 실험적 언어로 표출된 눈치다. 때로 그 다양한 목소리들은 〈사팔뜨기 선문답〉처럼 코러스로 나뉘기도 하고, 〈떠벌이 우리 아버지 암에 걸리셨네〉처럼 주인공이 분열하기도 하며, 〈키스〉의 남녀나 〈나무는 신발가게를 찾아가지 않는다〉처럼 구체적인 캐릭터를 부여받기도 한다. 그러다 문득 〈여행〉에 오면 다성적으로 갈라진 내면의 목소리들은 사라지고 세상의 이질적인 여러 목소리들이 담담하게 그 자리를 차지하게 된다. 이런 변화에 대해서 윤영선과 오랜 파트너로 작업한 연출가 이성열의 지적은 흥미롭다.

> 〈키스〉〈나무〉〈사팔뜨기〉〈내 안에 사는 새앙쥐〉는 모두 소리/귀 에 집중한 작품들이다. 모두 공통적으로 작가의 내면의 목소리(voices)에 귀 기울이고 있는데, 〈사팔뜨기 선문답〉은 80년 광주를 전후한 시대에 대한 '기억의 소리' 이고, 〈내 안에 사는 새앙쥐〉는 자기 안의 소리에 집착하는 작가 자신을 치매 걸린 어머니와 쥐의 관계를 빌어 풍자한 '우의적인 소리' 이다. 〈키스〉〈나무는 신발가게를 찾아가지 않는다〉에서는 이러한 작가의 목소리가 이원적으로 분화/분열되는데, 이것의 갈림대는 작가의 내면에 분열적으로 함께 존재하는 남(男)/여(女)라는 젠더의 문제이거나(키스), 나무와 짐승이라는 성(聖)/속(俗)의 문제(나무)다. 그의 작품의 변천 과정은 이렇듯 작가의 내면에 숨어살던 하나의 목소리가 둘로 분화되어지는

과정에 다름 아니었는데, 그 여정 속에서 작가는 합일(合一)을 꿈꾸기도 하고(키스), 때론 영원한 불일치에 절망하면서도 일탈과 초월을 꿈꾸기도 한다(나무).

이상의 작품들에 비해 〈여행〉과 〈파티〉는 분명 시각적이고/눈에 집중한 작품들이다. 작가가 자신의 소리에만 귀 기울이지 않고 세상을 바라보기 시작했다는 것이다. [⋯] 〈여행〉은 "이제는 세상을 껴안고 싶었다"는 작가 자신의 말처럼(프로그램 작가의 글), 보다 가까이서 세상 그 안으로 들어가서 전 방위로 부딪치고 느끼며, 보고 듣고 읽어낸다. 그래서 그는 드디어 산문이 되었다. 언어를 증류하고(키스) 심연 저 너머의 소리들에 발목을 잡히고(나무) 일상과 적분(積分)된 시간의 흐름을 비틀어 그로테스크한 이미지들로 개칠해놓고(사팔뜨기/미생자/파티/죽음의 집2-쥐가 된 사나이) 그 속에 숨어 낄낄대던 그가 드디어 광장에 나서 뙤약볕 아래서도 내성을 지닌 채 사람들과 편안하게 대화하기 시작한 것이다. 하지만 그에겐 그것조차 너무 무리였는가 보다. 그러자마자 곧 죽었으니 말이다.[5]

이제 이런 맥락에서 윤영선의 화두였던 자기 안의 다성적인 목소리들이 구체적인 작품 속에서 어떻게 구현되고 흘러가며 사라지는지 살펴보기로 하자.

3. 키스

3.1. 작업 과정 및 공연사

〈키스〉는 공연할 경우 30~40분 정도가 소요되는 단막 분량의 소품이다. 윤영선이 1996년 여름에 탈고하였고, 1997년 1월에 연우극장에서 워크숍 형태로 공연되었다. 이후 1997년 5월에 혜화동일번지소극장에서 정식으로 공연되었으며, 문예회관소극장, 자유소극장에서 재공연되었다.

---

5 앞의 인터뷰.

〈키스〉의 공연사적 특징은 그것이 한 연출가에 의해서 공연된 것이 아니라, 여러 명의 연출가들이 참여하여 다른 형식과 해석으로 복수의 〈키스〉로 공연하였다는 점이다. 최초의 워크숍 공연에서는 윤영선과 이성열 각각의 연출로 두 편의 〈키스〉가 동시에 공연되었다고 한다. 윤영선은 원 텍스트를 그대로 연출하였고 이성열은 1장만 해체, 재구성하여 같은 대사를 다른 상황 속에서 반복하고 증폭시키는데, 매몰된 삼풍백화점/보스니아 내전의 야전병원/지하철의 남녀/전장에서의 죽은 아내와 군인/식물인간과 간병인 같은 상이한 장면들을 병렬적으로 보여주되 1장의 대사를 반복하였다고 한다.

이 워크숍 공연은 동료들의 긍정적인 평가를 받았고, 혜화동일번지소극장에서 공연한 최초의 정식 공연에서는 3명의 연출가로 확장하게 된다. 원 텍스트를 그대로 공연한 남녀의 〈키스〉(처음엔 윤영선, 재공연부터는 김동현 연출)/ 마임이스트인 남궁호의 혼자 하는 침묵극 〈키스〉(박상현 연출)/ 워크숍과 달리 새롭게 텍스트를 해체하여 영화감독을 꿈꾸는 주방외판원과 사회의 소통 부재를 표현한 〈키스〉(이성열 연출)로 변주되었다. 이후 이 세 개의 '키스'는 다소의 가감을 거치지만, 큰 틀에 있어서는 변화 없이 고정된 채 재공연의 역사를 치르게 된다.

이 글은 윤영선의 작품 세계를 조망하는 글이니, 개성이 다른 연출가들에 의해 〈키스〉가 어떤 방식으로 공연되었는지까지 분석할 필요는 없을 것이다. 그러나 한 가지 중요한 사실은 〈키스〉를 다른 독법으로 연출한 최초의 워크숍 공연부터 윤영선은 그 상황을 긍정적으로 생각하고 독려했다는 점이다. 물론 작가의 원 텍스트를 그대로 공연한 1부가 포함되었기에 관용적인 제스추어로 해석할 여지도 남기지만, 자기 안의 다성적인 목소리에 긍정적이었던 작가의 관점을 고려한다면 연극 만들기의 방식에서도 연출가들의 상이한 독법, 즉 다성적 해석과 연출을 장려하였을 가능성이 있다. 고유하고 배타적인 주체에 대한 작가의 일관된 거부가 고유하고 절대적인 희

〈키스〉, 합일을 추구하지만 아직 둘 사이의 간극은 크고 움직임은 위태롭다.

곡의 권한에 대한 거부로 나아가지 않았을까. 그래서 대사 한 마디 없는 박상현 연출의 마임극이나 전체적인 줄기를 거부하고 몇 개의 대사만으로 배우들과 새롭게 상황을 전개했던 이성열의 연출에 대해서 우호적이었던 것으로 보인다.

3.2. 아니마와 아니무스의 목소리

〈키스〉는 총 3장으로 구성된 소품이다. 구체적인 공간이나 등장인물에 대한 정보는 존재하지 않으며 등장인물의 이름도 없다. 그저 남자와 여자라는 단 두 명의 캐릭터가 나오며, '키스'[6]를 매개로 간결한 둘의 대사와 침

6 키스는 입술과 입술을 포개는 행동으로 분리된 인간이 접촉할 수 있는 접점이다. 생각해 보니 그 접점은 꽤 많다. 손을 포갤 수도 있고, 다정하게 어깨를 껴안을 수도 있으며, 주먹으로 누군가의 턱을 후려치며 일방적인 접점을 거칠게 행사할 수도 있다. 그 중 〈키스〉는

묵의 변주 속에 작품이 진행된다.

일반적으로 〈키스〉는 말과 침묵의 대비, 소통을 꿈꾸지만 합일에 도달하기 힘든 현대인의 존재론적 고독을 가볍게 스케치한 소품으로 간주되어 왔다. 그러나 윤영선의 일관된 해체적 사유와 연관지어볼 때, 말/생각/로고스에 대한 비판적 사유가 매우 섬세하고 자연스럽게 극작술 속에 녹아있는 작품으로도 읽힌다. 그런 맥락에서 이 작품을 다시 한 번 읽어보기로 하자.

제목이 〈키스〉지만 윤영선은 이 작품에서 단 두 번의 키스를 제시한다. 1장 마지막과 3장 마지막. 그 외에 작품을 채우는 것은 말, 상대를 찾아 헤매는 남자와 여자의 목소리다. 먼저 1장에서 남자와 여자는 서로 떨어져 있는 상태에서 출발한다. 둘은 서로에게 다가가고 싶지만, 여기 서 있는 나는 상대방에겐 언제나 거기 서 있는 나 즉 타자가 될 뿐이다. 다가가고 싶어도 다가서지 않는 거리의 공백을 채우는 것은 결국 남자와 여자의 목소리다. 그러나 목소리가 뱉어내는 언어는 주체 중심의 로고스에 의지하고, 나라는 주체가 존재하는 한 타자와의 합일이나 일치는 불가능한 것이다. 그래서 둘은

> 남 : 너?
> 여 : 나?
> 남 : 그러니까 너
> 여 : 아니 나. (희곡집 115쪽)

라고 자신의 관점만 말하고,

긍정적인 접점이며, 무엇보다 타자끼리 만나는 면적이 최소화된 접점이란 점에서, 아직은 경계와 가능성 상태에 있는 접점이라고 할 수 있을 것이다. 즉 '키스'를 매개로 분리된 존재들이 더 깊은 관계로 발전할 것인지 혹은 다시 발자국을 뒤로 물려 관계를 무화시킬 것인지 결정하지 않은 경계의 상태가 '키스'라고 할 수 있겠다. 김명화, 「프로젝트그룹 작은 파티의 키스」, 『연극의 길 세상의 길』, 206쪽.

여 : 나, 여기 있어. 너 거기 있어?
남 : 아니, 나 여기 있고 너 거기 있어. (116쪽)

라며 자신을 중심 삼아 방향을 잡을 뿐이며, 말장난처럼도 보이는 이 어긋남은 결국 '모르겠어'에 도달하고 만다. 말과 목소리로 도달할 수 없는 합일, 그럼에도 서로에게 가까이 다가가고 싶은 욕망을 채우기 위해 작가가 제시하는 방법은 침묵과 몸이다. 등장인물들은 말하지 말 것을 서로에게 언명하고, 침묵 속에 다가가 키스로 방점을 찍는다. 접촉, 합일은 자기중심적인 말로 설명하거나 방향을 알려줄 수 없는 영역인 것이다.

2장 역시 남자와 여자는 서로 분리된 상태이다. 이번에는 가까이 다가가려는 말이 아니라 이유를 알 수 없는 '욕'이 관계의 도화선이 된다. 남자의 느닷없는 욕설에 여자는 남자의 마음을 알고 싶어 하지만, 욕하는 자신의 마음을 설명할 수 없는 남자의 간극이 2장의 모티프다. 사실 욕설은 언어 이전의 감정의 분출이다. 언어를 지배하는 원칙은 로고스이지만, 언어로 설명되지 않는 감정의 폭발을 담은 욕설은 언어로 분출되어도 로고스의 원칙에 적용되지 않는 언어 속의 야성지대라고 할 수 있다. 그러나 여자는 로고스의 원칙에 적용되지 않는 욕하는 마음을 알기 위해 남자에게 생각을 강요하고, 생각하는 남자는 자신의 생각을 위해 모든 소리를 억압하고 지운다. 생각의 방해를 받지 않기 위해 여자의 작은 목소리도 허용하지 않으며, 노래도 기침도 거부한다. 오직 여자는 조그마하게 숨쉬기만 허용될 뿐이다. 이성/생각/로고스는 자신에 위배되는 모든 소리와 간섭을 지워나가는 것이다. 결국 2장에 키스는 존재하지 않는다. 여자는 남자의 생각을 위해 존재를 지울 뿐이고, 지워진 존재에게 접촉과 소통은 불가능하다.

죽은 듯 숨만 쉬는 존재, 거세된 존재는 자신의 존재를 어떻게 증명하는가. 3장에서 여자는 자신의 뺨을 때리며 말로 소리를 내는 대신 몸으로 소리를 내며 남자의 주의를 끌고, 그런 뒤에야 말로 항변하고 하소연한다. 남자는 드디어 생각을 통해 자신이 욕설했던 이유를 찾아내지만, 우스꽝스럽게도 로고스에 지배받지 않는 욕설의 이유는 그저 하고 싶어서 했을 뿐이라는 정서의 충동일 뿐이다. 대신 남자는 거듭된 생각 속에, 화가 나서 자신에게 욕설을 퍼붓던 여자를 기억하여 기분이 나빠지고, 여자는 2장과 달리 이번에는 욕설에 대한 생각을 버리고 지울 것을 권유한다. 그 과정에서 결국 남자는 생각과 말에 대한 부정에 도달한다.

> 남 : 아무 말도 하지 않았으면 좋겠어. 난 입이 없었으면 좋겠어. 난 내가 말을 할 때 내가 말을 하고 있다는 생각을 하지 않을 때가 제일로 좋아. 그런데 내가 말을 할 때 내가 말을 하고 있다는 생각이 들면 기분이 나빠. (희곡집 134쪽)

그런데 이번에는 여자가 생각의 늪으로 빠져들고 만다. 사랑이 부재가 될지도 모르는 미래를 추측하며, 히스테리에 가까운 말의 장광설을 늘어놓는다. 다시 한 번 남자는 침묵을 권유하면서 생각과 말이 불러일으키는 존재의 간극과 혼란을 키스로 잠재운다.

표면적으로 〈키스〉는 남녀의 사랑을 소재로 소통의 어려움을 산뜻하고 재치 있게 그린 작품처럼 보이지만, 좀 더 깊이 파고들면 일방적인 로고스 중심의 세계에 대한 비판이 섬세하게 자리 잡고 있음을 알 수 있다. 그런데 앞에서도 언급하였듯이 윤영선은 내면의 목소리를 탐사한 작가였고, 로고스의 세계를 비판하는 이 작품 역시 작가 개인의 내면에 자리 잡은 상이한 목소리들을 의인화한 것으로 조망할 수 있겠다. 윤영선의 작품을 여러 번 연출했던 이성열은 〈키스〉가 작가 안의 남성적인 목소리와 여성적인 목소리의 합일에 대한 욕망을 형상화한 작품이라고 진술한 바 있다. 융의 관점을 빌려 말하자면 모든 인간 안에 잠재되어 있는 아니마/아니무스[7]를 사랑을 매개 삼아 외적인 캐릭터로 형상화한 시도라고도 볼 수 있는 것이다. 그런 맥락에서 로고스 중심의 남성적인 목소리가 타자의 목소리를 지우는 폭력적인 설정, 또 사랑의 부재에 대해 정서적인 히스테리를 보이는 여성적 목소리의 대비는 흥미롭다. 작가는 자기 안의 중심인 남성적 목소리와 그 중심에서 배제된 여성적 목소리의 관계를 탐사하고 둘 사이의 갈등과 합일을 남녀라는 인물로 외형화시키며 극작술로 형상화한 것이다.

4. 나무는 신발가게를 찾아가지 않는다

4.1. 작업 과정[8] 및 공연사

〈나무는 신발가게를 찾아가지 않는다〉는 2000년 봄에 혜화동일번지소극장에서 이성열 연출에 의해 공연되었고 같은 해 10월에 바탕골소극장에서 재공연되었다. 윤영선의 해체적 경향이 드러난 작품 중에서도 유난히 독해가 어려운 작품으로, 나무를 열망하는 여성과 속물스럽고 폭력적인 세상의 대비를 그린 작품이다.

원래 이 작품의 초고는 희곡집에 수록된 대본과 판이한 형식을 취하는데, 마치 사라 케인의 〈4.48 Psychosis〉처럼 구체적인 캐릭터나 상황 없이 시로만 쓰인 1인칭 독백으로 구성된 대본이었다고 한다. 나무를 열망하는 성스러움이나 폭력적이고 속물스러운 대사들이 구분 없이 하나의 독백 속에

7 아니마(anima)와 아니무스(animus)는 원래 고대 그리스 철학에서 나온 용어로 영혼이나 정신을 일컫는 말인데, 심리학자 융은 남성이 가지는 무의식적 여성적 요소(아니마), 반대로 여성이 가지는 무의식적 남성적 요소(아니무스)로 이 말을 사용하였다.

8 공연대본화의 과정에 대한 내용은 이성열과의 앞의 인터뷰.

얼크러져 있어 한 인물의 내면 풍경으로도 해석될 수 있는 작품인데, 연출가와의 작업 과정 속에서 비교적 선명하고 외형적인 희곡의 형식과 캐릭터를 갖게 된 것이다.

연출을 맡은 이성열은 전통적인 희곡의 체로 걸러지지 않는 이 미완성의 대본을 받은 뒤 배우들과의 즉흥을 통해 캐릭터와 상황의 가능성을 찾았고 작가와의 협의 속에 전체적인 윤곽을 잡았다고 한다. 그리고 그에 입각하여 작가가 대본을 수정하였고, 그래도 연결되지 않거나 미흡한 지점들을 보충하기 위하여 연출은 앞서 언급하였던 〈사팔뜨기 선문답〉 프로그램에 수록된 목소리를 대사로 차용할 것을 제안하여서 대사를 풍성하게 만들었다고 한다. 말하자면 작가 윤영선이 구상하고 쓴 것이지만, 연출가와의 공동 작업의 방식을 통해서 희곡적인 틀로 만들어진 것이다. 텍스트가 정착한 과정에 대한 인터뷰에서 연출을 맡은 이성열은 "어디까지가 내가 했고 어디까지가 그가 했는지 알 수 없다"고 진술할 정도로 작가와 연출가의 긴밀한 공동작이라 할 수 있고, 최종적으로 그것이 희곡집에 수록되었다. 연출자는 원래의 초고가 가진 가능성을 생각해서 희곡집을 낼 경우에 초고와 공연용 대본을 함께 수록할 것을 권고하였으나, 윤영선은 최종 공연용 대본만 수록하였다고 한다.

연출과의 인터뷰 내용을 토대로 초고를 추측해보자면 〈나무는 신발가게를 찾아가지 않는다〉의 원래 대본은 작가의 무의식의 흐름을 독백 형식의 목소리로 구사한 작품이고 일견 시에 가까운 작품인데, 공연 대본은 그런 비희곡적인 초고의 특성에 희곡적 형식을 입힌 시도라고 볼 수 있겠다. 그 과정에서 연출가는 하나의 독백을 쪼개어서 다양한 인물군상으로 분류하고 구체적인 상황이 존재하지 않는 혼란에 시공간의 체계를 부여하며 장면을 만들어나간 것으로 보인다. 가령 등장인물은 나무가 되고 싶어 하는 주인공 여자와 그녀를 사랑하는 영화감독 남자, 세상의 나무를 응시하는 거리의 예언자를 비롯하여 세속의 욕망을 상징하는 사장 부부와 자식, 바삐 거리를 걸어 다니는 행인들, 몸의 욕망에 시달리는 기차승객들, 상업영화를 꿈꾸는 제작자와 중국집 배달원 등 무수한 인물로 분화되었고 장면 역시 총 9장으로 설정되어 있다. 작가가 대본을 정리하면서 각각의 장면마다 소제목을 붙였는데, 희곡집을 토대로 이를 정리해 보면 다음과 같다.

1. 난 나무가 될 거야 : 여자의 집
2. 거리에서 1 – 나무와 빌딩 사이에서
3. 기차 객실에서 – 내 몸
4. 레스토랑에서 – 몸의 욕망
5. 여관에서 – 불쌍한 놈/불쌍한 년
6. 영화사에서
7. 거리에서 2 – 모든 게 끝/ 날 안아줘
8. 영안실에서 – 죽음이 날 찾아올 때
9. 거리에서 3 – 다시 세상 속으로

이 소제목들은 혼란스런 텍스트의 공간과 초점을 간단히 알려준다. 또 작품의 흐름과 연관해서 살펴보면, 비록 구체적이지는 않더라도 여자가 집에서 출발한 뒤의 여정 중심으로 작품이 흘러가고 있다는 정도의 시간성은 제시해주고 있다. 세상 밖으로 나가는 대신 나무처럼 집에 정박하고 싶었던 여자는 기어코 세상으로 나아가 거리에서 바삐 움직이는 행인들을 만나고, 기차를 탄 뒤 몸에 대해 사유하고, 레스토랑에서 식사를 하는 속물적인 사장부부를 구경하다 남자친구를 만나지만, 엉뚱하게도 여관방에서 남자친구가 아닌 중년 남자와 하룻밤을 보내고, 영화사에 들러 남자친구가 속물스런 제작자에게 시달림을 받는 풍경을 목격하고, 자신과 세상에 대한 환멸로 '모든 게 끝' 이라고 거리에서 외친 뒤 죽음을 맞이하며, 남자친구는 영안실에 그녀를 문상하고, 거리에서 살아남은 자들은 다시 삶을 노래하면서 작품은 종결된다. 독백의 형식 혹은 무의식의 형식을 구사하려고 했던 원래의 의도가 비록 느슨하긴 하지만 세상에 적응하지 못하는 한 여성의 집 · 바깥, 삶 · 죽음이라는 경로를 취득하게 된 것이다.

4.2. 식물성과 동물성의 목소리

그런데 비록 작업 과정에서 연출의 개입과 배우의 즉흥에 힘입어 작품의 골격이 변경되었다 할지라도 작가가 동의한 형식이었고, 대부분의 대사가 작가의 글이었다는 점[9]을 감안하면 희곡집에 수록된 〈나무는 신발가게를 찾아가지 않는다〉가 윤영선의 의도에서 크게 이탈한 작품으로 보이지는 않는다. 그래서 정체불명의 독백이 다양한 인물로 갈라진 공연대본화의 과정을 거꾸로 소급해서 그 세분화된 목소리를 하나의 덩어리로 간주한 채 희곡을 다시 읽어나간다면, 〈나무는 신발가게를 찾아가지 않는다〉의 원래 의도와 그것을 제작진들이 분류한 방식을 추측할 수 있을 듯하다.

우선 작품을 읽어나갈 때 몇 가지 대비되는 중심 코드를 찾을 수 있다. 제목에서 유추되듯 나무와 나무에 대비되는 동물성/인간의 측면이다. 이 작품만이 아니라 욕망하지 않고 움직이지도 않으며 새라는 생명을 품어주는 '나무'는 여타의 윤영선의 작품에서도 긍정적인 이미지를 내포한 채 지속적으로 나타나는 긍정적인 모티프다.[10] 냉정하게 평가할 때 사실 나무에 대한 이런 규정이 꼭 옳은 것은 아니다. 움직이지 못하는 나무는 번식을 위해서 공

---

9 6장 영화사 장면에서 몇 줄의 대사는 연출의 아이디어를 적용해 대사가 추가되었다고 한다. 그 외에의 모든 대사는 전적으로 윤영선의 창작물이다. 이성열과의 앞의 인터뷰.

10 김명화, 「윤영선을 추모하며」 참조.

〈나무는 신발가게를 찾아가지 않는다〉,
식물적이고 성찰적인 주인공과 동물적이며 세속적인 세상이 희극적으로 대비된다.

기와 바람을 이용해 꽃과 열매를 흩뿌리며 무섭게 움직이고, 자기 주변에서 가깝게 자라는 나무와는 영역다툼을 하면서 서로를 죽이거나 경쟁하듯 위로만 뻗어나가려는 경향이 있다. 그러나 윤영선은 나무의 본원적인 생리 보다는 신발을 신고 돌아다니는 욕망하는 인간의 대척점으로서의 긍정적인 이미지, 혹은 인간의 욕망이나 야수성을 초극하려는 '나무되기' 에 대해서 주목하고 있다. 그런데 그 긍정성은 대부분 신발을 신을 필요가 없는 나무의 고요함, 부동성에 맞추어져 있고 움직이지 않는 것은 어떤 의미에서는 죽음과도 같다. 그러므로 작품의 한 축은 나무/부동성/죽음이 될 것이고 공연대본에서 나무를 꿈꾸는 여자가 죽음으로 이행하는 과정은 나름의 타당성을 지닌다.

반면 반대 축은 짐승/동성/삶이 된다. 실제 대사 안에는 나무가 되려는 식물에의 욕망 이상으로 인간이 가진 동물적 본성과 속물적 욕망이 많이 언급되고 있다. 가령 집 안에 숨은 여자에게 집 밖의 세상은 '정글' 로 표현되고, 그 정글의 세상에서 사람들은 빌게이츠와 에디슨을 언급하며 바쁘게 뛰어다닌다. 특히 이 작품에는 나무와 달리 신발을 챙겨 신고 분주하게 움직이고 욕망하는 인간의 몸에 대한 언급이 많다. 작가는 "이 두 손, 머리통, 그리고 두 눈, 두 개의 귀, 코, 두 개의 콧구멍, 그리고 입 하나"(희곡집 256쪽) 식으로 나무와 다른 인간의 몸을 부위별로 언급하고, "뚱뚱한 몸, 홀쭉한 몸, 말라비틀어진 몸, 귀하신 몸, 비천한 몸, 우아한 몸, 불결한 몸, 매끈한 몸, 아, 부서지기 쉬운 몸, 망가진 몸, 늙어가는 몸"(256쪽) 식으로 지긋지긋한 몸들을 나열한다. 그 몸은 레스토랑에서 탐욕스럽게 먹어대고 옆 테이블에 앉은 여자 역시 먹어댈 음식처럼 탐욕하며, 욕망을 배설하기 위해 여관방에서 섹스하고, 영화판에서는 팔아 치울 몸으로 그려진다.

작가의 초고를 감안하지 않고 체계가 잡힌 희곡집의 작품만 감안한다면, 이 작품은 인간의 욕망과 세상의 폭력성에 적응하지 못하는 식물적인 인간의 절망으로 해석될 여지가 있다. 그러나 그 모든 상이한 대사들이 하나의 독백 속에 얼크러져 있었다는 점을 감안한다면, 나무－짐승의 이분법적인 축은 서로 갈등/대립하는 세력이 아니라 주체 안에 존재하는 이율배반적인 다성의 목소리다. 작가는 인간의 내면 안에 존재하는 동물적 욕망과 동시에 그에 대한 혐오와 초극의 염원을 동시에 포착하고 있는 것이다. 따라서 〈키스〉에서 보여진 아니마/아니무스의 혼재는 〈나무는 신발가게를 찾아가지 않는다〉에서 욕망의 초극을 꿈꾸는 나무/세속적 욕망에 오염된 짐승, 연출을 맡은 이성열 식으로 표현하자면 성/속의 혼재로 나타나게 된다.

더군다나 작가는 성과 속, 나무－짐승의 단순한 구도로만 작품을 구획하지 않고, 〈키스〉에서 제시하였던 욕설처럼 나무이면서 동시에 짐승이고 속이면서 동시에 성이 되는 경계의 침식을 제시하고 있다. 가령 식물적인 여주인공이 자신의 몸 안 깊숙이 숨은 야수성과 직면하는 3장이 그런 경우다.

아는가? 밤마다 내가 손톱과 이빨을 날카롭게 갈고 있다는 것을. 아는가? 밤마다 내 철창 속에 갇히어 으르렁거리는 야수. 내 안에 사는 짐승. … 아무도 없는 어두운 곳, 홀로 있을 때면 짐승의 거친 숨소리가 들린다. … 난 문의 걸쇠를 확인하고 두터운 커튼을 내린 뒤에 짐승에게 살며시 접근한다. 짐승이 방심한 틈을 타서 그 위에 올라타고 숨이 끊어질 때까지 목을 조인다. (희곡집 259쪽)

나무되기를 꿈꾸는 여자에게 그것을 방해는 요소는 자신 안의 동물성이다. 그런데 그녀는 그 동물성을 제어하는 방법으로 가장 동물적인 방법, 자신 안의 야수성을 야수의 방식으로 제거하는 것을 꿈꾼다. 누군가의 숨통을 조이는 것이야 말로, 자신이 그토록 혐오하는 동물적인 방식이며 인간적인 방식인데도 말이다. 반대의 방식은 희곡집 5장, 여관에서 표출된다. 나무를 꿈꾸는 여자가 낯선 중년남자와 세속적으로 몸을 섞고 난 뒤의 풍경인데, 이번에는 작품 속에서 부정적으로 그려지는 몸의 욕망에 대한 연민이 부각되고 있다. 그래서 장면의 부제 역시 '불쌍한 놈, 불쌍한 년' 이다. 3장 기차 장면에서 잠시 등장했던 중년 사내는 섹스 후의 풍경에 대해 다음과 같이 언급한다.

그 날 난 자지 않았어. 눈을 감은 채 그녀가 조심스레 옷을 입는 소리, 문을 살며시 열고 닫는 소리, 그리고 발자국 소리를 들었지. … 난 자신이 없었어. 술을 마시며 열심히 떠들었지만 난 네가 누구이고 또 내가 누구인지 알 수 없었고 내 입이 왜 그렇게 지껄여댔는지 모르듯 왜 내가 너와 함께 몸을 뒤섞었는지도 몰라. 나를 안아주던 여인은 신발을 신고 어디론가 떠났지. 나도 신발을 신고 어디론가 가야지. (희곡집 268~269쪽)

그동안 앞에서 부정적으로 그려진 세속적인 몸의 욕망과 달리 여기에서 중년사내를 통해 토해지는 목소리는 쓸쓸함과 연민에 차 있다. 이유 없이 떠들어대는 입과 몸을 섞는 서글픈 욕망, 그리고 알 수 없는 어딘가를 향해 신발을 신고 떠돌아다녀야 하는 인간의 운명에 대한 예감과 연민이 담담하게 포착되고 있다.

그런데 결국 이 상이하고 겹쳐지기도 하고 이율배반적인 목소리들은 초고를 감안하면 하나의 주체 안에서 파생되는 목소리다. 주인공 여자의 식물에 대한 욕망도 혐오스러운 몸의 욕망도 분주하고 거친 세상도 한 인물 안에서 갈라지는 목소리들의 교향악인 것이다. 그것들이 하나의 일치점을 찾거나 혹은 화해하게 되었다면 얼마나 좋을까. 그러나 결국 작품 안에서 그 목소리들은 화해하지 못하고 여자는 죽음을 선택한다. 작품의 말미, 작가는 죽은 여자의 몸을 빌려 다음과 같이 말한다. "몸이 사라지면 목소리도, 네 목소리도 사라지겠지. 누가 너를, 어느 목소리가 너를 죽음에서 깨워줄까"(276쪽). 자신 안을 분주하게 떠돌아다니던 목소리를 탐사하던 작가의 귀도 이제 안식을 얻었을까. 몸은 사라졌건만 어느 목소리가 그를 죽음에서 깨워줄까.

5. 여행

5.1. 작업 과정 및 공연사

〈여행〉 역시 〈키스〉처럼 조그마한 워크숍으로 출발하였다. 2005년 3월 상명아트홀 2관에서 짧은 공연을 가진 것이다. 그러나 이 공연은 그 무렵 프랑크푸르트 도서전에 초청할 한국 연극을 찾기 위해 내한한 독일 관계자의 주목을 받으면서 제목 〈여행〉처럼 꽤 긴 여정을 갖게 된다. 그 해 8월 수원 화성국제연극제, 11월 프랑크푸르트 국제도서전, 11월 아르코 소극장, 2006

〈여행〉, 친구의 장례식 후 일행은 관광버스에서 미친 듯 노래 부르며 살아있음을 확인한다.

년 1월에 동숭아트센타에서의 앙콜 공연, 그리고 2006년 5월에는 서울연극제에 참가하였다.

워크숍 이후 5번의 재공연을 다른 공간에서 전개했지만, 그럼에도 초연 당시의 대본이나 연출상의 변화는 없었고 극장 여건이나 경제적 사정에 따른 작은 수정들만 진행되었다고 한다. 오히려 큰 변화는 워크숍 과정에서 작품을 안착시키는 과정에 마련되는데, 이번에도 역시 연출을 맡았던 이성열과의 협력 작업 속에서 원래의 대본이 아니라 일종의 연출 편집본 같은 공연대본이 만들어지게 된다.

> 간단히 말하자면 〈여행〉공연 대본은 일종의 연출 편집본이다. 작가는 맨 처음 A4－20여 쪽의 초고를 쓰고 이후 서너 차례에 걸쳐 수정을 가해 맨 나중엔 45쪽에 이르게 된다. 하지만 이것조차도 완성된 대본이 아니어서, 여러 가지 어려움과 궁리 끝에 본인(연출)이 자르고 붙이고 순서를 뒤집고 해서 26쪽의 공연 대본을 완성 하였다. 하지만 작가는 이에 매우 만족하였고 그 공연대본을 자신의 결정본으

로 인정하였다. 그 후 여행 공연은 그 대본을 기본으로 하여 공연되었고 가을에 나올 윤영선 전집에도 그대로 실릴 것이다.[11]

원래 이 작품은 작가의 실제 경험담에서 출발한다. 초등학교 동창생의 죽음을 매개로 옛 친구들이 장례식장을 다녀왔던 일화, 또 그 과정에서 반추하였던 과거에 대한 자전적 기억들이 작가의 원 대본에 그대로 수록되었다고 한다. 연출을 맡은 이성열은 작품의 원래 구성이나 설정은 그대로 존중하되 작품의 본류와 상관없이 지나치게 자전적인 이야기들은 삭제하거나 재편집하면서 공연대본을 만들었다. 그 과정에서 시간강사 지식인 역할의 태우가 영화감독으로 변경되었고, 장광설에 가까운 태우의 대사는 대부분 삭제되거나 택시 기사인 양훈에게 할당되었으며, 상갓집에서 싸움을 중재하고 코멘트하는 태우의 역할 역시 말없이 지켜보는 시선으로 변경되었다. 또 죽음으로 떠나가는 2장의 기차 장면과 삶으로 귀환하는 5장의 관광버스 장면은 공간의 한계가 주는 정적 에너지를 상쇄하기 위해 장광설의 대화를 상당부분 정리, 원래 분량의 절반 정도로 간추렸다고 한다.

그런데 연출의 이런 변형에 대해 작가인 윤영선은 속편하게(!) 만족하였다는 것이다. 그는 작가로서 불성실한 사람인가. 그럴 것도 같다. 일상에서 필자가 윤영선에 대해 기억하는 대부분의 모습은 술집에서 즐겁게 떠들고 있는 모습이다. 그러니 이런 그의 기질도 한몫 작용하여, 연출가들이 손대지 않아도 될 완벽한 대본을 만들어내지 못했을 수도 있을 것이다. 역시 윤영선과 작업하면서 작가의 텍스트를 상당부분 손댔던 연출가 박상현 역시 유사한 지적을 한다.

---

11 김명화, 앞의 인터뷰.

그 점에 있어서만은 윤영선은 매우 대범하고 통이 컸다. 다른 이의 다른 해석, 다른 창의성을 모두 자기 것으로(?) 담았다. […] 〈G코드의 탈출〉 때 내가 맘대로 칼질을 하고 이 작품과 저 작품을 접붙여도 그는 그저 웃었다.[12]

그러나 그의 기질 이상으로, 윤영선이 추구한 작품의 세계와 유사성을 지니는 방식은 아닌지 생각해 보자. 앞에서 살펴보았듯 그는 자기 안의 다성적인 목소리를 꾸준하게 탐사한 작가다. 그렇다면 작업 방식 역시 다성성을 염두에 두지 않았을까. 때로는 연출가가 때로는 배우들의 즉흥이 개입하고 새로운 의도가 끼어들면서 출발 당시와는 일정부분 다른 양태를 갖게 되는 작업방식, 그것은 그이면서 동시에 순수하게 그가 아니기도 한 해체적 작업방식이면서 동시에 에로틱한 글쓰기의 방식이기도 할 것 같다. 비록 〈나무는 신발가게를 찾아가지 않는다〉의 무체계에 연출이 인물/상황 등 희곡적 형식을 부여했던 것만큼의 적극성은 아니지만, 〈여행〉 역시 상당부분 연출과의 공동 작업이 개입하면서 작가의 자기 반영적인 사담에 가까운 내용은 좀 더 객관적이고 본질적인 이야기로 여과된 채 세상에 나가게 된 것이다.

5.2. 세상의 목소리

〈여행〉 역시 작가의 자전적인 이야기를 담고 있다는 점에서 초기부터 지속되었던 윤영선 희곡의 자기반영성은 일정 부분 유지된 것으로 보인다. 그러나 그럼에도 이 작품에 와서 윤영선의 작품은 달라진다. 공연 프로그램에서 "이제는 세상을 껴안고 싶었다"는 작가의 말처럼, 그동안 내면의 다성적인 목소리에 귀 기울이던 기존의 경향 대신 세상의 목소리, 타자들이 적극

12 김명화, 박상현과의 서면 인터뷰, 2008.5.

적으로 개입하게 된다. 따라서 과거에는 작가 내면의 목소리들이 등장인물로 외형화되었고, 〈키스〉나 〈나무는 신발가게를 찾아가지 않는다〉의 등장인물들이 컨셉이나 관념의 의인화로 보인다면, 〈여행〉에 와서 비로소 살아있는 인간의 목소리가 등장하게 된다. 과거와 현재의 근황과 심리를 부여받은 삶의 목소리들이 조근조근 수다를 떨어대는 것이다.

또 타자와 일상의 상황에 초점을 맞추는 변화 과정 속에서 대사 역시 산문적인 일상어가 중심언어로 부각하게 된다. 이런 변화는 연출가에게도 감지된 듯한데, 연출가는 연출의 한 컨셉으로 일상적 대사의 음악성을 지적하였다.

> 극중에서 인물들은 주로 읊조리듯 자분자분 조심스레 대화를 나눈다. 마치 누가 엿듣기라도 하는 듯. 그 만큼이나 이 세상은 살기가 조심스러운 동네다. 이런 체홉적인 대화 속에 등장하는 인물들은 고단한 일상을 살아가는 후줄근한 한국의 중년 남자들이다. 나는 이들의 허접한 대화 속에 숨결을 불어넣듯 음악적 리듬을 찾으려 하였다.[13]

비록 극사실주의 계열에 속하는 초기작인 〈맨하탄 일번지〉나 〈G코드의 탈출〉에서도 이런 일상성은 나타나는 특성이지만, 그럼에도 초기작이 작가의 내면 목소리에 귀 기울이거나 관념적인 장광설과 시적인 속성을 갖고 있는 것에 비해, 〈여행〉에 오면 작가는 비교적 충실하게 삶의 소리를 듣고 표현한다. 그리고 그가 그토록 혐오했던 인간의 속물성이 담담하게 펼쳐지고 삶의 남루함까지 고졸하게 껴안는 진경이 펼쳐지는 것이다. 작가는 〈여행〉에 와서 속물로서의 자신을 내비치고 그런 세상을 편안히 지켜볼 정도로 편안해진 듯하고, 혹은 싸울 기력을 상실한 채 담담한 관찰자

---

13 김명화, 이성열과의 앞의 인터뷰.

가 된 듯하다.

이 작품은 제목 〈여행〉이 암시하듯 죽음으로의 짧은 여행기다. 초등학교 동창생들이 친구의 부고를 듣고 다녀오는 여행기가 작품의 중심축이며, 총 6장으로 구성된 작품의 얼개는 서울역이라는 삶의 터전에서 출발해서 장지인 창원을 다녀오는 식으로 구성되며 다시 서울의 터미널이라는 삶의 공간으로 돌아오는 출발－도착－출발의 원환적 구조를 취하고 있다. 천상병의 시 〈소풍〉처럼 죽음을 조망하는 거시적 관점에서 볼 때, 인간들은 모두 죽음으로 귀가하기 이전에 지상에서 짧은 여행을 치루고 있는 중인지도 모르겠다.

그런데 '죽음'이라는 인간의 본질적인 화두를 다루는 작가의 글쓰기의 전략이 흥미롭다. 과거처럼 죽음을 심각하거나 철학적으로 사유하는 것도 아니고 성스럽게 다루지도 않는다. 그런 죽음은 오히려 뒷전으로 물러나고 익살스러운 삶이 계속 치근덕거린다. 죽음으로 가는 여정에 살아있는 사람들의 욕지거리와 소소한 분쟁이 끼어들고 계속해서 술을 마셔대고 주정하는 해프닝, 그리고 지나다니는 여자와 상주까지 막론하고 여자에 대한 속물적인 이야기들이 끼어드는 것이다. 계속해서 그려지는 그런 상황들은 죽음에 삶이 계속 끼어드는 형국으로도 보이고, 혹은 삶으로 끼어드는 죽음의 충격을 완화하기 위한 투정어린 목소리의 배열로도 보인다.

이런 삶의 투정 속에서 작가는 또 삶의 불명료함을 의도적으로 삽입하였다. 말하자면 쉽게 규정할 수 없는 삶의 혼란이나 경계의 불투명함이 작품 전반에 포진되어 있고, 그것은 삶과 죽음의 명확한 구분에 미세한 균열을 일으키는 장치들이다. 때로 그 균열은 자신들이 가는 상갓집이 어딘지 명확하게 모르는 사소한 혼란에서부터,

태우 : 근데 창원이 세 개네.

상수 : 창원이 세 개라니?

태우 : 창원이 있고 그 다음 역이 신창원.

양훈 : 아, 왜 신창원이 거기 가 있냐. (웃음)

태우 : 다음이 남창원역이고.

대철 ; 우린 그냥 남창원역에서 내리는 거겠지?

만식 : 응

상수 : 분명한 거야?

만식 : 맞겠지 뭐. (유고희곡집 372쪽)

과거에 대한 저마다의 다른 기억과 해석이 떠들썩하게 나타나기도 한다. 심지어 한 때 바람피운 여자가 여우인지 귀신인지 알 수 없는 홀림의 존재로 표현되기도 하고, 죽은 친구의 동생이 누가 누구인지 알아볼 수 없는 쌍둥이였다는 설정으로 계속 변주되더니, 급기야 과거에 죽은 줄 알았던 또 한 명의 친구 기택이가 상갓집에 나타나는 설정으로 확장된다. 그러니 삶에서 확실한 것은 도대체 무엇일까. 죽음조차도 과연 확실하단 말인가. 능청스럽고 지분거리는 일상의 목소리로 죽음을 관조하는 〈여행〉에서 윤영선은 삶과 죽음으로 명확하게 구분할 수 없는 모호한 경계지대, 현존과 부재의 구분을 조금씩 침식하는 상황을 또한 만들어 넣고 있다.

6. 나오며

윤영선은 상당부분 자기 반영적인 작가이다. 그런 점에서 외부세계를 대상 삼아 관찰하고 만들었던 극작방식을 대부분 유지한 기존의 한국 희곡과는 다른 위치를 갖는다. 대신 작가는 자기 자신의 내면을 탐사하거나 외부 세계 대신 그 세계를 지켜보는 자기 자신을 관찰하였고, 자기 안에 유령처럼 떠도는 다양한 목소리들을 작품으로 끌어내기 위해 사력을 다했다. 심지어 비교적 외부 세계의 목소리에 귀 기울였던 후기작 〈여행〉에서 조차, 자신의 자전적인 경험담과 구체적인 일화와 추억을 끌어들인 점에서 자기반영성으로 분류할 수 있을 것이다. 그런데 이런 자기반영성은 윤영선의 작품 안에서 목소리의 강조로 나타나며, 그것도 투명하고 유일한 로고스적 목소리가 아닌 다성성, 이질적인 목소리들의 충돌과 혼재로 나타난다. 특히나 그 목소리들은 외부 세계에서 내부로 침투한 목소리이기도 하다는 점에서, 윤영선의 자기반영성은 자기만의 고유함을 표현하려는 의도가 아니라 자기 안에 혼재된 자기 밖의 요소들과의 충돌 혹은 자기를 구성하는 세계에 대한 관찰을 겨냥한 대단히 개방적인 자기반영성이라고 할 수 있겠다.

연결해서 윤영선의 작품에서 또 한 가지 주목할 점은 연극 만들기의 방식에 있어서 작가의 고유함을 상당부분 부정하고, 연출가나 외부의 개입을 적극적으로 허용하는 개방된 글쓰기를 시도하였다는 점이다. 그것이 작가의 원래 숨은 의도인지, 의기투합할만한 동료들과의 관계 속에서 자연스럽게 얻은 수확인지는 확실치 않다. 다만 확실한 것은 전통적 글쓰기의 그릇에 잘 담기지 않는 그의 작품이—보기에 따라 불안정하고 미완성된 작품으로 보이는—, 제작진과의 열린 작업방식으로 나아갔고 초고와 다른 공연대본을 낳았으며, 윤영선이라는 작가는 골방에서 혼자 쓴 글보다는 함께 만든 그 공연대본을 더 사랑하였다는 점이다. 자기 안의 다성적인 목소리에 대한 관찰이 윤영선 희곡의 주제라면, 외부 제작진의 다성적인 목소리를 경청하고 수렴하는 것이 윤영선 희곡이 공연되는 방식이라고도 볼 수 있는 것이다. 비단 이런 작업방식은 윤영선의 고유한 개성이기만 한 것이 아니라, 종합예술이면서도 작업의 위계나 역할이 명료하게 분리된 채 진행되는 한국연극의 제작 방식에 새로운 가능성을 제시해 준다는 점에서 나름의 의의를 가질 것이다.

이런 맥락에서 목소리에 대한 데리다의 사고를 잠시 환기할 필요가 있겠다. 데리다의 해체철학은 기본적으로 로고스중심주의이며 음성중심주의(Phonocenturism)라는 서구 형이상학에 대한 부정으로 특징지어진다. 이차적이고 생명 없는 글의 속성과 달리 목소리는 자기 현시적이고 살아있는 말의 근원으로서 진리와 신뢰성의 은유가 되었고, 서구의 형이상학에서 특권의 위치를 차지해 왔다. 그에 비해 서구의 형이상학적 전통에서 글쓰기는 인격이 현존하지 않는 매체로 즉각적인 의미의 깨달음을 경험할 수 없는 소외된 글쓰기, 목소리에 비해 하급으로 분류된다.

발화를 전제로 한 글쓰기를 한다는 점에서, 희곡은 운명적으로 목소리를 염두에 둔 글쓰기라고 할 수 있다. 그러나 윤영선이 강조했던 목소리는 단수가 아니라 복수다. 그는 서구 형이상학이 표방하는 음성 중심주의, 하나의 단일한 목소리의 현존이나 그것을 유지하는 정밀한 구조를 거부한다. 대신에 부유하며 충돌하는 이질적이며 다성적인 목소리를 배열하고, 중심이나 구조가 없는 희곡과 연극 만들기를 꿈꾸었으며, 결과적으로 음성 중심주의의 토대인 위계와 구분을 철폐하고 공연 속에 희곡이 완성되는 과정을 지향한 것으로 보인다.

참고문헌

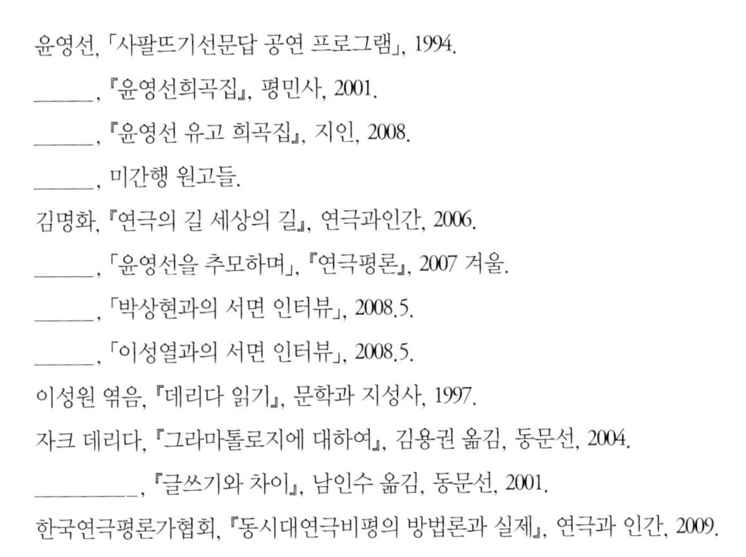

윤영선, 「사팔뜨기선문답 공연 프로그램」, 1994.

______, 『윤영선희곡집』, 평민사, 2001.

______, 『윤영선 유고 희곡집』, 지인, 2008.

______, 미간행 원고들.

김명화, 『연극의 길 세상의 길』, 연극과인간, 2006.

______, 「윤영선을 추모하며」, 『연극평론』, 2007 겨울.

______, 「박상현과의 서면 인터뷰」, 2008.5.

______, 「이성열과의 서면 인터뷰」, 2008.5.

이성원 엮음, 『데리다 읽기』, 문학과 지성사, 1997.

자크 데리다, 『그라마톨로지에 대하여』, 김용권 옮김, 동문선, 2004.

__________, 『글쓰기와 차이』, 남인수 옮김, 동문선, 2001.

한국연극평론가협회, 『동시대연극비평의 방법론과 실제』, 연극과 인간, 2009.

〈경숙이, 경숙 아버지〉를 통해 본 박근형의 연극미학

— 창의적인 극작 방식을 중심으로

김길수

1. 들어가며 – 박근형 연극의 새로움

박근형 연극에는 새로움이 있다. 언어가 살아 있다. 극적 반전의 맛이 있다. 일상의 소재를 색다르게 빚어가는 힘이 있다. 거친 질감의 언어가 현장감을 자아낸다. 파편 투성이 어법, 뒷골목 현장 언어가 생명력을 발한다. 역설 어법은 거리감 유도뿐만 아니라 놀이성 고양으로 이어진다. 뒷골목으로 숨겨 두어야 할 정서 언어가 가감 없이 쏟아져 나온다. 박근형 우화는 희극성을 자아내면서 사유극의 품격을 자아낸다. 이상한 가족 풍경은 기이한 형태로 발전하면서 섬뜩한 희비극 효과를 자아낸다. 기존 굳어버린 가부장 문화, 이를 새로운 시선으로 조망하여 희화시켜 나가는 전략, 이를 탐색함은 이 작품의 알레고리 미학을 규명하는 것과 그 궤적을 같이 한다. 박근형이 빚은 대사는 교육기관에서 배운 세련된 화술 언어와는 거리가 멀다. 정제된 문어 대신 평범한 일상 언어가 주종을 이룬다. 술집, 다방, 단칸방, 선착장, 서민들의 화투 놀이 현장 등 비루한 삶의 현장이 가감 없이 드러난다.[1] 박근형은 연극 연습 과정에서 배우의 자연스런 어투와 포즈를 존중한다. 이를 위해 그의 공연 대본은 최종 무대에 올라가기 전까지 계속 수정된다.

박근형 작품에선 희한하고 이례적인 가족 풍경이 주요 이슈로 등장한다. 〈쥐〉, 〈너무 놀라지 마라〉에선 근친상간이나 불륜 행동 이슈가 자주 등장한다. 형은 형수의 불륜을 모르는 척한다. 〈백무동에서〉와 〈쥐〉에선 남자들이 임신한다. 가족 모두가 사람을 잡아 죽인 뒤 그 인육을 먹는다. 이는 부조리하고 엽기적이다. 기존 가족 관습이 요구하는 기본 코드는 철저히 파괴된다.

〈경숙이, 경숙 아버지〉는 아버지 부재로 인해 발생한 새 가족 변천사다. 아버지의 부재로 인해 희귀한 광경이 이어진다. 역설 행동이 펼쳐진다. 역설 행동은 놀이에 가깝다. 역설 행동은 부조리를 낳고 부조리는 '왜 저럴까' 하는 사유를 유도한다. 〈대대손손〉에서도 아버지, 할아버지의 혈통은 모두가 가짜다. 엉터리 아버지, 엉터리 조부, 비루한 혈통의 조모가 등장한다. 그런데 그들은 일제히 제삿날에 모인다. 그들은 진짜 혈통처럼 행세한다. 이상한 가족 풍경, 말도 안 되는 역설 그림이 펼쳐진다. 그 괴이한 풍경은 우스꽝스럽다. 쓴 웃음이 유발된다. 냉소와 야유가 유발된다. 섬뜩한 희비극성이 야기된다. 인물들은 놀이 광대 같다. 섬뜩함은 거리감을 유도한다. 박근형의 우화는 옛날이야기가 아니다. 지금 이곳의 일상 안에서 우화가 잉태된다. 일상을 우화로 절묘하게 변용시켜나간다. 박근형의 탐색 화두는 이상한 가족 이야기다.[2] 가족이란 틀을 거부하고 조롱하는 자, 이런

---

1 박근형은 사회부 기자가 되는 게 꿈이다. 그러나 그는 그 대신 골목길의 삶을 무대로 옮기는 일에 전력투구를 다했다.

2 김남석은 이를 '이상한 가족 풍경'이라 명명한다(김남석, 「한국연극의 새로운 기대, 박근형」, 『빛의 유적』, 연극과 인간, 2008, 88~94쪽 참조).

이단아 가장을 둔 가족 이야기, 박근형은 이를 그 특유의 희극 코드로, 더 나아가 패러디 코드로 펼쳐 보인다. 일상과 일탈이 맞물리면서 틈새와 괴리가 노출된다. 엉뚱하고 황당한 행동을 통해 희극성이 우러나온다.

황당함은 부조리 내지 그로테스크 색조로 변조된다. 거리두기 관극 정서가 발생한다. 심한 이질감이 증폭된다. 여기에 비유 코드가 가세한다. 관객은 비유 의미를 알아차리기 위해 능동적 성찰 자세를 취하기 시작한다. 이런 박근형 특유의 극 창작 설계 미학을 구체적인 작품 분석을 통해 규명해 보기로 한다.

2. 박근형 우화와 놀이적 상상력

2.1. 우화와 실소의 희극 전략

〈경숙이, 경숙 아버지〉는 한편의 우화다. 앞뒤가 맞지 않는 우스꽝스런 이야기다. 황당한 소재의 연속이다. 일상 행동이 일탈 행동과 자연스레 뒤섞인다.[3] 희한하고 비상식적인 행동이 자연스런 가족 일상으로 변용되어 나타난다. 이는 실소를 자아낸다. 작품 분석을 통해 그 심미성이 우러나오는 과정을 살펴보기로 하자.

아베라는 인물은 가장의 책무를 배반한다. 그는 이를 당연하게 여긴다. 그의 행동은 황당하고 어처구니가 없다. 앞뒤가 맞지 않는 행동은 실소를 자아낸다.

전쟁 발발로 모두가 살 길을 찾아 급히 떠난다. 모두들 불안해한다. 피

3 이용은, 「박근형의 〈경숙이, 경숙 아버지〉 그로테스크한 극적 효과」, 『공연과 리뷰』, 2006년 가을호, 현대미학사, 138~142쪽 참조.

〈경숙이, 경숙 아버지〉. 아베의 철부지 행동은 예측 불허의 순간 터져나옴으로써 놀이성을 증폭시킨다.

난 준비를 하느라 정신없다. 갑자기 어이없는 유아 행동이 설정된다. 아베는 무언가를 급히 찾는다. 피난 준비물이라 관객은 여긴다. 그러나 전혀 그렇지 않다. 장구채다. 전쟁과 피난이란 급박한 상황임에도 아베는 전혀 다른 생각을 하고 있다. 장구채를 찾아내라며 그는 아내를 다그친다. 주먹밥 이외에 고등어까지 준비해오라 그는 아내를 닦달 한다. 아내와 어린 딸을 돌보아야 할 자가 자신의 직무를 배반한다. 그는 속없는 철부지 아이 행동을 한다. 그의 행동은 상식에서 벗어난다. 그의 행동은 모순 그 자체다. 문제는 이게 예측 불허의 순간 터져 나옴에 있다. 따라서 실소의 강도는 강하다.

아내와 어린 딸이 피난을 준비한다. 그들 역시 아베를 따라 피난갈 것으로 기대한다. 그러나 이런 기대는 송두리째 무너진다.

> 경숙 : 어디로 갈 겁니꺼 아베?
>
> 아베 : 내 아나.

어메 : 경숙아, 어디 간들 우리 세 식구 굶기야 하겠나? 어여 서두르자! 니 어메 손 놓치며 안 된다. 꽉 잡아라. 가입시다 경숙 아버지?

경숙 : (이것저것 물건을 챙기며) 아베요, 우리 더 필요한 거 있으면 지금 말하이소?

아베 : 어딜 가나 니들? 그라고 니 지금 우리라 그랬나?

경숙 : 하모요

어메 : 경숙 아베! 일단 낙동강을 건너야 하겠지예? 그라고 이모네로 가든 어데든 살길을 찾아봐야 겠지예.

아베 : 미칫나. 내가 니 이모네를 모한다고 가나. 그라고 지금 니들 모하고 있노? 시방 니들 와 옷을 입고 지랄하노?

경숙 : 아부지! 난리가 났는데 우덜도 짐 들고 피난 가야제.

아베 : 이년들이 돌았나? 니들 지금 옷 안 벗고 뭐하노? 빨리 옷 안 벗나? 짐 안내려 놓고?[4]

급히 옷을 입으며 따라나서려는 가족들, 갑자기 예측 불허의 반응이 터져나온다. 아베는 갑자기 아내와 딸을 질타한다. 그는 딸과 아내를 향해 모욕과 힐난을 쏟아낸다. "이년들이 돌았나? 니들 지금 옷 안 벗고 뭐하노? 빨리 옷 안 벗나? 짐 안내려 놓고?" 가장 중요한 상황에서, 가장 결정적인 순간에 아베는 자신의 책무를 배반한다. '지랄하고 돌아버린 자', 그 자는 아내와 딸이 아니다. 아베다. 비난 받아야 할 자는 당연히 아베다. 이 집안, 그리고 집을 지켜야 할 자, 그 자 역시 아베다. 그런데 역할이 거꾸로 바뀌어 있다. 그는 이를 당연하다고 여긴다. 그는 아무런 양심의 가책도 느끼지 않는다. 비난 받아야 할 자가 비난과 힐난을 서슴치 않는다. 어이없고 황당한 희극 정서가 터져 나온다.

---

4 박근형, 〈경숙이, 경숙 아버지〉, 『한국연극』 2006년 10월호(통권 363호), 한국연극협회, 2006, 125쪽. 앞으로 텍스트 인용은 쪽수만을 표기하기로 한다.

아베의 행동은 철부지 행동으로 변조된다. "깝깝한 년! 니 시간 없는데 자꾸 와이라노? 니는 어메가 옆에 안 있나? 너희는 둘! 내는 쏠로! 진정 외로운 사람은 내다!" 가족을 책임져야 할 자가 외롭다고 난리다. 그는 거꾸로 보호와 부양을 원하고 있다. 예측 불허의 순간 기대치를 배반시켜 나가는 전략, 이는 박근형의 전형적 희극 전략이다.

이는 '아베의 귀환' 장면에서도 반복되어 나타난다.

> 아베 : 참 고생 많았다. 3년 동안 폭격도 피하고 장하다, 잘했다. 용하다! 너희 모녀가 이 집 구했다!
>
> (126쪽)

전쟁이 끝난 이후 아베가 돌아온다. 재회의 감동에 젖어 모두가 눈물을 주체 못한다. 숱한 고초를 겪었던 아내와 딸이 울먹거린다. 아베는 그들을 위로한다. 아베는 거제도 포로수용소에서 풀려나왔다. "참 고생 많았다". "장하다, 잘했다. 용하다! 너희 모녀가 이 집 구했다!" 가족 모두, 철든 아베를 기대해 본다.

> 아베 : 내 할 일이 좀 있다. 꿈을 찾아 꿈 펼치러 간다.
>
> 어메 : 경숙 아버지 꿈은 우리랑 집에서 같이 펼치면 안 됩니까?
>
> 아베 : 깝깝한 년!
>
> 어메 : 언제 오는 데예?
>
> 아베 : 짬나면 가끔 들릴 끼다. 형님 천천히 둘러보고, 잘 좀 돌봐주세요. 앞으로 내 대신 이 형님이 집안일 도울 끼다. (집문서 준다) 이람 계산 다 끝났지요? 내 간다.
>
> 경숙 : 아베요
>
> 어메 : 경숙 아부지! 가긴 어딜가예
>
> 아베 : 형님 그라믄 부탁합니더!

〈경숙이, 경숙 아버지〉. 자해 소동이 성령 임재로 바뀌는 만화적 상상 코드는 박근형 일상 우화의 새로움이다.

어메 : 경숙 아버지 외간남자만 두고 가면 어이 하는교?
아베 : 남자는 다 똑같은 기다.
어메 : 경숙 아버지! 경숙 아버지! (아베를 붙잡으며 따라 나간다.)
경숙 : (울며) 아부지! 아부지!
꺽꺽 : 흠, 경숙이라 했나? 니 이거 묵으라. (건빵을 꺼내 하나 먹고 경숙에게 준다.)
경숙 : (먹으며) 아부지! (울먹) 아부지!
(126쪽)

가족을 위로하는 행동, 포로 수용소에서의 고초 상황 보고, 존경하는 인물 꺽꺽과의 동행, 반성하는 듯한 행동, 이는 가장 책무 정서를 충분히 할 것으로 기대하게 만드는 극함수들이다. 기대치가 고조된다. 이에 감격하고 반응하는 가족들, 이들의 기대치가 최고조 지점으로 부풀어 오른 지점에서 뒤집기가 시도된다. 상상하기 힘든 행동이 이어진다. 외간 남자 '꺽꺽'을 끌어들인다. 그로 하여금 대타 가장 노릇하게 한다는 발상, 이를 거부하는 아내와 딸, 한동안의 실랑이가 벌어진다. 그러나 아베의 대답은 가관이다. "남자는 다 똑같은 기다." "형님 천천히 돌아보고 잘 좀 돌봐 주세요. 이람 계산 다 끝났지요?" 아베에게 가족은 마치 흥정 대상이 되어 있다. 이는 앞뒤가 맞지 않는 이야기, 이는 우화에 가깝다. 이런 우화적 발상은 〈너무 놀라지 마라〉, 〈대대손손〉, 〈쥐〉 등을 통해 자주 반복되어 나타난다. 문제는 이런 발상이 예측 불허의 순간 터져나옴에 있다. 우화 설정, 뒤집기 방식, 이를 통해 희극성은 무한대로 증폭되어 나타난다.

우화 색조의 이야기는 만화적 상상 색조로 변화, 확장된다. 어메의 자살 소동 장면에서 성령 예수의 등장 상황은 만화에서나 가능한 발상이다.

> 어메 : (칼을 뽑으며) 내가 파자마 때문에 온 게 아이다. 니 이 칼이 뭔지 아나? 이게 우리 신랑 젤 좋아하는 고등어 배 딸 때 쓰는 칼이다. 니가 우리 신랑 배신하믄 여서 내배도 따고 니 배도 따고 내는 여기서 확 죽어 뿔 기다. 니 년이 우리 신랑 버리면 내는 죽는다.
> (132쪽)

남편을 배신한 첩을 칼로 협박한다는 발상, 황당한 발상이다. 칼로 자해 소동을 벌이는 극단의 상황, 허황된 행동, 앞뒤가 맞지 않는 이야기다. 코미디 만화에서나 가능한 발상이다.

만화 코드의 이야기는 계속 이어진다. 누군가가 설움을 달래기 위해 노래 부른다. 노래는 어느 순간 찬송가로 변모한다. 찬송가를 부르는 도중 기적이 일어난다. 갑자기 예수가 등장한다. 성령 임재와 더불어 상상도 못할 기적이 발생한다.

어메 : 아버지!

자야 : 아버지! 성님요 내 잘못했십니더!

어메 : 동새!

함께 : 주여!

아베 : 느그들 지금 와 이러나? 자야! 자야! 시방 니 와 그라나? 경숙 어메! 니 와이라노? 경숙아!
아베 말 안 들리나? 느그들 왜 나만 놔두고 느그들 뭐하노? 자야! 이년들이 돌았나? 에잇, 이 아편쟁이 같은 년들아!
(132쪽)

상대를 향한 응징 의도로 벌였던 자해 소동이 정반대 상황으로 뒤바뀐다. 성령 임재와 더불어 놀라운 언어가 쏟아진다. "아버지!". 하늘 아버지를 향한 부르짖음이다. 이 언어는 어메 한 사람만 그치지 않고 첩 자야로 그리고 모두에게 전이, 확장된다. "아버지! 성님요 내 잘못했십니더!" "동새", 가족들 모두 성령 충만한 나머지 "주여!" 외친다. 아베가 놀란다. "느그들 지금 와 이러나? 자야! 자야! 시방 니 와그라나? 경숙어메! 니 와이라노? 경숙아! 니 아베 말 안 들리나? 느그들 왜 나만 놔두고 느그들 뭐하노? 자야!", 그가 아무리 만류하여도 모두가 반응하지 않는다. "이년들이 돌았나? 에잇, 이 아편쟁이 같은 년들아!", 욕설이 터진다. 그렇지만 아베의 욕설은 아무런 반향을 얻어내지 못한다. 뻔뻔한 자, 미운 짓만 골라하던 자가 낭패를 당한다. 그가 완전히 무너진다. 관객은 시원한 우월 쾌감을 주체 못한다.

만화에서 가능한 이야기다. 이게 예측 불허의 뒤집기 전략과 맞물린다. 이는 박근형 우화의 기본 희극 전략이다.[5] 자해 소동이 성령 임재로 바뀌는

5 전지전능한 아베의 등퇴장 행동 역시 만화적 상상의 한 소산이다. 아베는 몰래 떠난 가족들을 아무런 어려움 없이 찾아낸다. 오랫동안 집밖을 떠돌면서도 딸의 졸업식 일정을 정확히 알고 찾아온다. 그의 행동에는 그 어떤 논리나 인과성이 적용되지 않는다.

만화적 상상 코드는 박근형 일상 우화의 새로움이라 할 수 있다.

2.2. 부조리 행동의 반복과 알레고리 전략

이 작품에선 모순과 실수 그리고 비논리 행동이 반복되어 나타난다. 부조리 행동이 우화 형식으로 변조된다. 부조리 우화 이면에 숨겨진 의미, 이를 성찰케 하려는 알레고리가 빛을 발한다.

이 작품엔 전체적으로 모순과 역설투성이의 상황이 반복, 변조된다. 구체적으로 기이하고 괴상한 가족 풍경이 선을 보인다.[6] 외간 남자 '꺽꺽'이 대타 아베 노릇을 한다. 경숙과 어메 역시 그가 진짜 아베였으면 한다. 더 나아가 진짜 아베가 오지 않기를 바란다. 모순 투성이의 행동, 부조리로 가득한 행동이다.

어메가 꺽꺽의 씨를 임신했다. 아베는 이를 알아차리고 한약을 지어온다. 다른 남정네의 씨를 위해, 가장 노릇, 아베 노릇을 하기 위해 한약을 지어 온다는 발상, 대단한 부조리다. 대단한 모순이다. 어메와 두 아베의 동거, 이 역시 부조리하다. 역설이다.

> 꺽꺽 : 흠흠… 남녀가… 한집에… 눈길이… 흠… 스치고… 흠… 살이 닿고… 흠… 어… 미안타.
> 아베 : 괘안습니더. 형님. 우리 사이에 괘 안아요.
> 어메 : (흐느끼며) 경숙아부지!
> 아베 : 됐어, 됐다. 괘안타 괘안타.

---

6 백현미, 「일상적이되 일탈적인, 불온하되 의뭉스러운－박근형 연극에 대한 짧은 독해」, 『한국희곡의 지평』, 연극과 인간, 2003, 291~305쪽. 참조 : "박근형 연극은 '이상한 나라'이다. 이상한 가족의 기괴한 관계, 때 절은 남루한 소품 몇 개, 사소한 감정들을 오래 전에 잃어버린 듯 표현하는 배우들이 있을 뿐이다. 그래서 그의 연극은 불편하고 놀랍다").

꺽꺽 : 흠… 경숙이 방이 좁아가 불편할 긴데… 안방으로 가야하지 않겠나?
아베 : 아 여 편합니더. 내 신경 쓰지 마세요. 형님, 경숙이 너 괘안치?
(127쪽)

문제를 제기하라. 관심과 흥미를 유발시켜라. 어메의 임신, 갑자기 들이닥친 아베, 저녁이 되자 누군가가 안방으로 들어가야 한다. 혼란스런 상황이다. 안방으로 들어가야 할 자는 누구일까. 진짜 아베인가, 대타 아베인가. 혼돈과 그로테스크함이 연출된다.[7]

부조리와 모순은 반어와 역설 행동을 유발시킨다. 미안해하는 꺽꺽, 흐느끼며 어찌할 바를 모르는 어메, 모두가 아베의 반응에 긴장하며 주눅 들어있다. "괘안습니더. 형님. 우리 사이에 괘 안아요". "괘안타, 괘안타". "아, 여 편합니더", "경숙이 너 괘안치?" 정말 괜찮은 걸까. 편안한 걸까. 그렇지 않다. 완전한 반어다. 아베의 언어 이면에 시한폭탄이 감추어져 있다. 폭탄은 언제 터질지 모른다. 모두가 전전긍긍해 한다. 한 여자와 두 남편, 경숙이와 두 아버지, 정말 기이하고 희안한 풍경이다.

이런 비정상적인 가족 상황은 또 다시 반복, 변조되어 나타난다. 아베는 예고도 없이 첩을 데리고 들어온다. 첩 자야는 겨우 경숙과 너댓살 위다. 첩이 새 어메 노릇을 하겠다 한다. 가짜 어메가 진짜 노릇을 하겠다 한다. 경숙은 두 명의 어메와 두명의 아베가 함께 살아가야 한다. 대단한 부조리다. 정말 웃기는 이야기, 기가 막힌 상황이다.

아베 : 답답한 가스나. 이리 온나 퍼뜩 안 오나? (경숙이 아베에게 다가간다)
내 장손 아니가. 장손의 대를 이을 씨가 나왔으이 당연히 니 새 엄니가

---

7 이용은, 「박근형의 〈경숙이, 경숙 아버지〉 그로테스크한 극적 효과」, 『공연과 리뷰』 2006년 가을호, 현대미학사, 138~142쪽 참조.

젖 멕여 키워야 할 거 아이가. 여서 우리랑 같이

경숙 : 여서요?

아베 : 그람 내가 내 자슥 놓고 딴 데가 사나? (발로 차려 한다.)

자야 : 그라이 우리 둘하고 네 어메하고 네 아베 그토록 애타게 그리워하는 둘째 나올 때 까지 함 오순도순 잘 지내보자. 도 아니면 모 운명 아이가? 여보야 덥다!

(130쪽)

어메의 뱃속에 들어있는 꺽꺽이의 씨, 가짜의 혈통이다. 그런데 가짜 어메가 그 아기를 진짜 혈통 아기처럼 키우겠다 한다. 첩으로 하여금 가짜 혈통 아기를 키우게 함으로써 장손 책무를 다할 수 있다는 아베의 생각 역시 황당하다. 말도 되지 않는 역설이다.

혈통 문화, 장손 문화라는 굳어버린 인습, 작가는 이를 새롭게 비틀려 희화시켜 나간다. 문제된 기존 혈통 관습, 작가는 아베라는 인물을 통해 이를 철저히 비꼰다. 절묘한 패러디극의 묘미가 우러나온다.

성령 충만 사건 이후 새 가족풍경이 펼쳐진다. 꺽꺽은 대타 아베 역할을 하다가 이제 삼촌이 되어 있다. 자야는 대타 어메 노릇을 하다가 이모가 되어 있다. 경숙의 위급한 출산 상황으로 인해 이들은 진짜 가족처럼 불안해 하고 고통스런 반응 행동을 한다.

꺽꺽이 삼촌 들어온다.

꺽꺽 : 험

어메, 자야, 사위 : 삼촌 오셨는교?

꺽꺽 : 뭐가 우에 됐는데?

사위 : 경숙이가 수술하러 들어갔습니더.

꺽꺽 : 그럼 아는 우에 됐는데?

사위 : 가망 없다고 합니더.

꺽꺽 : 이지경이 될 때까지 니들 뭐했나? 답답한 것들. 영대 병언 전화해봐라! (124쪽)

위급한 상황으로 내몰린 경숙의 출산, 이 소식을 듣고 급히 달려온 자는 아베가 아니다. 꺽꺽과 자야다. 이들 가짜가 '삼촌', '이모'라 불리우며 친가족처럼 행세한다. '놀람', '걱정', '불안' 정서를 드러내는 꺽꺽, 그는 완전한 이 집안의 보호자로 변신해 있다. 기이하고 부조리한 가족 풍경이다. 연극평론가 김남석은 이상한 가족 풍경을 통해 관습의 변화, 지금 우리시대 새로운 가족 패러다임에 대한 해부라고 지적한다. 기존 가족 관습의 관점에서 볼 때 이질감, 거리감이 발생한다. '실수의 축적은 진정한 영향을 미친다.' 브레히트의 말이다. 그렇다. 실수투성이, 황당한 이야기의 반복, 변조 전략, 이는 거리감 유발과 더불어 능동적 사유를 유도하여 준다. 관객은 문제 이슈를 객관화하여 성찰하기 시작한다.

아베의 일탈 행동은 부조리 그 자체다. 그의 철부지 행각은 조롱과 비웃음을 유발시킨다. 관객은 문제아 아베의 비정상적 행동을 마주하면서 거리감을 느낀다.

아베의 부조리 행동을 정리하여 보자. 꺽꺽을 대타로 세우는 행동, 대타의 씨를 임신한 아내에게 한약을 지어주는 행동, 대타의 씨를 키울 요량으로 첩을 데려오는 행동, 산통을 호소하는 아내 앞에서 첩과 춤판을 벌이는 행동, 이는 역설이고 모순이다. 이는 대단한 부조리요 황당함 그 자체다.

아베 : (노래 부른다) 눈보라가 휘날리는 바람찬 흥남부두에 목을 놓아 불러봤다.

아버지의 노랫소리와 자야의 장단 흥겹다. 이때 어메 만삭의 몸으로 등장한다. 아버지의 가락은 더욱 흥겨워지며 춤까지 추는 남녀. 어메 바구니를 떨어뜨리며 진통이 시작된다.

꺽꺽 : 경숙아, 경숙아 너 어메 아 나올라 칸다.

자야 : 경숙이 어데 가노?

아베 : 꺽꺽이 형님 아베 됐네예. 보기 좋습니다.

꺽꺽 : 우리 여 있는 줄 우에 알았노?

아베 : 나 귀신 아입니까?

아베와 자야는 노래를 계속 부르고 어메는 산통을 한다. (130~131쪽)

아베의 행동은 앞뒤가 맞지 않는 역설 언행과 모순 투성이이다. "꺽꺽이 형님 아베 됐네 예. 보기 좋습니다". 춤추는 자, 신명난 모습, 과연 진정으로 신명난 것일까. 그렇지 않다. 가학과 모욕의 의도가 숨겨져 있다. 우화에서나 가능한 행동이다. 박근형의 부조리 놀이는 비틀린 가족제도에 대한 비판적 알레고리다.

부조리 행동의 반복, 관객은 거리를 두고 이를 성찰하기 시작한다. 저게 시사하는 바는 무얼까. '우리는 형식적인 아버지 노릇만 하면서 진짜 아버지 노릇을 하고 있다고 착각하는 것은 아닌가'. 장손 중심의 비틀린 가족제도에 대한 비판, 그리고 능동적 사유가 시작된다.

이는 박근형의 다른 작품에서도 일관되게 나타난다. 〈너무 놀라지 마라〉에서도 형이란 자는 형수의 불륜을 모르는 척 한다. 〈쥐〉에서도 남매간의 근친상간이 벌어진다. 가족 모두 모르는 척 한다. 〈대대손손〉에서도 마찬가지다. 〈선착장에서〉도 김사장은 아내 황마담의 뱃속 씨가 누구의 것인지, 별 신경을 쓰지 않는다. 그 역시 아내의 불륜을 모르는 척 한다. 〈백무동〉에선 시아버지라는 자가 병원 간호사와 그 짓을 벌인다. 병원장인 남편이 면접 보러온 예비 간호사를 건드린다. 그럼에도 아내는 모르는 척 한다. 시아버지란 자가 여자처럼 임신한다. 시골 영감들이 노랑제비 알을 지키기 위해 총을 든다. 뱃속 아기 양육에 좋다며 그들은 노랑제비 알을 프라이팬에 구워 먹는다.

비정상적인 가족 관계, 비현실적인 행동이 무대화된다. 의도적인 문법 파괴 전략이다. 관객은 혼란스럽다. 이질감, 거리감이 발생한다.

장손 중심의 비틀린 기존 가족 제도, 그게 삶의 본질은 담아내고 있는가. 이런 물음을 안고 그들은 공연장 문을 열고 나간다. 극복 대안은 무얼까. 공연이 끝나면서 문제 해결을 향한 철학적 사유가 시작된다.[8] 부조리 행동 이면에 숨겨진 의미를 발견하고 사유하게 하려는 전략, 이게 박근형 알레고리 극의 매력이라 할 수 있다.

2.3. 추리와 긴박 코드 그리고 놀이적 상상력

박근형 연극의 매력은 서사 속에 놀이가 배어 있고 긴장 및 복선 전략에 사유와 추리가 맞물려 나타남에 있다.

박근형의 연극 작법은 시간, 장소, 사건 진행의 통일성을 중시하는 아리스토텔레스의 삼통일 문법에서 비켜가 있다. 숨은 이야기의 현재화를 중시하는 분석 드라마 문법과도 거리가 있다. 동정과 연민 유발을 향한 몰입극 구도 역시 그의 연극과 거리가 있다. 〈경숙이, 경숙 아버지〉는 회상으로 시작하여 상상으로 마무리된다. 동시에 각 장면은 옴니버스 구조로 연결되어 있다. 거의 매 장면마다 펼쳐지는 사건은 불안 내지 불균형 형태로 마무리된다. 궁금증 내지 기대감이 유발되지만 다음 장면에서 사건은 과감한 건너뛰기 형태로 전개된다.

여기서 특히 눈여겨 볼 점으로 긴박감이 고조되다가 갑자기 와해되는 구도를 들 수 있다. 문제 이슈는 갑자기 실종된다. 문제는 복선 형태의 추

---

8 김남석, 「한국연극의 새로운 기대, 박근형」, 『빛의 유적』, 연극과 인간, 2008, 92쪽 참조.

〈경숙이, 경숙 아버지〉. 박근형 연극의 매력은 서사 속에 놀이가 배어있고 긴장 구도에 복선 전략과 사유 및 추리가 맞물려 나타남에 있다.

리 코드다. 이는 사유극의 맛, 그 품격 제고 작업과 깊은 관련을 맺고 있다.[9]

이를 위해 인물의 행동이나 언어 역시 독특하다. 박근형이 짜놓은 커다란 서사의 틀 안에서 각 인물들은 꼭두 색조의 행동을 벌인다. 아베는 속없는 어린애 색조를 띤다. 어메는 아베라는 인물로 인해 일평생 고초를 겪는다. 자야는 첩 내지 화류계 인물로 등장한다. 꺽꺽은 '흠흠' 혹은 '꺽꺽' 소리를 본떠 지은 인물이다. 그는 고답적인 행동으로 일관한다. 이들 인물의 행동 역시 놀이에 기반을 둔 상상의 소산들이다. 이들 놀이 인물의 행동은

9 작가의 창의적인 추리 코드 전략은 〈선착장에서〉의 첫 장면에서도 힘을 발휘한다. 대낮부터 술이 취한 채 행패를 부리는 규회, 그는 순경이 길을 올바로 가르쳐 주지 않는다며 상대의 뺨을 때린다. 국기봉으로 가려 하는데 왜 내 발은 다른 곳으로 가고 있지? 긴박감 창출 구도와 추리 전략이 절묘하게 조화를 이룬다. 경찰에게 던지는 규회의 질문은 극이 진행되는 과정에서 대단한 복선이자 추리 전략의 일환임이 드러나기 시작한다.

〈경숙이, 경숙 아버지〉. 신발과 나무 비유는 알레고리 의미와 효능을 상기시키는데 기여한다.

기존 캐릭터극의 행동 패턴과는 거리가 있다.[10]

언어 역시 문학적으로 정제되어 있기 보다는 뒷골목에서 들을 수 있는 거친 질감의 언어이자 현장감 넘치는 일상 어투다.

그렇다면 추리 어법과 긴박 언어가 맞물려 놀이적 상상력과 사유의 연극성이 빚어지는 과정을 살펴보기로 하자. 전체적으로 경숙이네 가족 이야기, 특히 아버지와 관계된 여러 문제 이슈들이 장면 별로 긴박감 넘치게 펼쳐진다.

1장 '병원' 역시 긴박감 속에서 스릴과 서스펜스가 넘친다. 의사는 산모를 살릴 수 없다 한다. 가족들은 발을 동동 구른다. 의사와 간호사는 수술이 급하다고 난리다. 그들은 수술 동의서 서명을 요구한다. 망설이는 가족들,

10 아베, 어메, 꺽꺽, 자야, 청요리 등 이들 인물은 구체적인 캐릭터 구현과는 거리가 멀다. 특정 색조의 꼭두 인물의 성향이 강하다.

재촉 상황은 고조된다. 살려달라고 애원하는 경숙, 절박한 위기 상황이 전개된다. 산모의 무사함을 기원하려는 의도, '강남달' 이란 노래를 부르는 가족들, 노래와 더불어 기적이 일어난다. 백만분의 일 확률로 산모가 살아났다 한다. 아기도 살아났다 한다. 의사의 전언이다. 만화 같은 이야기, 황당한 코미디 색조의 이야기다. 통속극으로 전락할 조짐이 드러난다. 그러나 복선 전략이 이를 차단시켜 준다. 복선 코드는 추리와 사유를 유발시킨다.

가족들 산모를 위로하면서 아기를 보고자 한다. 기뻐하는 가족들, 그러나 아기 얼굴을 자세히 들여다보면서 표정이 달라진다. 모두 놀라며 달아난다. 경숙 어메 역시 아기를 보고 놀라워한다. 당혹스러움에 겨워 반응하는 어메의 첫 언어는 "경숙 아버지"다. 아베가 어떤 인물이기에 그들은 놀라 도망치려 하는 걸까. 호기심이 유발된다. "아부지, 아부지 내 죽어요! 아부지(신음)"라고 외치는 사연, 경숙은 위기 상황에서 아버지를 찾는다. 사연이 궁금하다. 효과적인 복선 전략이다. 이를 통해 추리의 맛이 우러나온다. 긴박감 유발 틀과 추리 전략이 절묘한 조화를 이룬다. 극의 진행과 더불어 인물 간의 진짜 관계, 진짜 사연이 드러난다. 아베는 경숙에게 삶의 본질을 일깨워 준 인물임이 드러난다. 그러나 어메에게 아베는 문제 투성이의 이단아다. 발견극 내지 사유극의 쾌감을 유도하려는 복선 전략, 이를 통해 연극의 품격 역시 자연스레 고양된다.

긴박감 유도 전략과 놀이성 확장 전략이 맞물려 나타남은 1장 '병원' 이외에도 2장 '피난', 10장 '청요리와 자야', 11장 '가족' 장면에서 반복되어 나타난다.

여기서 눈여겨 볼 점은 긴박감 넘치는 극구도와 예측 불허의 부조리 전략의 가세다. 2장 '피난' 장면을 살펴 보자. 전쟁, 난리, 포성 소리 커지고 가깝게 들린다. 무서워 벌벌 떠는 반응 행동, 급히 서두르는 자들, 이를 통해 긴박감이 고조된다. 뒤이어 예측 불허의 황당한 행동이 설계된다. 가족을 데리고 피난을 떠나야 할 자, 그런데 모두의 기대와 예상과 달리 그는 장구와 장구채와 주먹밥을 싸들고 홀로 피난길을 떠난다. 갑작스런 유아 행동 설정을 통해 놀이 쾌감과 조롱 쾌감이 우러나온다.

칼부림 자해 소동이 빚어지는 '가족' 장면에서 어메는 자야와 한판의 겨루기를 시도한다. 식칼을 들고 윽박지르는 자와 맞서는 자, 긴박감과 위기감이 고조된다. '강남달' 이란 노래와 찬송가, 대립 구도가 갑자기 화해 구도로 돌변한다. 예측 불허의 황당한 행동이다. 성령을 경험한 자 모두가 서로를 용서하고 화해하기 시작한다. 얌체 같은 아베, 미운 짓만 골라하던 아베, 영문을 몰라 소리를 지른다. 그러나 아무도 반응하지 않는다. 문제 인물 아베가 낭패 당한다. 놀이성 및 희극성이 빚어진다. 긴박감 유발 코드를 토대로 예측 불허의 놀이성이 고양된다. 이 같은 전략은 박근형 연극의 창의성이자 새로움이라 할 수 있다.

2.4. 가난한 무대, 빈 무대, 양식화된 상징 소품
– 단순하고 누추한 오브제 활용 어법

박근형의 연극 무대에선 단순하고 누추한 오브제가 자주 선을 보인다. 텅 빈 무대와 최소한의 소품, 거친 질감의 상자 몇 개, 허름한 이불 정도의 소품, 고등어가 그려진 대형 걸게 배경 그림이 전부다.[11] 장은수는 박근형을 가리켜 '한국판 가난한 연극의 창시자' 로 명명하고 있다.[12] 그의 무대는

11 김성희, 「부재하면서도 위풍당당한 아버지는 어디 갔을까?–극단 골목길 〈경숙이, 경숙 아버지〉」, 『한국연극』 2006년 8월호, 한국연극협회, 68~69쪽. 참조. 〈선착장에서〉 연극에서도 텅 빈 무대, 최소한 소품만으로 공연성이 무리 없이 빚어지고 있다.

12 장은수 외, 「이 달의 공연 이야기」, 『한국연극』 2000년 6월호, 한국연극협회, 2000, 112~124쪽 (창작팩토리 스튜디오–09 cafe.daum.net/petitara) 참조.

아무런 계산 없이, 그냥 있는 대로 벌려 놓지 않는다. 그는 무대 소품 하나 하나를 미리 계산하여 그게 마치 우연인 것처럼 능청스럽게 내놓고 있다.[13] 이 작품에서도 "세트 없는 빈 공간 무대 어법"이 자주 활용된다. 엄현희는 이를 "박근형에게 따라다니는 꼬리표"라고 명명할 정도다.[14]

〈선착장에서〉 무대를 보면 장례를 치러야 할 공간은 조등 오브제 하나로 처리된다. 메인 공간인 다방은 찻잔과 쟁반을 싼 보자기 소품, 그리고 배우들의 반응 연기로 상기된다. 〈청춘예찬〉에서도 누추한 방 장면은 허름한 고물 흑백텔레비전, 그 앞에서 소주잔을 기울이는 배우의 반응 연기로 대체된다. 〈경숙이, 경숙 아버지〉에선 사과 궤짝 몇 개와 그 위에 올려진 이불 소품, 장구와 장구채, 군화 신발, 일그러진 소형 밥상 소품과 젓가락 오브제가 전부다. 소품은 허술하다. 무대는 비어있다. 배우들의 대응 행동 및 반응 기호는 관객의 능동적 상상력을 부추긴다. 대형 걸게 고등어 배경 그림은 한량 아베에 대한 상징 이미지다. 전쟁 발발, 총소리와 포성이 들린다. 불안과 공포에 젖는 반응 연기가 전부다. 허름한 이미지의 상자 소품들, 실제 가난한 삶을 떠올려주는 기호다. 이사 장면에서 배우들이 무대 소형 상자를 들고 무대 한 바퀴를 돈다. 그리고 이사를 마쳤다는 반응 행동이 전부다.

기존 몰입 연극 무대와 달리 이 작품에선 환상 파괴 전략이 자주 선을 보인다. 빈 무대를 통해 다양한 공간 및 상황이 창출된다. 소품은 약속된 상징 기호에 불과하다. 배우가 소품을 직접 들고 옮기는 동작을 취한다. "이사 끝났다"라며 극중 인물이 객관적 태도로 극중 사건을 이야기한다. 인물이

---

13 이용은, 「박근형의 〈경숙이, 경숙 아버지〉 그로테스크한 극적 효과」, 『공연과 리뷰』 2006년 가을호, 현대미학사, 138~142쪽.

14 엄현희, 「한국의 아버지 – 단절과 반복의 초상」, 『연극포럼』 2006년 송년호, 한국예술종합학교 연극원, 257~262쪽 참조.

이불 속으로 들어가 있는 장면은 상징 양식으로 대체된다. 이불 소품을 배우가 뒤집어쓰고 행동한다. 이 모두 연극 놀이의 일부임을 드러내는 장치다. 관객의 능동적 상상을 부추기는 서사 놀이 전략이다.

2.5. 비유 이미지와 관조 철학

고등어 그림, 장구와 장구채 소품, 주먹밥 소품은 뻔뻔하고 이기적 인물, 한량 아베에 대한 비유 이미지 역할을 해낸다. 아베는 급박하게 피난가야 할 상황임에도 장구채를 찾는다. 주먹밥과 고등어만을 찾는다. 아내가 출산의 진통을 겪는 순간에도 그는 첩 자야와 장구 놀이를 즐긴다. 이 오브제들은 철부지 얌체 아베, 한량 아베의 비정상적 행동에 대한 비유 이미지라 할 수 있다.

신발과 나무는 한량 아베의 또 다른 면모를 일깨워준다. 아베는 자유함을 삶의 본질로 간주한다. 인간은 각자가 자기만의 고유한 인생길을 걷는다. 신발 선물은 이를 일깨워주는 아베의 철학을 담고 있다. 졸업식 장면을 살펴보자.

아베 : 선물이다. 사회 첫 발을 내딛을 라면 신발이 있어야지. 받아라. 신어봐라.

경숙 : 싫어예! 싫어예. 내가 왜 아베가 주는 걸 받아예? (사이) 제발 내 앞에 나타나지 마이소. 내는 아부지 싫어예! 아부지랑 살았던 세월도 싫고, 아부지와 살았던 어메도 싫고 그 세월 속에 있던 내도 싫어예. 내는 아부지하고 관계된 건 전부 다 싫어예!

아베 : 우리 경숙이 많이 컸네. 말도 잘 하네 이젠. 그래 알았다. 내도 내가 싫다. 내는 뭐 내 인생이 좋은 줄 아나. 그래 인생이 원래 지독한 기다. 그걸 이제 다 알았으니, 어른 다 됐다. 장하다, 우리 경숙이! 니 내 보고 좋아서 괜히 그라는 기지? 깝깝한 년, 그래 알았다! 잘 살아라, 내간다.

경숙 : 어딜 그래 갑니까? 아직도 그래 갈 데가 많이 남았습니까? 그라고 이제

우덜도 델고 가믄 안됩니까? 그 신발 언제 벗을라고예? 그 가방 무겁지 도 않습니까? 가지 마이소! 가지 마이소 아부지! 경숙이 버리고 가지 마 이소 아부지!

아베 : 깝깝한 년! 경숙아! 인생은 알 수 없이 모진기다. 그걸 알아야 니가 어 메가 되고 부모가 되는 기다.

아베 : 나간다.

경숙 : (신발을 안고) 아부지!

(133쪽)

졸업, 새로운 인간 현존의 시작이다. 인생 여정, 각자의 신발을 신고 살아가는 삶이다. 그 만남과 헤어짐의 연속이 인생이다. 자유롭게 만나고 자유롭게 떠나는 인생, 그게 삶의 본질은 아닐까. 아베의 이런 신발 철학을 깨달았을까. 경숙은 신발을 안고 울부짖는다. 신발 비유 철학은 홀로 걸어가는 나그네 삶을 상기시킨다. 사랑이란 상대의 홀로 있음을 존중해 주는 것이다. 시인 릴케의 말이다. 시인의 눈, 시인의 철학이 우러나온다.

나무 비유 역시 한량 아베의 현존을 사유하게 만든다. 아베는 앞산의 나무 풍경을 마주하면서 어린 딸에게 자신의 속내를 우회적으로 드러낸다. 그게 나무 비유 철학이다.

아베 : 니 팥배나무 아나? 배롱나무, 은사시나무, 서나무, 가시나무, 떼죽나무, 너 사위 질빵나무 아나? 생긴 건 지랄 맞게 생겼어도 은은한 향이 나는 게 진짜 나문기라. 그라고 진짜 진짜 나무는 이름이 없는기라.

경숙 : 와 이름이 읍어예?

아베 : 그라고 나무는 사람처럼 복잡하지도 않다. 지 자라고 싶은 데로 자라도 크면 다 멋있다, 그게 나무다.

경숙 : 아부지 나무 박사네.(안마한다) (128쪽)

사과나무, 배나무, 감나무 등, 열매 맺는 나무가 좋은 나무일까. 아베의 관점은 전혀 다르다. 볼품도 없다. 이름도 없다. 그렇지만 은은한 향기를 내뿜는다. 아베는 그런 나무를 진짜 나무라 여긴다. '팔배나무, 배롱나무, 은사시나무, 서나무, 가시나무, 떼죽나무, 사위 질빵나무', 이들 나무는 외모가 곱지 않다. 자라고 싶은 데로 자라는 나무들이다. 이름 없이 자라는 나무들이다. 아베는 이런 나무를 진짜 나무라 여긴다.

복잡한 문명 제도에선 이름과 기호 부여 작업이 필수다. 사람들은 그 겉열매가 좋을 때 그 기호로, 그 명명된 이름으로 실존적 가치 여부를 판단하려 한다. 그러나 아베는 다르다. 그는 시대의 문제아로 살아왔다. 제멋대로 살아왔다. 우리시대 문명 산물인 가족 제도, 장손 이어가기만을 중시하는 가족 제도 관점에서 볼 때 그는 문제아요 이단아다.

박근형은 나무 비유를 통해 문명 비판적 사고를 드러낸다. 집, 가족 제도의 틀, 아파트, 이게 계급의 수단으로 전락한 지 오래다. 나무 비유 역시 인생의 참 본질이 무엇인가를 성찰케 한다. 인생의 참 비밀을 알아차리도록 유도하는 전략, 신발 및 나무 비유는 이에 대한 알레고리 의미와 효능을 상기시키는 데 기여한다. 패러디 놀이극에 관조와 사유의 품격이 우러나온다. 이를 일깨워 낸 비유 전략 역시 박근형 연극에서 주목해야 할 새로움이다.

3. 나오며 – 한국연극의 새로운 지형, 우화와 알레고리 작법의 새 전형

연극평론가 백현미의 언급을 빌자면 "박근형은 기존의 재현 대상과 재현방식에 문제를 제기한다. 가난하고 초라한 현실이 극적인 상황으로 재 변용된다. 그의 내러티브 방식은 역설적이다".[15] 〈청춘예찬〉에선 아버지와 아들 사이의 역할이 바뀐다. 〈대대손손〉, 〈경숙이, 경숙 아버지〉에선 가짜와 진짜 역할이 바뀐다. 모순과 역설 행동이 과장, 희화되고 동시에 반복된다. 이는 실소의 맛을 자아내고 동시에 낯설게 하기를 통해 숨겨진 속 의미를 사유하게 만든다.

박근형 연극엔 평범한 일상이 우화로 변용된다. 그가 집요하게 다루는 소재는 가족이야기다. 평범한 가족 이야기임에도 이상한 가족 풍경이 무대화된다. 〈경숙이, 경숙 아버지〉의 무대 호흡은 자주 끊긴다. 구성 역시 건너뛰기가 다반사다. 논리성이나 인과성이 무시된다. 만화적 상상력이 가세한다. '예측 불허의 전환', '옴니버스 구성', '거친 질감의 현장 언어'는 박근형만의 새로운 트렌드로 자리매김될 정도다.

역설과 모순 언행 틈새에서 관객은 숨겨진 의미를 탐색하고 상상력을 확장시킨다. 역설 언행에 흉내내기 코드가 가미되면서 패러디 놀이 묘미가 우러나온다. '자연주의적 일상과 그로테스크한 비일상이 섞이고 공존'함은 박근형 패러디극의 독특한 매력이다.[16] 이는 박근형의 대다수 작품을 관통하는 하나의 공통된 현상이기도 하다. 일상과 우화의 절묘한 조합 역시 박근형 극작법의 매력이다. 그의 우화는 지금 이곳 사람들의 이야기를 담고 있기에 더욱 반향의 힘이 크다. 펼치는 화법이나 비틀기 어투는 현재 우리네 삶의 현장에서 쉽게 접할 수 있는 것들이다. 그 때문에 공감대가 더 크다.

---

15 백현미, 「일상적이되 일탈적인, 불온하되 의뭉스러운–박근형 연극에 대한 짧은 독해」, 『한국희곡의 지평』, 연극과 인간, 2003, 291~305 참조.

16 이용은, 「박근형의 〈경숙이, 경숙 아버지〉 그로테스크한 극적 효과」, 『공연과 리뷰』 2006년 가을호, 현대미학사, 138~142쪽 참조.

박근형은 우화 놀이 작가이면서도 인생의 깊이를 볼 줄 아는 철학자이자 시인이다. 신발 비유, 나무 비유를 통해 인생의 숨어있는 의미를 발견하게 만드는 시인 같은 예술가다. 그의 우화가, 그의 알레고리가 품격을 유지함은 바로 그만의 독특한 관조 철학이 있기에 가능하다.

박근형의 우화는 비틀린 문명 구조 안에서 '어떻게 살아가야 할 것인가'를 깨닫게 한다. 박근형 특유의 부조리 놀이 어법과 알레고리는 희비극 극작 문법에 목 말라하는 극 창작학도들에게 값진 탐색 모델이 되고 있다.

참고문헌

박근형, 〈경숙이, 경숙 아버지〉, 『한국연극』 2006년 10월호(통권 363호), 한국연극협회, 2006년.

김남석, 「한국연극의 새로운 기대, 박근형」, 『빛의 유적』, 연극과 인간, 2008년.

김성희, 「부재하면서도 위풍당당한 아버지는 어디 갔을까?－극단 골목길 〈경숙이, 경숙 아버지〉」, 『한국연극』 2006년 8월호, 한국연극협회, 2006년.

김소연, 「이 철없는 아비를 어찌할까－〈경숙이, 경숙 아버지〉」, 『연극평론』 2007년 봄호(통권 44호), 한국연극평론가협회.

백현미, 「일상적이되 일탈적인, 불온하되 의뭉스러운－박근형 연극에 대한 짧은 독해」, 『한국희곡의 지평』, 연극과 인간, 2003.

엄현희, 「한국의 아버지－단절과 반복의 초상」, 『연극포럼』 2006년 송년호, 한국예술종합교 연극원, 2006년.

이선형, 「한국연극의 새로운 내러티브－박근형의 〈청춘예찬〉을 중심으로」, 『아시아 연극의 혁신－플롯과 내러티브』, 2005년도 한국연극학회 추계 국제학술대회.

이용은, 「박근형의 〈경숙이, 경숙 아버지〉 그로테스크한 극적 효과」, 『공연과 리뷰』 2006년 가을호, 현대미학사.

장은수 외, 「이 달의 공연 이야기」, 『한국연극』 2000년 6월호, 한국연극협회, 2000년.(창작팩토리 스튜디오－09 cafe.daum.net/petitara).

최영주, 「박근형의 〈청춘예찬〉에서의 서사의 수행성과 일상의 재현 방식」, 『아시아 연극의 혁신－플롯과 내러티브』, 2005년도 한국연극학회 추계 국제학술대회.

극작가, 연출가의 콤비 플레이
: 우회적으로 접근해 본 고연옥과 김광보

권경희

1. 들어가며

새천년을 전후로 연극의 선택과 활동은 그 이전에 비해 보다 유연하고 경계없는 다양한 탐색을 시도하고 있다. 1980년대 이래 연극계가 한국연극 담론의 선언적 화두였던 정체성과 한국성에 크게 짓눌려 왔다면 어림잡아 최근 십 년은 상대적으로 자율적이고 자유로운 분위기 속에서 지속되는 이전의 화두와 더불어 새로운 담론들을 제시하기도 하였다. 지난 십 년 즈음의 연극적 양상을 밑변이 긴 삼각구도로 거칠게 그려 본다면 밑변의 일각에선 결기있게 한국적 연극성을 탐구하는가 하면[1] 또 다른 일각에선 국가와 민족이란 두터운 장벽을 넘어서는 보편성의 연극을 꾸준히 실험하고 있다.[2] 한편 둔각을 이루

---

1 이에 대한 예로서 이윤택과 연희단거리패, 오태석과 극단 목화, 손진책과 극단 미추 등을 꼽는데 이론이 없을 것이다.

2 양정웅과 극단 여행자, 원영오와 극단 노뜰, 박정의와 극단 초인 등이 이 경우에 해당되는데

고 있는 지점에선 개별적이긴 하나 다양한 신념과 의식을 실천하는 다층적 미세작업들이 눈에 띈다. 이 마지막 카테고리 속에서 감지되는 미학과 미시담론은 의외로 결이 많아 그 특징을 포착하기란 여간 어려운 일이 아닐 뿐 아니라, 포착한다는 것이 무의미해 보이기도 한다. 이와 같은 각양각종의 공연양상은 새롭지 않으면 안 된다는 강박관념으로 이어졌고(아니면 강박관념이 새로움을 주도했거나), 모든 게 자리바꿈을 하는 이 와중에 연출가와 극작가의 존재감이나 위상에도 지반변화가 없을 수는 없었다. 나는 이 부분을 주목하고자 한다.

심하게 비약해 본다면 추락하는 극작가, 비상하는 연출가쯤으로 표현할 수도 있을 것 같다. 부분적으로 작가기근으로부터 유도되었고 십여 년 전부터 그 현상이 뚜렷해진 바, 연출가가 직접 작품을 쓰고 연출하는 경우엔 또 다른 권력적 지형의 융기로까지 비춰지기도 한다. 때문에 추락의 정도는 (연출을)겸업하는 극작가들이나 몇몇 권력적인(!) 작가들을 제외한 대부분의 순수극작가 혹은 전업극작가의 경우에서 더욱 두드러져 보인다. 그런데 연출가의 존재감이란 문학성에 주눅들어있던 연극성의 가능성을 담지하기도 하지만 부정적인 측면도 있는바, 내용적인 공허함이나 지나친 유희성으로 공연의 질을 깎아 내기도 한다. 한편, 연극적 틀 속에서 이성과 논리라는 문학성의 유전자를 물림하는 희곡의 세계는 바로 인간정신의 중심이고 본질이자 규범으로 간주됨으로서 종종 권력적 입장을 취해오곤 했다.

더 이상 새로운 것은 없고 오직 새로운 해석만이 있을 뿐이라고 설파했던 포스트모더니즘의 정거장을 지난 지도 꽤 된 지금, 더 이상의 새로운 이야

이들의 활동은 넓은 의미에서의 문화상호주의적 개념 속에 포함될 수 있겠다. 한편 이들과 성격은 다르지만 공동창작이란 이름 아래 예술의 전당이나, 남산예술센터, 국립극장, 몇몇 시립극단 등 제도권의 문화예술적 교류도 연극의 보편성이란 명제 하에 다뤄질 수 있을 것이다.

기를 지어내지 못하는 극작가를 인도하는 것은 오히려 해석과 표현에서 무한정 자유로운 연출가들인 것이 현실이다. 모두가 그런 것은 아니겠지만 자기만의 은폐된 공간에서 훨씬 더 자유롭고 역동적인 작가보다는, 필연적으로 이끌고 주시하며 함께 뒹굴고 몰아붙여야 속이 편한 연출이기에 집단 안에서 신뢰와 파워에 관한 한 그만큼 유리한 지점을 차지하는 것도 당연해 보인다. 어찌됐건 간에 속성상 이질적인 두 세계가 하나로 엮이는 것은 어느 경우에도 쉽지 않은 일이다. 하물며 이데아와 지각에 이끌리는 작가와 현상과 감각의 세계에 더 가까운 연출, 추리와 사고로 발달된 작가와 직관과 표현이 발달된 연출이라면 더 말할 나위 없을 것이다. 그런데 이 시점에서 극작가와 연출가의 콤비 플레이를 언급할 필요가 있을까? 있다.

2. 주목할 만한 콤비 플레이

단언코 연극에서 콤비 플레이 자체는 주목할 바 못된다. 그러나 그 작업이 의미있는 과정을 거쳤다거나 생산적인 성과를 거두었을 경우는 얘기가 사뭇 달라진다. 이만희－강영걸, 정복근－한태숙, 이해제/홍원기－이기도, 고선웅－최우진[3] 한아름－서재형 등등의 콤비 플레이가 멋진 까닭은 무엇보다도 문학성과 연극성이 적절히 수위조절된 조화로운 매치를 이들의 작업에서 발견하였기 때문이다. 이에 깊고 풍성한 공연결과는 당연한 수순이지 않겠는가. 이들 쟁쟁한 콤비 플레이어들 중 적어도 현재, 필자는 고연옥과 김광보에게로 향한 각별한 관심을 숨기고 싶지 않다.

---

3 이들은 〈락희맨 쇼〉와 〈이발사 박봉구〉로 호흡을 맞춘 바 있는데 나름대로 짜임새 있는 공연이었지만 형식미가 높다거나 연극적 담론을 제공하였거나 혹은 실험적 시도를 감행하였다고는 판단되지 않는다.

고연옥 작가는 부러울 정도로 연출가와의 운도 많아 한국 리얼리즘 연극의 거목인 임영웅 선생을 비롯해 한국적 사실주의의 한 형식을 뿌리내린 박근형과 신진이라 하기엔 당찬 저력이 매서운 문삼화 등과도 인연을 맺은 바 있다. 한편 김광보의 경우도 만만치 않아 일찍이 조광화와 김명화, 정영문 등 쟁쟁한 국내작가 뿐 아니라 고전과 현대극을 넘나들며 적지 않은 번역극도 연출한 바 있다. 사실 김광보에게 있어 한 작가와의 콤비 플레이는 일찍이 95년 〈종로 고양이〉, 〈오필리어〉, 〈꽃뱀이 내게 다리를 감자하여〉 등의 작품으로 작가 조광화와 성공적으로 실험된 바 있다. 같은 기간에 있었던 장우재와의 협업도 예사롭지 않았다. 〈지상으로부터 20미터〉, 〈열애기〉, 〈흰색극〉, 〈봄소풍〉 같은 공연들이 그 결과로서 증명되었다. 강한 의욕과 자신감만큼이나 커다란 두려움으로 시작했을 창단 초기에 다양한 작가를 만나기란 쉽지 않은 일이지만, 이미 준비된 연출가였던 김광보는 처음부터 화려한 행보를 줄곧 이어가는 행운을 누렸다. 그런데 그 이후, 즉 조광화와 장우재와의 협업이후 어느 시점부터 맺어지기 시작한 고연옥과 김광보의 경우, 어째서 시간이 지날수록 그 결속력이 더욱 강해지는 것인지 문득 궁금해진다. 그 많은 연출가와 작가들을 제쳐놓고 이 둘은 어째서 그렇게 호흡이 잘 맞는 것처럼 보이는 걸까? 혹여 호흡이 잘 맞는 게 아니라면 어떤 요소들이 이들의 작업을 무난하고 순조롭게 이끄는 것일까? 이들이 지속적으로 함께 작업하는 데엔 어떤 특별한 이유가 있는 걸까?

다작이라 할 순 없어도 발표하는 작품마다 은근히 전염되는 존재론적 통증과 진한 여운의 매력을 동시에 뿜어내는 작가로 고연옥을 기억한다. 대담하면서도 절제된 무대미학으로 강렬하고 지적인 공연을 일궈내는 연출가로 김광보를 설명해도 좋을 듯하다. 지난 십여 년을 지나오는 동안 이들이 올린 작품들은 순행하는 연극적 궤도 위에 크고 작은 방점들을 찍었다. 이 글은 지난 십 년 한국연극 공연(발전)사에서 노출된 이 둘의 관계성이 한갓 기억의 창고를 뚫고 나와 어쩌면 우리 공연사의 또 다른 십 년을 위한 길잡이가 될 수 있을지도 모른다는 생각에서 출발한다. 연극이 그 생명을 꺼트리지 않는 한 앞으로도 계속 있게 될 극작가와 연출가와의 만남에 관한 한, 현재까지 보여준 고연옥과 김광보의 신실한 콤비 플레이는 분명 미래의 연극적 협업을 위한 쓸만한 지표가 되리라 믿기 때문이다.

이들이 협업한 공연을 리뷰형식으로 하나하나 다시금 되새겨보는 작업은 분명 필요할 것이되 이 지면의 몫은 아니다. 공연 당시에 평자들의 생생한 비평글들이 적잖이 있었고, 고연옥의 극작세계나 김광보의 연출작업을 따로이 분석하고 정리하는 그 자체가 이 글의 목적이 아니기 때문이다. 그들은 각각 어떤 연극적 사상과 신념을 갖고 있으며 그것들이 서로 간에 교류되는 지점은 어디이며 이를 통과할 수 있는 에너지의 근원은 무엇인가를 의문하는 것이야말로 진정 이 글의 의도이다. 그런데 김광보와 고연옥의 의미있는 콤비 플레이를 조명하기 위해서라면 각도를 달리해 오히려 이 둘이 떨어져 작업한 내용들을 회상해보는 것도 나쁘지 않은 방법이란 생각이다. 하여 이들이 협업하지 않은 고연옥의 중앙무대 공연작들을 최소한의 반경 안에서 파편적으로나마 주목해 보고자 한다. 다른 연출가들과 작업했던 세 작품은 각각 어떤 공연의미를 거두었으며 그 작업과정이나 공연에서 혹 매끄럽지 않은 부분이 있었다면 문제의 근원이 무엇이었는지 숙고해 볼 작정이다. 이 세 작품을 모두 관람했던 김광보가 연출자의 입장에서 그 공연들에 대해 어떤 생각들을 가지고 있는지를 확인할 수 있다면 흥미는 가중되리라. '우회적' 접근이라 타이틀에 전제하긴 했어도 글의 '구색 맞추기'를 위해 고연옥과 김광보의 협업작품 중에서도 최소한 한 작품 정도는 필연적으로 다뤄져야 할 것으로 보인다. 애초부터 편하게 쓰리라 마음먹었던 이유도 있거니와, 필연적인 비교와 인터뷰를 통한 인용에 지면을 크게 허용할 것이기에 이 글은 어느 때 보다도 주관성이 강하게 드러날 것임을 아예 미리 고백한다.

3. 작가 고연옥

고연옥이 우리들의 심상에 뚜렷한 자국을 남기기 시작했던 계기는 단연코 〈인류 최초의 키스〉라 할 수 있는데 이후 고연옥은 다섯 작품을 쟁쟁한 연출가의 손길로 중앙무대에 올리게 된다. 물론 대략 십 년에 걸쳐 재공연이 아닌 신작만으로 총 여섯 편의 작품을 성공적으로 무대에 올렸다면 전업작가로서 다작은 아니더라도 오늘날의 공연현장을 의식컨대 부러우리만큼 행운을 만들어내는 작가임엔 틀림없어 보인다. 그녀는 어쩌다 운이 좋아 갑자기 평단에 눈에 띈게 아니라 진즉부터 옹골차게 연마된 저력있는 극작가였던 것이다. 그 사이에도 그녀의 글쓰기 작업은 다양한 형태로 계속돼 아라발의 〈천년전쟁〉 번안/각색을 비롯해 〈뮤지컬 햄릿〉에 가사작업을 하기도 하였고 또 어린이뮤지컬을 몇 편 썼는가 하면 〈블라인드 터치〉의 윤색도 하였다. 고연옥은 그 대부분의 작품들을 김광보와 나누었고 그 협업은 기분좋은 결과로 드러난다. 국내의 중앙무대와 크고 작은 국제연극제를 총망라하며 다양한 종류의 상복도 터진다. '2001 한국연극협회 올해의 대표희곡 선정', '연극평론가협회 올해의 연극 베스트 3'으로 수상된 〈인류 최초의 키스〉가 그랬고, '2004 포항바다국제연극제 작품상, 연출상, 연기상'과 더불어 '올해의 예술상 우수작품상'을 받은 〈웃어라 무덤아〉가 그랬다. 〈발자국 안에서〉는 '2007 서울연극제 대상인 작품상, 연출상, 희곡상'을 수상하였고, '일본 삿포로 시어터 페스티벌 특별상'을 수상함에 이어 '2008 일본 타이니 알리스 페스티벌 특별상'을 수상했다. 이 작품은 지난 7월에 이어 2009년 1월 재공연한 바 있다.

그런데 고연옥과 김광보의 인연은 애초에 어떻게 시작되었을까 문득 궁금해진다. 이를 위해 과거로 잠시 돌아가면, 김광보는 99년 부산 문화회관에서 개최한 소극장페스티벌에 초청되어 내려가게 된다. 이 행사에 고연옥 작가의 〈꿈이라면 좋았겠지〉도 공연되었는데 김광보는 이를 보지 못했고 고연옥은 서울에서 내려온 김광보의 작품을 보게 되었다고 한다. 2000년 초 고연옥은 삼성문학상 최종심사에서 탈락된 〈인류 최초의 키스〉를 김광보에게 보내게 되었고 이것이 결국 고연옥–김광보의 십 년행보의 첫 걸음이었다고 한다.

(그런데 이 지점에서 문득 드는 엉뚱한 생각. 만일 그 작품이 당시의 그 문학상을 수상했다면 그 후속 스토리는 어떻게 달라졌을까? 아마도 어떤 연출가와 만났겠지만 어쩌면 잠깐 동안 주목받는 작가였다가 기억 속에서 쉬이 지워지는 작가가 되었을지도. 왜냐면 고연옥의 작품은 쉽게 읽히는 만큼이나 풀어내기 호락호락하지 않기에 그만큼 연출적 측면의 위험부담이 크기 때문이다. 결과로서 보건대 수상탈락이란 일순간의 허탈감은 십 년을 두고 흥부의 박타기처럼 풍성한 결과들을 일궈냈으니, 순간의 좋고 나쁜 일이란 시간에 이끌리는 인간의 영고성쇠 앞에서는 오직 변화무쌍하기만 하다.)

이제 고연옥은 김광보와의 끈질긴 인연을 잠시 옆으로 미루고 그야말로 '지난여름 갑자기' 새롭다하기에 부족함이 없는 모험에 뛰어들게 되었다. '남산예술센터 2009년 시즌 개막공연'에서 세 명의 작가와 세 명의 연출가들이 각각 약 30분 가량의 독립된 소품들을 모아 옴니버스 형식으로 꿰어낸 공연에 참여하게 된다. 엄밀한 관점에서 보자면 그 여섯 명이 모두 하나의 특별한 공연을 위해 결속된 한 팀이지만 고연옥의 〈가정방문〉을 연출한 이가 고선웅이기에 이 둘의 호흡이 주목을 끄는 것은 필자에겐 당연한 일이다. 이에 대한 긴 말은 생략하고 작가적 사변과 연출적 개념이 조화롭게 녹

아들 수 있는 최적 지점을 발견할 수 없었던 안타까움만을 언급하고 싶다.

아마도 고연옥의 차기 야심작이 될지도 모를 〈주인이 오셨다〉가 이미 한 연출가의 손 안에서 긴 시간 재고 중인 듯하다. 어쨌든 현재 그녀는 새로운 작품을 구상하는 동시에 이미 써 놓았던 미발표 작품을 갈무리 중이라 한다.

4. 고연옥과 연출가들

4.1. 〈달이 물로 걸어오듯〉

지난해 산울림소극장에서 임영웅의 연출로 공연된 〈달이 물로 걸어오듯〉은 고연옥의 독자적 신작으로는 가장 최근에 올려진 공연이었다.[4] 이 작품은 '달이 물로 걸어오듯 말이 생각으로 자라나는'[5] 연극이다. 말을 통해 성장하는 사고구조와 사유체계의 메커니즘 자체를 표방하는데, 대부분의 언어극이 말을 사고의 완성단계로 사용했던 것에 반해 고연옥은 이 작품에서 정신의 도약을 위해 말을 출발점으로 삼고 있다는 점이 매우 이색적이다. 때문에 작품 속 서사의 완성, 액션의 완성은 기실 작품의 본질적 핵심으로 다가서기 위한 출발인 셈이고 작품엔 작가의 의도보다는 작가의 정신적 흔적만이 남게 된다. 절대적 진실을 강변하는 대신 의미연관의 구조분석을 통해 해석의 가능성을 열어 놓는다는 측면에서 미약하게나마 구조주의적 독법도 감지되는 작품이었다고 기억된다.

그런데 담론적 가능성을 흥미로운 극작술로 완성했음에도 불구하고 어

4 지난 9월 중순에 '남산예술센터 2009년 시즌 개막공연'으로 장성희, 최치언, 고연옥은 세 명의 연출가들과 함께 〈오늘, 손님오신다〉라는 옴니버스 형식의 공연을 올린 바 있다.

5 권경희, 「진실과 현상 사이, 생각이 생각을 물다 : 〈달이 물로 걸어오듯〉」, 『연극평론』 복간 30호 통권 50호, 연극과 인간, 2008년 가을.

쩐 일인지 공연은 다소곳한 품격 이면에 밍밍하고 허망한 뒷맛을 감추고 있었다. 총 10개의 장면이 시간의 자연스런 흐름에 따라 연결되어 있으나 고연옥의 작품이 대개 그렇듯 각각의 장면은 매우 압축적이고 비약적이다. 특히나 이 작품은 극적 사건과 상황은 분명하나 액션이 매우 제한적이고 장면은 비약이 심한데 전언은 암시로서 전체를 장악하고 있으므로, 연출의 선택은 과연 고민스러울 수밖에 없었을 것이다. 연출을 맡은 임영웅은 이 작품을 극적 상황 속 인물들의 심리적 갈등을 추적하는데 초점을 맞춘 액자무대의 재현적 양식의 심리극으로 풀어 나갔다. 사실주의 심리극형식이 자체적으로 발동시키는 극전개의 추진력은 이야기의 자동적인 전개와 상승적 액션에 달려있다. 그런데 매우 사소하거나 일상적인 단편들로부터 묵직한 담론을 확장하는 고연옥의 극작특성은 무대에서는 사실적 틀을 차용하지만 그것에 전적으로 의존하지 않을 때에 더욱 명료해진다. 말하자면 극적 틀은 일상을 차용하지만 극적 장치는 감정이입을 차단하는 교묘한 전략이 그녀의 극작 개성인 것이다.

경자는 왜 거짓말을 하는가? 사건의 진실은 무엇이며 어떻게 마무리될 것인가? 경찰의 수사는 왜 그렇게 더디고 치밀하지 않으며 과학적이지 못한가? 경자에게 진실이 있기는 한가? 수남에게 사랑은 왜 그렇게 어리석은 현실이어야 하는가? 등 중심이야기에서 파생될 수 있는 이러한 의문들은 리허설 과정에서 해결되어야할 것들이지 공연이 끝난 후 관객의 뒷덜미를 잡는다면 이 공연은 의미가 희석된다. 인물의 심리적 밀도와 정서적 집중은 적정선을 지켜야만 하고 사건/상황과 인물은 필요한 만큼만 사실적 설득력을 지녀야 한다. 작품의 전언은 사건이 마무리되고 인물들의 행동이 정리되는 극의 끝부분에서 본격적으로 관념을 작동시키고 확장시킴으로서 증폭되기 때문이다.

고연옥 작품에서의 핵심은 아직은 관념이다. 작품의 심상(관념)은 형상화된 형식과 경제적으로 운용되는 언어와 진실되어 보이는 인물들만으로는 만들어지지 않는다. 오직 이러한 요소들이 연금술적으로 어우러진 가운데 생생하게 창조된 시간성과 공간성이 교합하는 바로 그 지점들에서만 명징하게 존재한다. 그러나 임영웅이 선택한 사실주의적 양식과 방식 안에서라면(들뢰즈의 개념인) 리좀처럼 탈영토화하는 텍스트의 논리를 따라잡는데 충분히 성공했다고 보여지진 않는다. 그럼에도, 〈달이 물로 걸어오듯〉은 희곡 자체가 뛰어넘기가 심해 다루기가 여간 까다로운게 아닌데 그런 작품에 친숙하지 않음에도 불구하고 노장의 새로운 연극형식에 대한 도전과 열정이 감탄스러울 뿐이라는 김광보의 말엔 부분적으로 고개를 주억거리게 된다.

고연옥의 모든 작품은 탈고되면 김광보에게 제일 먼저 발송된다고 한다. 연출가로서 김광보에 대한 그녀의 전적인 신뢰는, 공연을 통해서도 충분히 감지되고 인터뷰에서도 확인되듯 김광보의 고연옥 작가에 대한 신뢰와 다를 바 없다. 대부분의 경우 김광보가 작품의 연출 여부를 결정하는데 〈달이 물로 걸어오듯〉은 애초에 김광보가 연출을 하려고 했었으나 사정상 임영웅의 손으로 넘어갔던 작품이다. 그 사정이란게 들어보니 약간 우습기도 하고 어이없기도 하다. 당시 김광보는 〈블라인드 터치〉 리허설에 돌입하려는 즈음이었는데 캐스팅에 문제가 있어 무리하게 그 작품을 하느니 대신, 진즉부터 연출할 생각이었던 〈달이 물로 걸어오듯〉을 공연하는게 어떨까 싶어 대본을 산울림 사무실로 보냈다고 한다. 그후 김광보는 〈블라인드 터치〉를 준비하면서 고연옥의 작품을 잠시 잊고 있었다고 한다. 그런데 어느 날 임영웅이 〈달이 물로 걸어오듯〉을 내가 해도 되겠느냐고 물어왔고 김광보는 선생이 물어 보시니 "그렇게 하시지요"라고 대답했다고 한다. 이에 대해 고연옥은 "김광보 연출하고 하면 작품은 '된다' 라는 확신이 있으나 때로는 다른 연출하고도 작업하고픈 욕망이 있다. 하물며 임영웅 선생이 하시고 싶으

시다는데……"라며 흔쾌히 동의했다고 한다.[6] 이미 김광보와 수차례나 함께 작업한 바 있고 평단으로부터도 실력을 인정받은 작가이었음에도 고연옥은 임영웅선생이 먼저 관심을 표명했던 이때에야 비로소 "나도 이제 연극인들의 인생에 들어가 있구나" 하는 감회에 젖어들었던 것 같다. 이렇게 김광보와 〈달이 물로 걸어오듯〉의 어긋난 인연은 이후 또 한 차례 억울한(?) 경우로 이어진다. 김광보가 고연옥의 미발표작 〈주인오셨다〉를 서울문화재단에 지원신청했는데 때마침 공교롭게도 임영웅 역시 〈달이 물로 걸어오듯〉을 지원신청했던 것이다. 그런데 서울문화재단에는 같은 작가의 다른 작품을 복수지원할 수 없다는 규정이 있어 김광보는 선생과 제자와의 경쟁에서 밀리게 된다. 서울문화재단의 규정자체도 넌센스지만 결과도 아이러닉하기만 하다.

4.2. 〈일주일〉

김광보는 "단박에 읽어낼 수 있을 때" 좋은 희곡이고 좋은 희곡은 "흥미있게 얘기가 되고 구성이 된다"고 설명하며 〈인류 최초의 키스〉, 〈웃어라 무덤아〉, 〈발자국 안에서〉가 '단박에' 읽힌 작품이었다고 말한다.[7] 〈일주일〉은 '단박에' 읽혔으나 김광보에게는 그다지 재미있는 작품은 아니었다고 한다. 여하튼 이런 사정을 뒤로하고 〈일주일〉은 박근형에게로 넘어 간다.

박근형 연출의 〈일주일〉은 안타깝게도 작가 고연옥이 연출가 박근형의 그늘 속에 갇힌듯 느껴졌던 작품으로 기억한다. 거칠고 무심한듯한 장면 스타일이라든지, 서툰 가운데 노골적인 연기양식, 불길하게 싸아-한 공간의

6 필자의 고연옥과의 인터뷰. 2009.2.4. 쇳대박물관 카페. 이하 본문에서 인용 시 개별적인 언급생략.

7 필자의 김광보와의 인터뷰. 2009.2.12. 카페 張. 이하 본문에서 인용 시 개별적인 언급생략.

분위기가 유독 그랬던 것 같다. 공연을 보면서 작품에 대한 연출가의 해석이 단순하게 드러났던 점도 재미있다. 작품 속에서 단어가 조합, 배열되고 언어가 작용하면서 보이는 언어와 보이지 않는 언어(행간의 언어)들 안에서 꿈틀대는 의미심장한 사유와 액션들이 불충분하게 탐색되거나 부족하게 창조되어, 텍스트에 설명된 대로, 묘사된 대로, 말해진 대로 그대로 배우에게 입혀졌다는 생각이 강하게 들었었다. 게다가 희곡에서 발견되는 상징과 메타포들이 무대에서는 온데간데 없어 양감이 사라진 평면적이고 평범한 공연에 그치고 말았다. 그런데 바로 이러한 이유들로 이 작품은 우리 시대가 숨기고 있는 사회적 음지를 들춰내 담론화하는 사회극을 표상하게 된다. 반면에, 현실과 관념의 정묘한 율동으로서 확장되는 작가적 사변성은 어정쩡하게 후경으로 밀려나게 되는 아이러니가 연출된다. 즉, 박근형의 트레이드 마크인 공연화법을 부분적으로 채택하고 새로운 표현미학을 추구했었더라면 연출적 신선함과 함께 원작의 세계도 그 볼륨을 회복할 수 있었을지도 모른다는 생각을 해본다.

작품의 타이틀이자 그 자체 종교적, 신비적, 어쩌면 종말론적 사유까지도 포함하는 거대한 메타포인 '일주일' 은 공연에서는 극중 사건이 발생해서 종료되는 물리적 시간성으로 축소된다. 특히 작품 속 극적 행동은 성적 쾌락과 도덕성의 붕괴로 멸망하는 소돔과 고모라의 기독교 성서 이야기를 슬쩍 비틀어, 우리 사회의 폭력적 광기와 집단 이기주의를 그 단초로 삼고 있다. 그런가하면 피의자로 몰린 네 명의 청년들이 진실을 왜곡하는 병든 사회 속에서 자신들의 억울한 처지를 벗어나기 위해 무혐의를 호소하거나 강변하길 마침내 포기하고 오히려 부당한 혐의를 스스로 인정하는 마지막 장면은 중층적 메타포를 함축한다. 이들은 제도적 폭력의 제물임이 명백하지만 한편으론 자유로운 영혼의 구제, 인간성의 구원을 향한 숭고한 종교적 희생양으로도 해석된다. 표면적으로 두텁게 드러나는 사회적 함의만큼이나 원죄의식, 구원 등의 종교적 원형성이 강력한 상징으로 드리워져 있는 것이다. 이 마지막 장면 특히 삼식의 대사 중 "우리 배타고 가자! [...] 저기 가자!" 하는 부분에선 노아의 방주가 자연스레 오버랩된다. 작품은 이처럼 도덕성이 상실되고 인간됨이 부정되고 삶이 타락된 세계를 두고 전경에는 사회적 폭력성을 배치하는 한편, 후경에는 종교적 구원의 뉘앙스를 숨기지 않고 있는 것이다.

이 공연에 대한 작가의 반응 또한 그다지 흡족해 보이지는 않는다. 역시 문제는(희곡이 공연으로 완성되는 과정에서의) 단순화에서 기인한다. 무엇보다도 텍스트의 관념적인 부분들, 그것은 작가가 철저히 계산하여 신중하게 안배한 의미론적 트랩인데 연출에 의해 그것들이 단순화되거나 축소된 것을 확인할 때 작가로서 씁쓸해 지는 것은 당연하다. "전형적인 것은 원형적인 것에서 멀리 있다"는 그녀의 다소간 볼멘 지적은 작품에 대한 피상적 이해에서 비롯해 사건 중심의 장면 만들기나 상투적 연기, 관객을 허구의 이야기 속으로 잡아당기는 공연방식 등을 완곡하게 에두른 표현이 아닐까? '원형적' 이라 함은 그 자체로 노출되는 것이 아니라 찾거나 보려고 의도할 때 감지되는 추상적 형태인 반면, '전형적' 이라는 것은 반복적 익숙함과 진부함의 구체적 형태라 정의해 본다면, 박근형 연출의 공연이 놓친 것은 무엇인가를 헤아리는 일은 어렵지 않아 보인다.

이와 유사한 문제에 대한 해법으로 오랫동안 고연옥을 겪어온(?) 김광보는 제시한다; "고연옥 작품은 어렵다. 작은 소재로 희곡을 확대하는데 연출은 배우를 통해 이를 보여줘야 한다. 이렇게 하기 위해서 연출은 작품을 뒤집어서 우화적으로 풀어야만 해결된다. 역설적으로 접근하지 않는다면 평범한 작품이 돼버린다. 때문에 '아' 하면 '어' 할 줄 아는 배우, 일차원을 벗어난 연기가 필요하다. 나는 일차원적인 연기를 하는 배우를 혐오한다." 물론 이때의 일차원적인 연기란 뻔한 연기, 상식적인 연기임은 설명할 필요가 없겠다. "내면의 서브텍스트 없이 말이 설명하는 감정에 휘둘리는 연기가 답답" 하다고 말하는 고연옥에게도 역시 일차원적이고 과시적인 감정연기는 매력 없어 보인다.

대체적으로 작가 자신만큼이나 작품에 사로잡혀 있을 연출에 대한(지나치게) 신실한 믿음에서거나, 낯선 분위기를 꺼려해 연습장을 찾지 않는 작가의 소극적인 태도, 혹은 연출과 작가가 조율되지 못해 작가가 연출에게 일방적으로 끌려갈 때 문제는 발생하는데 〈일주일〉의 경우엔 이 조건들이 모두 뒤섞여있었던 것 같다. 작가로서 제일 큰 불만은 공연대본으로 체질개선하기 위해 연출이 원작을 살짝 손질한 것보다는 오히려 작품 속 극적 메타포를 살리지 않은 공연무대를 보는 일이었던 것 같다. 예컨대 작가는 "창조의 일주일이자 종말의 일주일"로서의 '일주일' 을 암시했건만 무대에서의 일주일이란 개념은 사건진행을 순차적으로 안내하는 단순한 시간성으로만 수행되는 걸 지켜봐야 했던 것이다.

4.3. 〈백중사 이야기〉

어쨌거나 결과적으론 남에게 넘어간 셈이 되고 말았지만 사실 〈백중사 이야기〉는 "이건 내가(연출)하는데 좀 고쳐야겠다"며 애초에 김광보가 연출하려고 했던 작품이라고 한다. 십년지기 동지인 김광보와 고연옥도 처음부터 호흡이 잘 맞았던 건 아닌듯 〈인류 최초의 키스〉와 〈웃어라 무덤아〉 초연 때까지는 사소한 트러블도 많아 2, 3년 서로 만나지 않은 때가 있었다고 한다. 둘의 첫 인연이었던 〈인류 최초의 키스〉의 공연을 위한 대본 어레인지 과정에서부터 살짝 삐걱거리기 시작했다는데, 작가와 연출 사이에 당연히 있을 수 있는 자연발생적 마찰일수도 있겠지만 그보다는 순박하지만 개성 강한 두 예술가가 서로를 탐색하고 서로에게 스며드는 과정에서 겪게 되는 일종의 성장통이 아니었나 싶다. 여하튼 〈백중사 이야기〉는 서로 까칠했던 이 기간에 아는 바와 같이 문삼화에게 넘겨졌다.

유난히 감방을 소재로 하거나 혹은 극중 감방이 나오는 작품을 많이 썼던 고연옥은 이제 극적 공간을 옮긴다. 이미 타이틀이 많은 정보를 제공하듯 〈백중사 이야기〉는 군대를 배경으로 중사의 직위를 가진 한 인물이 경험하는 신산하고 고통스런 삶의 이야기를 다룬다. 이처럼 고연옥은 여전히 협소하거나 폐쇄적인 극적 공간을 선택하지만 그것으로부터 사회와 세상이라는 넓은 공간의 층과 결의 구조, 이치를 연관시킨다. 그럼에도 그녀는 무엇보다도 강하게 대상의 본질에 매료되어 있고 그 대상이란 언제나 인간의 본성 자체이거나 혹은 인간과 세계와의 관계에서 생성된 추상적 관념에서 크게 벗어나지 않는다.

〈백중사 이야기〉는 〈발자국 안에서〉와 같은 플롯상의 순환구조는 아니지만 언어와 상황에 있어서 다분히 반복적 패턴을 지닌다. 예컨대 1막 1장에서의 금자의 대사 "글쎄, 난 여기서 10년을 살았지만 시간이 가는 건 한 번도 못봤어. 왔다가 가는 건 사람들이지. 오빠같은 군인들."은, 6장 정이병에 의해 그 내용이 고스란히 되풀이 된다; "글쎄, 난 여기서 3년 가까이 살았지만, 시간이 가는 건 한 번도 못봤다. 왔다가 가는 건 사람들이지. 우리 같은 군인들". 한편, 이병들이 애인으로부터 받은 연애편지를 두고 병장들이 희롱하는 장면들(2장, 6장)은 상황의 반복성을 드러낸다. 말을 잘 다스리는 작가답게 극 중 대부분의 언어들은 자유로운 운율 안에서 리듬을 생성하며 상쾌하게 호흡과 맞아 떨어진다. 대사들은 부대와 군인이라는 정황적 특징을 살린 거칠고 남성적인 언어들이 주조를 이루는가 하면, 창녀들로부터는 퇴폐적이면서도 처연한 언어들이 잔물결을 이룬다. 이와 동시에 짧은 경구처럼 음미되는 언어들도 곳곳에 배치되어 시성(詩性)을 더욱 풍성하게 한다. 그러나 고연옥의 작품에서 줄곧 발견되는 감상성이 이 작품에서는 물 위에

기름 뜨듯 어색하게 분리된 듯한 느낌도 없지 않다;

> 금자 : (술 한잔을 마시고) 어릴 때 학교에서 들은 얘긴데, 사람 몸은 칠십 프로가 물로 되어 있대. 사람이 떠날 수 있는 건 그것 때문이 아닐까? 하지만 난 항상 물이 모자라 술을 마셔. 아무리 마셔도 채워지지 않아. 잠이 들면 눈이 뻥 뚫린 미이라가 돼서 사막 한 가운데 누워 있는 꿈을 꿔.
>
> 백중사 : (금자에게 안기며 가슴에 귀를 기울인다) 그럼, 이게 모래바람 소리였구나. 그렇지? 우리만 두고 모든 게 사라지는 소리, 떠나는 소리……그렇지? (12장)[8]

작가와 김광보 연출과의 인터뷰는(사정상 나는 이 공연을 놓쳤다) 이 작품이 가질 수 있는 공연적 차별성을 감지하게 한다. 공연관람 후 김광보는 문삼화에게 "희곡의 서브텍스트 분석이 안 되었다"고 말했다 한다. 공연에서 보여진 군대사회란 여자작가, 여자연출가에 의해 감상적으로 그려진 사실적이지 않은 세계였고 때문에 군대에서의 위계문제, 부당행위, 폭행, 성폭력을 비롯해 창녀와의 문제까지 온전히 체험적으로 인식되지 못한 세계로 그에게 비춰졌던 것 같다(그렇다면 김광보는 불가지론자인가?). 극적 현실이 그 사실적 진정성에 문제가 있다는 것은 어쩌면 무대형상화에 있어 부차적인 문제일 수도 있다. 무대란 사실적으로 보이건 그렇지 않건 간에 허구의 세계라는 진실에 묶여있으니 말이다. 반드시 경험적으로 사실적이어야 할 필요는 없어 보인다. 아마도, 극적 사건을 선택하는데 있어선 다분히 선험적이고 사유를 개진하는데 있어선 불가지론을 성큼 넘어서는 고연옥의 당찬 극작술이 몰고 올 수 있는 위험성의 일면을 김광보는 지적하는 것

---

8 희곡 〈백중사 이야기〉, 고연옥 희곡집 『인류 최초의 키스』, 연극과 인간, 2007.

이리라.

한편 아이러닉하게도 고연옥은 작품이 군대 이야기로 축소된 것에 실망스러움을 감추지 않는다. 그녀는 제도적 조직의 일부분으로서 군대를 끌어들였지만 정작 그녀가 말하고자 하는 내용은 군대사회 자체가 아니라, "사회 속에서 열심히 살아보려 하지만 실패한 사람, 그런 사람이 살고 있는 세계의 본질"에 관해서였기 때문이다. 그런데 비단 이 작품에서 뿐만 아니라 앞서 다룬 〈일주일〉에서도 그렇듯, 작가의 의도와 연출의 방향이 엇갈리는 경우를 우리는 드물지 않게 발견한다. 사실 고연옥과 김광보에게서도 이 같은 문제는 피해가지 않았다. 예컨대 이들이 함께했던 작품으로는 가장 최근에 있었던 〈발자국 안에서〉의 경우를 보자. 작가는 죽음에 대한 얘기를 하고 싶었는데 연출은 사람들의 이기심을 파고들었고, 작가는 현대사회의 공간성을 탐색하고자 했는데 연출은 극중 인물인 화가를 자신의 페르소나로 삼아 사람들에 의해 점점 파손되어가는 인물로 중첩하였다고 한다.[9] 이 공연에 대한 필자의 기억은 좀 다른 것 같다. 적어도 우리 사회의 인간의 이기심, 집단의 맹목성과 함께 시간이 축적되어감에 따라 더욱 위협적으로 변질되어가는 공간성만큼은 명징하게 각인되었던 공연으로 기억한다. 특히 그 가공할 공간성에 모나드(monad)인 영과 심과 식(息)의 결정체인 생명이 위태롭게 잠식당하는, 그래서 더없이 무력한 존재로서의 인간존재가 명확하게 돌기되었던 공연으로 남아있다.

김광보에 따르면 〈백중사 이야기〉가 공연의 완성도의 측면에서 어필되지 못한 이유는 텍스트에 존재하는 '어처구니 없음', '느닷없는 역설'이 무대에서 살아나지 못한데 있었다고 한다. 이는 인물들을 풀어가는 방식이나 장면을 연결시키는 전략과 상응하는 대목인데 아마도 공연이 작품을 교과

---

9 고연옥과의 인터뷰, 2009.2.4.

서적으로 독해하고 단선적으로 주제에 접근함으로서 작품을 전반적으로 무겁거나 평이하게 이끈 것은 아니었나 짐작해 본다. 다시금 김광보의 설명을 부언해보면, 〈발자국 안에서〉의 경우 그는 배우들에게 작품의 순환구조를 먼저 이해시켰다고 한다. "이 작품은 순환구조이므로 인물들이 처음 만나는 사람에게 하는 것처럼 낯설게 대화해서는 안된다. 배우들은 알고 있지만 모른 척하고 연기해야 한다. 바로 이런 부분에서 능청스러움과 역설이 탄생한다. 또한 인물들은 화가에게 강요해서는 안된다. 왜냐면 집단은 책임지지 않기 때문이다. 책임지지 않기 위해서는 강요해서는 안된다." 지금까지 김광보의 말을 종합해보면, 기본적으로 극 구조에 대한 분석과 서브텍스트에 대한 면밀한 탐색, 역동적인 형상화를 실현시킬 수 있는 수행적 매듭(예컨대 반복성의 의미화라던지, 김광보의 언어로 '어처구니 없음', '역설'이 포함될 수 있겠다)을 찾는 것이 아마도 고연옥 작품을 무대화하는데 요구되는 주요소들로 볼 수 있을 것 같다(연출과 극작가의 창조적 화합은 글에 내재된 작가의 관념을 연출이 여하히 포착하느냐가 콤비 플레이에 일차적 관문이라는 내 신념이 헤아려졌으면 좋겠다).

5. 김광보의 연출적 자의식/작업경향

연출가 김광보는 1990년대 후반, 혜화동1번지 제2기동인으로 활동하며 촉망받는 젊은 연출가로 주목받기 시작했다. 자신이 이끄는 극단 청우의 95년 창단공연작 〈종로 고양이〉(조광화작)로 일찍이 1996년에 한국연극지가 선정한 '젊은 연극인 상'을 수상했는가 하면, '22개 주요언론 연극담당기자들이 뽑은 96년을 이끌어갈 젊은 연극인'으로 지목되는 영광을 누리기도 하였다. 화제몰이를 했던 이 작품은 특히 평론가 최준호로 부터 찬사에 가까운 호평을 받기도 했다.

> […] 공연의 완성도를 위한 의지가 극장의 재배치에서 엿보였고 실제 공연도 어느 한 부분 어설픈데 없이 짜임새가 있었다. 극은 현재, 과거, 현재의 구성을 취했는데 삽입된 과거는 첫 번 현재에 대한 기억을 더욱 쓸쓸한 것으로, 되돌아온 현재에서의 재회의 감격과 시부 삼화의 죽음을 매우 공감대가 큰 결말로 끌어가게 하여 재현의 올바른 활용이 돋보인다 […] 동일한 공간에 얽힌 사연(이야기)을 축적시키고, 그 공간안에서 등장인물들의 관계가 형성되고, 다양한 사건이 일어나게 함으로써 무대공간의 의미화는 분명해진채 오래 관객의 기억에 남게 되었다. 사실적인 연기와 무대장치에 고양이의 틀(인형극무대처럼)을 만들거나 인형조작, 방울소리 등의 추상적인 표현으로 감각소여에 자극을 주는 방법은 공연의 표면적인 사실성에 생명을 부여하거나 2, 3차적인 의미화를 지향하고 있었다. 긴 침묵과 파괴적인 속도감으로 살아있는 공연의 템포, 연기 앙상블, 조명, 음향효과의 정확한 타이밍에 […] 사실성의 토대 위에 연극적인 표현력이 잘 세워진 작품이었다[10]

김광보의 작업들을 줄곧 관찰해온 바 지속적으로 펼쳐온 다양한 연극실험이 어느덧 예술적 실현의 구체적인 형태를 갖춰가는 듯 여겨진다. 김광보의 공연들은 작업방식에 따라 크게 내부(자체)공연과 외주(청탁)공연 등 두 가지 범주로 분류될 수 있을 것 같다. 먼저 90년대 후반의 초기작들을 일단 제외하고 보면, 〈인류 최초의 키스〉, 〈웃어라 무덤아〉, 〈발자국 안에서〉, 〈오이디푸스 그것은 인간〉, 〈S고원으로 부터〉, 〈억척어멈과 그 자식들〉 등이 자신의 극단 청우에서 작업한 공연들이다. 그런가 하면 극단 미추에서의 〈뙤약볕〉(이 작품은 2004년 극단 청우의 창단 10주년 기념공연

---

10 이 글은 평론가 최준호가 '젊은 연극인에 거는 기대'란 제목으로 1997년 한국연극 5월호에 게재한 바 있으며 필자는 〈뙤약볕〉 공연 프로그램에 재인용된 내용에서 발췌했다.

으로 무대에 다시 오른 바 있다), 시립극단에서의 〈헨리 IV세〉, 국립극단과의 〈당나귀들〉 그 외에 〈산소〉, 〈프루프〉, 구랍을 장식한 한국연극 100주년 기념공연 〈인간의 시간〉과 뮤지컬 연출작 등 다수의 외부작업들이 있다. 그간의 공연들을 지금 성과로서 가치평가내리는 일은 필자의 관심 밖의 일이지만 그럼에도 불구하고 어쩐지 이 두 범주의 성향은 막연한 가운데 뚜렷해 보인다.

모든 공연들이 다 그렇다고는 할 수 없지만 후자의 공연들이 그 형식이나 내용(에너지, 아우라, 퀄리티 등), 제반 매커니즘에 있어 상대적으로 훌륭한 조건임에도 불구하고 안전지향적 경향을 띠고 있다면, 전자의 경우는 보다 열등한 환경 안에서도 결기있는 실험성과 생생하고 용단있는 창의적 의식은 더욱 돋보였다고 판단된다. 전자의 공연들 중 〈인류 최초의 키스〉와 〈웃어라 무덤아〉, 〈발자국 안에서〉가 고연옥 작가의 작품이라는 것은 모두가 아는 사실이고, 앞서 언급한 〈블라인드 터치〉의 윤색만큼이나 〈억척어멈과 그 자식들〉이 그녀의 각색작이라는 점이 새로워 보일 수도 있겠다. 이 중 〈인류 최초의 키스〉와 〈발자국 안에서〉는 평단을 비롯해 일반관객에게서도 호의적 반응과 감흥을 불러내었고 〈억척어멈과 그 자식들〉은 결과로서의 완성미보다는 브레히트의 한국수용에 있어서의 미래적 가능성이라는 성과적 의미가 더 큰 공연이었다.

김광보는 지난 4월에 〈산소〉, 7월에 〈무궁화 꽃이 피었습니다〉에 이어 2010년 벽두에 차근호 작가의 〈자각몽〉(lucid dream)을 공연하는 등 고연옥과는 일시적으로 거리를 둔 채 독자적인 질주를 멈추지 않고 있다.

5.1. 〈인류 최초의 키스〉

〈인류 최초의 키스〉는 불합리한 제도적 구조와 그에 편승한 사악한 도덕성이 인간의 해방의지를 좌절시키고 소박한 개인을 절망과 죽음으로 몰아가는, 암울하고 무책임한 현실을 다룬다. 사회적 안정과 질서를 도모하기 위해 마련된 제도란 얼마나 위악적이고 위선적인지, 그리하여 제도(制度)는 어찌나 능란하게 제도(濟度)를 배반하는지, 권력의 도덕성이란 그 잣대가 어떻게나 허황한지, 제도의 안전망에 든 인간기계의 횡포에는 무엇으로 맞서야 하는지 등등은 작품 속 불합리한 제도적 구조가 물고 온 이슈들이다. 그리고 그러한 이슈들은 서로 다른 가치 사이의 실제적 충동, 즉 '제도와 그것에 대한 반응에서 구체화되는 기존의 신념과 새롭고 생생하게 경험되어진 모순 및 가능성 사이의 긴장'을 동반하는 비극의 조건을 이룬다.[11]

제도적 구조의 사악한 도덕성이란 정치적 계산 또는 신분적 위계로서 획득되는 권력의 배경이자 권력의 동력이다. 선량함과 순리가 실종된 도덕적 불모의 늪에 내동댕이쳐진 인간이, 자신에 대한 긍지를 키우고 타인에 대한 배려를 잃지 않으며 반성과 동시에 미래에 대한 희망으로 벅차하고, 세계에 대한 이해와 인식을 키운다는 것은 불가능하다. 이럴 바에 인간의 가치란 얼마나 가볍고 하잘 것 없는지. 작품은 중심인물인 죄수들의 자유에의 갈급한 욕망과 단순하고 무의미한 그들의 일상이 빚어내는 희망과 절망의 엇갈림을 통해, 반동적이고 파토스적인 여운을 남긴다. 무엇보다도 철옹성 같은 제도의 감옥을 보면서도 손대야할 곳조차 막막한 현실이 더욱 참담한 여운을 남긴다. 비극적 액션의 결말이 흔히 죽음 뒤에 물리적이거나 정신적인 새로운 힘의 분배를 제시하는데 반해, 이 작품에서는 어떠한 긍정도, 희망도, 해결의 기미도 보이지 않는다는 점에서 비극성은 더욱 의미심장해진다.

---

11 레이몬드 윌리암스, 임순희 옮김, 『현대비극론』, 까치글방, 1997, 76쪽.

공연은 김광보 특유의 냉소적 역설과 독특하게 통제된 형식미학이 유감없이 발휘됐던 것으로 기억된다.[12] 돌이켜 보면, 군더더기 없이 절제되었으나 힘있는 장면들, 리듬과 멜로디에서 반복성을 강하게 드러내는 단순하나 아이러닉한 음악과 음향, 관객의 내면을 끌어당기고 밀어내는 유연한 시공간감각, 사실성과 비사실성이 적절히 내통하는 듯한 무대공간 등의 제요소들은 결과적으로 고연옥의 우의적 작품세계를 보다 실제적이고 완성적 형태로 구현하기 위한 길잡이이기에 부족함이 없었다.

희곡의 상상적 인물이 무대의 구체적 인물로 체화되는 방식과 양태에 따라 극적 현실의 질감과 그에 내포된 의미는 달라지는데, 〈인류 최초의 키스〉는 모사적, 재현적 사실성 보다는 '신뢰할만한 진실성'에 무게를 둠으로써 지성과 연극성을 동시에 확보한다. 희곡의 인물들은 개성적이기보다는 유형적 인물에 가깝다. 이에 김광보는 인간성 자체보다는 환경적 가면성이 더욱 두드러진 극중인물들로 강화한다. 예를 들자면, 극중 교도관은 권력적 서열의 최하위에 있지만 수감자들과 공간적으로 가깝다는 이유로 그 누구보다도 직접적이고 파괴적인 위해를 가할 수 있는 인물이다.

교도관 : 아주 통쾌한 판결이었습니다. 이놈을 사회로 보내요? 어림도 없는 소리 마십시오. 밥 먹다가 젓가락으로 배를 갈라 창자를 온몸에 칭칭 감는 놈이죠. 눈알을 뽑아서 서로 던지는 시늉을 합니다. 내기에서 지면 손톱, 발톱 뽑는 놀이를 하구요. (사이) 하루종일 이놈들과 있으면서 내가 미치지 않은 이유가 뭔지 압니까? 아무도 알아주지 않아도 말입니다. 난 하루에서 1분도 빠짐없이 이 사회를 지키고 있습니

---

12 필자는 2002년 대학로극장에서의 공연을 관람했고, 2003년 바탕골소극장에서의 공연을 DVD로 출시한 자료를 보조자료로 삼았다.

다. 내가 살아있는 한 이 짐승들은 한 발자국도 나갈 수 없어요.[13] (20쪽)

희곡에서 교도관은, 이 사회를 굳건히 지키는 성실한 파수꾼이란 스스로의 확고한 믿음 하에 수감자들을 사회적 오물로 취급하고 그들에게 함부로 폭력을 휘두르는가 하면, 1막 5장에서와 같이 가출소요구가 기각된 사실에 넋이 나간 성만을 목 졸라 제압하는 살인적 인물로 묘사된다. 공연에선 희곡과는 달리 교도관이 학수를 감방에 끌어다 처넣는다거나(1막 1장), 성만뿐 아니라 상백까지도 목 졸라 죽인다(2막 4장). 즉, 그가 표상하는 극우적 살인기계의 폭력적 광기를 그 극단까지 몰아붙이는 방식으로 인물은 사회적 관점으로 강화되었다. 이처럼 환경적 가면성으로 강화된 인물로부터 제도적 위계구조 전체의 비인간성, 도덕성을 내던진 질서와 규범, 실종된 휴머니즘, 국수주의적 이데올로기의 망상, 폭력의 반복과 재생산의 밑그림은 더욱 확연해진다.

한편 공연에서 배우들은 경제적인 몸동작과 더불어 스스로의 말과 행동을 유희하는 의도적인 여유로움을 보인다. 인물들 서로간의 대화조차도 주로 객석을 향해 몸을 열고 발화하는데 이 같은 매커니즘은 확실히 관객으로 하여금 서정적 몰입보다는 서사적 목격을 유도한다. 여기에 전형적인 파르스적 요소와 과잉의 신파적 무드를 적절히 혼융하는 방식 또한 브레히트식의 거리두기를 적극적으로 내세운다. 장면의 비극적 톤을 뒤엎는 경쾌하고 단조로운 선율로 장면전환시의 암전을 메우는 등의 의도적 비약과 역설적 장치들 역시 거리두기 방식을 통일성있게 이행한다.

사회와 제도의 결함과 모순을 꼬집어 짭잘한 말맛으로 표면화시킨 고연

13 희곡 〈인류 최초의 키스〉, 고연옥 희곡집 『인류 최초의 키스』. 본문에 인용 쪽 표시.

옥의 작가의식과 이를 정확히 꿰어 가장 적절한 방식을 찾아낸 김광보의 감각은 극이 진행되는 내내 조화의 밀도를 더해간다. 무엇보다도 우연적 사고가 아닌 윤리적 내용과 인간적 작인(作因)으로서의 비극을, 오히려 비극적으로 몰아가지 않음으로서 '진정한 연민'[14]을 동반한 순도 높은 비극성이야말로 연출의 직관과 개성이 고연옥의 텍스트와 화합된 결과라 할 수 있겠다(물론 이때만 해도 고연옥과 김광보에겐 서로에 대한 탐색시기라 완전한 믿음이 형성되진 않았겠지만 그럼에도 작품을 매개로한 서로간의 내적인 접근과 함축적인 교류는 성공적으로 보인다).

6. 나가며 – 미래의 행보

김광보는 연극의 사회적 기능을 믿고 있기에 대사회적 발언을 꿈꾼다, 그것도 거대하고 유창하게. 이것이 그의 앞으로의 계획이다. 고연옥 역시 그녀가 극작을 하게 된 배경에 채 영글지 못한 정치적 인식이 자리했듯, 언젠가는 체제의 가식적인 틀을 건드려 보다 도전적인 작품을 쓸 것이라 한다.

돌이켜 보건대 시대성을 공유하고 서로간에 관심사가 통한다는 것은 때로는 운명적이기도 하다. 함께 작업한 지 십 년이 다 되어갈 즈음에야 김광보가 비로소 동반자라는 느낌이든 데에는, 그와는 길게 갈 사람이라는 애초의 믿음이 고연옥에게 크게 작용하고 있었던 것 같다. 고연옥은 김광보 연

14 헤겔은 '진정한 연민'이란 "고통받는 자와 동시에 연관되는 윤리적 요구에 부합하는 감정"이라는 '순전한 내용'을 지닌 것으로, 그 '순전한 내용'을 결여하고 있는 '단순한 연민'과는 구분된다고 지적한다. 레이몬드 윌리암스, 임순희 옮김, 『현대비극론』, 까치글방, 1997, 63~76쪽 참조

출에 대해 서슴없이 "연출 자신은 언제나 오랫동안 생각했던 부분이라고 설명하지만 내가 보기엔 직관이 뛰어나"고 "자기 분석의 정확성을 믿는 연출"이라고 말한다. 또한 인간과 세계에 대해 감지하고 인식한 본질을 집요하게 추구하는 끈기있고 신뢰할만한 연출가라고 덧붙인다. 작가로서의 고연옥에 대해 묻는 질문에 김광보는 "잘 쓰는 작가다. 이렇게 쓸 줄 아는 작가는 정말 많지 않다"라고 명쾌히 못을 박는다. 인간적인 면은 어떠냐니까 "지나 내나 화법도 투박하고 촌놈, 촌년이지만 고연옥은 순박한 여자, 진실성있는 여자다. 한마디로 야로가 없는 사람이다."라고 답한다. 정말이지 소박하다 못해 무례하다 느껴질 수도 있는 짧은 답변이지만 그 말 속에서 한 인간에 대한 숨길 수 없는 애정과 신뢰를 발견하게 된다. 최근 십 년간 이들 각자는 너무 급작스럽게 혹은 너무 많이 영광을 누려왔기에 한 편에선 선망의 대상이기도 했다. 그렇지만 이들이 이상적 콤비 플레이의 한 모델일 수 있는 것은 무엇보다도 자기 영역에서 한껏 개성과 기량을 발휘하는 가운데 상대방에 대한 온전한 믿음을 지속적으로 키웠기 때문이다. 작가와 연출가로서 서로의 장단점을 예리하게 간파하여 이를 조율할 줄 아는 명민함과 건실함 또한 그에 대한 언급에서 빠질 수 없는 요소다. 때때로 서로의 부담이기도 했던 연극적, 인간적 동질성으로부터의 엄숙한 긍정 또한 눈여겨볼 만한 요소다.

연극적 성향이 비슷하고 성격도 닮은 데가 많아, 상대방에게서 싫은 모습을 보게 될 때면 투닥거리기도 했는데 사실은 그게 바로 자신의 싫은 모습임을 알게 되었다는 그들. 그런데 이 둘의 멋스러운 콤비 플레이는 흥미롭게도(!) 당분간은 보기 어려울 것 같다. 오랫동안 함께 작업을 하다보니 각자에겐 앞으로 나아가는 존재로서 자기체험을 지속하고 자기를 재인식할 내면적 선회가 필요한 시기가 된 것이란 판단에서인지… 실제로 김광보는 극단을 위해서, 극단 배우들의 발전을 위해서 또 자기 자신을 위해서 고연옥을 잠시 떠날 필요를 느낀다고 말한다. 이런 결정에는 어떤 계기가 있기 마련인데 김광보는 〈쵸반니〉(베츠야쿠 미노루작, 2008. 10. 산울림소극장) 공연을 회상한다. 그는 전혀 성격이 다른 이 작품을 고연옥의 작품처럼 접근했던 게 결국 실패의 원인이라 토로한다. 여기에 무슨 설명이 더 필요할까.

고연옥 역시 언젠가부터 작가로서 변화의 필요성을 스스로 감지하고 있는 듯하다. 마침 고연옥-김광보의 콤비 플레이 삼부작이라 할 수 있는 〈인류 최초의 키스〉, 〈웃어라 무덤아〉, 〈발자국 안에서〉의 DVD가 극단 청우에서 제작되었으니 이로써 그들의 긴 행로에 일시적인 쉼표를 찍어도 좋을 것 같다. "멋있는 척 안하고 예쁜 척 안하는" 투박함과 솔직함을 서로의 공통적인 코드라고 말하는 이들. "익숙하다는 것이 족쇄가 될 수도 있다"면, 그래서 작업의 발전이 중단될 수도 있다면 당분간은 떨어져 각자 '바람'을 피워보는 것도 언젠간 또다시 마주볼 앙상블의 골을 깊게 파기 위한 인고의 과정이리라.[15]

15 실제로 처음 이 글이 쓰여진 때는 지금으로부터 2년 전이었다. 그 2년의 기간 동안 고연옥, 김광보는 물론, 각각 꾸준히 자신들의 작업을 계속해 왔지만, 이 글에선 그 내용이 거의 다뤄지지 않았음으로 밝힌다. 한편 2011년 1월 현재, 명동예술극장에서 공연 중인 한태숙 연출의 〈오이디푸스〉 프로그램의 뒷부분에 실린 국립극단 2011년의 계획에는, 고연옥의 〈주인오셨다〉가 김광보의 연출로 백성희장민호극장에서 4월 말에 올라갈 것으로 예정되어 있다고 한다.
이로써 짧은 기간 동안의 이들의 독자적 행보는 일단락된 게 아닌가 싶다. 아마도 이 작품, 〈주인오셨다〉가 고연옥 · 김광옥 콤비플레이가 펼치는 제2의 여정의 서막은 아닐까 필자는 내심 기대가 크다.

참고문헌

이윤택과 연희단거리패.

오태석과 극단 목화.

손진책과 극단 미추.

양정웅과 극단 여행자, 원영오와 극단 노뜰, 박정의와 극단 초인.

'남산예술센터 2009년 시즌 개막공연' 으로 장성희, 최치언, 고연옥 등과 함께 〈오늘, 손님오신다〉라는 옴니버스 형식의 공연.

고연옥과의 인터뷰. 2009.2.4. 쇳대박물관 카페.

김광보와의 인터뷰. 2009.2.12. 카페.

고연옥과의 인터뷰. 2009.2.4.

권경희, 「진실과 현상 사이, 생각이 생각을 물다 : 〈달이 물로 걸어오듯〉」, 『연극평론』 복간 30호 통권 50호, 연극과 인간, 2008년 가을.

고연옥 희곡집 『인류 최초의 키스』, 〈인류 최초의 키스〉, 고연옥 희곡집 『인류 최초의 키스』. 연극과 인간, 2007, 연극과 인간.

최준호가 〈젊은 연극인에 거는 기대〉, 『한국연극』, 2007년 5월호

레이몬드 윌리암스, 임순희 옮김, 『현대비극론』, 까치글방, 1997.

〈오이디푸스〉 팜플렛(2011. 1, 명동예술극장, 한태숙 연출).

제4장

새로운 연출 미학

한일 공동 창작 공연의 생산적인 문화 소통을 위하여

— 〈강 건너 저편에〉와 〈야끼니꾸 드래곤〉을 중심으로

최영주

1. 들어가며

10여 년 전 즈음만 해도 공연계에서 낯설게 여겨졌던 풍경이 하나 둘 나타나기 시작하더니 어느새 우리 가까이에 다가와 익숙한 풍경이 되어 가고 있다. 공연의 독창성을 주장하며 그 독창성에 대해 권위를 선포해 오던 기존의 공연 창작자들이 다양한 범주의 구성원들을 포용해가며 공동 창작이라는 또 하나의 창작 방식을 실천하고 있는 것이다. 이는 개인성의 발견을 시작으로 개인주의를 구가해 오던 모더니즘 문화가 쇠퇴하면서 시작된 포스트모더니즘 문화의 한 현상으로, 저자의 죽음을 주장하며 대신 상호텍스트성을 합법화한 그간의 문화적 맥락과 무관하지 않다. 이는 또한 작가의 개인적 비전에 좌우되지 않고 연출가와 극단원이 적극적으로 창작과정에 개입하도록 독려하는 최근 공연 현장의 변화와도 밀접한 관련을 맺는다. 국내에서 목격되는 공동 창작의 일반적인 형태는 극단 안에서 이루어지는 단원들 사이의 공동 창작, 장르의 혼종으로 인한 공동 창작, 국가와 문화 간에

이루어지는 공동 창작 등 세 가지 방식으로 조명해볼 수 있다. 대체로 극단 내의 공동 창작이 극단 운용의 한 방식으로 시행되고 있다면, 장르의 혼종에 따른 공동 창작은 미학적 실험을 1차적인 의도로 삼는다. 한편, 국가 사이의 공동 창작은 개인적인 미학적 실험을 위해 이루어지거나 혹은 문화 상호주의의 적극적인 소통 행위라는 또 다른 의미를 지닌다. 국내에서 발견되는 공동 창작의 유형을 대략적으로 요약해보자면 다음의 세 가지 방식으로 거론할 수 있다.

첫째, 가장 일반화된 형태로 극단 내에서 이루어지는 단원들 간의 공동 구성이라고 할 수 있다. 극단 내의 공동 창작 방식은 작가나 연출가가 독점하던 극작이나 창작 행위의 과정에 단원들이 공동으로 참여하여 작품을 구성하는 방식을 말하는 것으로 극단의 취지와 창작 방식을 오랜 기간 동안 공유해 온 단원들 간에 생겨난 자연스러운 공조 방식으로 볼 수 있다. 이러한 창작 방식은 극단 구성원 간의 민주적인 대화를 전제로 하며 적극적이고 창의적인 참여를 독려하는 한편 극단의 미학을 공고히 하는 장점을 지닌다. 공동 창작을 극단 운영과 창작 행위의 방침으로 모인 서구의 경우와 달리, 국내 극단의 공동 창작 방식은 모든 운영 방식에 일괄적으로 적용되기 보다는 작품에 따라 선택적으로 실행되는 경우가 대부분이다. 이 같은 형태의 공동 창작은 대체로 소규모의 극단에서 행하여지고 있는데, 희곡 텍스트 구성과 공연 리허설 과정에서 이루어진다.

둘째, 시기적인 현상으로 공연 형태의 변화로 인해 불가피하게 공동 창작이 이루어지는 경우도 있다. 포스트모더니즘의 여파로 다양한 장르의 혼종이 이루어짐에 따라 타 장르의 공연자들이 모여 작품을 공동 구성하는 방식이다. 특히, 춤과 음악, 미디어 테크놀로지 등의 공연 요소가 서사만큼이나 작품의 비중을 차지하는 경우 각 장르의 전문가들이 모여 새로운 공연 미학을 실험하고 서로의 창작 의욕을 고취시키며 퍼포먼스 요소를 강화한 작품을 공동 창작으로 제작하곤 한다. 서구의 경우 다양한 장르의 최고의 전문가들이 공동 구성을 통해 서로의 창작 영감을 공유하며 세계적인 작품을 구축해가는 반면, 국내에서 발견되는 장르 간의 혼종은 일부 실험적인 공연을 추구하는 과정에서 예술가들 사이의 개별적인 동의로 이루어진다.

셋째, 국가의 장벽을 넘어 문화 교류의 일환으로 전개되는 공동 창작 형태가 최근 5년 사이에 매우 활발하게 진행되고 있다. 이러한 공동 창작 방식은 미학적 실험을 위한 개별적인 교류와 더불어 적극적인 문화 소통을 의도하며 그에 대한 담론을 생산하는 두 가지 측면을 보여준다. 두 경우 공히 양국 연극인들은 타문화에 관한 호기심과 소통하려는 욕망을 지니며, 정신적인 공감과 타문화와의 접촉으로 인한 증폭된 문화적 충족감을 향유하는 데 의의를 둔다. 나아가 서사를 구성하는 데 있어 의식적으로 문화 간의 대화를 위한 담론을 구상하게 마련이다. 이 경우 서사는 인물의 심리적 동기나 행위에 초점을 맞추기 보다는 소통을 위한 상황 설정이나 논제 제기를 위해 구성된다. 상황을 통해 문화의 충돌을 의도하고 이를 통한 문제 제기 혹은 화해를 유도하는 것이 일반적인 경향이기도 하다. '서울국제공연제'와 '예술의전당'과 같은 공공 예술 단체가 해외 연출가를 초빙하여 국내 제작을 하거나, 해외 제작팀이 주도하여 국내 연극인들이 공연 과정에 참여하기도 하며, 혹은 양국의 개별 극단이 의기투합하여 공동 창작을 한다. 현재 한국과 일본 사이의 공통 창작이 가장 활성화되어 있다.

이 글이 살펴보고자 하는 공동 창작의 유형은 세 번째로, 최근 전례 없이 활성화되고 있는 한일 공동 창작의 사례이다. 한일 공동 창작은 그동안 국내에서 이루어진 여타의 공동 창작에 비해 그 내용과 의도에서 명백히 차별화될 뿐 아니라 다양하고 광범위하게 실천되고 있다는 특징을 지닌다. 사실, 해외 연극인과의 공동 창작의 포문을 연 것은 2000년 '서울국제공연제'가 서구 아방가르드 연극의 대표 주자 로버트 윌슨을 초대하여 한국 연극인들과의 공동 창작한 작품 〈바다의 여인〉이다. 이 공연은 공동 창작이라는 이름으로 제작 공연되었지만, 서구 유명 연출가를 초빙해 동시대 연극 미학을 우리 연극인과 관객이 체득해본 기회로 문화 이식에 해당한다고 할 수 있다. 이후 간헐적으로 전개된 해외 연극인들과의 공동 창작 역시 미하일 마르마리노스, 유리 부투소프, 스즈키 타다시 등 해외 유명 연출가를 초빙해 그들의 미학을 우리 연극에 수용하려는 의도에서 이루어진 것이 대부분이었다. 이러한 의도와 목적은 정중지와(井中之蛙) 상태에 있는 한국 연극의 활로를 개척해보려는 거시적인 목적에서 이루어졌기에, 국공립 단체가 제작하고 한국 배우들이 참여하는 방식으로 전개되었으며 일회적이라는 특징을 지닌다. 이에 반해 한일 공동 창작은 그 내용과 목적이 미학적 의도에 있기보다는 연극을 통한 문화 소통이라는 의도를 전경화하며 개인 극단 혹은 연극인 개인들 간의 지속적인 대화의 형태로 이루어진다는 점에서 주목할 만하다.

사실, 한일 공동 창작의 배경은 대중문화의 한류 현상과 무관하지 않다. 과거 식민지 역사를 극복하면서 텔레비전 연속극, 영화, 대중가요 등을 중심으로 이루어지는 한일 양국의 대중문화 교류는 앞날을 예상할 수 없을 정도로 가속화되고 다양화되어 가고 있다. 한일 간 대중문화 소통으로 말미암아 지난 세기동안 양 국민의 의식에 견고히 고착되어 온 상대에 대한 편견이 많이 완화되고 있지만, 식민지 경험과 그에 대한 상처와 자의식이 양국 간에 완전히 해소되었다고는 할 수 없다. 이런 상황에서 양국 연극인들이 참여한 공동 창작 행위는 역사에 대한 화해라는 포스트콜로니얼 문화 현상으로 의의를 갖는다. 양국 연극인들이 공동으로 공연을 만들고 양국에서 공연을 하는 것은 동시대를 사는 이웃 간의 적극적인 소통을 위해, 또한 과거의 불행한 기억을 극복하고 화해를 도모하기 위해 매우 고무적인 행위이며, 성과에 따라 사회나 정치적 사건에 버금가는 생산적인 결과를 낳을 수도 있다.

이 글의 의도는 한일 공동 창작 공연들 중 일본의 '신국립극장'과 한국의 '예술의전당'이 공동으로 제작한 〈강 건너 저편에〉(2002)와 〈야끼니꾸 드래곤〉(2008)을 택해, 두 공연의 연극적 성과와 문화 소통의 의미, 탈식민지주의 연극으로서의 성과를 살펴보는 데 있다. 두 공연은 공연 당시 작품성과 문화사적 의미로 양국 관객의 뜨거운 호응을 불러일으키며 최고의 작품상을 거머쥔, 한일 연극 교류의 성공적인 사례로 주목할 만하다. 최근 한일 연극 교류가 활성화되고 있는 상황이고 보면, 두 공연이 이룬 성과는 연극 뿐 아니라 현재, 그리고 앞으로 있게 될 다양한 형태의 문화 예술 교류를 위해 전범으로 삼을만하다. 물론, 한국과 일본은 과거 역사 속에서 각기 식민지 국가와 제국주의 국가라는 대립된 입장에 있었을 뿐 아니라, 현재에도 경제적으로나 사회적으로 결코 동등하다고 할 수 없다. 그러므로 상대국에 대한 공정한 이해와 배려가 없이는 예민한 문제가 발생할 수밖에 없기 때문에, 한일 공동 창작 공연은 성과 뿐 아니라 기획 의도, 제작 방식, 관점, 관객 반응 등의 문제 역시 면밀하게 살펴보아야 한다.

2. 화해를 위한 연극적 제언 – 〈강 건너 저편에〉

〈강 건너 저편에〉는 '한일 월드컵 공동 개최'와 '한일 국민 교류의 해' 기념사업이라는 배경 속에 한일 양국의 문화 소통을 위한 정책적 의도에 따라 기획되었다. 2년이라는 제작 과정을 거치고 나서, 이 공연은 2002년 동경의 '신국립극장'(6.3~13)과 서울의 '예술의 전당 토월극장'(5.13~23)에서 공연되었다. '2002 한국평론가협회 베스트 3'와 '2003 아사히 연극상'을 수상하면서 양국에서 공히 작품성을 인정받아, 2005년 일본 전국 순회공연과 '예술의전당'에서 재공연되기도 했다. 2007년 '예술지원센터'는 『아시아 공동제작 사례조사』를 통해 이 공연을 한일 공동 제작의 가장 혁신적이며 성공적인 기념비적 작품으로 평가하였다. 사회적 분위기에 걸맞은 제작 의도와 그것을 실현시킬만한 제작 능력, 신중한 선택과 일관된 실천으로 이 공연은 한국과 일본의 과거와 현재를 아우르는 문화사적 논평으로서 기여했을 뿐 아니라 한일 양국 언어를 표현 수단으로 하는 문화상호주의 연극의 전형으로 주목할 만하다. 기대와 예상을 넘어 흡족한 성과를 거둘 수 있었던 것은 과거의 역사적 상처에 대해 객관적인 거리를 둘 수 있게 된 시대적 분위기와 대중문화 소통으로 말미암은 서로에 대한 양국민의 호의적 이해, 공연에 참여한 양국 연극인들 덕택이다.

제작 과정을 자세히 살펴보면, 이상의 성과가 면밀히 준비된 과정으로 인해 성취된 것임이 자명해진다. 1999년 12월 '신국립극장'의 운영기획 회의에서 한일 공동 창작을 기본 틀로 하는 공연이 제안되었다. 회의에 참여했던 구리야마 타미야는 2000년 예술감독으로 취임하면서 한일 공동 창작을 주요 골자로 하는 공연 제작 의도를 실행하기 시작한다. 여기에는 구리야마의 개인적 의지가 '한일 월드컵 공동 개최'와 '한일 국민 교류의 해'라는 2002년의 시대적 배경과 함께 공연 제작에 중요한 영향을 미치게 된다. 즉, 한일 공동 창작은 그의 개인적인 오랜 숙원이기도 했는데, 어린 시절의 체험이 그 모태가 되고 있다. 그는 19세 때 한국을 방문하여 일본인에 대한 한국인의 증오심을 충격적으로 경험하고 이후 한일의 상호 소통의 필요성을 자각하게 되었다고 한다. 어린 시절의 기억을 되뇌며 그는 '언어의 충돌과 차이를 핵심으로 하는 현대 연극'을 기획하게 된 것이다.[1] 2000년 6월, 그는 자신의 구상에 가장 가깝게 부합하는 일본의 작가 겸 연출가 히라타 오리자를 선임하였다. 히라타 오리자는 대학 시절 1년 동안 서울에 거주한

1 『프로그램』.

경험이 있고, 〈서울 시민〉과 〈도쿄 노트〉를 통해 이미 한국에 소개된 극작가였다. 구리야마는 〈도쿄 노트〉가 자신의 의도와 유사하게 타문화와의 소통, 언어의 차이, 현대 일본의 가족 문제 등을 극의 내용과 형식에 내재시킨 작품임을 간파하였다. 이어 그는 2000년 12월, '예술의전당'에 공동 제작을 제안하였고, 한국의 연출가 이병훈을 파트너로 선택하였다. 이병훈은 김명화를 한국 측 작가로 택하였고, 희곡이 쓰여지는 대로 배우를 캐스팅하기로 결정하였다. 히라타 오리자와 김명화는 희곡의 의도와 플롯의 구성을 논의하면서 공동 창작 방식으로 15개월의 기간 동안 대본을 완성하게 된다. 그 과정에서 두 연출가는 각기 한국 배우 5명, 일본 배우 6명을 캐스팅하였다. 한국 코디네이터, 조연출, 의상을 제외한 모든 스텝들은 일본 스텝들로 구성되었다. 기획부터 초연에 이르기까지 거의 2년 6개월의 기간이 소요되었으며, 양국을 오가는 워크샵과 작가 회의 및 스텝 회의, 리허설을 위한 경비가 '신국립극장'의 지원에 의해 충당되었다.

전술한 것처럼 이 공연은 한일 간의 문화 접촉, 이입, 소통을 목표로 기획되어, 쓰여지고, 연출되어, 공연되었다는 점에서 국내에서 이루어진 공동 창작의 이정표로 삼을 만하다. 프로그램에 소개된 제작 후기를 통해 쿠리야마 외에 한국 연출가 이병훈 역시 작품의 방향을 결정짓는데 중요한 역할을 한 것을 알 수 있다. 구리야마는 "연극은 부딪치며 만나는 장이다. 가장 먼저 두 문화가 만나며 부딪치는 것은 언어이다. 언어를 모르고도 소통되는 것과 아무리해도 소통되지 않는 것이 있다."[2] 구리야마는 '충돌을 통해 드러나는 차이'를 이해함으로써 문화는 소통될 수 있다는 전제하에 기획 방향을 설정한 것으로 보인다. 이에 대해 이병훈은 "동시대를 사는 두 나라의 모습을 보여주는 가운데, 각 국민이 현 시대를 살아가는 고민을 소통하며

2 같은 책, 58쪽.

대화를 통해 이해해보고자 하는 염원을 담아”[3]내는데 합의한다. 이어 이병훈과 히라타 오리자는 “일본인의 ***방황***과 한국인의 ***탈출***의 욕망”[4]을 동시대 양국민의 고민으로 파악하면서 소통의 통로를 준비하게 된다. 이상에서 알 수 있는 것은 공연의 주요 동기, 주제, 목표가 기획 과정에서 면밀하게 계산되고 계획되었기에 희곡 텍스트가 양국 사회의 소통과 동시대 문제를 거론하는 담론적 성향을 지니게 되었다는 사실이다. 국공립 기관이 기획과 제작을 주도하고 그 과정에서 양국의 작가와 연출가, 제작자가 합의한 내용을 기반으로 플롯이 구성된 것이다.

공연이 문화의 충돌과 차이, 소통을 의도하며 기획되었기 때문에, 플롯은 인물의 심리적 동기가 유발하는 행위 구축이나 이를 토대로 전개되기보다는, 상황을 통해 두 문화가 어떻게 접촉하고 소통하는 지를 핵심으로 삼는다. 한국어 학당에 다니는 다섯 명의 일본인과 한국어 학당 교사인 김문호, 그의 가족이 한강 고수부지에서 벚꽃 나들이를 하며 만나게 되는 상황이 접촉점으로 설정된다. 재일교포인 박고남은 두 문화의 중간자적 입장을 대변한다. 한국어 어학당은 김문호의 가족과 일본인들이 만나는 계기가 된 장소이지만, 언어와 문화의 소통을 목적으로 세워진 공간이며, 또한 과거 한국 사람들이 모국어를 빼앗기고 일본어를 사용해야만 했던 과거 역사에 대해 일본인들이 한국어를 배운다는 상황으로 설정된 탈식민주의적 이데올로기가 개입된 공간으로도 볼 수 있다. 무대는 인물들이 소풍을 나온 한강 뚝섬으로 설정되어 있는데, 뚝섬은 바로 두 문화가 충돌하는 장소이며 동시에 화해와 해방의 공간이기도 하다.

이는 히라타 오리자의 전작 〈도쿄 노트〉에서 미술관이 배경이 되어 한일

---

3 같은 책, 70쪽.

4 같은 책, 같은 쪽.

'예술의 전당' 제공

국민이 만나고, 문화의 차이가 도드라지게 강조되면서, 동시대를 살아가는 양국 개인들의 문제가 관객을 향해 소통의 장을 마련했던 것과 유사하다고 할 수 있다. 대사가 동시에 진행되는 수사법도 히라타의 전작을 상기시키는 부분이다. 공동 창작의 과정이 길어지고, 두 작가의 글이 섞이면서 누가 어떤 글을 썼는지조차 알 수 없게 되었다는 일본 측 작가 히라타의 설명에도 불구하고, 극의 형식은 일본의 조용한 연극의 대표 주자인 히라타 오리자의 스타일을 고스란히 보여주는 듯하다. 무대 역시 실제를 방불한 극사실주의적 방식으로 세밀하게 장식되어 일본 무대 미학의 정수를 보여주는 듯하다. 바람이 불며 벚꽃이 휘날리는 모습은 극사실주의 미학의 극치가 아닐 수 없다. 요컨대, 일상을 세밀하게 포착하는 조용한 연극의 극사실주의적 양식은 사실 히라타가 주장하는 연극론의 실현으로 볼 수 있는 것이다.

공간과 장소가 구체적인 의도를 지니고 설정된 것과 마찬가지로 등장 인물들 역시 과거 역사와 현재의 사회 상황을 대변하며, 전형성과 동시에 상

'예술의 전당' 제공

징성을 지닌다. 예를 들어 김문호의 어머니 정끝단은 과거 일제시대에 태어나 식민지 시대의 기억을 고스란히 지닌 한국의 기성세대를 대변하는 인물이다. 정끝단의 남편은 월남전에서 전사했고, 둘째 아들은 캐나다로 이민을 가려고 한다. 식민지로 인한 어린 시절의 상처, 월남전에서 남편을 잃고 그녀가 겪어야 했을 고단한 삶, 이민 가는 아들 가족을 떠나보내며 그녀가 또 다시 앓아야 할 고독한 삶은 그 세대가 겪어내야 했던 한국 역사의 행로를 상징하게 된다. 정끝단의 작은 아들 김재호 역시 정신보다는 물질만을 추구하며 과도한 경쟁으로 내몰린 한국 현대 사회의 또 하나의 면모를 요약한다. 30대의 김재호는 샐러리맨으로 하루하루를 생존해가며 삶에 지친 생태이고, 때문에 태어날 자식의 교육을 위해 캐나다로 *탈출*하려는 계획을 갖고 있다. 큰 아들 김문호는 80년대 학창 시절 데모를 하다 감옥살이를 하였고, 시대가 바뀌어 정신적 지주를 잃어버리고 이젠 SF 소설을 쓰고 한국어 어학당의 교사를 하면서 살아가고 있다. 김문호는 7, 80년대 이데올로기의 갈등 속에서 젊음을 불사른 386세대를 대표하는 한편, 그의 변모된 모습은 지난 시대에 한국 사회를 가파른 벼랑으로 내몰았던 이데올로기의 허망함을 역설적으로 풍자하게 된다. 이와 같이 등장 인물들은 각기 세대가 속한 시대적 풍경을 담아내며, 한국의 과거와 현재, 미래를 구성하는 담론 속에 배치되어 있다고 할 수 있다.

한편, 일본 측 등장 인물들은 김문호의 한국인 가족들과 병치되어 *방황*하는 일본 현대 사회의 모습을 요약하고 있다. 즉, 사사키는 정끝단이라는 인물에 상응하는 60대 초반의 여성으로 한국에서 태어나 여섯 살까지 한국에서 산 기억을 지니고 있다. 어린 시절의 기억을 정끝난과 공유하는 가운데, 그녀 역시 일본 기성세대의 문제를 대변한다. 그녀는 남편의 한국 파견 근무를 쫓아 서울에 와서 한국어 학당을 다니고 있지만, 남편이 퇴직하고 나면 스페인에 가서 살 계획을 어렴풋이 세우고 있다. 하야시다 요시오는 한국에 호감을 지닌 '학생' 으로 자신을 소개하지만, 공연이 진행되며 학교를 일찌감치 그만둔 채 어느 조직에도 속하지 못하는 방황하는 젊은이임이 드러난다. 니시타니 지로우는 한국에 출장 와 있는 문구회사 직원으로 김재호와 병치되는데, 김재호가 한국인으로서 강한 자의식을 지닌 것처럼 니시타니 역시 일본인으로서의 자의식에 충만해 있고, 한국 문화에 대해 강한 거부감과 이질감을 토로한다. 나여주가 전업 주부로 남편의 시중을 드는 전형적인 여성으로 설정된 것에 반해, 나여주와 비슷한 연배의 기노시타 유리에는 프리랜서로 세계를 여행 중인 독신녀이다. 나여주가 남편 김재호에게 술을 그만 마시라고 잔소리를 하는 반면, 기노시타는 소주를 희희낙락 즐기며 자유로움을 만끽하는 일본 세대를 대표한다. 소풍 온 일행에게 뛰어든 사쿠라이 타로우는 한국에 신혼여행을 와서 신부에게 버림받은 남자로 일본 사회가 앓고 있는 방황의 또 다른 징후를 상징한다. 그는 미성숙하고, 지나치게 의존적인 일본의 젊은 남성상을 대표한다고 할 수 있다. 이와 같이 등장 인물들은 각기 한국과 일본 문화의 특징을 요약하는 한편 동시에 차이를 부각시킴으로써 양국의 문화를 대변한다고 할 수 있다.

플롯이 인과에 따라 기승전결식으로 전개되기 보다는, 하나의 상황을 배경으로 인물의 관계가 병치되어 진행되므로, 차이와 소통 가능성이 부각되기 마련이다. 특히 이 공연에서는 인물의 관계만큼이나 언어와 문화적 차이가 극의 리듬을 조율하며 긴장을 조성하기도 한다. 언어는 자신만의 고유한 문화를 구성하고 표현하며 그 차이를 극명하게 드러내줄 뿐 아니라, 정체성을 상징하는 핵심적인 매체이다. 그러므로 언어의 차이를 부각시키는 것은 각 문화의 정체성을 전경화시키면서 그 독자성과 차이를 주장하는 정치적 의도를 내포한다. 인물들의 대화를 통해 한국어와 일본어가 섞이며 충돌하는 가운데, 언어를 통해 각기 고유문화를 약호화하는 문화물들이 거듭 언급되며 차이와 소통의 가능성을 제시하게 된다. 정끝단과 사사키는 그들이 같은 시대와 경험을 공유하였다는 사실을 언어를 통해 확인한다. '그네' 와 '생과자' 는 그들이 공유하는 과거 문화의 상징물들이다. 반면 젊은 세대들에게 언어나 문화의 정체성은 그다지 중요하지 않다. 박고남의 아버지가 자식에게 조선인의 정체성을 심어주기 위해 억지로 먹이려던 매운 김치와 냉면을 박고남은 끝까지 거부한다. 이신애 역시 매운 김치는 잘 먹지 못한다. 반면, 사사키, 기노시타, 하야시다는 '냉면' 과 '김치' 를 매우 좋아한다. 박고남이 한국어와 일어를 사용하는 것은 두 문화를 공유하고 소통할 수 있는 그의 이중의 정체성을 방증하나 동시에 어느 문화에도 전적으로 속하지 못하는 중간자적 존재를 함축하기도 한다. 이신애와 하야시다는 자신들이 속한 문화의 정체성을 맹종하는 대신 상대 문화에 개방되어 있는 새로운 개념의 정체성을 지닌 젊은 세대를 대표한다. 일제시대의 제국주의 탄압은 조선어 말살 정책이라는 극단적인 정책으로 한국민을 내몰았으나, 한국어 학당을 찾은 일본인들은 한국어를 배우려고 열심이다. 언어는 두 문화를 충돌시키는 매체이나, 서로의 언어와 문화를 배우고 이해하려는 양국의 인물들의 태도를 통해 소통의 가능성을 열고 있다고 하겠다.

언어만큼이나 문화 차이가 시각적으로 분명하게 드러나는 것은 배우들의 몸과 몸을 움직이는 방식에 의해서이다. 공연이 시작되면 일본 배우들이 등장하여 돗자리를 깐다. 잠시 후에 등장한 한국 배우들 역시 가져온 돗자

'예술의 전당' 제공

리를 깐다. 같은 행동임에도 불구하고 각각의 모습은 두 문화의 차이를 극명하게 아로새긴다. 사사키 등의 일본 배우들은 무릎을 꿇고 앉아서 손으로 돗자리를 쓰다듬으며 조심스럽게 편다. 이에 반해 한국 배우들은 돗자리를 흔들어 한 번에 죽 깔고 나더니 벌렁 누워 버린다. 어머니 역의 두 배우를 통해서도 그 같은 문화의 차이는 다시 한 번 드러난다. 한국을 대표하는 국민배우 백성희가 분한 정끝단은 지난한 역사를 올곧게 살아낸 강한 어머니상을 보여준다. 백성희 몸은 지난한 역사를 겪어낸 현장으로서 유난히 곧고 강직해 보인다. 반면, 일본의 국민 배우인 사시키 히사코가 분한 사사키 역은 세련되고 서구화된, 그러나 예의 조심스럽고 여성스러운 일본 여성의 품새를 잃지 않는다. 뒷짐을 진 정끝단의 자세는 남편 없이 홀로 집안을 책임지며 삶의 풍상을 겪어낸 가장의 권위와 위엄이 배어있다. 반면 무릎을 모으고 두 손을 마주 잡은 사사키의 자세에는 가부장 사회에서 자신을 억제하며 평생을 살아 온 일본 여성의 희생적인 모습이 아로새겨있다. 일본 배우들이 옹기종기 앉아 나지막이 담소를 나누는 태도 역시 한국 배우들의 호방하고 외향적인 태도와는 사뭇 다르다. 이와 같이 양국의 배우들은 말하는 태도, 생김새, 행동하는 태도, 스시와 잡채 등의 문화 코드를 통해 양국 문화의 정체성과 그 행동 방식의 차이를 부각시킨다.

이 공연은 한국 관객에게는 위안을, 일본 관객에게는 교훈을 주었음에 틀림없다. 그러나, 8년이 지난 지금 이 공연은 한일 공동 창작의 기념비적인 성공 사례로 판단될 뿐, 기획 단계부터 강조되었던 화해나 소통의 유효기간은 그다지 길지 않은 듯싶다. 치밀하게 기획되었고, 철저하게 실행된 공연의 의도는 관객의 이성적 동의를 얻어냈지만 양국민의 감성을 울리며 카타르시스를 만들어 내기에는 충분하지 못한 감이 있다. 제국과 피식민국가로 각기 다른 입장의 식민지 역사를 체험한 두 문화가 소통하기 위해서는 무엇보다 통렬한 인식과 반성이 전제되어야 한다는 다소 진부한 통설이 다시금 환기되는 것도 그 때문이다. 상기한 것처럼 제작 과정은 기획을 맡은 '신국립극장' 측이 오랜 기간의 고심과 의지를 통해 자금 조달 및 기획을 전적으로 책임지면서 시작되었다. 한국에서는 ''예술의전당''이 일본 '신국립극장'과 공동 제작에 동의하였지만, 실제로는 한국 공연을 위한 공연장의 무료 사용과 서울 공연 홍보에 참여했을 뿐이다. 당연히 정교하게 마련된 계획을 장기간 조심스럽게 실천하는 일본 연극의 제작 체제 속에서 구리야마와 히라타가 제작 과정의 중심에 있을 수밖에 없었다. 구리야마의 말은 그 같은 사실을 입증한다 : "창작의 과정에서 조금은 한쪽이 주도하지 않으면 안된다. 서로 양보하면 작품이 완성될 수 없다. 우리 극장이 기획, 주관한 공연이므로 기본 골격을 만드는 것은 히라타 오리자에게 맡기고, 장면을 그림처럼 그려 두 작가에게 분배 집필했다."[5] 김명화는, 자신의 글을 통해 밝히듯이, 히라타 오리자가 '준비되어 있는 것 같아 먼저 쓰라고 했고, 그로

5 예술경영지원센터, 『아시아 공동 제작 사례 조사』, 2007, 64쪽.

인해 그의 작품 스타일을 따를 수밖에 없었다' 고 한다. 결국 이 작품은 히라타의 연극 이론인 '조용한 연극' 기법과 〈도쿄 노트〉를 통해 선보인 문화 소통의 방식이 변조된 채 다시 한 번 반복된 예로 판명된다. 공연이라는 결과물 속에 이러한 과정은 미묘하게 가려지지만 결국 흔적을 남기게 마련이다.

3. 반성과 성찰을 위한 연극적 제언 – 〈야끼니꾸 드래곤〉

〈야끼니꾸 드래곤〉은 〈강 건너 저편에〉에 이어 '신국립극장' 에 의해 기획된 또 하나의 한일 공동 창작품이다. 재일교포 작가 정의신이 쓰고, 정의신과 양정웅이 공동 연출하였으며, 거기에 각 연출가가 선정한 양국 배우들이 공동으로 참여하였다. 제작 과정에서 전작 〈강 건너 저편에〉와 다른 점이 있다면, 단일 작가의 공동 연출이라는 기획 하에 '신국립극장' 이 제작을 시작하기 전 '예술의 전당' 에 공동 제작을 제안하면서 작가의 추천을 의뢰하였다는 사실이다. 이는 두 명의 작가가 공동 창작을 함으로써 초래된 문제점을 인식하고 그에 대한 불편함과 문제점을 방지하기 위해 마련된 대안으로 전작의 경우보다 진일보한 결과를 낳는 계기로 작용한다. 방향 전환의 계기로 무엇보다 새로 부임한 예술감독의 한일 역사관과 기획 의도가 중요하게 작용하였다는 점도 눈여겨 볼만하다. 즉, '신국립극장' 의 신임 예술감독인 우야마 히토시가 프로그램을 통해 밝힌 것처럼, 그의 한일 역사에 대한 의견은 매우 솔직하며 직설적이다. 그는 한일의 문제가 단순하지 않으며, 제국주의 시대의 일본이 한반도를 지배한 역사가 양국 국민들의 마음속에서 아직도 청산되지 못했다고 인정한다. 이는 식민지 역사에 대해 막연하게 교육하는 관제 교육에 원인이 있으며, 이때 힘을 발휘하는 것이 예술의 힘이라고 명쾌하게 주장한다.[6] 우야마의 현실 인식과 연극의 역할에 대한 사명감은 한일 공동 창작을 통해 관제 교육이 막연하게 기술한 역사의 문제를 연극을 통해 적극적으로 제기할 수 있을 것이라는 가능성을 성찰하고 있다는 데서 의미를 지닌다. 제작을 전적으로 주도하고 책임지는 예술감독의 이와 같은 솔직한 현실 인식과 명민한 연극관은 공동 제작을 의뢰받은 '예술의전당' 측에서도 신뢰를 불러일으키기에 충분했으며, 작품의 방향에도 영향을 미쳤을 법하다.

2006년 4월에 기획되어 만 2년 6개월의 기간이 소요된 제작 과정의 주요한 면모를 살펴보자면, 먼저 '신국립극장'은 공동 창작과 번역의 과정에서 초래되는 기간의 지연을 피하기 위해 먼저 일본 측의 단일 작가가 작품을 집필하는 것을 결정한다. 그리고 나서 일본 작가를 선정하는 결정권을 전적으로 '예술의 전당' 측에 위임한다. 이에 따라 당시 '예술의전당'에서 기획을 담당했던 안호상은 정의신을 추천한다. 안호상은 정의신을 추천한 이유로 그가 훌륭한 작품을 집필할 수 있는 작가였기 때문이라고 피력하고 있지만, 일본 측의 작가가 창작을 전담해야 하는 상황에서 그가 재일교포 작가 정의신을 선택한 이유는 굳이 밝히지 않더라도 누구나 알만하다고 할 수 있다. '신국립극장' 측은 정의신이 한일 양국에 잘 알려진 작가이며 두 문화의 소통에 도움이 되리라는 판단에서 '예술의전당' 측의 제안을 수용한다. 이후 정의신이 대본을 완성한 때는 기획이 시작된 2006년 4월부터 2년 4개월이 경과한 2008년 1월의 일이다. 이후 전작과 유사한 경로로 2006년 12월 양정웅이 공동 연출을 위한 파트너로 선택되었으며, 2008년 2월부터 대본 연습이 시작되었다. 안호상이 정의신을 작가로 지목하고, 이를 '신국립극장'의 우야마가 결정한 과정에서 드러나는 사실은 두 단체가 창작의 주체가 누구인지의 문제와 그 중요성에 대해 민감하게 인식하고 있었다는 점이

6 『프로그램』, 5쪽.

다. 물론 정의신의 문학성이 신뢰할만하다는 양측의 판단이 전제하고 있음은 재론할 필요도 없다.

정의신은 일본에서 재일교포들이 겪는 차별과 소외, 이로 인한 피해의식으로부터 자유로운, 일본 사회의 주류에 성공적으로 진입한 재일교포 2.5세대이다. 그는 정체성의 혼돈이나 불안과 좌절을 체험해보지 않은 소수의 재일교포에 속한다고 할 수 있다. 새삼 그가 한일 연극 교류를 위해 재일교포의 삶을 소재로 삼았다고 할지라도 그것은 다른 재일교포 작가가 자신의 정체성의 혼돈을 창작의 모티브로 삼는 경우와는 분명히 차이가 있다. 그는 일본 아방가르드 연극의 계보를 잇는 '블랙 텐트'와 재일교포극단 '신주쿠 양산박' 출신으로 일본 연극의 주류에 진입해 있다고 할 수 있다. '신국립극단'과 '예술의전당'의 공동 창작의 기획 의도를 십분 인식하면서, 그는 역사와 사회에 대해 통시적인 후기식민주의 관점으로 양국 문제를 역사적으로 성찰한다. 재일교포, 그는 "어차피 재일 한국인에 대해서(어느 쪽도) 관심이 없으니까 실컷 재일 한국인의 이야기를 해줄 거야"[7]라는 도발적 의도로 재일교포 문제를 한일 문화 소통의 통로로 선택한다. 정의신은 재일교포의 정체성을 역사적으로도, 사회적으로도 한국과 일본 어느 쪽에도 속하지 못한 변방자이며 '내부 피식민자'라는 피해자의 입장으로 첨예화시킨다. 〈야끼니꾸 드래곤〉은 쟈이니치를 소재로 삼아 그들을 변방에 머물게 한 역사와 사회에 대해 문제를 제기하는 하나의 발언에 해당한다.

쟈이니치는 굴곡진 한일 역사가 낳은, 여전히 그 사이에 끼여 있는 중간자들이다. 쟈이니치는 북한과 남한, 일본이라는 세 가지 갈래 길에서 주춤거리며 그 어느 곳에도 속하지 못하면서도 동시에 세 곳 모두에 속해 있는 자들이다. 한국에서는 재일 동포로, 일본에서는 조센징으로, 그들 서로는

---

7 같은 책, 8쪽.

친한파와 친북파로 나뉘어져 자신이 누구인지를 고민하며 성장기를 보냈고 사회에서도 주류에 진입하지 못한 채 국외자로서 삶을 사는 게 대부분이다. 플롯은 그들을 변방에 머물게 한 역사와 사회에 대한 성찰이랄 수 있다. 재일교포의 삶을 소재로 삼아서인지 플롯은 정의신의 자전적 삶을 상당 부분 투영하고 있다는 특징을 지닌다. 정의신의 부친이 고물상을 했다는 사실, 그리고 어린 시절 국유지에 살며 철거의 고통을 겪어야 했던 사실 등 그 자신의 개인적 경험이 작품에 일부 반영되어 허구와 섞이며 생동감을 더하고 있다. 때문에 이 작품은 개인의 경험을 반영하며 재일교포의 지난한 삶의 경로를 한국의 근대사와 교직함으로써 역사성과 더불어 현실성을 성취하는데서 눈부신 성과를 이룬다. 특히 제주도 출신인 김용길과 고영순이 일본에 와서 살게 된 배경은 일제시대, 한국동란, 그리고 월남전을 연이어 겪어낸 굴곡진 한국의 근대사를 요약해주는 데서 정치성을 표면화한다.

김용길과 고영순을 위시한 등장 인물의 다양한 구성 역시 역사라는 질곡의 세월 속에 재일교포들이 겪어야 했던 인생행로와 불가분 연관된다. 즉, 공연이 진행되면서 알려지는 김용길의 인생사는 한국 근대사를 살아낸 개인의 삶을 요약하는 듯하다. 징용으로 끌려와 태평양 전쟁에서 한 팔을 잃은 김용길은 해방을 기다리며 아내와 두 딸을 데리고 고국에 돌아가기 위해 열심히 일을 했었다. 그리고 돌아가려는 순간 둘째 딸이 감기가 걸리자 용길이네 가족은 다음 배로 가려고 서두르다 전 재산을 실었던 배가 침몰하는 사고를 겪는다. 다시 일을 하여 경비를 마련해 고향에 돌아가려는 데 이번에는 제주 사태로 인해 고향 마을이 없어지고 만다. 우여곡절 끝에 가족을 데리고 고향에 돌아간 용길이는 한국 전쟁에 휩싸이게 되고 전쟁으로 인해 이번에는 아내를 잃고 만다. 그 후 현재의 고영순을 만나 살면서 용길이네 가족이 형성된다. 장녀 시즈카와 차녀 리카는 김용길이 전처와의 사이에서 낳은 딸들이며 일본에서 성장하여 한국말을 할 줄 모른다. 미카는 고영순이

전 남편에게서 낳아 데리고 들어 온 딸로 한국에서 성장하여 한국말과 일본말을 쓰고, 막내 토키오는 김용길과 고영순 사이에서 얻은 자식으로 한국말을 알아듣기는 하지만 할 줄은 모른다. 가족 구성원의 각기 다른 배경으로 인해 대사는 한국말과 일본어가 섞인다.

플롯은 세 딸의 사랑과 결혼의 에피소드를 쫓아 기승전결 식으로 봄, 여름, 가을, 겨울의 사계절을 따라 전개된다. 세 딸의 애정사는 정의신 연극의 특징 중 하나인 멜로 드라마적인 통속성을 지니나, 현재 재일교포들이 겪는 차별과 소외의 문제와 섞이며 심각한 울림을 갖는다. 즉, 미카의 남편 테츠오는 일본에서 대학을 졸업했지만 재일교포에 대한 차별로 인해 변변한 직장이 없이 룸펜 생활을 하고 있다. 그는 일본에 대한 원망으로 피해의식이 강하다. 공연은 미카와 테츠오가 결혼한 날로부터 시작된다. 결혼 신고를 하러 시청에 갔던 테츠오가 직원의 건방진 태도에 화가 나 신고서를 찢고서 돌아온 속내가 리카의 언니 시즈카에 대한 미련 때문일 거라고 주위 사람들은 추측한다. 용길이네 부부가 가난한 살림을 무릅쓰고 비싼 사립학교에 보낸 막내 토키오는 재일교포라는 그의 배경으로 인해 극심한 폭력과 이지메에 시달리고 있다. 학교에서는 토키오를 전학을 보내라고 하지만 김용길은 일본 사회에서 살아남으려면 전학을 가지 말고 유급을 하더라도 버텨내야 한다고 고집한다. 플롯은 세딸 시즈카, 리카, 미카의 결혼의 과정을 쫓지만, 극의 행방을 결정하는 중요한 사건은 토키오에 의해 발생한다. 토키오는 극 속에서 작가의 시점을 대변하고 극의 중간 중간에 나레이션으로 작품에 대한 객관적인 관점을 제공하며 극의 향방을 결정하는 중요한 인물이다. 토키오의 자살은 시대가 흘러도 나아지지 않는 제일 교포의 암울한 미래를 역설한다. 이와 같이 플롯은 한국 현대사를 배경으로 가족사를 구성하며 멜로 드라마적 요소와 재일교포의 차별 문제, 남북 분단의 현실을 교직해냄으로써 역사, 드라마, 현실을 통합해낸다.

'예술의 전당' 제공

시간과 공간은 1969년, 관서지방의 아타미 공항 옆 나카무라 지역의 조선 교포들이 모여 살고 있는 가난이 짙게 배여 있는 궁색한 골목으로 설정된다. 무대는 용길이네 가족이 운영하는 '용길이네 곱창집'의 내부를 초점으로 한다. 무대의 오른 쪽은 용길이네 가족이 사는 실내와 다다미로 된 가게방이다. 무대 가운데는 테이블이 놓이고 무대 안으로는 곱창 가게의 음식을 내는 주방이 위치하고 있다. 그리고 그 옆으로는 동네로 연결되는 골목이 있고, 골목을 사이에 두고 무대 왼쪽으로는 다닥다닥 이웃집들과 맞닿은 창고가 있다. 토키오의 소외는 식구들과도 잘 섞이지 않은 채 사다리를 타고 창고 지붕 위에 올라가 혼자 책을 읽거나 동네를 살피는 모습에서 극명하게 나타난다. 집 뒤로는 커다란 하얀 벚꽃나무가 바람이 불때마다 눈부시게 꽃비를 휘날리며 칙칙한 무대의 색과 대조를 이룬다. 무대 왼쪽 앞쪽으로는 '동네 여자들이 밤낮으로 모여 남편 흉이나 보고 떠들어대는' 수돗가로 수도꼭지가 콸콸 물을 쏟아낸다. 무대는 극사실적으로 만들어져 가난한 변두리 동네 골목의 특성을 부각시키는데, 1970년대 고도 성장기에 들어선 일본 사회에 편입되지 못한 채 골목에 내몰려 타자로 살고 있는 재일교포의 삶의 환경을 여실히 드러내 준다. 직선의 느낌이 강조된 무대가 견고한 공간성을 강조하는 가운데, 여기저기 쌓여 있는 고물들, 시꺼먼 토탄 천으로 씌워진 지붕, 비좁은 공간은 그 물질성이 드러내는 대로 인물들의 곤궁한 삶의 조건을 강조하게 된다. 용길이네가 고물 수집과 곱창 장사로 생계를 유지하듯이, 다른 인물들 역시 빠찡꼬나 공장에 다니던지, 아니면 클럽의 만담가로 하류 인생을 전전한다. 용길이네 가게는 이들 인생의 탈출구이다. 가게는 이들이 쏟아내는 삶의 에너지로 북적이며, 여기에 젊은이들의 로맨스가 어우러진다. 공연에 온기를 더하는 것은 삭막한 현대 그늘 속에서도 인물들이 나누는 따스한 인간관계의 온전함 때문이다.

인물들의 언어와 태도 역시 이들의 삶의 모습을 요약해주는 부분이다. 등장 인물이 재일교포 1세대와 그들의 자식인 재일교포 2세대, 한국인 친척과 곱창가게 손님, 골목을 기웃거리는 일본인들로 구성되면서, 이들 사이에서 오가는 한국어와 일본어는 인물들의 이중의 정체성을 약호화한다. 흥미로운 것은 언어 외에 몸으로 보여주는 문화적 정체성의 행태이다. 특히 고영순 역 고수희와 김용길 역 신철진은 그들이 겪어야만 했던 한국의 근대사를 몸의 현존을 통해 웅변한다. 즉, 김용길의 외팔 장애는 그가 겪어내야 했던 한국 현대사의 비극이 몸에 아로새겨 놓은 흔적이랄 수 있다. 김용길은 외팔을 휘두르며 잠시도 쉬지 않고 곱창을 다듬느라 분주하지만, 그의 장애는 그의 삶의 궁핍함과 곤란함을 시각적으로 상징한다. 심철진이 분한 용길의 모습은 무뚝뚝하나 내심 가족에 대한 책임감과 사랑이 깃든 전형적인 한국의 아버지이다. 고수희가 분한 어머니 고영순은 배우의 비대한 신체를 통해 그녀가 겪어온 삶의 풍상을 가리지 않은 채 고스란히 전해준다. 고수희가 분한 고영순은 유난히 곱슬곱슬한 파마머리에 세월의 풍상을 버텨

온 남다른 에너지를 뿜어내며 서러움과 기쁨을 쉽게 몸으로 풀어내는 데서 희극적인 유머마저 보탠다. 고영순은 화가 날 때마다 한국으로 가버린다며 가족들에게 엄포를 놓지만 고작 골목 한 바퀴 돌며 분을 삭이고 나서는 무슨 일이 있었냐는 듯 모른 척하고 돌아온다. 그녀는 집에 일본의 신주 대신 부처상을 모셔놓고 하느님과 부처님을 번갈아 부르며 넋두리하듯이 고단한 삶을 푸념한다. 고영순이 데리고 들어 온 주인영이 분한 미카 역시 한국인의 활기를 몸에 가득 담은 인물로 궁핍한 삶을 살더라도 클럽에서 인기가수가 되려는 희망으로 부산한 모습이다. 미카는 자신을 성공시켜 주겠다고 약속한 하세가와 유타카와가 유부남으로 밝혀지고 나서도 사랑을 포기하지 않는다. 한편, 일본 배우 치바 테츠야와 우라베 후사코가 분한 시즈카와 리카는 일본인의 전형적인 외모와 태도를 통해 일본에 동화된 재일교포 2세의 정체성을 나타낸다.

테츠오를 사이에 둔 시즈카와 리카의 엇갈린 사랑이 통속적으로 전개되며, 여기에 미즈노 아야가 분한 하세가와의 처 미네코가 대중 코미디식의 과장과 상투성으로 웃음을 보태는 가운데, 돌연 현실 세계의 비극적인 사건들이 난입하기 시작한다. 집에만 틀어박혀 있던 막내 아들 토키오가 오랜만에 등교하였다가 또 다시 이지메를 당하여 들어오고, 학교의 호출로 토키오를 앞세워 학교에 갔던 김용길은 토키오가 유급을 하게 되었다는 소식을 식구들에게 알린다. 차라리 토키오를 조선학교로 전학시키자는 고영순의 제안과 유급한다면 더욱 이지메의 대상이 될 거라고 설왕설래하는 가족들에게 김용길은 '일본 사회에서 살아남으려면 피하면 안된다'는 말로 재일교포들이 직면한 삶의 절박함을 웅변한다. 이때 지붕으로 뛰어 올라간 토키오가 한순간에 지붕에서 몸을 날려 자살을 함으로써 플롯은 희극에서 비극으로 흐름을 바꾼다. 이어 수미코가 철거를 통고하면서 파국이 가시화되는 가운데, 김용길의 절규—"억지로 전쟁에 끌고 갔지 않았냐! 땅을 빼앗을 거면 이

'예술의 전당' 제공

팔을 돌려줘! 내 팔을 돌려줘! 지금 당장 돌려줘!"－가 관객의 심금을 울린다. 집을 빼앗겨 내몰리면서 세 딸들은 각기 자신의 배우자와 집을 떠나게 되는데, 시즈카는 테츠오와 북한으로, 리카는 오일백과 남한으로, 미카는 일본인 하세가와와 동경의 시집으로 떠난다. 앞날이 결코 평탄치 않을 세 딸과 헤어지며 고영순과 김용길 역시 리어카를 밀며 정처 없는 발길을 옮긴다.

이상에서처럼 〈야끼니꾸 드래곤〉은 김용길이네 가족을 중심으로 하여 재일교포들이 겪어야 했던 한국 현대사를 배경으로 한 통속적 멜로드라마와 비극적 한국 현대사를 포괄하는 특징을 지닌다. 극중 인물 테츠오가 "예술은 폭발"이라고 말한 것처럼, 이 작품은 한국 정부에 의해서도 일본 정부에 의해서도 타자로 간과되어 온 재일 동포의 문제를 직설적으로 전하며 관객의 의식을 도발하는 데서 정치성마저 확보한다. 두 딸이 한국과 북한으로 시집을 가게 되는 결말은 남과 북으로 갈려 아직도 화해의 끝이 보이지 않는 한국의 정치 현실에 대한 메타포로 읽힐 수 있다. 결국, 이 작품은 작가의 말에서처럼, "일본인의 의식을 갖고 있는" 작가의 의식 안에 잠재해 있는 타자와의 대화라고 할 수 있다. 또한 '신국립극장'과 '예술의 전당'에서 공연을 관람한 일본과 한국인 관객 역시 의식적이든 무의식적이든 외면해 온 재일교포라는 타자를 만나게 된다. 무엇보다 이 작품이 보다 호소력을 지니는 것은 이들 인물들의 삶이 바로 내 안에 웅크리고 있는 타자일 수도 있다는 동질감에서 비롯된다. 공연 내내 통쾌할 수 있었던 것은 바로 내 안의 타자와 솔직한 대화를 나눌 수 있었기 때문이다. 그러나 공연 전 과정을 통해 작가이며 연출가로 정의신이 작품을 주도한 반면, 공동 연출로 참여한 양정웅의 역할은 확인되지 않는다. 스타일이 강한 양정웅과 사실주의에 멜로드라마로 정면 승부하는 정의신의 공동 작업이 성공적이었는지는 의문의 여지가 있다. 이러한 의심과 문제를 지나치게 한 것은 바로 정의신이라는 재일교포 작가의 정체성이 큰 역할을 한 것 같기도 하다.

4. 나가며

'신국립극장'과 '예술의 전당'이 공동 제작한 〈강 건너 저편에〉와 〈야끼니꾸 드래곤〉은 두 단체들이 단순히 공동 제작을 했다는 사실을 넘어 식민지 과거 역사가 아직도 해소되지 않은 상황에서 연극 무대를 통해 소통을 시도했다는 점에서 의미 있는 작업의 전례로 삼을 만하다. 그러나 그 대화의 방식은 사뭇 달랐으며, 그 소통의 효과 역시 주목할 만하다. 〈강 건너 저편에〉가 한일 현대사의 차이를 부각하여 상호 이해를 끌어내는 데 성공적이었다면, 〈야끼니꾸 드래곤〉은 한국과 일본에서 타자로 간과되어 온 재일교포 문제에 대해 관객의 동일시를 이끌어내며 의식을 도발하는 데서 탁월한 성과를 거두었다. 〈강 건너 저편에〉와 〈야끼니꾸 드래곤〉 두 작품 모두

'한국 평론가 Best 3' 와 '아사히상' 수상으로 작품성을 인정받았으며, 〈야끼니꾸 드래곤〉은 암표가 나돌 정도로 대중적 인기마저 모으며 양국 관객의 뜨거운 환영을 받았다. 특히 〈야끼니꾸 드래곤〉은 공동 창작의 절대적인 조건인 상호 신뢰를 이끌어 내며 연극이라는 탈영토화된 영역에서 역사와 사회가 외면하는 개인의 문제를 도발적으로 제기하여 그 보편성마저 성취한 수작으로 볼 수 있다. 이와 함께 주목할 점은 '신국립극장' 의 기획과 제작 체제였다. 2년에서 3년에 걸친 철저한 제작 과정은 그 자체만으로도 배울만 하지만, 작품의 성과로 이어져 그 효율성을 입증했다고 하겠다.

그러나 〈강 건너 저편에〉의 경우, 히라타 오리자와 김명화가 공동 집필을 하였음에도 히라타의 '조용한 연극' 의 양식이 고스란히 드러난 반면, 에너지 넘친 플롯 전개와 시적인 언어, 파국에서의 통렬한 비극성을 구사하는 김명화의 특성은 발견되지 않는다. 〈야끼니꾸 드래곤〉에서 역시 공동 연출로 참여한 양정웅의 스타일리쉬한 연출 방식은 정의신의 양식 속에서 자취를 찾기가 힘들다. 요컨대 공동 창작을 통해 문화 소통의 기능을 활성화하여 서로에 대한 관심과 배려를 위한 사회적 담론을 성공적으로 구축한 것은 분명하지만, 작가나 연출가와 같은 창작의 주체가 자신의 생각과 양식을 공평하게 살려내며 참여하지는 못한 것 같다. 우연인지 한국 측 작가와 연출가의 경우에만 해당되기에 당혹감을 감출 수는 없다. 이는 일차적으로 공연 작품이 내적 통일성을 성취해야 한다는 당위성을 근거로 하기에 어느 한쪽의 생각과 양식이 희생당한 것으로 볼 수 있다. 동시에 소통의 과정이 일방적으로 이루어진 탓도 있을 법하다. 때문에 양측은 생각과 양식이 충돌하지 않는 예술가들을 선별하거나, 혹은 충돌과 차이가 발생하더라도 그것이 형식적 스타일과 의미화를 통해 공연 속에서 통합되는 가능성에 대해 좀 더 개방적이어야 한다.

박정희의 〈하녀들〉: 연극성의 새로운 지평과 욕망담론

김 효

2002년의 세모(歲暮)에 즈음하여 연극인들 사이에서는 "한국 연극계의 최대 수확이라면 연출가 박정희의 발견이다"는 덕담이 오갔다. 한국 연극에서 2002년은 혜성처럼 나타난 여성 연출가 박정희의 해였다고 해도 과언이 아니다. 독일에서 연출 공부를 한 후 귀국하여 극단 '사다리'의 상임연출가로 있으면서 주로 아동극을 하던 박정희는 무명의 연출가였다. 그런데 단 한 편의 공연, 〈하녀들〉로 일약 그녀는 한국연극계의 최우량 기대주로 급부상했다. 그녀의 연극은 신선하고 놀라왔다. 2001년 6월 '제2회 여성연출가전'의 일환으로 미아리 언덕백이의 소극장, '활인극장'에서 첫 선을 보인 박정희의 〈하녀들〉은 입소문을 타고 연극 동네에 회자되기 시작했으며 2002년 5월 '서울공연예술제' 공식초청작으로 '아르코예술소극장'의 무대에 오르면서 관객들의 뇌리에 그녀의 이름 석 자를 분명하게 각인시켰다.

미니멀한 무대 위에 밀도 높은 미장센, 커다란 대리석 욕조에 가득 채워져 관객의 면전에서 사방으로 튀고 흐르고 쏟아지는 물과 격렬한 배우의 몸짓, 그렇다. 가장 충격이었던 것은 '물론' 이었다. 연극 무대에 물이 등장한 것은 이번이 처음은 아니었다. 해외에서 1970년 피터브룩이 〈한여름밤의 꿈〉에서 진흙을 사용한 시점을 전후해서 무대에서 불이나 흙과 더불어 물과 같은 물질이 적극적으로 도입되기 시작했지만 국내의 무대에서 그토록 격정적인 물을 만난 것은 한국의 관객들에게는 처음 있는 일이었다.[1] 물과 불과 돌로만 이루어진 미장센은 육중함과 짙은 불안감이 묻어 있는 아우라를 뿜어내며 관객들을 매료시켰다. 박정희의 〈하녀들〉은 한국 관객들에게 그토록 풍부하고 강렬한 물을 무대에서 만나게 해 준 것만으로도 분명 한국 연극사에 중요한 하나의 획을 긋는 기념비적인 공연으로 평가받아 마땅하다.

예술은 자유를 향한 열망의 표현이기에 새로운 것에 대한 도전과 실험은 예술의 생명과도 같은 것이며 따라서 끊임없는 실험의 도정에 있는 것만이 진정한 예술이라 해야 할 것이다. 그럼에도 연극에서 실험극이란 용어는 보다 특정적인 의미를 가진 용어로서, 특히 반(反)사실주의 연극 운동이 일어나면서 널리 쓰이기 시작했다. 그런 까닭에 한국에서는 비사실주의 계통의 극들을 통칭해서 실험극이라 부르는 경향이 있다. 한국의 전통연희는 서구의 사실주의극과 계통을 달리하는 문화 전통에 속한다. 70년대 이후 불어닥친 민족주의적인 열풍 속에서 한국에는 전통연희를 현대적으로 접목시키는 경향이 일종의 트랜드를 형성하면서 무엇보다도 그러한 공연들이 일명 실험극의 대세를 이루었고, 다른 한편으로 실험극이란 의미를 알기 어려운 소리와 몸짓으로 헐벗은 무대나 거리에서 해프닝을 벌이는 퍼포먼스 정도

1 90년대를 전후하여 한국무대에서 물을 인상적으로 사용한 공연들에 관해서는 김방옥, 『21세기를 여는 연극: 몸, 퍼포먼스, 해체, 물질』, 연극과인간, 2003. 특히, 271~272쪽에 비교적 상세하게 소개되어 있다.

〈하녀들〉

로 인식되어 있었다. 하지만 박정희의 〈하녀들〉은 당시의 그러한 '뻔한' 실험극들과는 궤를 달리하는 신선한 것이었다. 박정희의 〈하녀들〉 공연이 신선하게 보였던 것은 당시의 가장 뜨거운 인문학적 화두였던 욕망의 문제를 무대 전면에 내세워 씨름하고 있었던 데서 기인하는 것이기도 하지만, 연극적인 차원에서 박정희의 〈하녀들〉이 갖는 가장 커다란 의의는 현대 연극의 최대 이슈인 '연극성'의 문제에 하나의 새로운 지평으로 열어 보였다는 점이라고 할 수 있다.

1. 시의적인 주제와 트랜디한 미학 : 욕망과 물질의 현상학

지금도 상황은 크게 달라지지 않았지만 당시 인문사회학의 화두는 '욕망'이었다. 무한한 소비의 욕망을 부추기는 자본주의 마케팅 전략과 새롭게 대두된 웰빙의 트랜드가 호응하면서 몸과 욕망의 문제가 그 어느 시대보다도 초미의 대중적 관심사가 되었으며, 동구권의 사회주의 사회의 몰락은 종래의 욕망담론에 새로운 전기를 마련했다. 자본주의가 인간의 그악스런 욕망을 자양분으로 번식하는 사회체제라면, 사회주의는 인류가 이성의 힘으로 유토피아를 건설할 수 있다는 희망을 전파하는 전도사의 역할을 자임해왔다. 하지만 사회주의 체제의 몰락은 이성에 대한 회의와 실망으로 이어졌고, 진보세력은 이성의 성채를 무너뜨린 욕망의 탐사 쪽으로 관심의 방향을 틀었다. 기독교가 지배한 서양의 중세로부터 이성중심주의 위에 건립된 근대와 현대의 프랑크푸르트학파에 이르기까지 오랜 동안 욕망은 인간을 타락시키는 부정적인 힘으로 간주되었다. 하지만 서구의 주류 담론사에서 이단시되어 오던 육체와 욕망의 철학자 니체와 프로이트가 '복권' 되고 욕망에 관한 다양한 담론들을 꽃피우는 라깡, 푸코, 들뢰즈/가타리 등으로 이어지는 일련의 '욕망담론' 이 한국에 전해지면서 1990년대 한국 사회의 화두는 '욕망' 이 되었다. 쥬네의 대표작, 〈하녀들〉은 한편의 '욕망에 관한 연구서' 라고 할수 있을 정도로 사회 속의 하위계급인 하녀들을 등장시켜 욕망의 심층을 탐사하고 있는 작품이다.

일찍이 에밀 졸라 등에 의해 일어난 자연주의 문예 운동이후 하녀나 창녀 혹은 광부나 일일 노동자 등 하위계급의 삶은 작품의 주요 소재로서 다뤄져 왔다. 자연주의적인 시각에서 하위계급을 다루게 될 경우, 지배계급에 의해 착취당하고 희생당하는 억압의 현실에 초점이 맞춰질 가능성이 높다. 더구나 창녀나 광부와 같은 노동자들은 사회 조직 속에서 노동을 한다. 따라서 노동자들을 주인공으로 할 경우, 노동자들이 단합하여 사용자들에게 항거하는 투쟁을 다룰 수도 있을 것이다. 하지만 개별적 가정이라는 사적 공간에서 노동하는 하녀들은 사적 공간에 각기 격리되어 있기 때문에 그들에게 집단적인 항거 같은 것은 현실적으로 가능하지 않으며, 그런 까닭에 하녀를 주인공으로 하는 경우, 작품은 젠더화된 소외계층인 하녀들이 받는 소외와 학대, 특히 주인 남자나 주인 아들에 의해 성 폭력을 당하는 희생자로서 그려질 가능성이 농후하다. 말하자면 '하녀'를 소재로 할 경우, 작품은 하녀를 욕망의 주체가 아닌 욕망의 '대상'으로서, 사회제도의 희생자로서 작품화할 가능성이 높으며, 우리들은 그러한 작품들을 많이 보아 왔다. 하지만 쥬네의 하녀들은 우리의 기억 속에 각인되어 있는 하녀들의 초상을 전복시킨다. 쥬네는 자신의 작품 속에서 하녀들을 욕망의 대상이 아닌 욕망의 주체로서 재탄생시키고 있다. 뿐만 아니라 두 명의 하녀를 통해 기존 질서에 저항하는 한 방식으로서 범죄자의 길을 선택하기까지의 내적 갈등과 결단을 보여 주는 이 작품은 하녀들의 역할놀이를 통해 욕망에 대한 농밀한 해부를 보여주고 있으며, 형식적으로는 서스펜스 구조를 취함으로써 고도의 극적 긴장과 몰입을 이끌어 내고 있다는 점에서 극적 재미가 충만한 작품이다.

박정희의 경우, 욕망이라는 주제를 물이라는 질료와 매치시킨 것은 빼어난 연출적 선택이었다. 일찍이 아르또가 단언했듯, "진정한 느낌은 설명이 불가능하다." 그래서 인간 존재의 가장 깊은 진실에 가 닿고자 하는 현대의 연극은 말 대신 물질의 미학을 발전시켜 왔다. 오브제를 단지 무대적 은유로 사용하는 것이 아니라 관객의 감각을 직접 가격하여 영향을 미치는 감각적 실재로서 받아들이는 물질의 현상학은 포스트모더니즘 연극 미학의 핵심을 이룬다. 욕망의 이야기는 이성의 언어만으로는 재현할 수가 없다. 합리적 추론으로 비합리적 욕망의 흐름을 포착하기 어렵고 정연한 이성의 논리로 출렁이는 감성의 역동을 분석하기 어렵기 때문이다. 욕망의 이야기를 효과적으로 전달하기 위해서는 몸이나 물질 혹은 이미지에 의뢰해야 하는데, 흐르고 사방으로 튀며 출렁이고 질퍽거리는 물은 그 어떤 물질보다도 욕망의 이야기를 표현하기에 적합하다. 박정희의 〈하녀들〉에서 주제와 미학은 절묘하게 잘 맞아 떨어졌다. 주제와 미학이 변증법적으로 상승작용을 하면서 무대의 밀도는 충일해지고 그 밀도는 자석처럼 관객들을 흡인하는 힘으로 작용했다. 하녀들의 뜨거운 욕망은 물을 타고 출렁거리고 사방으로 튀면서 맘껏 분출하고 격정을 불살랐다. 한국의 관객들은 그동안 적어도 한국에서 그토록 충일한 무대를 본 적이 없었다. 그토록 연극성이 충일한 무대를 본적이 없었다.

2. 연극성의 새로운 지평

포스트모던 시대 연극의 화두는 연극성이다. '연극성' 이란 바꿔 말해서 '연극의 본성' 이다. 그러니까 연극을 연극이게끔 해 주는 특성, 따라서 다른 장르를 통해서는 경험할 수 없는, 연극만을 통해서 경험할 수 있는 것이 연극성이다. 연극의 특성을 말하라고 하면 여러 가지를 열거할 수 있을 것이다. 대본이라든가, 배우, 혹은 무대와 객석 간의 상호작용 등 무대가 있음으로 해서 발생하게 되는 모든 현상들이 모두 연극의 특성이 될 터이다. 하지만 그 모든 것이 다 연극성을 구성하는 항목으로 지목되는 것은 아니다. 예컨대 '환영성' 과 '현장성' 은 모두 무대를 매개로 가능해지는 연극의 특성들이다. 따라서 사람에 따라 무대에 현실과 같은 환영을 창조하는 '환영성(illusionism)' 을 중요한 연극성이라고 생각할 수도 있고 그와 반대로 환영성을 깨고 무대와 객석 간에 직접 소통하는 현장성을 연극성의 핵심 요소라고 생각할 수가 있는데, 실은 '연극성' 을 논할 때 관심의 대상이 되는 것은 후자의 특성이다. 이 문제를 이해하기 위해서는 '연극성' 이라는 용어가 등장하게 된 배경을 알아야 한다. '연극성' 이란 용어가 처음 등장한 것은 1908년 에브레이노프(Nikolaj Evreinov, 1879~1953)의 논문, 「연극성의 옹호」에서라고 알려져 있다. 세익스피어 시대 이후 근대를 통해 연극이 전성기를 구가하는 동안 사람들은 연극의 본성이 무엇인지, 연극의 정체성을 묻는 일은 하지 않았다. 왜냐하면 그 동안은 사람들에게 연극이 어떤 것인지, 그 정체성은 불을 보듯 명확했기 때문이다. 가령 사실주의적인 연극이 지배적이었던 시대에 연극성이 무엇이냐는 질문을 한다면 텍스트를 무대에 환영을 보듯 재현하는 '환영성' 라고 답했을 것이다. 하지만 그 시대에는 아무도 연극성을 묻거나 논하지 않았다. 언제나 정체성에 대한 질문이 제기되는 것은 새로운 환경 변화에 의해 기존의 정체성이 위협받게 될 때, 혹은 새로운 환경에 적응하기 위해 새롭게 정체성을 확립해야 할 필요성이 대두될 때이다. 그 점에 있어서는 연극의 경우도 예외가 아니다.

연극의 정체성을 묻기 시작한 시기, 즉 '연극성' 이 쟁점으로 떠오른 20세기 초엽에 서구 예술의 지형에는 급격한 변화가 일어났다. 이성중심주의의 동력으로 달려 온 결과로서 맞이하게 된 세기말적 현상에 대한 깊은 절망과 반성이 일어나면서 이성 중심의 계몽주의적인 비전에 의해 구축된 모든 것에 대한 총체적인 회의와 비판이 일고 거센 공격이 개시되었다. 현실의 '묘사' 를 예술적 이념으로 하는 리얼리즘의 전통은 이성중심주의가 예술적으로 반영된 것이었던 만큼, 반(反)－이성주의의 조류는 예술에서 반(反)－사실주의 운동으로 나타났다. 이른 바, '모더니즘' 으로 통칭되는 이 시기의 예술 운동은 사실주의에 대한 저항 운동의 성격을 띠었다. 모더니즘 예술의 특징은 이성의 도구인 언어를 불신하여 언어에 등을 돌리며 그 대신 장르마다 제각기 그것이 존립하는 '매체의 순수성' 을 탐구하는 데 주력한다는 점이다. 그러한 시대적 분위기 속에서 연극계에는 오랜 동안 '언어의 감옥' 속에 갇혀 있던 연극을 해방시켜 연극 본연의 모습을 되찾아야 한다는 인식이 싹트고, 바로 그러한 맥락 속에서 '연극성(theatricality)' 의 문제가 주요한 관심의 주제로 떠오른 것이다.

'연극성' 용어의 등장이 '문학으로부터의 연극 독립 운동' 과 맥을 같이 하는 것인 만큼, 그것은 연극 매체의 순수성에 대한 추구를 함축한다. 그래서 롤랑 바르트는 연극성의 핵심을 "연극에서 텍스트를 뺀 것"으로 정의한다. 텍스트는 가상의 세계를 구축한다. 연극에서 가상의 세계인 텍스트를 빼버리고 남는 것, 그것은 (연극적) 현실의 세계가 된다. 그래서 연극성은 현장성과 동의어가 되는데 현장성은 크게 두 가지 차원에서 가능해진다. 무대내적인 것과 무대외적인 것이 그것이다. 관객이 무대에 참여하는 방식의 현장성은 무대외적인 차원에서의 연극성이다. 반면, 몸이나 오브제와 같은 순수한 매체를 통해 감각의 차원에서 현장성을 확장하려는 노력은 무대내적인 성격을 띤다. 무대외적인 차원에서 연극성을 접근할 때, 연극성은 그리 힘겨운 노력을 들이지 않고도 비교적 손쉽게 추구할 수 있다. 단지 관객을 '추근대는' 것만으로도 그것은 가능하다. 반면, 연극성을 무대내적인 차원에서 추구하는 것은 표현 매체 자체의 특질에 주목하기 때문에 보다 근본적인 성격을 띤다.

20세기 이후, 현대 연극의 역사는 연극성에 대한 지속적인 탐구와 확장이라고 해도 과언이 아닌데, 한국연극에서 연극성은 한동안 다분히 무대외적인 측면에 경도되어 있었다. 즉 극적 공간과 현실의 공간의 일치를 전제로 하는 전통연희를 인용하면서 배우가 객석에 뛰어 들어 관객들에게 직접 말을 걸거나 관객을 무대에 불러들여 함께 라면을 끓여 먹는 등, 무대외적인 차원에서 손쉽게 연극성을 찾았다. 헌데 박정희의 〈하녀들〉은 무대내적인 차원에서 비언어적인 매체에 대한 근본적인 성찰을 통해 연극성을 확장시킴으로써 한국 연극사에 의미심장한 한 획을 그었다. 박정희의〈하녀들〉은 우리가 그동안 보아왔던 것들과 확연히 다른 새로운 연극성의 지평을 열어놓았다.

말하자면 박정희의 〈하녀들〉은 물에 의뢰하여 욕망을 다루는 결정적인 방식, 그것만으로도 한국 연극사에 한 획을 긋는 미학적 성과를 이룩한 것으로 평가하기에 모자람이 없다. 하지만 물이라는 질료를 선택한 연출적 안목과 그것을 운용하는 방식이 아무리 빼어날지라도 그것만으로 극작술의 총체적인 완성도가 높아진다거나 소통의 질이 자동적으로 확보되는 것은 아니다. 오늘날의 연극 무대가 말을 대신하여 물, 불, 흙 등의 질료를 찾는 것은 말로 소통할 수 없는 그 무엇을 소통하고자 하는 절실한 필요에서 연원하는 것이다. 다시 말해서 어느 연극 무대가 말 대신 질료에 의뢰하기를 선택한다면 그것은 관객과의 소통의 질을 고양시키기 위함이다. 그렇다면 박정희의 〈하녀들〉의 경우는 과연 어떠했는가? 박정희가 무대에서 사용한 물은 궁극적으로 〈하녀들〉의 세계를 더 밀도 높은 소통으로 유도하는 촉매의 역할을 해 냈는가? 나아가 박정희의 극작술은 궁극적으로 '하녀들'의 욕망의 실체를 관객에게 이해시키는 데 어느 정도 성공하였는가? 무대에서의 의미 구축과 소통의 성패를 묻는 이러한 질문에 대해 관객들은 그리 후한 점수를 주지 않았다. 김방옥이 "연출은 극의 불안정한 틈새들을 냉정하고 정교하게 파고들어 분열시키고 해체시키기보다 결과적으로 어떤 도취감으로 막연하게 비화시키고 있다"[2]고 지적하였거니와, 아우라 넘치는 물을 전면에 내세운 미장센에 관객들은 경탄하였지만 그 신선한 충격이 작품에 대한 보다 깊이 있는 이해로 연결되지 못하는 아쉬움을 남겼다. 즉, 공연은 신선하고 놀라왔지만 그것이 무슨 말을 하려는 것인지 알 수 없는 모호함을 안고 관객들은 극장을 나서야 했다. 박정희의 공연이 그처럼 감각적으로는 강렬했지만 의미적으로 모호하게 느껴졌던 까닭은 무엇이었을까? 남아 있는 지면을 통해 이 문제를 다루어 보고자 하거니와, 가장 중요한 원인은 욕망에 대한 해석과 표현의 방식에 있었던 것 같다.

2 김방옥, 「전복과 도취의 무대」, 『한국연극』, 2001년 8월.

3. 쥬네의 〈하녀들〉에 나타난 욕망의 양상과 한국에서의 수용

장 쥬네의 〈하녀들〉은 1947년 감옥 안에서 써진 후 당대 최고의 연출가였던 루이 쥬베에 의해 초연됨으로써 장 쥬네를 세계적인 문제 작가로 만들어준 작품이다. 그럼에도 〈하녀들〉은 그 세계적인 명성에 비해 한국에는 뒤늦게 소개되기 시작했다. 1970년대 후반 오세곤에 의해 대학 학생극으로 공연된 이후, 기성극단에서는 1990년대 초반에 이르러서야 이 성렬 연출로 극단 '산울림' 의 실험무대 작품으로 무대에 올려졌다. 마틴 에슬린은 쥬네를 베케트, 이오네스코 등과 함께 50년대를 수놓은 부조리극 작가로 분류한다. 이오네스코의 〈수업〉이 1960년 '실험극장' 의 창단공연으로 무대에 올려진 이후 이오네스코와 베케트 등 여타의 부조리극 작가들이 60년대 한국에 이미 활발하게 소개되었던 데 비해, 한국에서 쥬네가 상당 기간 '비무장지대' 에 놓여 있었던 것은 이 작품이 갖는 일종의 난해함과 무관하지 않은듯하다.

이 작품은 한 명의 여주인을 모시고 사는 두 명의 하녀들이 여주인을 선망하여 벌이는 모방의 놀이와 죽음의 의식으로 이루어진 극이다.

〈하녀들〉의 두 주인공, 끌레르(Claire)와 솔랑쥬(Solange)는 자신들이 모시는 여주인, 마담이 외출하고 없는 밤이면 늘 마담의 방에서 상상의 놀이를 한다. 자매 사이인 두 하녀는 서로 번갈아 가며 한 사람은 마담이 되고 다른 사람은 마담을 시중드는 하녀 역할을 한다. 마치 캔버스 프레임에 의해 몸이 잘려 나간 무희들을 그린 드가의 그림처럼 쥬네의 희곡은 놀이 중에 있는 하녀들을 보여 주면서 시작된다. 막이 오르면 두 하녀는 한창 놀이 중이다. 끌레르가 마담 역을 하고 솔랑쥬가 하녀－끌레르의 역을 하고 있다. 마치 번데기의 허물을 벗은 나비처럼 마담이 된 끌레르는 끌레르 역을 맡은 솔랑쥬를 마치 자신이 벗어 놓은 흉측한 허물처럼 바라보며 학대와 멸시와 모욕을 가한다. 가학적인 마담에게 질세라 끌레르 역의 솔랑쥬는 현실 속에서 마담에게 하고 싶었으나 할 수 없었던 증오와 분노로 뒤범벅된 말들로 마담을 공격한다. 이처럼 '하녀들'의 놀이 속에서 드러나는 마담에 대한 감정은 선망과 증오가 뒤섞여 있다. '하녀들'이 하는 마담 놀이는 마담의 살해로 끝을 맺게 되어 있다. 하지만 항상 시간 부족으로 끝까지 못간 채 놀이를 중단해야 했음이 대사에서 드러난다. 이번에도 놀이는 일단 중단된다. 자명종이 울리고 마담이 돌아 올 시간이 되었기 때문이다. '하녀들'은 마님의 로멘스를 질투하여 마님의 정부인 '므슈(Monsieur)'를 비방한 편지를 경찰에 보내 거짓 밀고를 해서 감옥에 보내 놓은 상태이다. 헌데 므슈로부터 무죄 석방되었다는 전화가 걸려오고 하녀들은 자신들의 음모가 들통날까봐 전전긍긍한다. 결국은 마담이 외출에서 돌아오면 띠윌 차에 치사량의 수면제를 넣어 살해하기로 결정한다. 하지만 외출에서 돌아 온 마담은 므슈의 석방 소식에 흥분되어, 하녀들이 가져다 준 차를 마시지 않고 황급히 나가버린다. 절망한 하녀들은 중단되었던 역할 놀이를 마무리하기로 한다. 끌레르는 다시 마담의 의상을 입고 하녀 역을 하는 솔랑쥬에게 마담을 독살하기 위해 만들어 놓은 예의 차를 가져 오게 한다. 그리고 그 차를 마시고 죽는다. 하녀들의 마담 살해의 놀이는 그렇게 완수된다. 하지만 그것은 상상 속에서의 마담 살해이며, 실제로는 하녀의 죽음일 뿐이다.

이 작품은 서사의 표층만을 보자면 '마담의 자리를 찬탈하고 싶었으나 뜻을 이루지 못하고 자살의 길을 선택하게 되는 하녀들의 이야기'이다. 기본 플롯은 다분히 우화적이고 통속적이다. 쥬네 스스로 자신이 쓴 연출지침서, 「어떻게 〈하녀들〉을 연출할 것인가?」에서 이 작품은 '우화'라고 명시하고 있다. 이 작품이 쥬네의 다른 희곡들에 비해 유독 대중적인 선호도가 높은 것은 작품의 스토리 라인이 갖는 통속성과 무관하지 않을 것이다. 우화의 특성은 비사실적이며 교훈적인 것이다. 쥬네의 〈하녀들〉은 일종의

'실패한 신데렐라' 혹은 '빗나간 신데렐라의 꿈'과 같은 교훈의 모티프를 깔고 있다는 점에서 우화적일뿐만 아니라, 마담의 연인인 므슈가 고작 한 권의 책을 훔쳤다는 거짓된 고발로 경찰서에 불려가고 그로 인해 므슈가 사형이나 종신형 등 중범죄인들의 수용소인 기얀느로 유배를 떠나리라고 기대하고 상상하는 하녀들과 마담의 설정이 모두 비사실적이라는 점에서 우화적이다. 쥬네는 그의 연출노트에서 하녀들의 연기가 사실주의적이어서는 안 되며 하녀들의 역을 남자 배우가 하는 것을 해볼만한 가능성으로 제시하고 있는데 그것 역시 이 작품이 갖는 우화적인 성격과 무관하지 않을 터이다. 문제는 '실패한 신데렐라'를 모티프로 하는 이 우화가 담고 있는 진정한 교훈 혹은 메시지는 무엇인가? 이 문제에 답을 구하는 것이 그리 간단하지 않다.

우선 표면적으로 볼 때 〈하녀들〉은 비극이다. '실패한 반란'은 전형적인 비극적 모티프이다. 서구의 문학은 비극 중심으로 발전해 왔다. 아리스토텔레스 이후 서구의 문학사는 비극을 바라보고 비극의 가치와 의미를 해석하는 다양한 입론들을 발달시켜 왔다. 따라서 다기한 비극론들 중 어떤 것을 적용하여 〈하녀들〉을 해석하는가에 따라 〈하녀들〉이 갖는 의미와 가치에 대한 평가가 천차만별하게 될 것이다. 이처럼 다양한 해석의 가능성이 열려 있다는 점이 특히 비극적 전통이 부재하는 비서구권의 독자들에게는 일종의 혼돈과 난해함을 유발하는 중요한 요인으로 작용할 수 있다.

〈하녀들〉의 해석과 관련하여 적용할 수 있는 비극론으로서 수백년의 서구문학사를 수놓아 온 수많은 비극론을 모두 다 일일이 거론할만한 지면도 능력도 필자에게는 없다. 하지만 비극적 관점에 따른 해석이 〈하녀들〉의 작품 해석의 중요한 한 축을 구성해 왔던 점을 감안하여 서구 비극론의 계보에서 주요한 몇몇만을 〈하녀들〉에 대한 해석의 문제와 결부지어 일별해 보면 다음과 같다.

비극의 기본 플롯은 현실의 법 혹은 모순에 저항하다가 실패하는 주인공의 이야기이다. 다시 말해서, 비극의 보편적 모티프는 '실패한 반란' 이다. 그런데 '실패' 쪽에 포커스를 맞추는 경우와 과정인 '반란' 쪽에 포커스를 둘 때 '실패한 반란' 의 모티프가 갖는 함의는 확연히 달라진다. 전자의 경우, '(모든) 반란은 실패할 수밖에 없다' 는 부정적 결론을 지향하게 되며, 후자는 '실패하더라도 반란은 숭고하다' 는 식의 긍정적 메시지를 전파하게 된다. 이 두 가지의 비극론은 각각 고전주의 비극론과 낭만주의 비극론에서 시작되어 시대를 거치면서 다양한 모습으로 변천해 왔다.

17세기 프랑스의 고전주의 비극론자들은 이성과 대립되는 구도에서 욕망을 조망하고 욕망이 초래하는 인간적 파멸을 전시함으로써 욕망의 위험성을 일깨우는 것, 그렇게 함으로써 현실의 법 혹은 이성의 이데올로기를 내면화시키는 것이 비극문학의 본령이라고 생각했다. 그러한 고전주의 비극론을 적용하여 〈하녀들〉을 독해한다면 임선옥이 자신의 논문, 「장 주네의 〈하녀들〉에 나타난 고전극작법의 변주」에서 보여주고 있듯이 "부조리한 욕망은 자기 파멸을 낳는다"는 것이 이 작품의 핵심 메시지로 떠오른다. 이는 바꿔 말해서 '그러니까 그렇게 부조리한 욕망을 품지 말라' 거나 '그런 부조리한 욕망을 품지 않는 우리들은 얼마나 안전한가' 라고 속삭이는 것이 이 작품의 주요 메시지라고 주장하는 셈이 되는데 그러한 해석은 타인의 커다란 불행을 보고 나의 작은 불행에 안도감을 느끼는 것이 비극적 카타르시스의 핵심이라고 주장한 영국의 보수주의 사상가 버크(E. Burke)의 비극론의 연장선상에서 쥬네의 작품을 접근하는 것이라 할 수 있다.

타인의 실패와 파멸에서 교훈을 얻고 상대적인 쾌감을 느끼는 '기능' 에서 비극 문학의 존재 이유를 찾았던 고전주의 비극론과 달리 낭만주의 비극론은 '실패한 반란' 의 서사에서 실패 대신 반란의 가치를 부각시킨다. 독일의 쉴러로부터 니체로 이어지는 낭만주 비극론은 죽음(혹은 처참한 파멸)을 무릎쓰고[3] 현실의 법 혹은 모순과 투쟁하는 숭고한 저항정신이 비극의 정신이며 그것이야말로 고귀한 인간의 정신이라고 강조한다.

고전주의 비극론과 낭만주의 비극론은 비극 문학으로부터 각각 타락한 영혼의 파멸과 숭고한 영혼의 투쟁이라는 서로 상반된 해석을 끌어낸다는 점에서 서로 다른 스탠스를 취하지만 비극문학의 본질이 우리의 삶에 귀감을 제공하는 (교육적) '기능'에 있다고 간주한다는 점에서는 서로 다르지 않다. 반면 현대의 비극론은 비극성을 인간 조건의 문제로 인식한다는 점에서 이전의 비극론과 확연히 구별된다. 현대비극론은 현실 자체가 본질적으로 모순이고 억압이라는 인식으로부터 출발한다. 따라서 억압적인 질서 속에서 생존해야 하는 인간은 모두 근본적으로 비극적 존재이며, 그렇기 때문에 존재의 실상 자체가 비극이라는 인식이 현대비극론의 대전제를 형성한다. 하지만 동일한 대전제에서 출발하지라도 관점의 편차에 따라 현대비극론은 상이한 비극론들로 분화 발전하게 되는데, 그것은 크게 나누어 비극문학이란 "인간이 나약하고 죄있는 존재임을 알게 해 주는 것"[4]이라고 여기는 다분히 보수적인 입장과 "심연을 향한 숱한 전락에도 불구하고 느리고 무거운 상승을 하는 인간조건을 보여주는 것"(롤랑 바르트, Roland Barthes)이라고 생각하는 진보적인 입장으로 나누어진다고 하겠다. 전자의 비극론이 '실패'에 역점을 둔 고전주의 비극론을 존재론적 관점에서 변주한 것이라면, 후자의 비극론은 '반란'과 '저항'의 가치를 부각시킨 낭만주의 비극론을 실존주의적 관점에서 변주한 것이라 할 수 있다. 모름지기 문학이란 부정적인 현실에 대한 인식으로부터 출발한다. 전자의 비극론은 인간이 근원적으로 불완전한 존재라는 '진리'를 '인식'하는 것이 비극적 인

---

3 인간은 죽음을 피할 수 없다는 점에서 본질적으로 비극적 존재이다.

4 정병희, 심민화 외, 『라신을 어떻게 읽을 것인가』, 교학사, 2000.

식이며 그러한 인식을 가능하게 하기 때문에 비극문학이 위대한 문학이라는 입론을 전개한다. 그러한 입론은 힘겨운 저항의 메시지를 전파하는 낭만주의적 비극론과 달리 인간 존재의 불완전성 자체를 강조한다. 인간 존재가 불완전하다는 것은 반박할 수 없는 진리이다. 따라서 그러한 비극론은 고대 그리스 비극을 위시하여 거의 모든 시대 모든 지역에 넓게 분포해 있는 다양한 비극적 서사에 먹혀들어갈 수 있는 장점을 가진다. 따라서 그것은 현대비극론의 주류를 형성해 왔다. 이러한 입장을 투사시켜 〈하녀들〉을 바라보면 다음과 같은 해석이 가능해진다. 즉, 〈하녀들〉의 주인공들은 현실의 법 혹은 모순에 저항하지만 그 결과는 실패로 귀결된다. 하지만 하녀들의 운명은 불완전한 인간 존재가 갖는 근원적인 비극성을 표상하며, 실현 불가능한 욕망에 시달리는 '하녀들' 은 숙명적으로 비극적 존재인 우리의 자화상을 제시했다는 점에서 불완전한 인간존재의 비극성을 일깨워주는 위대한 비극 작품이다. 〈하녀들〉에 대한 이런 식의 해석은 현대의 주류 비극론을 반영하고 있다는 프레미엄을 안고 있기 때문에 그 어떤 해석보다도 평단에서 선호하는 버전이 되며, 한국에서도 〈하녀들〉을 해석하는 데 가장 폭넓게 수용되어 온 것이기도 하다.

하지만 일정부분 낭만주의적 비극론의 계보를 잇고 있는 골드만 같은 논자는 파멸당하는 비극적 주인공을 통해 인간 '존재의 비극성' 을 보여주는 것이 아니라 '현실의 모순' 을 웅변적으로 보여주는 것이 비극의 요체라고 생각한다. 그러한 사상의 이론적 결정체라고 할 수 있는 그 유명한 '문제적 주인공' 의 이론 틀을 골드만은 실제로 〈하녀들〉에 적용하여 이 작품이 문제적 주인공 '하녀들' 의 파멸을 통해 현실의 계급적 모순을 고발하는 것이며 '하녀들' 의 반란은 비록 실패하지만 미완의 혁명이라는 함의를 지닌다는 요지의 해석을 선보였다. 골드만의 관점을 수용한 논문으로는 신현숙의 「오브제를 통해 본 〈하녀들의 비극성〉」를 언급할 수 있는데 이 논문은 동시에 고전주의적 계보를 잇는 현대비극론의 입장을 절충적으로 받아들이고 있다.

정신분석학적 문학비평이 나오기 전까지 고전주의를 변주한 현대의 비극론은 인간 존재란 근원적으로 비극적인 존재이며 그 비극성의 연원을 존재론적인 데서 찾는 담론을 전개했다. 하지만 프로이트 이후 활성화되기 시작한 정신분석학적 문학비평은 문학/예술을 치료의 '기능' 으로 본다는 점에서 고전적 비극론으로 회귀하는 양상을 띤다. 프로이트 이후 급속하게 발전한 정신분석학적 비평은 입장의 편차에 따라 다양한 스펙트럼이 존재하지만 그 기본 입장은 예술작품을 억압된 욕망의 대리 충족이거나 은밀하게 감춰진 욕망이 가장무도회를 벌이는 곳으로 간주한다는 점에서 다르지 않다. 따라서 정신분석학적 문학비평은 문학 작품을 해부해서 작가나 주인공의 억압된 욕망이 어떤 것인지 드러내고자 하는데, 쥬네의 〈하녀들〉과 관련해서는 케이트 밀레트가 그 대표적인 논자로 꼽힌다.[5] 케이트 밀레트는 억압된 자들이 그들을 소유하고 있는 주인에게 겉으로는 저항의 제스처를 취할지 모르나 내면에 있어서 얼마나 그들의 주인에 의해 포획되어 있는지, 말하자면 피억압자들의 정신이 얼마나 철저하게 억압자들에 의해 길들여져 있는지, 쥬네의 〈하녀들〉은 보여 줌으로써 피억압자들의 심리적 현실을 파헤친 작품으로 평가했다. 국내에서는 최근 김숙현이 라깡의 이론을 원용함으로써 〈하녀들〉이 작가 쥬네 내면에 억압된 '남근적 욕망' 의 도착된 반영이라는 논의를 개진한 바 있다.[6]

반복하거니와 〈하녀들〉의 플롯은 외견상 비극적 플롯의 형식을 취하고 있다. 플롯에 의거하여 〈하녀들〉을 조망할 경우, '하녀들' 이 벌이는 극적

5 Kate Millett, 정의숙 · 조정호 옮김, 『性의 정치학』, 현대사상사, 1983.

6 김숙현, 「라깡의 정신분석으로 본 장 쥬네의 〈하녀들〉: 하녀들의 도착과 윤리」, 『한국연극학』 41호, 2010.

행동의 목표는 '마담 되기'가 되고 결과적으로 〈하녀들〉의 서사는 '마담이 되려다 실패한 하녀들'의 이야기로 귀결된다. 그렇다면 여기서 '마담'은 무엇을 상징하는가? 마담이 차별적이고 억압적인 '외적 현실'을 상징하는 것이라고 보면 하녀들은 사회현실의 모순에 저항하는 문제적 주인공이 될 터이고, 마담이 하녀들의 '내적 욕망'을 표상하는 것이라면 이 작품은 계층상승의 욕구나 '남근적 욕망'의 포로가 되어 파멸을 맞이하게 되는 주인공들을 통해 인간조건의 비극성을 일깨우는, 다분히 전통적인 비극의 범주를 넘지 않는 작품 정도로 보인다. 하지만 그 정도의 해석에 머문다면 쥬네의 작품이 가지고 있는 파격성을 지나치게 축소시키는 것이다.

담화의 차원에서 쥬네의 〈하녀들〉은 전통적인 비극과 길항하는 새로운 면모를 드러낸다. 쥬네의 희곡에서 솔랑쥬가 고백하듯 '하녀들'의 욕망의 심연에는 "초라한 슬픔을 찬란한 범죄로 보상"하려는 욕망이 작동하고 있으며 급기야 솔랑쥬의 마지막 긴 독백은 마담이 되고자 하는 욕망으로부터 벗어나 (동생을 살인한) 범죄자로서의 아이덴티티를 세워 나가는 심리적 과정을 여실히 보여준다. 문제의 대목을 옮겨 보면 다음과 같다.

> 솔랑쥬 : […]오, 마담… 난 이제 마담과 동등해요. 난 이제 고개를 들고 걸어요…, […] 옷이요? 이제 그것들을 잘 간직하세요. 동생과 나에게는 밤에 몰래 입던 우리의 옷이 있었죠. 하지만 이제 나는 내 옷을 가지고 있어요. 이제 난 마담과 동등해요. 이제 난 범죄자들의 붉은 옷을 입고 있어요. […] 이제 난 세상에서 가장 야만적인 위대성을 쟁취했어요. 마담은 나의 고독을 알아차리는군요. 그래요 이제 난 혼자예요. 내가 무섭죠? 마담에게 고약하게 굴 수도 있죠. 하지만 그만두겠어요. 더 이상 두려워하지 마세요 […] 난 이제 뭐든지 자신있어요[…] 감히 누가 날 '얘야' 라고 부를 수 있겠어요? 난 시중을 들었었죠. 시중드는데 알맞은 몸짓을 했었죠. 마담에게 미소를 지어보였었죠. 난 내 몸을 굽혔었죠. 침대를 정리하느라, 유리창을 닦느라, 야채를 다듬느라, 문에서 엿듣느라, 열쇠 구멍에 눈을 갖다대느라 내 몸을 굽혔었죠. 하지만 이제 난 내 몸을 꼿꼿하게 세워요.

꼿꼿하게 세워요. 난 목을 졸라 죽인 살인자예요. 마드모아젤 솔랑쥬. 자기 동생의 목을 조른 살인녀! 마담은 정말 섬약하시죠. 이제 나는 그런 마담을 불쌍히 여깁니다. 마담의 창백함과 마담의 비단같은 피부를 불쌍히 여기고, 마담의 조그만 두 귀와 마담의 가냘픈 두 손목을 불쌍히 여깁니다…… 난 검은 암탉이예요. […] 이제 우리는 마드모아젤 솔랑쥬 르메르시에다. 르메르시에, 르메르시에, 유명한 살인녀.

극의 막바지에 나오는 이 담화에서 솔랑쥬는 마담에 대한 욕망이나 증오로부터 자유로와지고 있음을 보여준다. 솔랑쥬는 마담에게 고약하게 굴 수도 있지만 이제는 더 이상 그런 것에 관심이 없다. 이전에는 그렇게 부러워하던 마담의 하얀 피부도 이제는 오히려 그 연약함이 안쓰러워 보일 뿐이다. 더 이상 허리를 굽히는 굴종적인 하녀의 행동도 하지 않을 것이다. 이제 솔랑쥬는 고개를 세우고 떳떳하고 당당하게 걸어 갈 것이며 마침내 검은 암탉과 같은 건강한 자신의 신체를 당당하게 받아들이는 모습을 보여준다. 이처럼 특히 솔랑쥬를 통해 전개되는 담화는 이 작품이 역설적인 의미에서 '성장소설' 의 성격을 띠는 것임을 말해 준다. 성장소설의 주인공이 사회와 불화하다가 통과의례를 치루고 사회로 귀환하여 사회의 구성원이 되는 것이라면, 〈하녀들〉은 그 역방향을 취하고 있는 것이다. 즉, 〈하녀들〉은 주인공들이 (마담을 모방하며) 사회에 통합되려고 애를 쓰지만 그것에 좌절을 겪고 (끌레르의 희생이라는) 통과의례를 거쳐 사회와 불화하며 사회에 온몸으로 저항하는 범죄자, 반항인으로 거듭나는 '전도된 성장드라마' 의 면모를 보이고 있다.

이처럼 서사의 표층구조는 마담 살해의 모티프가 이끌어 가지만 그 서사적 모티프를 추동하는 심층적 모티프는 '초라한 슬픔을 찬란한 범죄로 보상' 하려는 욕망이다. 따라서 이 작품은 표층에서는 실패한 반란의 모티프가 지배하지만 심층적인 모티프는 범죄자로서의 아이덴티티 찾기이다. 범죄자로서의 아이덴티티란, 스스로 범죄자가 되는 데 윤리적인 알리바이를 찾는 것을 의미한다. 범죄자는 속세의 법으로 처형된다는 점에서 성인(聖人)과 윤리적으로 동일하다는 쥬네 특유의 위악적인 범죄의 윤리학/미학이 이 작품을 관통하고 있다. 물론 그와 같은 위악적인 정당화의 논리가 일반 관객들에게서 과연 어느 만큼의 동의를 얻어 낼 수 있는가? 하는 문제는 논자에 따라 상이한 의견을 제시할 수 있다. 즉 그것이 진정한 자유와 해방을 함축한다고 말할 수 있는가? 하는 문제와 관련해서는 어떤 관점의 윤리적 틀을 적용하여 보는가에 따라 상이한 의견들이 제시될 수 있다. 하지만 '찬란한 범죄'의 욕망에 의해 추동되어 범죄자로서의 아이덴티티 찾기로 귀결되는 욕망의 모티프는 그 윤리적 가치를 따지는 쟁론과 상관없이[7], 이 작품의 핵심 주제이다. 이는 플롯상 전통적인 고전비극을 계승하고 있는 것처럼 보이는 이 작품을 담화의 차원에서 비틀어 전형적인 고전비극의 극작술을 일탈하게 하는 키포인트이기도 하다. 대체로 명작으로 꼽히는 고전 비극의 주인공들은 궁극적으로 모든 사회화된 욕망을 벗어나 현세를 초탈하는 경지로 이동해 간다. 콜로누스의 오이디푸스가 그렇고 안티고네와 리어왕이 모두 그러하다. 그러한 비극적 주인공들에게 문학사가들은 '숭고미'라는 라벨을 헌정하면서 예찬해 왔다. 하지만 쥬네의 '하녀들'은 숭고를 향해 걸어가는 전형적인 고전 비극적 인물의 초상에 등을 돌리고 급기야 위악적인 세계를 접수한다. 바로 그 점이 쥬네의 〈하녀들〉을 희대의 문제작으로 만드는 특이점이며 그 파격성이 사람들을 매료시키는 도발적인 힘으로 작용하는 것이다. 〈하녀들〉에 내장되어 있는 이 파격적인 포인트를 간과할 때 쥬네의

7 즉, 어떤 사람은 쥬네의 작품에 나타나는 위악적인 윤리관에서 부조리한 세상에 대한 저항의 의미를 발견할 수도 있고, 또 어떤 사람은 반대로 그것은 저항의 탈을 쓰고 있지만 진정한 의미에서의 저항이 아니라 타락한 욕망의 도착된 표현으로 간주하여 그 위악적인 비전의 저항적 가치를 인정하지 않으려 할 수도 있다.

〈하녀들〉은 '신데렐라가 되려다 실패한 하녀들'의 이야기라는 통속적인 우화로 전락할 가능성이 농후해진다.

4. 박정희의 〈하녀들〉 : 포스트모던한 무대 위에 펼치는 고전주의 욕망담론

박정희는 원작의 대사를 대폭 축약하고 원작에 없는 형사를 나레이터로 등장시켜 회고의 형식으로 각색하였으며 작품의 의미 형성에 결정적인 요소로 작용하는 대단원을 개작하는 등, 원작을 과감하게 재구성하였는데, 그러한 일련의 재구성은 공연의 연출라인이 '욕망의 비극성'을 부각시키는 방향으로 설정되었다는 것을 암시한다. 말하자면 박정희가 시도한 일련의 재구성은 원작이 지닌 전도된 성장드라마의 면모를 제거하고 '욕망의 비극성'의 주제에 집중하여 그것을 보다 선명하게 부각시키기 위한 의도의 소산으로 보인다. 박정희의 무대는 분출하는 하녀들의 욕망과 그것을 좌절시키는 힘, 이 두 가지 힘을 길항하는 두 개의 축으로 하여 공간이 분할되고 모든 무대의 기호들이 배치되는 형상을 띠고 있었다.

우선 박정희는 눈에 보이지 않는 욕망을 가시화시키기 위해서 물이라는 질료를 사용했다. 욕망을 다루기 위해 물을 적극적으로 사용한 것은 빼어난 선택이었다. 박정희가 물을 사용한 것은 쥬네가 우리에게 호소하고 싶었던 은밀하고 절박한 욕망의 이야기를 이성의 언어만으로는 재현할 수 없음을 간파한 때문일 것이다. 말하자면 욕망의 언어인 몸의 언어, 이미지의 언어로 재현의 한계를 돌파하기 위함일 터이다. 합리적 추론으로 비합리적 욕망의 흐름을 포착하기 어렵고, 의식의 언어로 무의식의 정체를 담아낸다는 것이 어렵다는 점을 감안할 때, 물은 욕망의 변화와 밀도를 표현하기 위한 탁

〈하녀들〉

월한 선택이다. 무덤인듯, 감옥인듯, 성소의 재단인듯, 혹은 법정의 심판대인듯 굳건하게 붙박혀 있는 차가운 대리석의 욕조 속에 담겨 있는 물속에서 몸부림치는 하녀들을 볼 때, 질퍽거리며 사방으로 튀는 물은 하녀들의 살아있는 욕망의 감도를 그대로 느끼게 한다. 하지만 그것은, 그 물은 동시에 하녀들이 벗어나려고 몸부림치지만 바로 그 만큼 완강하게 그녀들을 속박하고 있는 현실의 힘을 상징이 아닌 온 몸으로 느끼게 하는 물질 기호로서 작용한다. 여기에 새로이 도입된 형사의 존재가 강고한 현실의 장벽 속에 가두어진 하녀들의 현실적 상황을 상징하는 강력한 무대 기호로서 합세하여 하녀들의 비극적 상황을 더욱 강화시키는 효과를 유도한다. 더구나 마담의 역할을 형사가 겸하는 연출 라인은 마담과 형사를 하나의 이미지에 중첩시킴으로써 하녀들을 억압적 현실 속에 가두는 외부 현실의 힘을 한층 강화시킨다.

새롭게 등장한 형사는 극의 도입을 열고 자신의 코멘트로 극의 진행을 이끌어 간다. 그러한 형사의 존재는 관객으로 하여금 형사의 관점에서 극적 사건을 바라보도록 유도한다. 즉 관객들로 하여금 형사의 관점에서 등장인물들의 심리를 들여다보게 만든다. 더구나 쥐죽은듯 조용한 객석의 침묵을 주기적으로 파열시키는 형사의 타자 치는 소리, 뿐만 아니라 때때로 마담으로 분하여 무대를 '침범' 하여 신체연기로 다져진 액팅으로 아우라 넘치는 실루엣을 연출하는 형사의 존재감은 관객들을 지배하고 압도하기에 부족함이 없다. 그처럼 밀도 높은 존재감으로 무대를 압도하는 형사가 객석에 앉아 타자를 두드려 사건을 기록하거나 서술하는 행위를 통해 무대의 서사를 이끌어 가면서 공간의 지배를 유도하는 방식은 보는 이로 하여금 무대에서 펼쳐질 하녀들의 삶과 죽음이 형사로 표상되는 '세상' 이 만들어 놓은 감옥에 철저하게 감금되어 있는 것 같은 느낌에 휩싸이게 만든다.

쥬네의 원작이 사건의 중간부터 시작하는 것과 달리 박정희의 대본은 프롤로그조차 새롭게 도입하여 형사의 대사가 하녀들의 대사를 완벽하게 포위하는 구조를 취한다. 이러한 극작술 역시 하녀들이 형사로 표상되는 세상으로부터 철저하게 격리된 채, 세상이 만들어 놓은 감옥에 철저하게 감금되어 있음을 보다 선명하게 부각시키려는 연출적인 고려의 소산일 것이다. 쥬네의 원작은 일종의 전도된 성장드라마이다. 일반적으로 성장드라마는 현실을 지배하는 통념과 갈등하는 불화로부터 출발하여 화해에 이르기 때문에 드라마 전개의 리듬이 안정적인 구조를 띠게 된다. 반면 전도된 성장드라마는 갈등에서 시작하여 관객의 통념을 전복시키는 크라이시스에서 극이 끝나기 때문에 드라마 전개의 리듬은 불안정하고 파열적으로 된다. 쥬네의 원작이 마치 캔버스 프레임에 의해 몸이 잘려 나간 무희들을 그린 드가의 그림처럼 한창 놀이 중에 있는 하녀들을 보여 주면서 시작되는 것은 전도된 성장드라마로서 이 작품이 함장하고 있는 밀도 높은 불안감을 통감각적으로 체험하도록 유도하는 미학적 장치라고 볼 수 있다. 말하자면 관객들은 시작과 원인을 알지 못한 채 이야기의 중간부터 보게 되는 것이며 그러한 상황에 직면하여 관객들은 심리적인 불편함과 함께 짙은 불안감을 느끼게 되는 것이다. 박정희의 극작술은 그처럼 불안정한 구조의 원작을 가위질하여 매우 안정적인 대립 구도로 마름질해 놓고 있는 것인데, 그러한 재구성 역시 쥬네의 원작이 갖는 파격성을 제거하고 욕망의 비극성이라는 단일한 주제로 작품을 몰아가기 위해 치밀하게 계산된 연출적인 선택의 소산으로 보인다.

형사에 의한 프롤로그는 관객들이 보게 될 이 연극의 내용이 2년 전에 죽은 하녀들의 이야기라고 간략하게 요약하며, "공적인 사건을 사적으로 기록하지 않는 것이" 경찰로서의 원칙이지만 "이 사건을 사적으로 정리"해 보여주겠다고 말한다. 이 사건이 사건적으로는 종결되었지만, 아직까지 잊지 못할 정도로 자신의 의식 속에 각인되어 있다는 형사의 말은 자신이 보여줄 이야기가 관객들의 의식에도 강렬한 임팩트를 남길 것이라는 예고처럼 들린다. 아니면 그렇게 만들겠다는 의지를 표명하는 것처럼 들린다. 그럼에도 불구하고 정작 형사의 입을 통해 발화되는 나레이션은 관객의 뇌리에 그다지 강렬한 임팩트를 남길만한 내용도 화술의 톤도 구현하지 않는다. 형사는 최대한 감정을 배제한 채 단순 톤으로 나레이션을 서술한다. 이 또한 뜨거운 하녀들의 욕망과 대조되는 냉엄한 현실을 은유하기 위한 연출적인 고려의 소산으로 보인다. 형사 역을 맡은 배우가 마담으로 분하여 거대한 마리오네트의 형상으로 연출되는 마담의 실루엣은 위압적인 권력의 힘을 과시함으로써 냉엄한 현실의 폭력성을 상징하면서 동시에 그 실루엣의 색감과 거대한 형상은 보는 이로 하여금 그 폭압성을 감각적으로 체험하게 해 준다.

이처럼 박정희의 〈하녀들〉은 하녀들의 뜨거운 욕망과 냉엄한 현실의 대비를 선명하고 강렬하게 부각시키기 위해 대사의 배치로부터 물질 기호의 사용에 이르기까지 미니멀하면서도 치밀하게 계산된 연출의 솜씨를 유감

〈하녀들〉

없이 발휘하고 있었다.

원작에서는 끌레르만 죽고 솔랑쥬가 수갑을 찬 범죄자의 모습으로 무대에 남게되는 대단원의 장면을 개작하여 박정희 대본에서는 솔랑쥬가 끌레르와 동반 자살하는 것으로 막을 내리는 것도 욕망의 비극성이라는 단일한 주제로 공연을 끌고가고자 하는 의도의 소산으로 보인다. 원작에서 솔랑쥬는 대사를 통해 끊임없이 찬란한 범죄에 대한 욕망을 분비하는 캐릭터로 등장하지만 박정희는 솔랑쥬의 욕망을 마담에 대한 단순한 증오의 감정으로 축소하였으며, 그 결과 솔랑쥬 역의 배우에게는 주로 마담에 대한 강렬한 증오의 감정을 분배하고 끌레르에게는 선망을 부여하면서, 증오에 불타던 솔랑쥬에게는 마침내 구원 없는 전락을, 선망에 젖어 황홀해 하던 끌레르에게는 구원의 길을 열어 준다.

박정희의 대본을 보면 두 하녀가 죽음을 맞는 마지막 신의 서브텍스트로 솔랑쥬에게는 "욕망으로 끝나는 욕망", 끌레르에게는 "구원을 향한 욕망"이 설정되어 있다. 말하자면 박정희는 끌레르의 자살은 그 모든 탐욕의 끈을 놓고자 하는 자기 결단의 행위로 설정하고 있으며, 솔랑쥬의 죽음은 찬란한 범죄자로서의 아이덴티티를 찾게 되는 원작을 아랑곳하지 않은 채 욕망 실현의 출구를 찾지 못해 죽음을 택하는 것으로 설정하고 있는 것이다. 박정희의 이러한 개작은 '욕망은 부조리한 것이며 그러기에 욕망의 끝은 참혹할 수밖에 없다 따라서 욕망은 초월될 때만이 구원의 길이 열린다'는 메시지를 함축하는 바, 놀랍게도 욕망의 문제와 관련하여 쥬네의 〈하녀들〉을 보는 연출가의 시각이 고전주의 비극론의 입장에서 한 발짝도 벗어나지 않고 있음을 웅변하고 있다. 이런 점을 감안해 볼 때 연출을 맡은 박정희가 이번 공연을 통해 절규하고 싶었던 것은 욕망에 관한 의고적인 경건주의이며 그것을 웅변하기 위해 그토록 강렬한 미장센을 구축했던 것으로 추측된다. 하지만 필자의 경우만 하더라도, 이러한 추측은 공연을 보고 난 후 박정희 연출의 〈하녀들〉 대본을 보고 나서야, 즉 대본에 기록되어 있는 서브텍스트를 보고 나서야 가능했던 것이지, 대본의 도움이 없었다면 아마 거의 불가능했을 것이다. 공연의 관람만으로 그러한 작품의 의미를 파악하는 것은 거의 불가능하다고 생각된다. 왜냐하면 넌버벌 위주의 퍼포먼스가 아닌 연극을 볼 때 관객의 입장에서 작품의 의미를 파악하거나 구성할 수 있는 최우선적인 근거는 대사인데, 끌레르의 대사에서는 욕망의 초극을 암시 해 주는 부분조차 거의 부재하기 때문이다. 다만, 공연에서는 마지막 자살을 감행할 때 두 하녀의 모습이 현격한 대비를 보여준다. 솔랑쥬가 절망적인 슬픔에 오열하는 데 비해 끌레르는 의연한 자태를 연출한다. 하지만 그것으로부터 연출가의 의도대로 관객이 '욕망을 초극하는 끌레르'라는 메시지를 읽어 내기를 기대한다면 그것은 과도하게 자의적이고 관념적인 발상이다. 품격을 잃지 않은 채 진행되는 의연한 끌레르의 자살 장면은 오히려 끝까지 마담의 이미지에 사로잡혀 있는 끌레르의 액팅으로 이해하는 것이 훨씬 자연스럽고 설득력 있는 이해방식이다. 요컨대 대사와 함께 극의 진행을 쫓아가다 보면 이 연극은 '마담이 되려다 실패한 어처구니없는 두 하녀의 이야기' 정도로 보인다. 하지만 '그것이 이 작품의 메시지인가보다!' 하고 생각하는 관객이 있다면, 그 순간 그 관객은 그러한 자신의 결론을 스스로 의심하기 시작할 가능성이 매우 높다. 왜냐하면 통속적인 신파만도 못한 그 보잘 것 없는 메시지를 전달하기 위해 만들었다고 생각하기에는 아우라 넘치는 그토록 강렬하고 심지어는 제의적인 미장센이 마음에 걸리기 때문이다. 결국 관객들은 작품에서 나름의 의미를 발견하는 만족감을 얻지 못한 채 어리둥절해질 것이며 혹은 보다 유연한 관객이라면 '뭐가 있기는 있는 것 같은데 그게 무엇인지 모르겠다' 는 정도의 생각을 하지 않았을까 하는 것이 관객의 한사람으로서 필자의 짐작이다.

오히려 박정희의 무대는 찬란한 범죄에의 욕망을 표현하기에 더할 나위없이 훌륭한 무대였다고 판단된다. 풍부한 물의 사용뿐만 아니라, 청색과 적색, 백색과 흑색만으로 이루어진 색감의 대비, 크지 않은 무대에 안치된 육중한 대리석의 욕조, 그 뚜껑을 덮을 때는 흡사 제단처럼 보여 연출하게 되는 제의적 분위기, 그 강렬한 미장센 속에서 에너지 넘치는 배우들의 신체연기로 운영되는 강렬한 무대는 그 어떤 무대보다도 '찬란한 범죄' 를 꿈꾸는 욕망을 표현하기에 적합한 무대였다. 하지만 유감스럽게도 그 강렬한 무대 위에서 몸부림치는 하녀들의 모습은 '초라한 슬픔' 에 스러져 가는 평범한 하녀들의 초상에 불과할 뿐, '찬란한 범죄자' 의 광휘는 찾아 볼 수 없었다.

흔히 베케트, 이오네스코, 쥬네를 부조리극의 3인방으로 꼽는다. 권태가 베케트의 세계를 지배하고 있다면, 이오네스코는 그로테스크하다. 반면 쥬네의 작품 세계는 화려하고 찬란한데 그 화려함과 찬란함은 기존의 미학과 윤리학를 전복시키는 찬란함이다. 쥬네는 기존의 미학과 윤리학에 의해 어둠으로 지목된 세계를 찬란한 불꽃으로 되살려 낸다. 찬란한 범죄자의 광휘는 쥬네의 작품 세계를 빛나게 하는 불꽃과도 같은 것인데 그동안 한국에서 이루어진 〈하녀들〉 공연의 경우 이 부분을 간과하여 어둠의 정조로 떨어지는 경우가 많았던 것 같다. 보들레르의 〈악의 꽃〉에서부터 발아되어 서구 현대의 문학과 예술의 창작 동력이 되어 온 '악의 미학'은 한국인의 정서로 소화하고 공감하기에 너무 낯선 세계가 아닌가 하는 생각이 든다.

제5장

한국적 연출의 독창성

이강백 작, 이윤택 연출의 〈느낌, 극락같은〉 공연분석

송민숙

1. 들어가며

이 글은 한국연극평론가협회에서 매년 시상해온 베스트 3 작품들을 중심으로 현대 한국연극에 나타난 새로운 연극성을 파악하기 위한 세미나의 일부를 이룬다. 그간 세미나의 대상이 된 극작가 · 연출가는 박근형, 윤영선, 오태석, 이윤택, 손진책 등이며, 세미나의 목표는 90년대 이후 한국 현대연극의 흐름과 특징을 일목요연하게 파악하는 것이다.

〈느낌, 극락같은〉은 예술의전당에서 열린 이강백 연극제에서 1998년에 초연되었으며 필자는 문예회관 대극장 재공연을 담은 비디오를 시청했다. 이윤택 연출작품[1] 중에서 평협 베스트 3로 선정된 작품은 〈문제적 인간 연

1 필자가 관람한 이윤택의 연출작으로는 〈연희단거리패의 햄릿〉(2001, 2003, 2005), 〈시골선비 조남명〉(2001, 2002), 〈하녀들〉(2002), 〈수업〉(2002), 〈오이디푸스〉(2002), 〈사랑에 속고 돈에 울고〉(2003), 〈문제적 인간 연산〉(2003), 〈서울시민 1919〉(2003), 〈옥단어〉(2003), 〈인생차압〉(2004),

산〉(1995), 〈어머니〉(1996), 〈느낌, 극락같은〉(1998), 〈시골선비 조남명〉(2001), 〈억척어멈과 그 자식들〉(2006), 〈원전유서〉(2008) 등이다. 베스트 3에 선정된 작품이 많은 만큼 이윤택 연출작품 분석은 한국 현대연극의 변화를 가늠하는 데 분명 도움이 되리라고 생각된다. 본 세미나에서 90년대 이후 한국연극의 주요 변화와 흐름을 조망하는 글이 있기 때문에 여기에서는 가능하면 이윤택 연출론을 중점적으로 다루고자 한다.

이강백의 작품은 지속적으로 무대화 되었고,[2] 그의 〈느낌, 극락같은〉[3]은 이미 많은 연구자들이 다룬 희곡이다.[4] 따라서 본 글에서는 기존의 연구를 바탕으로 이윤택의 연출을 주로 살펴볼 것이다. 연출이란 희곡을 시공간에

〈리어왕〉(2004), 〈곡예사의 첫사랑〉(2004), 〈초혼〉(2004), 〈오구, 죽음의 형식〉(2004), 〈떼도적〉(2005), 〈오월의 신부〉(2005), 〈맹진사댁 경사〉(2005), 〈억척어멈과 그 자식들〉(2006, 2007), 〈피의 결혼〉(2007), 〈달아달아 밝은 달아〉(2007), 〈세 자매〉(2008), 그리고 최근작인 〈원전유서〉(2008)와 뮤지컬 〈이순신〉(2008) 등이 있다.

2 〈다섯〉(1971), 〈셋〉(1972), 〈알〉(1972), 〈파수꾼〉(1975), 〈내마〉(1974), 〈결혼〉(1975), 〈보석과 여인〉(1979), 〈올훼의 죽음〉(1986), 〈우리들 세상〉(1975), 〈미술관에서의 혼돈과 정리〉(1976), 〈내가 날씨에 따라 변할 사람 같소?〉(1978), 〈개뿔〉(1979), 〈족보〉(1981), 〈쥬라기의 사람들〉(1982), 〈호모 세파라투스〉(1983), 〈봄날〉(1984), 〈비옹사옹〉(1986), 〈유토피아를 먹고 잠들다〉(1987), 〈칠산리〉(1989), 〈물거품〉(1991), 〈동지섣달 꽃 본 듯이〉(1991), 〈영자와 진택〉(1992), 〈북어대가리〉(1993), 〈통 뛰어넘기〉(1993), 〈자살에 관하여〉(1993), 〈불 지른 남자〉(1994), 〈영월행 일기〉(1995), 〈뼈와 살〉(1996), 〈느낌, 극락같은〉(1998), 〈마르고 닳도록〉(2000), 〈황색여관〉(2007), 〈죽기 살기〉(2009).

3 〈느낌, 극락같은〉은 1998년 5월 22일부터 6월 14일까지, '이강백 연극제'의 신작 공연으로 이윤택 연출과 극단 연희단거리패에 의해 예술의전당에서 초연되었고 같은 해 서울연극제 공식초청작으로 선정되어 9월 18일부터 24일까지 문예회관 대극장에서 재공연 되었다. 함묘진 역은 신구, 동연은 이용근, 서연은 조영진, 함이정은 김소희, 조승인은 이승헌, 불상 또는 코러스는 박소연, 이현아, 송정화, 강황수, 장재호, 유정화, 정재성, 강태환, 변혜경, 박현희, 박수정, 박지연, 김정민, 장현정, 김수영, 류진이 맡았다.

4 이영미, 『이강백 희곡의 세계』, 시공사, 1998, 211~215쪽, 224~229쪽, 233~237쪽. 김미도, 「이강백의 '문학성'과 '연극성' 연구」, 『한국연극학』 11호, 1998(『한국 현대극 연구』, 연극과 인간, 2001). 이혜경, 「소통장애의 세계와 거리 두기」, 『한국극작가론』, 평민사, 1998.

펼쳐놓는 작업이다. 하나의 연출은 여러 가능한 연출방식 중의 한 가지 선택이며 이는 필연적으로 작품에 대한 연출가의 해석을 내포한다. 공연분석, 특히 연출론을 평가하고자 하는 작업에서는 한 장면에 대한 연출이 그 장면을 무대화함에 있어서 가장 적절한 방식인지를 장면별로 생각해보아야 할 것 같다. 공연의 분석을 위해서는 마땅히 희곡분석[5]이 전제되어야 하는데, 각 장면 속에는 공연분석을 위한 다음의 모든 항목들[6]이 동시다발적으

---

5 희곡분석
- 구성(첫 장면과 끝 장면이 맞물리는 순환구조)
- 등장인물(함묘진, 함이정, 동연, 서연, 조승인), 인물의 대조적 성격(동연의 급한 성격, 서연의 차분한 성격의 대조, 이들이 표상하는 미학과 사상의 대조), 이들이 이루는 수직 및 수평적 구조.
  동연은 스승이 허락하기도 전에 서둘러서 불상 제작장을 물려받기를 원하고 이정과의 결혼을 위해 이정을 범한다. 동연의 성급한 성격은 스승의 반감을 부른다. 스승이 동연의 불상을 폄하하자 동연은 스승에게서 불상 제작장 열쇠를 빼앗으며 출입을 금한다. 이로 인해 함묘진은 자신의 열쇠로 불상 제작장에 들어갔다가 사고/살인으로 인한 죽음에 이르게 된다. 함묘진의 죽음은 이정으로 하여금 그녀가 동연을 떠나 서연에게로 가는 결정적인 이유가 된다. 동연의 성격은 그의 현실적 성공을 가져오기도 하지만 결과적으로 자신의 삶을 피폐하게 만든다는 점에서 아이러니하다. 인물의 성격과 극행동이 연결점을 찾는 부분이다.
- 주제(보이는 것과 보이지 않는 것, 형식과 내용의 대립을 넘어서는 조화와 화해 그리고 균형 추구)
- 언어(일상어)
- 청각적 요소(막간의 피아노 소리)
- 시각적 요소(불상, 탱화)
- 시간(수십 년의 시간 경과, 순환적) 조승인의 탄생에서부터 청년기에 이르는 시간.
- 공간(함묘진의 집, 마당, 들판) 관념적 또는 상징적 공간 : 극락문

6 공연분석
- 무대 시간(현재－과거－현재)
- 무대 공간(들판, 함묘진의 집, 함이정의 방, 불상 제작장, 마당, 시냇물 가, 극락문)
- 연기 : 표정연기 및 발성, 발화. 극 초반, 함이정의 나이를 드러내는 쉰 목소리.
- 의상 및 소품(극 초반 함이정의 소복, 서연의 허름한 복장, 동연과 이정의 화려한 색동 결혼예복, 마지막 장면에서 서연의 풀어헤친 긴 머리, 코러스 불상들의 금빛 의상)

로 들어있기 마련이다. 따라서 공연을 전체적으로 파악하고 극의 주요 장면들의 연출을 다시 짚어보는 방식이 적합할 것으로 보인다. 지면상 장면 연출에 대한 연구는 선택적이 될 수밖에 없겠다.

2. 본론

〈느낌, 극락같은〉에 대해 이강백은 자신의 여섯 번째 희곡집 서문에서 "인생은 불균형한 것, 그 불균형을 균형 있게 맞추려고 하는 것이 인생이다. 이와 같은 생각이 반영된 희곡이 〈뼈와 살〉이며 그 다음 희곡인 〈느낌, 극락같은〉에서는 좀 더 구체화된다."라고 쓰고 있다.[7] 작가에 따르면 이윤택 연출은 토월극장의 큰 무대를 시각적으로 채우기 위해서 반복되는 대사를 일부 삭제하고 불상을 오브제가 아닌 인간으로 대체하였다. 이에 불만을 가진 작가가 연출가에게 희곡텍스트의 복원과 충실한 이해를 요구하는 과정에서 문학성과 연극성에 관한 논란을 불러일으키게 되었다고 회고한다.[8] 그러나 문예회관에서의 재공연에 대해 작가와 연출가는 둘 다 만족했으며 작가는 "문학성과 공연성이 상호보완적이어야 함을 일깨워주었다"라고 쓰고 있다.

여섯 번째 희곡집 서문에서 작가는 "등장인물이 하나의 진리로 환원 가

– 무대장치 및 소도구(연기자들의 신체로 재현된 불상들, 피아노, 바퀴 달린 이동식 식탁, 십일면관세음보살 탱화, 새벽을 알리는 나무로 깎아 만든 장닭, 돌부처 형상들)
– 템포와 리듬
– 신체언어(불상 형상을 나타내기 위한 프리즈 장면, 움직임 및 안무, 극락으로의 길에서 환희를 표현하는 코러스의 춤동작)
– 조명(장면에 필수적인 소도구와 소품은 조명으로 그것만을 비춰서 강조, 한 무대에서의 서로 다른 공간을 조명의 분리로 표현)
– 사운드(막과 막을 연결하는 피아노 소리, 격한 피아노 소리, 전통음색을 가진 배경음악들)

7 이강백, 『이강백 희곡전집 6(1995~1998)』, 평민사, 2005(1999), 7쪽.

8 김미도, 「이강백의 '문학성'과 '연극성' 연구」, 『한국연극학』 11호, 1998, 193~194쪽 참조.

능한 것이 〈느낌, 극락같은〉이다"라는 평론가 안치운의 평을 인용한다. "인물과 진리는 하나의 동일성을 이루고 있다. 인물들은 작가가 내세우는 진리에 일치하는 나머지, 희곡은 그 논리적 추론을 과정으로 삼지 않는다".[9] 작가는 그의 평론에 대해 몇 가지 점에서 불편함을 드러내면서도 대체로 탁월한 평론으로 수긍한다. 실제로 〈느낌, 극락같은〉에서는 한 등장인물이 언어를 통해 다른 등장인물을 설득하기에 이르는 장면이 많지 않다.[10] 동연과 서연은 각자의 예술적 입장을 피력하며 논쟁을 벌이지만 서로를 설득하지는 못한다.(161~162쪽) 동연이 이정에게 자신이 스승의 후계자이며 스승의 딸인 이정과 결혼해야할 사람은 자신임을 주장하는 장면은 언어를 통한 설득이라기보다는 차라리 강압적이고 폭력적인 형식을 취한다.[11] 동연은 아들 승인이 자신의 뒤를 이어 불상제작자가 되기를 바라지만 승인은 이를 거절하고 음악을 전공하겠다고 말한다.[12] 한편 함이정은 조승인이 두 아버지가 표상하는 정신적 가치와 물질적 가치 사이에서 마음의 갈등으로 인해 번

---

9 이강백, 『이강백 희곡전집 6(1995~1998)』, 9쪽.

10 조승인은 함이정이 부친의 죽음 이후 마음의 평정을 잃고 괴로워하자 "서연이란 분을 찾아가세요."라고 충고하고 이정은 이 말을 따른다.(200~201) 그러나 이정의 선택은 평정심을 잃은 그녀의 괴로움이 보여주듯 오직 승인의 충고에 의한 것만은 아니다. 이정-"나는…… 옛날로 돌아가고 싶다."(199쪽)

11 동연-"서연이라는 놈과 나, 둘 중에서 누가 장래를 책임질 수 있는가 명백하잖아!"(176쪽)

12 동연-"넌 가업을 이어야 해, 내 뒤를 이어서, 세상에서 제일 유명한 불상 제작가가 되어야 한다." 승인-"전 음악이 불상보다 좋아요."(201쪽) // 동연-"넌 내일부터 작업장으로 나와! 내 제자가 되어 불상만드는 법을 배워!" 승인-"저는 음악학교에 가겠습니다."(202쪽) // 동연-"난 오직 완벽한 형태가 가장 완벽한 내용이라고 제자들에게 가르친다! 그러나 그놈들은, 그 바보 같은 놈들은 그게 무슨 뜻인지 알아듣지 못해. 그저 기계적으로, 기계적인 정확한 솜씨로 열 개, 스무 개, 똑같은 형태만 만들어. 승인아, 그런데 넌 그놈들과는 달라, 뭔가 생각도 하고, 고민도 하거든. 네가 불상을 만들면 곧 대가가 될 거다. 대가가 되어야 돈도 벌고, 명예도 얻어. 음악은 어떠냐? 네가 음악으로 성공할 것 같으냐?" 승인-"아뇨…… 그래도 저는 평생 음악을 할 겁니다."(207~208쪽)

민하는 것을 단지 바라보기만 할 뿐이다.[13] 따라서 흔히 한 인물이 다른 인물에게 직접적인 언어적 수사를 통해 설득하며 극 행동이 진행되는 방식과는 차이를 보인다. 그러나 그럼에도 불구하고 인물들에게는 변화가 있다. 각자의 입장에서 팽팽하게 대립하던 이들은 시간이 흐름에 따라 미세한 입장의 변화를 보인다.

2.1

작가는 형태와 마음에 대한 동연과 서연의 갈등(동연의 주장–부처의 모습을 만들면 그 모습 속에 부처의 마음도 있다. 서연–부처의 모습을 만들어도, 부처의 마음이 그 안에 없다면 무슨 소용이 있겠는가)을 보여준다. 서연은 "불상은 그저 부처의 모습일 뿐, 부처의 마음은 아니다."(161쪽)라고 생각하는 반면 동연은 "부처의 형태를 완벽하게 만들면, 반드시 그 완벽한 형태 속에는 부처의 마음도 있기 마련이다."(162쪽)라고 주장한다. 이들의 대립 및 논쟁을 통해서 작가는 예술 및 삶의 방식에 대한 두 개의 상반된 태도를 제시한다.

그런데 스승 함묘진은 처음에는 서연의 주장에 대해 불쾌해하지만 후에 서연의 편을 든다.[14] 함묘진의 딸 이정은 동연과 결혼하지만 서연을 그리워하며 그에게로 떠난다. 동연의 아들인 숭인은 서연을 정신적 아버지로 여기고(154쪽) 자신 속에 두 아버지를 합쳐 놓겠다고 말한다.(173쪽) 동연 자신도 형태만 똑같이 만드는 제자들과는 다른 생각을 가진 아들 숭인이 자신의

13 조숭인–"저는 괴롭습니다." 함이정–"아직도 괴로워?" 조숭인–"네." 함이정–"저런, 안됐구나……"(155쪽)

14 함묘진–"형태는 포기해도 마음은 포기하지 말아라. 요즘 내 생각이 달라진다. 부처의 형태를 완벽하게 만드는 것만이 부처에 도달하는 길이라고 여겼더니, 그게 아니야."(171쪽)

작업을 이어주기를 바란다.(207~208쪽) 한편 스승을 떠나 세상을 주유한 서연은 형태에 집착하는 동연을 비로소 이해하게 되었다고 말한다.[15] 이를 통해 전체적으로 보아 서연이 표상하는 정신적인 면에 보다 더 무게중심을 두는 작가의 입장이 분명하게 드러난다. 그러나 그렇기 때문에 오히려 관객은 동연과 서연이 제시하는 두 입장의 진정한 조화 및 화해, 또는 '균형'을 열망하게 된다.[16] 작가가 극의 제목으로 택한 〈느낌, 극락같은〉은 오로지 정신적인 요소라기보다는 형식과 내용의 이분법을 넘어선 직관적인 합일의 경지를 뜻한다고 여겨진다.[17] 아마 작가도 극을 쓰면서 자신의 작품을 통해

---

15 서연-"저도 처음엔 형태에 집착하는 동연이가 못마땅했었지요. 하지만 지금은…… 이해합니다. 사람 사는 곳을 돌아다니면서 보니까, 모든 걸 형태가 결정하고 있더군요. 동연이를 탓할 수만은 없는 것입니다."(183쪽)

16 지문-조숭인은 태어나기 전부터 등장하고, 함묘진은 죽은 다음에도 등장한다. 이것 역시 수평적인 인물에 있어서도 상호 균형이 중요하기 때문이다.(153쪽)

동연-"사부님은 저희에게, 미륵보살반가상의 특징은 완벽한 균형미에 있다고 가르치셨습니다. […] 바로 이런 형태가, 수직과 수평의 절묘한 균형을 이루기 때문입니다."(160쪽)

서연-"이렇게 해야만 하반신의 수직과 수평, 상반신의 상승과 하강이 서로 어우러져 불상 전체가 아름다운 균형미를 갖게 됩니다."(160쪽)

조숭인-"네, 미래를 바라보면서 마음의 균형을 다시 맞추셔야죠. 어머닌 잘 하실겁니다. 균형이 맞았던 경험을 가지고 계시니까, 그 옛 경험을 살려서 다시 맞추면 될테니까요. 하지만 저에겐 그런 경험이 없습니다. 어머니가 두 오빠 중에서 한 분에게 기울어진 다음에, 즉 균형이 깨진 결과로서 제가 태어났거든요."(200쪽)

17 함이정-그분의 느낌은 살아있어. 조숭인-느낌이라면…… 기억 같은 것인가요? 함이정-들판의 뒹구는 돌들을 봐도 그분이 느껴지고…… 흐르는 물, 들려오는 바람소리, 난 뭐든지 그분의 살아있는 느낌을 느껴. […] 함이정-처녀 때 난 생각했었지. 기쁜 일 슬픈 일 뭐든지 의논할 수 있는 내 아들… 그러다가 너를 느꼈고… 네 느낌과 이야기하길 즐겼다.(155~156쪽)

함이정-영리하고 든든한 아들 하나 있다는 느낌이면 됐죠. 함묘진-뭐 느낌?(159쪽)

조숭인-누가 우리를 훔쳐보는 것 같아요. 그런 느낌이 들어요(163~164쪽)

조숭인-제가 열심히 노력해서 반드시 제 자신 속에 두 분을 합쳐 놓겠어요.(173쪽)

함이정-불룩해진 배를 어루만지면 네가 내 뱃속에서 움직이는 게 느껴져.(177쪽)

이런 경지에 도달하기를 지향했으리라 생각된다. 그렇다면 연출가가 무대화의 과정에서 선택한 많은 시청각적 요소들은 극에 대한 그의 해석을 어떻게 드러내고 있는 것일까?

2.2

–〈느낌, 극락같은〉 희곡분석 : 장소 전환 또는 시간의 흐름을 기점으로 장면 분할하기[18]

1) 장면 1(154쪽)–극 공간인 들판의 천막에 조승인과 함이정이 등장해 있고, 관, 촛대, 향로, 천막 등의 소품이 쓰이며. 이정은 상복을 입었다(사진1 참조). 서연의 관을 지키는 함이정과 조승인의 대화에서 이정과 승인의 심적 상태가 드러난다. 승인은 내적 갈등을 겪는데 그는 정신적 아버지 서연

조승인–난 느낌이었던 때가 좋았어요.(178쪽)
함이정–느낌이 불길해. 뭔가 좋지 못한 일이 생길 것만 같아……(191쪽)
조승인–"작곡이란 마음속의 느낌을 악상으로 가다듬어서 그 악상을 음악적 형식으로 완성시켜야 한다." […] 그런데 왜 이렇게 형식이 중요하지? 내 생각엔 오히려 느낌이 더 중요할 것 같은데…(192쪽)
함이정–새벽의 여명 때문일까… 아니면 내 마음의 느낌 때문일까… 나는 느껴. 이 길을 지나가는 모든 움직임을 예민하고 섬세하게……(205~206쪽)
지문–부처의 느낌은 남고 형태는 사라진다.(213쪽)
함이정–그분의 느낌은 살아있어. 조승인–느낌이라면…… 기억 같은 것인가요? 함이정–들판의 뒹구는 돌들을 봐도 그분이 느껴지고…… 흐르는 물, 들려오는 바람소리, 난 뭐든지 그분의 살아있는 느낌을 느껴.(216쪽)
이처럼 느낌은 추론이라기보다는 일종의 직관과도 같은 것으로서, 극에서 형태나 형식에 반대되면서도 그것을 넘어서는 개념으로서의 느낌에 대한 작가의 선호는 극의 제목인 〈느낌, 극락같은〉에서도 드러난다.

18 이러한 장면 분할은 분석의 편이를 위한 것일 뿐 장면간의 연결과 흐름을 중시하는 원작에는 없는 부분이다.

과 육체적 아버지 동연이 다투기 때문에 괴롭다고 한다. 이정은 서연은 죽었으나 그의 느낌은 살아있다고 말한다. 이정은 처녀시절 미래의 아들인 승인을 느꼈으며 그의 느낌과 대화를 나누기를 즐겼다고 말한다. 첫 장면은 이어지는 장면 전체를 과거의 회상으로 여기도록 만드는 액자구조의 틀 역할을 한다. 무대가 재현하는 시간은 과거로, 무대공간은 집으로 변화한다.

사진 1 〈느낌, 극락같은〉

2) 장면 2(157쪽) – 함묘진의 집, 함묘진, 함이정, 승인, 동연, 서연이 등장하고 처녀 시절의 이정은 밝은 색의 의상을 입었다. 주요 테마는 부처의 형태와 마음에 대한 동연과 서연의 갈등(동연의 주장 – 부처의 모습을 만들면 그 모습 속에 부처의 마음도 있다. 서연 – 부처의 모습을 만들어도, 부처의 마음이 그 안에 없다면 무슨 소용이 있겠는가)이다. 스승은 두 제자가 불상의 완벽한 형태를 터득했다고 인정한다. 서연 – "불상은 그저 부처의 모습일 뿐, 부처의 마음은 아니다."(161쪽) 동연 – "부처의 형태를 완벽하게 만들면, 반드시 그 완벽한 형태 속에는 부처의 마음도 있기 마련이다."(162쪽) 이들의 대립 및 논쟁을 통해서 작가는 예술 및 삶의 방식에 대한 두 개의 상반된 태도를 제시한다. 연출은 동연과 서연이 각자의 불상을 전시하는 장면에서 불상을 오브제/배우로 제시하는 방식(지문 – 대극장에서는 배우로 지시됨)을 쓴다.

3) 장면 3(162쪽) – 집과 불상 제작장 사이의 마당. 지문은 코러스가 불상의 자세를 취하도록 지시한다. 함묘진과 동연이 제작한 불상들 전시되고 이정 퇴장 후 불상들이 만다라를 연상시키는 춤을 춘다(지문). 동연은 이정에

게 결혼을 제안한다.

4) 장면 4(165쪽)－함묘진의 집. 저녁 무렵. 음식이 담긴 이동식 식탁이 소품으로 쓰이고, 함이정, 함묘진, 조숭인이 등장한다. 동연이 만든 불상만 팔린 소식이 전해진다.

5) 장면 5(168쪽)－불상 제작장. 소품으로 무대천장에서 탱화가 내려온다. 동연, 서연, 함묘진이 등장하며 서연은 전라도 운장산 등지를 다녀온 참이다. 함묘진은 그에게 부처의 마음을 포기하지 말라고 당부한다. 서연은 바닥에 돌을 내려놓고 떠난다.

6) 장면 6(172쪽)－함이정의 방. 함이정, 조숭인이 등장하고 피아노로 연주하는 쓸쓸한 느낌의 음악(홍난파의 〈구름〉)이 들린다. 동연은 “형태를 잘 만드는 자는 반드시 성공하고, 못 만드는 자는 실패하도록 되어 있어!”(p.175)라고 주장하는데 그는 이정을 범한다.

7) 장면 7(177쪽)－같은 장소. 암전 후 조명이 다시 밝아진다. 함이정의 배가 불러있다. 이정의 의상으로 무대전체를 뒤덮은 듯한 엷은 망사의 치마가 쓰인다. 조숭인이 알몸으로 함이정의 치마 속에 웅크리고 있는 장면이 연출된다.(장면 6에서 8개월 경과) 함이정과 조숭인이 등장하는데 조숭인은 이정이 결혼식을 위해 배를 조이려고 하자 조산을 선택한다. 조숭인은 웅크린 몸을 펼치고 빠르게 움직이며 해산장면을 몸짓으로 연기한다. 그는 자신이 벗어난 치마를 둘둘 말아 껴안는다.

8) 장면 8(180쪽)－같은 장소(장면7에서 한 달 정도 경과). 서연, 함묘진, 어린 조숭인이 등장한다. 결혼식 소식을 들은 서연은 동연(형태의 중요성)을 이해한다고 말하자 스승은 화를 내며 동연의 성급함에 대한 서운함을 드러낸다. 서연은 아이가 소리에 민감하다는 사실을 발견한다.

9) 장면 9(184쪽)－같은 장소. 동연과 이정의 결혼식 의상은 화려한 색동옷이다. 코러스 온 몸에 금칠을 하고 춤춘다. 이들의 정지동작은 천 개의 손

과 천 개의 눈을 가진 부처의 형상을 구현한다. 동연은 서연을 내쫓는다. 서연이 코러스들의 천수불상에 절하고 신발을 벗어 자신의 머리에 얹는 장면이 지문으로 제시된다.

10) 장면 10(186쪽)－조숭인은 서연이 남긴 작은 돌을 손수건에서 꺼내어 바라본다. 10여년의 시간 경과. 조숭인은 음악가가 되고자 한다. 동연은 스승의 잔소리에 분개하며 작업장 출입을 금하려고 한다. 함묘진은 동연의 불상이 괴상하다고 조롱한다. 그는 여벌의 작업장 열쇠를 감춘다. 숭인은 소리와 침묵을 동연과 서연에 비교하며 마음속의 갈등을 드러낸다. 조숭인의 대사 “인생이 불협화음이란 건 알아요. 그걸 어떻게 아름다운 화음으로 만드느냐, 그게 앞으로의 문제죠.”에서 작품의 주제가 제시된다.

11) 장면 11(192쪽)－집과 제작장 사이의 마당. 형식과 내용간의 이분법적 대립이라는 극 전체의 주제는 음악의 형식과 내용에 대한 조숭인의 성찰 속에서 반복된다. 함묘진의 죽음은 사고사(희곡)/동연의 살인?(연출) 사이에서 미묘한 모호함을 내포한다. 대극장용 지문은 연쇄적으로 넘어지는 불상에 함묘진이 압사하는 설정이다. 조숭인은 죽은 함묘진과 대화를 나눈다.

12) 장면 12(195쪽)－함이정의 방. 소품인 석가여래좌상은 배우의 몸으로 연출된다. 이정은 죽은 죽은 함묘진과 대화를 나눈다. 동연은 이정에서 삼천 배를 강요한다. 숭인은 이정에게 미래를 바라보며 마음의 균형을 다시 맞추고 서연을 찾아가라고 충고한다.

13) 장면 13(203쪽)－들판. 함묘진은 극락과 지옥 사이를 떠돌다 이정을 만난다. 이정은 서연과의 만남을 기다린다.

14) 장면 14(206쪽)－집. 동연이 어둠 속에서 이정을 보았다고 말하자 숭인 또한 함묘진과 대화하는 이정을 보았다고 응답한다. 함이정, 조숭인, 함묘진은 극에서 느낌을 통해 서로 소통하는 것으로 그려지는 인물들이다. 동연은 제자들이 기계적으로 똑같은 형태만 만든다고 불만을 토로한다. 그는

숭인이 가업을 잇기를 바라지만 숭인은 음악을 택한다. 편지내용은 서연과 이정의 동행을 알린다.

15) 장면 15(210쪽)－들판. 서연과 이정이 등장하고 조명은 개울물의 흐름을 나타낸다. 지문은 물로 부처 만들기를 지시한다.("부처의 느낌은 남고 형태는 사라진다.") 서연의 죽음은 개울물 저쪽으로 건너가는 것으로 표현된다. 이때 극락문이 열렸다며 함묘진이 빛 안으로 들어간다. 극락문의 상징성은 서연의 죽음으로 인해 이정이 되찾은 마음의 평정에서 비롯된다. 반면 숭인의 내면의 갈등은 끝나지 않았다. 이는 자신이 가려는 길과 아버지 동연이 권하는 길 사이의 갈등이 끝나지 않은 탓일 것이다. 코러스의 춤 장면. 무대에 개울물, 피아노를 치며 작곡하는 조숭인, 휠체어를 탄 함묘진의 공간이 공존. 동연은 서연의 죽음을 알리는 주지의 전보를 숭인에게 건넨다.

16) 장면 16(214쪽)－들판의 천막. 서연의 관이 놓여있다. 이정은 숭인의 내면에서 다투는 두 아버지의 싸움이 끝나고 극락이 되는 때가 오리라고 위로한다. 이는 첫 장면과 동일한 대사로서 수미쌍관법을 이룬다.

2.3

－〈느낌, 극락같은〉 공연분석[19] :

대본에서 지문은 인물의 등퇴장, 소품, 의상, 무대장치, 사운드, 조명, 신체언어 등을 지시하고 있으며 연출은 이를 대부분 충실하게 무대화하고 있

19 본 공연분석을 위해 EBS TV에서 제작한 비디오(1998, 문예회관 대극장 공연)를 사용했다. 비디오가 공연전체를 담고 있지 않아서 분석은 제한적이나 작품의 중요 부분은 모두 다루고자 했다. 본문과 함께 실린 공연 사진은 극단연희거리패에서 제공한 공연 DVD(KBS 촬영)의 일부이다.

다. 작가가 지시하지 않은 장면연출들, 공연에서 특기할만한 사안들을 언급해보자.

장면 1－느리고 쉰 목소리의 함이정의 발화는 이어지는 극 전체가 함이정의 회상 장면임을 암시한다. 무대전환이 신속하고 이정이 관객이 보는 앞에서 머리에 쓴 조의용 천을 벗는 등 연극적이다. 숭인과 이정은 극의 해설자의 기능을 한다. 이어지는 극의 장면에서 이루어지는 이들의 대화는 무대가 환기하는 회상장면들과 더불어 흥미로운 연극적 효과를 자아낸다.

장면 2－지문이 지시하는 장소는 함묘진의 집이다. 두 제자가 각자 만든 불상을 스승에게서 평가받는 장면이다. 대극장용 지문은 이들이 좌대를 가져다 놓으면 코러스가 무대로 걸어 나와서 좌대에 불상의 자세를 취하고 앉도록 지시한다. 이 장면의 연출에 대해서는 작가의 지문과 연출가의 설정이 일치하며, 그 어떤 소품보다도 아름다운 인체 그 자체를 가지고 자연스럽게 불상을 형상화하는 장면이어서 시각적으로나 연극적으로 흥미롭다(사진 2 참조).

사진 2 〈느낌, 극락같은〉

사소한 부분이기는 하지만 작가의 지시와 연출의 방식이 다른 부분도 있다. 대본대로라면 두 제자의 불상은 관객이 보게 되는 첫 불상의 형상인 셈이다. 그런데 연출은 이 장면이 시작되는 때에 이미 무대에 일단의 코러스가 정지동작으로 불상의 모습들을 표현하도록 연출하고 있다. 그러나 정작 작가가 이를 지시하는 부분은 장면 3, 즉 함묘진의 집과 불상 제작장 사이의 마당 장면에서 불상이 판매를 위해 전시되는 장면부터이다. 이러한 차

사진 3 <느낌, 극락같은>

이는 무대그림을 미리 제시하고 암전을 줄이는 등 장면의 연결성을 고려하기 위한 것으로 이해된다. 실제로 무대한가운데 놓인 동연의 미륵보살반가상은 장면 2와 장면 3에 걸쳐 무대에 존재할 이유 및 연속성을 갖는다(사진 3 참조).

장면 5－서연이 운장산에 다녀온 이야기를 들려주는 부분의 발화는 시조운율을 살린 듯 대사낭송에 리듬이 살아있다. 배우 조영진의 정확한 발음과 명확한 발성은 대사의 음악성을 살린다. 특히 이 장면에서 뚜렷하게 느껴지는 음악성과 인물이 구현하는 정신적 가치와의 상징적 상관관계가 있는지, 숭인이 지향하는 음악의 세계와의 연관성이 있는지, 연출이 그런 것을 의도했는지 자문해볼 수 있겠다. 최근(2009년) 공연된 〈하얀 앵두〉에 출연한 조영진이 어느 순간 리드미컬한 발화를 하는 부분이 있었다. 이것으로 미루어볼 때 이는 연출의 의도라기보다는 배우의 특징으로 보아야할 것 같다. 그러나 리드미컬한 발화가 연출의 의도였다고 해도 무방할 것이다.

장면 8－동연과 이정의 결혼식 날 함묘진은 누르면 "I love you" 소리가 나는 장난감을 사용해서 어린 조숭인의 울음을 달래려고 한다. 작가의 지문이 지시한 소품은 "딸랑딸랑 소리 나는 장난감"이다. 소품의 변화로 인해 함묘진이 아이에게 "나도 I love you다"라고 말하는, 대본에 없던 애드리브도 첨가된다. 이 장면은 조숭인이 시끄러운 소리를 싫어하는 등 소리에 민감하다는 사실을 서연이 인지하는 부분이며 차후 그가 음악가의 길을 선택하려는 것을 암시하는 부분이다. 그래서 장난감에서 단순한 소리가 아닌 말소리가 나는 것이 적절했는지 의문이다.

장면 11 – 함묘진의 죽음에 대한 작가와 연출가의 차이점 :

작가는 대극장용 지문에서 함묘진의 죽음에 대해 그가 작업장에 들어가서 잘못 건드린 불상이 연쇄적으로 넘어지며 거기에 깔리는 사고사로 설정하였다(조승인 – "비릿해, 피 냄새는…… 토할 것 같아!"). 이윤택 연출에서 조승인이 자신의 손에 묻은 피를 바라보며 무엇인가를 깨닫는 듯 한 장면은 함묘진의 죽음에 대한 동연의 개입을 암시한다.[20] 형식을 중시하는 동연을 연출이 제안하는 것처럼 스승을 우발적으로 살해하는 인물로까지 설정하는 것은 단순히 죽음에 대한 방식을 변경하는 것으로 끝나지 않는다. 이는 형식을 선호하는 인물에 대한 극도의 부정적 함의를 부여하는 것이므로 자칫 작가의 의도를 왜곡하는 결과를 낳을 수도 있다. 살인이란 아무리 연극에서라고 해도 결코 평범한 사실이 아니다. 우발적으로라고 해도 동연이란 인물의 에토스(인물이 갖는 설득력)에 있어서 치명적인 결과를 가져올 수도 있기 때문이다. 극에서 비록 동연이 서연의 입장에서 볼 때나 다른 등장인물들에게서 거부의 대상이 되고 있기는 하지만 형태를 중시하는 것이 결코 비난의 대상이 될 수는 없는 일이다. 게다가 서연이 스승 앞에서 동연을 옹호하듯 이는 세상에서 이미 널리, 그리고 당연하게 받아들여진 가치가 아닌가? 형식을 중요시하는 것이 문제가 아니라 형식만을 중요시하다가 삶에 있어서 균형 감각을 잃게 되는 것이 문제인 것이다. 작가의 의도는 어디까지나 두 대립적인 인물을 통하여 삶이나 예술에 대한 상반되는 태도를 제시하고 이에 대한 관객의 균형 잡힌 성찰을 유도하고 싶었던 것이라고 이해된

20 나아가서 공연비디오(EBS)는 동연이 스승을 홧김에 살해하는 것으로 줄거리를 요약한다.

다. 아마 연출가는 동연의 극단적 행동에 대한 이런 선택이 인물에 대한 관객의 반감을 불러일으킴으로써 결국 정신적 가치에 무게를 두고자 하는 극의 의도를 강화하는 것이라고 여겼을 듯하다.

장면 12－이정의 삼 천배 장면 : 동연이 만든 황금 석가여래좌상은 배우의 프리즈로 표현이 된다. 그러나 이정이 절을 할 때마다 불상은 몸의 자세를 바꾼다. 그러다가 불상은 아예 단을 떠나간다. 불상이 단상을 떠난다는 것은 이정이 느끼는 마음의 공허함을 표현한다. 단상을 떠난 불상이 코러스들의 재빠른 움직임과 더불어 신체언어로 표현하는 춤동작은 이정의 심경이 극도로 혼란스럽다는 사실을 시각적으로 드러낸다. 이는 이어지는 숭인과의 대화에서 이정의 대사인 "부처님이 내 절을 안 받으셔."를 가시화한 것이다. 숭인은 어머니 함이정에게 "미래를 바라보며 마음의 균형을 다시 맞추셔야죠."라고 충고한다. 이때 석가여래상을 연기하던 배우가 피아노로 가서 연주를 하며 그 음악소리가 들리기 시작한다. 이는 이미 서연에 대한 생각을 통해 이정의 마음이 평정과 균형을 되찾기 시작한다는 것을 암시한다. 이는 이정의 마음의 변화를 청각이미지로 형상화한 연출이다.

장면 15－서연의 죽음 : 연출은 대본과 달리 물 부처를 만드는 장면과 감자 먹는 장면으로 순서를 변경했다. 서연의 격한 기침은 그의 죽음이 임박함을 예고한다. "서연, 장난스럽게 개울물을 마치 눈덩이처럼 뭉치는 동작을 한다."는 지문은 연극에서 표현되지 않았거나 잘 인지되지 않았다. 서연이 물 부처를 만드는 장면(지문－"서연, 흐르는 물속으로 들어가 물로 만든 부처를 세워놓는다. 부처의 느낌은 남고 형태는 사라진다.")은 개울물 흐르는 소리, 물의 흔들림을 표현하는 이펙트 조명 속에서 서연이 손으로 물을 공중에 흩뿌리는 장면으로 가시화된다. 이정이 돌부처 밑에 놓인 감자를 집도록 지시하는 지문과는 달리 동승의 모습을 한 한 돌부처(코러스)가 이정에게 감자를 건넨다. 감자를 먹던 서연은 이를 뒤로 떨어뜨린다. 이 부분의 원래 대사(서연–"난 이제 못 먹어." 211쪽)는 생략되고 이를 신체언어가 대신하는 것이다.

사진 4 〈느낌, 극락같은〉

서연은 한 팔을 들어 엄지손가락을 위로 세우고 다른 팔은 아래로 내리고, 정지동작을 한 채 반쯤 앉아서 몸을 곧게 세운 자세로 죽음을 맞는다(사진 4 참조). 배우의 이런 자세가 인물의 죽음이라는 기호를 넘어서 무엇을 상징하는가를 생각해보게 한다. 서연이 미륵보살반가사유상의 상체부분을 가리키며 두 손의 상승과 하강이 균형을 이룬다는 설명을 하던 장면이 떠오른다.(160쪽) 죽음 장면에서 서연의 신체언어는 비록 육신은 죽되 정신이 평안함을 찾음으로써 균형을 되찾는다는 의미로 읽힌다. 이 장면에서 서연의 자세는 다소 작위적이고 부자연스럽기는 하지만 관객에게 서연의 죽음을 시각적으로 분명히 전달하는 기능을 한다. 이러한 부자연스러운 자세의 정지동작으로 서연이 죽는 모습을 표현한 이유는 아마 이어지는 장면에서 서연이 다시 몸을 일으키고 일어나서 개울을 건너고 극락문으로 들어가는 등 일련의 움직임이 이어지기 때문에 그가 삶으로부터 육신의 죽음으로 이행한다는 사실을 시각적으로 분명하게 경계 짓기 위해서일 것이다. 그러나 이어지는 장면에서 이윤택은 서연의 죽음을 좀 더 시적인 방식으로 연출한다. 서연과 이정의 사별장면은 개울을 사이에 둔 두 사람의 마주보는 시선을 통

사진 5 〈느낌, 극락같은〉

해 표현된다.

이어지는 장면에서 "극락 문이 열렸다"고 함묘진이 외친다. 그는 휠체어에서 일어나 불상을 형상화하는 코러스들과 더불어 밝은 빛 쪽으로 걸어가고, 그를 맞이하는 불상 코러스와 함께 춤추며 극락 문으로 들어간다(사진 5 참조). 죽음을 통해 열반에 든 서연과 슬픔 속에서도 마음의 평정을 되찾은 함이정의 웃는 표정을 볼 수 있다. 집을 나온 이정이 서연을 찾아 들판에서 헤매다가 함묘진에게 말하던 대사("마음이 극락을 느끼면 극락 문이 열릴 거예요." 205쪽)가 상기되는 장면이다. 이는 극에서 시각적으로 가장 인상적인 장면이자 코러스들의 격조 있는 춤동작, 어두움과 밝음의 대조를 통해 공간의 미학이 선명하게 드러나는 등 시청각적인 요소를 통해 주제가 구현되는 장면이라고 할 수 있다.

2.4

–배우들의 이미지

노쇠한 불상 제작자인 함묘진 역을 맡은 신구, 고집스러운 동연의 역을 맡은 이용근의 선이 굵은 외모, 포용적인 성격의 서연 역을 맡은 편안한 외모의 조영진, 섬세하고 생동감 있는 여성 함이정 역의 김소희, 삶의 방식에 대한 고민과 갈등을 거듭하는 젊은이 역의 이승헌 등 배우의 역할과 이미지가 적절한 캐스팅이었다. 배우의 외모는 등장인물의 성격을 가장 직접적으로 구현한다. 이는 관객에게 시각적으로 인물의 에토스를 전달하고 설득하는 핵심 요소이다.

–무대 이미지

작가가 요청하듯 오브제들이 단순히 기능의 차원을 넘어서 미학적으로 의미를 갖는다고 생각된다. 불상 제작장의 분위기를 코러스가 구현하는 불상, 탱화를 통해 잘 표현하고 있으며 실제 연기자가 대신하는 미륵보살반가상도 아름다운 동시에 매우 연극적이다. 극락문이 열릴 때의 긴장되고도 환희에 찬 공간을 연출하는 조명(천세기)의 역할도 눈여겨 볼 일이다. 코러스들의 자유롭고도 일체감 있는 춤동작 또한 전통적인 색채의 음악과 더불어 풍성한 시청각적 이미지를 만들었다. 코러스의 춤동작은 단순히 시각적 이미지만을 위한 것이 아니라 등장인물의 내면을 가시화함으로써 연출의 특성을 드러낸다. 배우들의 의상 색감들도 각 상황에 어울렸다. 전반부의 불상(162쪽)이 준 자연스러운 느낌에 비해 금분을 칠한 코러스 불상(184쪽)은 매우 현대적이고 전위적으로 느껴졌다. 불상이 취하고 있는 정지동작의 선들도 후반부에서는 상대적으로 직선적이고 강했다.

의상은 대체로 지문에 충실하며 인물들이 겪는 시간적, 심리적 변화를 가시적으로 표현한다. 동연의 푸른색 상의의 혼례복/붉은 상의와 흰 바지/흰 한복. 특히 서연의 의상의 변화는 벙거지 모자와 배낭/작업복/삼베 소재의 낡은 느낌의 의상 등을 통해 유전하는 그의 삶을 충실히 반영한다. 이정의 의상으로는 젊은 시절의 색이 들어간 생활한복/팔에 색동무늬가 들어간 화려한 혼례복/방랑시절의 낡은 옷/장례식의 소복 등이 있다.

–주제를 구현하는 시청각적 요소로서의 겹 시공간

승인은 그가 탄생하기 이전부터 이정의 느낌 속에서 존재하는 인물로서 이정은 그와 시공간을 초월하여 대화를 나눈다. 그렇기 때문에 탄생 이전의 숭인의 존재는 이정이 다른 인물들과 함께 있을 때 무대에서 자연스럽게 연출되어야 한다. 숭인은 이정과 대화를 나누다가 동연이 다가오자 불상들 사이에 자리를 잡고 앉는다.(164쪽) 숭인이 태어난 이후, 실존인물로서의 숭인은 이번에는 죽은 함묘진과 대화를 나눈다.(194쪽) 이처럼 이강백의 대본이 제시하는 이른바 '겹 시공간'을 배경으로 산자와 죽은 자가, 또는 태어나지 않은 인물과 실존하는 인물간의 느낌을 통한 대화와 소통은 극에 폭넓은 연극성을 제공하고 극의 주제를 표현할 수 있는 바탕이 된다. 겹 시공간은 무대에 서로 다른 시공간이 공존하도록 함으로써 연극적인 재미를 창출하는 중요한 요소로 기능한다. 이러한 겹 시공간은 〈뼈와 살〉, 〈느낌, 극락같은〉의 특징 중의 하나이며 최근 재 공연된 〈고곤의 선물〉의 예에서도 볼 수 있다. 그러나 시공간을 초월하여 느낌을 통해 인물들이 소통한다는 설정은 이강백 희곡의 겹 시공간이 갖는 독특한 점이다.

겹 시공간은 연극에서 최초의 설정을 관객이 이해하기만 하면 그 서로 다른 시공간 사이의 간극을 관객이 자발적으로 상상을 통해 메우게 되는 여백과도 같은 것이기 때문에 관극의 즐거움을 준다. 〈느낌, 극락같은〉에서 겹 시공간의 예를 들어보자면, 서로 다른 시간의 연결로는 함이정이 아직 태어나지 않은 숭인과 대화를 나누는 장면이 있다. 서로 다른 공간의 연결로는 숭인이 피아노를 치는 공간과, 함이정과 서연의 공간, 그리고 극락문으로 들어가려는 함묘진의 공간이 무대에 동시에 공존했을 때로서 이는 주로 조명의 안배를 통해 구현되었으며 관객이 상상력을 통해 따라가기에 큰 무리가 없었다.

–느낌을 통한 소통

극에서 이처럼 느낌을 통해 서로 소통하는 인물은 함이정과 조숭인, 그리고 함묘진이다. 함이정은 태어나지 않은 아들 조숭인과 대화하거나 죽은 아버지 함묘진과 대화를 나눈다. 조숭인은 태어나기 전에 어머니 함이정과, 그리고 태어난 후에 실존인물이 되어서는 죽은 할아버지인 함묘진과 대화를 나주는 인물로 설정된다. 그런데 함이정은 서연의 죽음 이후 동연과 서연 사이에서의 갈등을 종결짓고 마음의 평정을 되찾으며 이른바 '극락'의 느낌을 갖는 반면 조숭인의 괴로움은 여전하다. 그의 갈등이 끝나지 않은 이유는 필경 자신의 미래에 대한 고민에서 아직도 벗어나지 못하고 있기 때문일 것이다. 말하자면 작가는 느낌을 통해 소통하는 인물들 중에서도 진정으로 자신의 삶에 대한 직관과 통찰력을 가진 인물이야 말로 작품의 제목이 시사하는 '극락 같은' 마음의 평정을 얻을 수 있다고 말하는 듯하다.

3. 나오며

〈느낌, 극락같은〉에서 이윤택의 연출은 몇 가지 점만 제외하면 작가 이강백의 관념적 세계가 담고 있는 미묘한 틀을 연극무대의 시청각적 요소들을 통해 환기시키고 관객과 소통하고자 최선을 다하고 있다고 판단된다. 그런 방식이 당시에 어떤 새로운 연극성을 가지고 관객에게 다가왔는지에 대해서는 전체맥락에 대한 조망이 필요한 작업이기에 간단하게 말하기 어렵다. 단지 공연분석을 통해 지문이 지시한 바를 넘어서는 '몸의 연출' 을 확인해 보았다. 코러스가 만드는 유연하고도 일체감 있는 신체언어는 연출의 몫이자 안무가의 미학적 상상력, 나아가서 코러스 전체의 정확한 수행 덕분이다. 단체생활에서 숙달된 연희단거리패 배우들의 앙상블 훈련이 적절한 무대그림의 밑바탕이 된 듯하다. 연출가 이윤택은 매 작품마다, 자신의 연출 스타일을 위해 작품을 희생하기보다는 작품을 가장 작품답게 무대화하는

데 매진했다고 생각한다. 대본을 무대화하는데 필요한 시청각적 요소, 즉 물질적인 연극언어는 작품에 대한 연출의 생각을 표출할 수 있도록 해주는 도구들이다. 비록 그것이 조명, 의상, 무대장치, 음악, 연기 및 신체언어 등 가시화되고 들을 수 있는 물질적 요소들을 통해서 보이지 않는 것, 즉 정신적이고 관념적인 것들을 표현해야 하는 상황에 놓인다고 하더라도 연출은 과감하게 무대를 채우고 또 비워내야 할 것이다. 극의 주제인 '극락같은 느낌' 은 반복해서 형식과 균형을 강조하는 대본에서보다는 어둠과 침묵을 바탕으로 하여 보이고 들리는 시청각적 이미지를 제시한 공연에서 더욱 분명히 전달되었다. 그러나 좋은 공연은 좋은 대본이 없다면 불가능할 것이다. 그리하여 결국 문학성과 연극성은 훌륭한 공연을 위한 상호보완적인 두 요소라는 사실을 재삼 확인하며 글을 마친다.

참고문헌

『공연과 리뷰』 19호, 1998.

『동시대 연극비평의 방법론과 실제』, 한국연극평론가협회 편, 연극과 인간, 2009.

김남석, 『이윤택 연극의 미학적 시원 : 이윤택 연극 연구론』, 푸른사상사, 2006.

김미도, 「이강백의 '문학성'과 '연극성' 연구」, 『한국연극학』 11호, 1998.

______, 『한국 현대극 연구』, 연극과 인간, 2001.

이강백, 『이강백 희곡전집 6(1995~1998)』, 평민사, 2005(1999).

이영미, 『이강백 희곡의 세계』, 시공사, 1998.

이영미 · 안치운 외, 『이강백 연극제 기념논문집』, 예술의전당, 1998.

이윤택, 『이윤택 연기론 말과 몸』, 밀양 : 게릴라, 2003(게릴라 연극총서2).

______, 『이윤택의 연기훈련』, 서울 : 예니, 1999.

이혜경, 「소통장애의 세계와 거리 두기」, 『한국극작가론』, 평민사, 1998.

오태석의 공연 미학

— 물신주의가 팽배한 사회에서의 인간구원의 문제

김 향

1. 들어가며

한국 연극사에서 오태석은 쉼없이 실험을 거듭하는 연출가로 알려져 있다. 1962년 〈영광〉으로 국립극장 신인예술상을 타고 1967년 〈화장한 남자들〉로 한국일보 신춘문예에 당선된 뒤 오태석은 40년이 넘는 기간 동안 70여 편의 작품을 창작하고 다양한 방식으로 100여 편에 이르는 작품을 연출해 왔다. 1990년대에는 〈심청이는 왜 두 번 인당수에 몸을 던졌는가〉(오태석 연출, 극단 목화, 충돌극장, 1990), 〈백마강 달밤에〉(오태석 연출, 극단 목화, 예술의 전당 토월극장, 1993), 〈여우와 사랑을〉(오태석 연출, 극단 목화, 예술의 전당 자유소극장, 1996), 〈천년의 수인〉(오태석 연출, 극단 목화, 동숭아트센터 아트홀, 1998) 등을 공연했고 2000년대 들어서는 〈용호상박〉(오태석 연출, 극단 목화, 남산드라마센터, 2005), 〈갈머리〉(오태석 연출, 극단 목화, 남산드라마센터, 2006), 〈백년언약〉(오태석 연출, 국립극단, 국립극장 해오름, 2008)을 발표하였으며 동시에 셰익스피어 작 〈로미오와 줄리엣〉과

〈맥베드〉를 한국 전통극적인 어법이 섞인 자신만의 독특한 연출 방식으로 공연하고 있다.

오태석의 다수의 작품 중 이 글에서 중점적으로 평할 작품은 〈심청이는 왜 두 번 인당수에 몸을 던졌는가〉와 〈용호상박〉이다.[1] 이 두 작품은 오태석이 주로 활용하는 '이야기 변용'과 '굿 변용' 연극의 연장선상에 있으면서, 그가 1990년대와 2000년대에 황금만능주의의 강팍한 세태를 다루는 방식이 달라진 것을 드러내는 작품들이다. 〈심청이는 왜 두 번 인당수에 몸을 던졌는가〉에서는 심청이와 같은 삶을 사는 어린 여인들이 강팍한 현실에 죽음으로 대응하는 모습을 보인다면, 〈용호상박〉에서는 여주인공이 인간의 탐욕을 부추기는 호랑이와 용왕의 부조리한 능력을 포용하는 행위를 보이고 있는 것이다. 달리 표현하자면 물신주의가 팽배하고 폭력이 남발하는 사회에서 구원의 문제, 인간성 회복, 생명력 회복의 문제를 다루고 있다는 주제적인 측면에서는 공통점이 있지만, 〈심청이는 왜 두 번 인당수에 몸을 던졌는가〉에서는 꼭두각시 공연 방식을 활용해 장면을 난해하게 표현하고 있다면 〈용호상박〉에서는 강사리 범굿을 재현하는 극중극 방식을 통해 관객들에게 친근하게 다가오고 있는 것이다.

이러한 연출 방식은 인과성이 결여된 에피소드적인 사건 나열, 시 · 공간 나열, 무대 장치 나열로 보이기도 하는데 이러한 나열은 현실에 있을 법한

---

1 〈심청이는 왜 두 번 인당수에 몸을 던졌는가〉는 2004년 1월과 5월에 극장 아룽구지에서 재공연되었고, 2005년 3월에는 미국 캘리포니아 주립대 소극장에서, 6월에는 극장 아룽구지에서, 7월에는 국립극장 하늘극장과 거창 축제극장에서 재공연되었으며, 2009년 4월 아르코시티 소극장에서 재공연되었다. 〈용호상박〉은 2005년 11월 남산 드라마센터에서 초연된 이후 2007년 2월에는 남산 드라마센터에서, 2009년 9월에는 국립극장 KB 청소년 하늘극장에서 재공연되었다. 〈심청이는 왜 두 번 인당수에 몸을 던졌는가〉는 제28회 동아연극상 대상을 수상하였고 〈용호상박〉은 제42회 동아연극상 대상, 연출상(오태석), 연기상(전무송)을 수상하였다.

우연한 사건 전개라기보다는 의도적으로 조작되는, 작가(연출가)가 전략적으로 틈 공간을 만들어내는 것으로 볼 수 있다. 이 빈 틈을 소통의 관점에서 수용하면 '빈 틈' 은 비어 있는(空) 공간이 아니라 관객이 작품에 개입할 수 있는, 관객의 개입으로 완성되는 공간이라 할 수 있는 것이다. 오태석은 의도적으로 이러한 빈틈을 만드는 것이라고 여겨지는 것이다.

2. 오태석의 '틈 만들기'

일반적으로 '틈' 은 느슨하고 비논리적이며 미완성적인 것으로 인식되지만 오태석은 이 '틈' 을 긍정적이고 적극적인 형태의 것으로 수용한다고 볼 수 있다. 한국 전통 공연에서 볼 수 있는 '틈새'[2]를 '삶의 여유, 누군가 끼어들어 함께 숨쉴 수 있는 시 · 공간으로 인식하고 자신의 연극 창작 방식으로 원용하고 있는 것이다. 사전적 의미로서의 '틈' 은 '벌어진 곳', '열린 공간' 이라는 의미를 선취하면서 관계의 '균열', 또는 '여가 시간', '기회' 를 뜻하는데, 오태석의 '틈' 에서는 '균열' 과 '여가 시간' 이라는 의미를 볼 수 있다. '균열' 은 극 구성을 에피소드적으로 나열하는 것과 연관된다면, '여가' 라는 것은 일종의 놀이적인 면모로 발현된다고 볼 수 있다.

〈심청이는 왜 두 번 인당수에 몸을 던졌는가〉는 원전 심청 이야기에 시 ·

2 "끊임없이 모든 일에 틈새가 있어요. 그것은 여유가 있다는 것이고, 거기에 내가 들어갈 수 있는 거예요. 물론 연희 전문가나 시골의 촌로가 할 수도 있지만 어떻게 보면 값어치는 촌로가 하는 것이 더 있을 수 있어요. 고단한 농부의 삶에 단비를 주니까. 소중한 유산을 우리가 가지고 있어요. 이것을 가지고 연극에 접목시킨 거예요. 관객이 구경하는 사람에 그치지 않고 연희자가 될 수 있어요. 당신이 올라오시라. 내가 하는 것을 구경만 하는 것이 아니다. 당신이 올라와서 채워져야 한다. 채워 넣다 보니 서로 믿음이 생기는 거지요" – 오태석, 「오태석과 한일연극교류(이상란 특별인터뷰)」, 『연극평론』 2005년 겨울호, 한국연극평론가협회, 247쪽.

공간의 변화를 주면서 심청이와 용왕이 현재의 시 · 공간인 서울에 나타나는 것으로 비약하고 있는데, 이는 인위적이고 작위적인 설정이라 할 수 있다. 이에 비해 〈용호상박〉의 시 · 공간은 직접적인 비약은 없으나 현재 세계에 초현실적인 인물이 등장하면서 상상력이 깃든 초현실적인 시 · 공간으로 변화하는 것이 특징이다. 오태석의 '틈 만들기'[3]는 특정한 공식이 정해져 있지 않은 스펙트럼이 넓은 창작 방식이라 할 수 있다. 무엇보다 관객들의 상상력을 중시하는, 관객들이 어떻게 상상하느냐에 따라 그 의미 해석이 달라질 수 있는, 관객들의 미결정적인 경험을 유발하는 연출 방식이라 할 수 있다. 오태석의 '틈 만들기'는 느슨하고 소박한 것이기보다는 다양한 방식으로 관객들의 개입을 유도하는 유연한 창작 원리라 할 수 있다.

'틈'이 생성된 오태석 작품을 보는 관객들은 창작자의 의도와는 다른 방식으로 작품을 이해하고 해석할 수 있다. 작품에 구현된 '틈'은 관객의 개입으로 직선적이지 않은, 다성적인 목소리들 간의 대화가 이루어지는 공간으로 볼 수 있는 것이다. 그리고 이 '틈'에 개입하는 관객들은 각자 자신들의 현실적이면서도 사회 · 역사적인 인식을 드러내기에, '틈'은 이분법적인 사고 과정을 해체하는 '자아성과 타자성이 공존하는 대화의 공간'[4]으로 화

---

3 이 '틈새'는 위베르스펠드가 희곡 장르를 정의할 때 표현하는 "구멍 뚫린 텍스트"라는 정의와 맞닿는 부분이 있다. 즉 희곡 장르는 시, 소설 등의 문학 장르와 달리 상연을 전제로 하는 것으로 상연을 위한 '구멍'이 존재한다. 오태석 희곡은 특히나 자신이 직접 연출하기에 상연을 염두에 둔 구멍이 많다. 그런데 오태석이 강조하는 '틈새'는 상연을 위한 희곡의 구멍을 말하는 것이 아니라, 공연 텍스트에서 관객의 상상력으로 채워지는 빈공간을 말한다. 이것은 관객의 참여를 유도하는 일종의 극작 · 연출 전략으로 볼 수 있다. —Anne Ubersfeld, 신현숙 옮김, 『연극기호학』, 문학과지성사, 1994, 23쪽 참조.

4 박경일은 불교의 '공(空)' 사상을 포스트모던적인 것으로 보고 있는데, 그의 글에서 오태석이 만들어내는 '틈'의 철학적인 배경을 논할 수 있는 요소를 발견할 수 있었다. 글쓴이는 '공' 사상이 "이분법적인 정신적 과정을 해체"하는 데 기여하고 있다고 보는 프레데릭 스트렝(Frederic Streng)의 글 등을 인용하여 '공' 사상이 '비결정적인 것을 결정하려는 모든

한다. 그래서 보편성과 특수성, 동일성(sameness)과 복수성(plurality)이 공존할 수 있으며 이로 인해 궁극적인 절대적 가치에 대한 것이 해체된다. 오태석 작품에서 포스트모던한 면모가 발견되는 것은 바로 '틈'의 해체적인 면모 때문이라 할 수 있다. 오태석의 '틈 만들기' 방식은 관객들의 '심미적 경험'[5]은 물론 물리적인 반응도 불러일으킬 수 있다. 작품을 보면서 관객들은 상상력을 동원해 심미적 체험을 함과 동시에 탄성의 소리를 지를 수도 있고 안타까운 한숨을 쉬면서 눈물 짓는 등 물리적인 표현을 할 수 있는 것이다.

오태석의 '틈 만들기'는 크게 네 가지 방식으로 체계화할 수 있다. 물론 이 원리들은 오태석의 모든 작품에 그대로 적용되기보다는 그 안에서 다시 다양한 방식으로 변용되고 있다.

첫 번째 '틈 만들기' 방식으로는 '생략과 비약'[6]의 방식을 들 수 있다. 오

시도에 저항하는 것이며 허무주의가 아니라는 것'을 논증하고 있다. —박경일, 「니르바나의 시학 : 불교적—포스트모던적 영문학 읽기」, 『서양문학에 비친 동양의 사상』, 예문서원, 2000, 17~19쪽 참조.

5 차봉희 편저, 『수용미학』, 문학과지성사, 1985, 44~45쪽 참조. 야우스(Hans Robert Jauß)의 논의에 의하면 심미 경험의 일차적인 요소는 인간의 의식과 무의식에서 일어나는 '심리적 작용'이다. 그리고 심리적 작용은 완전히 주관적인 것으로 볼 수 없다. 관객의 심리 작용은 작품 이해 과정에서 주관적으로 일어나는 모든 인상의 연속만이 아니라 텍스트 자체의 객관적인 지시 또는 암시에 따라 조정되고 있기 때문이다. 이러한 의미에서 관객의 심미적 경험은 일종의 '집단적인 경험'이라고 볼 수 있으며 관객들의 '심미적 경험'은 일정한 '기대 지평'을 형성하면서 '기대 지평' 간의 소통이 일어나기도 하고 제작자의 '기대 지평'과도 소통하게 된다. 오태석이 관객의 경험을 중시하는 것은 바로 이 '심미적 경험'에 의한 관객들의 '기대 지평'과의 대화 때문이라 볼 수 있다. 부언하자면 오태석은 관객의 '기대 지평'과 자신의 '기대 지평'이 일치하지 않을 수 있다는 것을 전제로, 두 개의 기대 지평 간의 긴장관계와 대화를 추구한다고 볼 수 있는 것이다. 그리고 오태석은 관객들의 '기대 지평'을 파악하면서 극작 · 연출가로서의 자신의 '기대 지평'을 끊임없이 전환한다. 다시 말해 오태석은 작품에 '틈새'를 만들어 관객들이 그 틈을 향유하도록 유도하고 관객들의 '심미적 경험'이 반영된 살아 있는 연극 공연을 추구한다고 볼 수 있다.

6 "동양 연극에서는 중요하게 생각하는 요소가 (서구 연극과는) 정반대다, 즉 (동양 연극은) 스펙터클, 음악성 이런 요소를 더 중요하게 여긴다라는 말은, 플롯이나 성격 그리고 사상

태석이 이러한 방식을 활용하게 된 것은 '스펙터클과 음악성을 중시하는 가운데 생략과 비약이 발생하는' 한국 전통 연희의 특징을 수용하면서부터이다. 오태석은 과거의 관객들이 생략과 비약이 심한 전통 연희를 보면서 상상력을 동원해 그 '틈새'를 메우고 그 과정에서 재미를 만끽했다고 본다. 그리고 이러한 '틈새' 공간을 자신 특유의 '생략과 비약의 극작술'로 승화했다고 볼 수 있다. 오태석은 한국 전통 연희와 서양연극을 동등한 선상에서 놓고 그 차이를 인정하며 한국 전통 연희의 특징을 중시하는 주체적인 태도를 보인다. 오태석은 의도적인 생략과 비약을 통해 '틈'을 만들어내고 관객들이 이 '틈'을 통해 작품과 대화하기를 열망한다. 그러나 오태석의 '생략과 비약의 연출 방식'은 쉽게 관객들의 호응을 얻지 못했다. 아리스토텔레스식의 플롯 구조에 익숙한 관객들은 오태석의 이러한 극작·연출 방식에 대해 '난해하다'고 평가하고 동시에 공감하기 어려운 연출로 인식하기도 했다. 〈심청이는 왜 두 번 인당수에 몸을 던졌는가〉는 난해한 연출 방식을 보이는 작품 중의 하나이다. 그런데 〈용호상박〉에 대해서는 사뭇 그 평가가 다르다. 김방옥은 이 작품에 대해 "그의 다른 연극들과 비교해 보았을 때 드라마투르기적 차이"가 있으며 "분명히 보다 더 단순하고 자연스럽다"[7]고 평가하고 있는 것이다. 〈용호상박〉에서도 백년 동안 나타나지 않던 범이 어느 날 왜 갑자기 나타났는지에 대한 설명을 생략하고 관객들에게 상상하게 하지만, 이전 작품들보다는 '생략'의 난이도가 낮기에 관객들이 관람하기에

같은 요소는 조금 뒷전에 있다는 뜻입니다. 그 얘기를 풀자면, 우리들의 볼거리에는 생략하는 부분하고 비약하는 부분이 엄청나게 많다는 겁니다. 그걸 뛰어넘는 재미, 즉 생략된 부분을 메워 주고 비약하는 부분을 따라잡는 게 관객의 재미예요" (괄호는 인용자) – 오태석·서연호 대담, 『오태석 연극, 실험과 도전의 40년』, 연극과인간, 2002, 11쪽.

7 김방옥, 「생명과 긍정의 굿, 그리고 실용주의적 역사의식」, 『연극평론』 2006년 봄호, 한국연극평론가협회, 95쪽.

수월한 작품으로 평가되고 있다.

두 번째 '틈 만들기' 방식으로는 등장인물들의 '딴짓거리 하기'[8]를 꼽을 수 있다. 극중 인물들이 목적을 잃은 듯, 또는 관객들이 납득할 수 없는 '딴짓거리'를 하면서 만들어지는 '틈'의 원리라고 할 수 있다. 때론 관객들에게 논리적으로 이해되지 않기에 '산만하다', '이해하기 어렵다'는 평가를 받기도 하는 방식이다. 왜 그렇게 행동하는지 의문이 해소되지 않기 때문이다. '딴짓거리'는 앞뒤 행위와 인과관계가 없지만, 극적 행위자가 그 과정 자체를 즐기는 방식이라 할 수 있다. 그리고 그렇게 '딴짓거리'를 하면서 여유 있게 목적을 수행하는 것에서 '틈'이 발생한다. 〈춘풍의 처〉를 예로 들어 보자. 물 속에 살던 이지와 덕중이는 문중에서 뽑혀 더덕을 찾으러 인간 세상에 오게 된다. 일종의 문중의 심부름을 온 것이다. 그런데 이들은 심달래를 만난 뒤 극이 끝날 때까지 자신들의 할 일을 잊고 심달래를 돕는 일에 열중한다. 이지와 덕중은 자신들의 할 일을 잊고 '딴짓거리'를 하는 것이다. 결국 더덕을 찾겠다던 이지와 덕중의 서사는 결말이 없는 불완전한 이야기가 된다. 관객들은 이지와 덕중의 딴짓거리에 특별한 의미를 부여하고 싶겠지만, 이들의 행위는 심부름 가다가 붕어를 본 순간 자신의 임무를 잊은 아이들처럼 딴짓거리하며 노는 것에 불과하다. 이러한 '딴짓거리'는 이지와 덕중의 삶의 놀이이며 오태석이 의도한 '틈새'였다고 볼 수 있다. 오태석이 의도한 것은 관객들이 이지와 덕중이가 만든 틈에 적극적으로 개입해 그들과 함께 춘풍을 찾아나서는 것이었다. 그런데 관객들은 이 작품에

8 "심부름 가다보면 애들이 고무줄하고 있잖아. 그럼 장난도 치고, 빨리 심부름 다녀와야 되는데 약장사가 깽깽이 가지고 자꾸 유혹을 하거든. 거기 앉아 있잖아. 앉아 있다가 청계천에서 '야 붕어가 올라왔다' 그러면 '붕어 붕어' 그러고 보러가고. 할 일이 뭔지는 다 잊어버리고 붕어 쳐다보고 그런 것이 바로 연극이 아니냐 이거죠. 짝짝 다 맞아떨어지면 뭐 어쩌자는 거야. 그럼 왜 놀이를 해? 나는 그런 딴 짓이 있어야 된다고 생각해요. 거기에 관객과 물건 사이의 넉넉함이 있는 게 아닌가. 틈새." – 오태석 · 서연호 대담, 앞의 책, 63~64쪽.

서 오태석의 의도대로 그 '틈새'를 즐기지는 못한 듯하다. 1999년 대본에서는 초연 때와 달리 이지와 덕중의 '딴짓거리'에 인과성이 부여되고 있기 때문이다. 1999년 대본에서는 심달래가 더덕 찾는 일에 쓰라며 이지와 덕중에게 백냥을 주는 사건이 첨가되었는데, 이 행위가 삽입되면서 이지와 덕중의 '딴짓거리'에 인과성이 부여된다. 관객들이 이지와 덕중의 행위를 이해하기에 좀 더 용이하게 수정되었다고 볼 수 있다. 오태석은 때때로 재공연 때 관객들의 상상력을 돕기 위해 슬쩍 '틈'을 메워주기도 한다. 오태석은 늘 이지와 덕중 같은 '딴짓거리'만을 만들어내는 것은 아니다. '딴짓거리'의 우연성을 대폭 활용하여 작품에서 다양한 방식으로 변용하고 있다. 〈사추기〉에서는 자식을 먼저 앞세운 부모의 슬픔이 분오에 가까운 정서로 표출되는 것이 특징이다. 이러한 행위는 〈춘풍의 처〉의 덕중과 이지가 자신들의 목적을 잊고 '딴짓거리'를 하는 것에서 변용된 형태의 '딴짓거리'로, 에둘러가는 엉뚱한 행위, 필연적이지 않은 우연한 행위로 '틈새'를 만드는 '딴짓거리'라 할 수 있다.

세 번째 원리는 무대에 '쓰이지 않는 의자'[9]를 설정해놓는 것이다. 즉 무대에 쓰이지 않는 장치 또는 공간을 만들어놓고 관객들이 내내 그 공간에 관심을 갖고 상상하게 만드는 것이다. 그런데 이때 관객이 상상하는 행위는 작품의 숨겨진 의미를 찾는 것이 아니라 '쓰이지 않는 의자'의 의미를 만들어 나가는 적극적인 참여의 행위이다. 이 '쓰이지 않는 의자'는 명확하게 존재하지만 고정된 의미를 지니지 않은 '개방적인 사고'[10]를 유발하는 '틈새'라

9 "연극에는 '쓰이지 않는 의자'라는 게 있어요. 무대 위에. 가령 네 명이 나오는 연극인데 의자는 다섯 개에요. 그러니까 출연자들이 다 나와 봤자 의자는 하나가 빈다고. 쓰이지 않는 의자라는 건 뭐냐하면, 없어도 돼 그거는. 그러나 그게 있음으로서 상시 뭔가를 기대하게 되고, 네 사람이 다 나왔을 때도 시야(視野)가 비어 있는 공간으로 향한다고. 소위 열린, 뚫린, 꽉찬 게 아니고 항시 어느 한쪽이 열려 있는, 열 수 있는. 답답함이 덜 하지." – 오태석 · 서연호 대담, 앞의 책, 63쪽.

10 Peter Brook, 김선 옮김, 『빈 공간』, 청하, 1989, 157쪽.

고 볼 수 있다. 그리고 관객들이 '쓰이지 않는 의자' 라는 '틈' 을 메우기 위해 개방적인 사고를 하는 과정에서 상호 작용이 일어난다고 볼 수 있다. '쓰이지 않는 의자' 의 의미는 고정되어 있지 않고 관객의 참여로 그 의미가 생성되는 것이기 때문이다. 관객의 참여로 의미가 생성된다는 측면에서 '쓰이지 않는 의자' 라는 '틈' 은 작품과 관객의 관계를 회복시키는 공간, 관객의 현실 인식 또는 사회 · 역사적 인식으로 채워질 수 있는 공간이라 할 수 있다. 관객의 사회 · 역사적 인식이 개입되면서 그 '틈' 은 '상생하는 관계의 공간, 생명력을 회복하는 공간'[11]이 된다고 볼 수 있다. 그 '틈' 은 관객이 개입하지 않은 경우 죽은 공간이 될 수밖에 없지만 관객이 그 틈을 통해 작품과 대화하는 과정에서 '서로 상생하는 공간, 생명력을 회복하는 공간' 이 되는 것이다. 관객들이 상상력을 작동시켜 '쓰이지 않는 의자' 에 생명력을 불어넣는 것이라 볼 수 있다.

오태석의 '틈 만들기' 네 번째 방식으로는 '관객보고 연기하기'[12]를 들 수 있다. 오태석은 배우들로 하여금 반드시 관객이 있는 쪽을 바라보며 연기하도록 지시한다. 오태석은 마당극처럼 '객석의 불을 다 켜놓고 연희자

---

11 김익두는 한국 전통 연희 양식이 현대 공연예술에 기여할 수 있는 미학적 원리를 탐구하는 과정에서 '공소(空所)' 라는 개념을 이야기하고 있는데, 이 글에서는 '공소' 라는 개념을 표면적으로 활용하고 있지는 않지만, 오태석의 '쓰이지 않는 의자' 가 있는 빈 공간, '틈 만들기' 의 연출적 가치를 정립하는데 유용하게 활용될 수 있다. – 김익두, 『판소리, 그 지고의 신체 전략』, 평민사, 2003, 134~136쪽 참조.

12 "우리 연극에서는 시선이 끊임없이 객석으로 와서 관객을 자꾸 끌어들인다는 말이죠. 관객을 자기 쪽으로 잡아당긴다. 말하자면 적극적으로 봐달라고 권유하는 건데, 적극적으로 봐달라는 이야기는 배우가 관객한테, '내가 지금 굉장히 많은 부분을 생략하고 비약하고 있으니까 그것을 당신이 채워야 된다. 채우면서 봐야 재미있다' 이런 말을 자꾸 하는 겁니다. 딴데다 눈을 주면 안된다. 나만 보고 있어라. 왜 봐야 되느냐, 조금 전에 이야기한 틈새를 메꾸고 이어주고 그러려면 집중하지 않으면 안되지요. 그러면 자연히 배우와 관객 사이의 소위 넘나듦, 피차간에 참견할 수 있는 여지가 생긴다는 말이죠." – 오태석 · 서연호 대담, 앞의 책, 284~285쪽.

(演戱者)와 관객(廳者)이 같은 높이에 있으면서 서로를 빤히 쳐다볼 수 있는 공연'[13]을 통해 관객과 소통하는 연극을 해야 한다고 여겼으며 이를 위해 배우들의 몸을 관객으로 향하도록 했던 것이다. 관객들이 배우들과 눈을 맞추는 가운데 극에 적극적으로 개입하도록 유도하는 것이라 할 수 있다. 그리고 이러한 연기 방식은 제4의 벽에 균열을 일으키는 것이다. 제4의 벽은 무대 위의 배우와 관객 사이를 가로 막는 것이었는데, 배우가 관객을 향하면서 그 막혀 있던 벽에 '틈'이 생기는 것이다. 배우들이 서로의 얼굴을 바라보며 연기를 하던 것에서 아예 몸을 관객으로 향함으로써 배우와 관객 사이에서 직접적인 소통이 일어난다고 볼 수 있다. 관객들은 제4의 벽을 통해 무대를 훔쳐보던 형상이 아닌 배우들과 대화를 나누는 입장에서 작품을 관람하게 된다. 이러한 연기 방식에 익숙하지 않은 관객들은 제4의 벽에 생긴 '틈'을 낯설게 여길 수도 있다. 그러나 이 '틈'으로 관객들은 배우들과 열린 관계를 형성하고 그 과정에서 작품에 집중하게 되며, 때론 '자신이 무대 위로 올라간 듯한 체험'[14]을 하기도 한다. 관객들 중에는 연출가가 의도한 것보다 더 풍부한 심미적 체험을 하는 관객들도 있다.

이상과 같이 오태석의 '틈 만들기' 방식은 크게 네 가지로 체계화될 수 있었는데, 오태석은 의도적으로 생략과 비약을 만들어내고 있으며 때론 '없어도 될 만한', '우연한', '쓸데 없는' 행위나 무대 공간을 '틈'으로 변

---

13 같은 책, 10쪽.

14 "존 러셀 브라운이 〈심청이는 왜 인당수에 두 번 몸을 던졌는가〉를 보고 "희안한 경험을 했다. 심청이를 바라보다 내가 무대 위로 초대되었다. 내가 갑자기 무대 위로 올라갔고 배우 사이를 유영을 했다."라고 했어요. ……영국의 라다 워크숍에서 햄릿을 5분짜리로 공연했더니 배우가 깜짝 놀라더라구요. 관객석에 있는 학장을 똑바로 쳐다보며 연기를 하는데 온몸이 칼로 찌르는 것처럼 경이로웠다는 것이에요. 그렇게 우리 할애비들이 비워놓고 잘 놀았던 거에요." – 오태석, 「오태석과 한일연극교류(이상란 특별인터뷰)」, 앞의 책, 248쪽.

용하고 있었다. 그리고 이러한 '틈 만들기' 방식은 관객들의 '틈 채우기' 에 새로운 인식의 전환을 수반하는 것이었다. 관객들은 확정적이고 논리적인 내용으로만 그 '틈' 에 개입하는 것이 아니라 자신들의 상상력을 동원해 열린 시각으로 그 '틈' 에 개입해야 하는 것이다. 다양한 의미 부여가 가능한 '틈' 의 공간은 관객들의 다성적인 목소리를 가능하게 하고 이에서 나아가 의미를 생성하는 공간이 된다.

3. 한국 전통극(굿) 차용에서 발생하는 유희와 '틈'

3-1. 〈심청이는 왜 두 번 인당수에 몸을 던졌는가〉에서 드러나는 꼭두각시놀음적 유희

오태석은 1990년 즈음 '공중전화를 오래 쓴다' 는 시비가 붙어 20대 청년이 아기 업은 주부를 칼로 찔러 죽인 사건을 보고 〈심청이는 왜 두 번 인당수에 몸을 던졌는가〉를 집필하게 되었다고 밝힌 바 있다. 그는 자기 차례를 기다리지 못할 정도로 성마르고 강팍해진 한국 사람, 정확히 말해 서울 사람들을 생명의 소중함을 잃고 살아가는 눈뜬 장님으로 여기게 된다. 그리고 자신의 희생으로 아버지 심봉사의 눈을 뜨게 했던 심청이를 불러들여 피폐한 성정을 지닌 이들의 눈을 띄우고자 했다.[15] 그러면서 오태석은 패륜적이고 엽기적인 사건이 발생할 때마다 이 작품을 재공연한다. 어머니가 아파트에서 자식들을 내던져 죽이는가 하면 아버지가 생활고에 못이겨 아이들을 강물에 던지는 충격적인 사건이 벌어졌던 2004년 동대문 방화 사건, 용산

15 박돈규, 「눈 뜨자고 뜨자고요!」, 〈조선일보〉 2004.1.8.

철거민 참화 사건, 호주 산불, 어머니가 자식들을 목졸라 죽이는 사건이 벌어졌던 2009년에 〈심청이는 왜 두 번 인당수에 몸을 던졌는가〉를 재공연했던 것이다.

오태석은 심청이가 인당수에 빠진 뒤 3년 후에 환생했다는 점에 착안하여 그 3년이라는 기간 중에 심청이가 서울에 나타났다는 설정을 해본다.[16] 작가는 '용궁' – '가판원' – '톱날 세우는 골목' – '비닐하우스' – '병원' – '유원지' – '어판장' – '군산서 서해로' 라는 소제목으로 그 3년간에 벌어진 일을 구상하는데, 사건을 비논리적이고 비약적으로 전개시킨다. 심청이(2004년–이연주 분)가 등장하기 전에 그녀의 등장과 미래를 모두 알고 있는 용왕(2004년–정진각 분)이라는 인물을 등장시켜 마치 그의 농간으로 작품이 진행되는 것으로 설정하고 있는데, 그 진행이 비논리적이고 자의적인 것이다. 그런데 원전과 달리 용왕이 전면에 등장하고 또 승지(2004년–이혜영 분)라는 인물이 설정된 것은 순전히 작가의 상상력이었다기보다는, 오태석이 한국 전통 인형극인 꼭두각시놀음 양식을 차용하면서 설정된 것으로 볼 수 있다.[17] 다시 말해 오태석은 용왕을 꼭두각시놀음의 박첨지와 등치시켜, 박첨지의 유람을 용왕의 서울 나들이로 변용한 것이다. 그리고 변용되는 과정에서 작가는 〈심청이는 왜 두 번 인당수에 몸을 던졌는가〉의 서사 구조에 생략과 비약을 통한 틈을 만들어내고 있다고 볼 수 있다.

분노한 용왕이 착한 사람을 찾으러 서울로 향했다는 것은 설득력이 있지만, 서울에 도착해서 우연히 소매치기를 당한다거나, 용왕의 돈지갑을 찾아준 정세명(2004년–강현식 분)의 아킬레스건이 잘리는 해코지를 당하는

---

16 오태석 · 서연호 대담, 앞의 책, 152쪽.

17 장성희, 「〈심청이…〉는 나의 첫마음」, 『〈심청이는 왜 두 번 인당수에 몸을 던졌는가〉 공연 팜플렛』, 53쪽.

것, 그리고 화염병 만드는 비닐하우스에 갔다가 화상을 입는 것은 인과관계가 성립되지 않는 비약적인 전개이다. 그리고 방화를 사주한 죄로 감옥에 갔던 용왕이 다시 슬쩍 나타나 정세명을 데리고 새우잡이 배를 탄다는 설정 역시 그 사이 세부적인 사연을 생략한 것으로 보인다. "무의미하게 내던져진 삶, 인과적으로 납득할 수 없는 사건들, 논리의 부조리한 해체, 가치의 불합리한 전도, 끝없는 상실감[…]"[18]을 보인다는 논자들의 평가는 바로 오태석이 의도적으로 만든 틈, 생략과 비약의 전략에 대한 반응이라 할 수 있다.

극 중 용왕과 승지가 스케줄표를 읽어 주는 행위는 관객들에게 미리 사건이 어떻게 전개될지를 일러주는 것이다. 관객들에게 그들이 알고 있는 사건이 어떻게 전개되는가를 지켜보게 만드는 구조라고 볼 수 있다. 그리고 인용문에서 볼 수 있듯이, 등장인물들이 스케줄표대로 움직이는 것은 옥황상제가 보고 있다는 전제 하에 그의 각본대로 연기를 하는 것으로도 해석될 수 있다. 다시 말해 용왕과 승지는 정세명과 심청이를 데리고 옥황상제를 관객으로 한 극을 벌이고 있는 것이다. 그래서 〈심청이는 인당수에 왜 두 번 몸을 던졌는가〉는 극중극 구조가 되면서 용왕의 극적 행위는 하나의 극적 유희가 된다. 좀 더 구체적으로 논하자면, 용왕은 자신의 능력으로 바람을 일으켜 배를 뒤집으려 하고 정세명을 유괴범으로 신고하는 등 악행을 저지르는데, 이러한 행동들은 옥황상제의 뜻에 따라 심청이를 다시 인당수에 뛰어들게 만들어 환생시키려는 악역놀이로 보인다. 이를 통해 〈심청이는 인당수에 왜 두 번 몸을 던졌는가〉의 작위적이고 비논리적인 장면 전개는 유희성을 띤 것으로 이해된다.

---

18 김미도, 「세기말적 연극 〈심청이는 왜 두 번 인당수에 몸을 던졌는가〉」, 『한국연극』 1990년 12월호.

그리고 오태석은 등장인물들에게 조정자(대받이)에 따라 솟아올랐다가 밑으로 빠져버리는 꼭두각시 인형들처럼 등 · 퇴장하도록 지시하는 등 꼭두각시 인형극의 양식화된 행위를 차용한다. 이러한 등 · 퇴장 방식은 배우들의 움직임을 상하로 향하게 함과 동시에 동선을 생략하는 연출 방식이라 할 수 있다. 인형처럼 솟구쳤다가 밑으로 사라지는 모습을 통해 오태석은 관객들이 꼭두각시놀음을 보는 듯한 유희를 만끽하기를 유도했다고 볼 수 있다.

〈심청이는 왜 두 번 인당수에 몸은 던졌는가〉는 정세명의 정신적 고통과 신체적 고통, 그리고 유원지에서의 피 뽑는 장면 등으로 인해 잔혹한 이미지를 생성한다. 옥화상제를 염두에 둔 극중극, 인간표적놀이는 유희를 줌과 동시에 고통를 표출하는 방식의 하나였다. 인간의 존엄성을 잃고 성마르고 강팍해진 사람들의 눈을 뜨게 하기 위해 오태석이 의도한 것은 비논리적이고 거칠면서도 유희성을 지닌 구성이었고, 이처럼 성긴 구조를 통해 '틈'을 벌리는 것이었다. 그 틈을 통해 관객들은 그동안 자신이 간과하고 있었던 농촌의 삶, 불구자들의 삶, 동료를 배신할 수밖에 없는 경쟁적인 삶, 정신적인 상처로 인간성을 상실한 이들의 삶, 끝내 자신의 목숨을 바쳐 어린 창녀들을 구하려는 인간의 삶 등을 경험하게 된다. 생략하면서 비약적으로 전개되는 사건 사이의 '틈'에 개입한 관객들은 잔혹한 유희를 경험하게 된다고 볼 수 있다.

오태석은 작품에 꼭두각시놀음의 극적 양식을 차용하여 관객들에게 잔혹한 유희를 경험할 수 있는 '틈'을 만드는데, 그 '틈'은 "심청이는 왜 두 번 인당수에 몸을 던졌는가?"에 대한 관객의 해답으로 채워질 수 있는 '빈 공간'이라 볼 수 있다.

3-2. 〈용호상박〉의 강사리 범굿 구조와 '틈'

〈용호상박〉

〈용호상박〉은 강사리 범굿을 하는 지씨 형제들의 갈등과 범굿하는 날 불현듯 나타난 범어른과 어부들, 즉 용왕과의 대립을 형상화한 작품이다. 극적 공간은 현실 세계를 벗어나지 않으며 이전의 작품들과 달리 갈등관계가 뚜렷하게 드러난다. 그리고 무엇보다 범굿하는 날 범을 대동한 체 범어른이 등장하면서 갈등이 야기되는 것이 특징이다. 오태석의 많은 작품에 굿 장면이 연출되기에 범굿 역시 그리 새로울 것이 없는 설정으로 보이지만, 무속적인 신앙의 대상인 범이 실제로 현현(顯現)해 갈등을 일으키는 것은 다소 낯선 설정이다.

〈용호상박〉은 '강사리', '강사리 범굿', '범', '소머리', '소머리 임자', '再會', '兄弟'라는 일곱 개의 장으로 구성되어 있으며, 일곱 개의 장은 논리적이기보다는 연상적인 방식으로 이어지고 있다. '소머리 임자' 장에서 '再會' 장으로 넘어갈 때 보름 정도의 시간이 생략되는 것 이외에 사건이 크게 비약되거나 생략되는 것은 없다. 그리고 사실적인 시공간에서 다른 차원의 시공간으로 비약하는 사건이 일어나지도 않는다. 다만 사실적인 무대 공간에 영물인 범을 대동한 범어른이 등장하면서 '지금-현재' 시공간에 현실과 상상적인 세계가 중첩되는 공간이 형상화된다. 그리고 이 공간에서 범굿이라는 극중극이 진행되면서 극중 그리고 극 밖에서 두 층위의 관객이 형성되는 것이 〈용호상박〉 구조의 특징이라 할 수 있다.

범굿은 '마을의 무사와 풍년을 기원하는 굿'[19]으로, '연희성과 오락성, 그리고 제의의 이중 구조를 보이는 것'[20]이 특징인 굿이다. 범굿은 무당이 범탈을 쓰고 마을의 닭을 물어가려는 시늉을 하면 또 다른 무당이 포수가 되어 목총으로 범을 쏴 쓰러뜨리는 역할놀이로 진행된다. 이러한 행위는 호랑이에게 위협을 가해 마을 사람들에게 해를 끼치지 못하도록 겁을 주기 위한 것이다. 그리고 이 굿은 범이 이들의 행위를 지켜보고 있다는 것을 전제로 진행되며, 위협을 가한 후에는 이 연극을 지켜본 범에게 소머리를 물어가도록 한다. 여기서 범은 극중 관객이 되는 셈이다. 범굿은 범에게 사람을 물어가지 못하도록 위협을 가하면서 대신 소머리로 그 허기를 달래주어 마을의 호환을 방지하려는 하나의 연극인 것이다. 그런데 〈용호상박〉에서 재현되는 범굿은 범을 잡는 과정이 참으로 서투르고 어설프다. 말하자면, '이렇게 범을 잡았다 치고 다음에는 그 털을 태우고…' 라는 관객과 약속된 연극을 하는 것이다. 강사리 범굿은 그 자체가 느슨하고 어설픈 '틈새' 를 보이는 행위라고 할 수 있다. 그리고 그 '틈새' 는 극중극이기에 극중 관객인 범어른과 무당들, 그리고 객석의 관객이라는 두 층위의 관객 참여를 유도한다.

극중 극으로 전개된 범굿은 그 과정은 어설펐지만, 예상치 않게 범어른(2005년 – 이호재, 2007년 – 이태형 분)을 불러들였다. 범어른은 백년간 이들 앞에 나타나지 않다가, 어느날 우연히 강사리에 나타난 것이었다. 범이 나타나기 전까지 무당들(池氏 형제)은 풍어와 호환 예방이 아닌 돈을 벌기 위해 굿을 하고 있었다. 그리고 범어른은 우연히 마을에 들렀다가 소머리 맛

---

19 하효길, 「호환의 예방과 어촌의 풍어기원제」, 『강사리 범굿』, 열화당, 1989, 72쪽.
20 같은 책, 73쪽.

을 본 뒤로는 그 마을을 떠나지 않고 소머리를 차지하기 위한 농간을 부리기 시작한다. 범어른이 池河龍(정진각 분)의 탐심을 자극해 여러 번 범굿을 치르게 만드는 과정에서 급기야 池八龍(전무송 분), 池河龍 형제가 우발적인 죽음을 맞는 비극이 발생하기도 한다. 일반적으로 범굿은 삶의 희망과 기원을 담는 제의적인 공간, 생명의 안전과 풍어에 대한 확신으로 '신명나게 노는 공간'[21]이었지만 범어른과 지팔룡의 탐심으로 살인을 부르는 굿으로 변모된 것이다. 〈용호상박〉의 극중극 범굿, 느슨한 범굿은 제의적인 기능을 상실한 채 그 '틈'에 탐욕이 채워진 것으로 볼 수 있다.

한편, 그 범굿의 '틈'에는 그 굿을 바라보는 관객들의 개입으로 '반성'이라는 의식이 채워지기도 한다. 극중극의 구조 속에서 범굿을 바라보던 객석의 관객들은 굿 '틈새'로 범어른의 탐욕이 개입하는 것을 보면서 역으로 제의성을 되살려야 한다는 반성을 하게 되는 것이다. 〈용호상박〉의 극중극 범굿은 범어른의 탐심으로 비극적인 연극놀이가 되었지만, 변질된 범굿을 반성하는 자세로 바라보던 관객들에 의해 문화적 기억이 되살아나는 범굿이 된다고 볼 수 있다.

4. 등장인물들의 '딴짓거리'가 만들어내는 '틈'

4-1. 〈심청이는 왜 두 번 인당수에 몸을 던졌는가〉의 용왕과 심청이의 '딴짓거리'가 만들어내는 틈

〈심청이는 왜 두 번 인당수에 몸을 던졌는가〉는 신화적인 인물인 용왕과 심청이가 인간 사회에서 일어나고 있는 엽기적인 사건을 해결하려 인간 사

21 Johan Huizinga, 김윤수 옮김, 『호모 루덴스』, 까치, 2005, 30~33쪽 참조.

〈심청이는 왜 두 번 인당수에 몸을 던졌는가〉

회에 출현하는 것으로 시작되는 이야기이다. 심청이야기에 따르면, 심청은 인당수에서 떨어진 뒤 용왕을 만나 선행에 대한 보상으로 왕후로 재탄생해야 할 터인데, 생뚱맞게 용왕을 따라 서울에 나타난다. 따라서 용왕과 심청은 〈심청이는 왜 두 번 인당수에 몸을 던졌는가〉에서 '딴짓거리'를 하고 있다고 볼 수 있다. 동대문에 불나고, 용산에서도 불나고, 으악새 태우다 산불 나고, 호주에서도 큰불 나고, 또 어미가 어린남매 주사 놓고 목 졸라 죽였다는 잔혹한 얘기를 전해들은 용왕은 "나도 거기 낑겨야겄다"(「심청이는 왜 두 번 인당수에 몸을 던졌는가」, 2쪽)라는 얘기로 서울 올 결심을 밝히고 황후가 되어야 할 심청까지 "허는 일 없이 물괴기 구경으로 소일 했다간 아사"한다는 핑계를 대며 용왕을 따라나선다.

용왕과 심청의 '딴짓거리'를 통해 전개되는 사건들은 심청이야기와는 전혀 관련이 없으며 관객들이 예상하지 못한 낯선 이야기이다. 무엇보다 용왕과 심청은 〈심청이는 왜 두 번 인당수에 몸을 던졌는가〉의 중심되는 행위를 벌이는 인물들이 아닌 정세명이라는 인물과 47명의 창녀들(2004년-황정민, 조은아, 이수미, 김혜영 등)의 극행동을 보조하는 인물들로 설정된 것이 특징이다. 용왕과 심청의 '딴짓거리'는 우선 서울에 왔다는 것에서 출발해 정세명과 47명의 어린 창녀들의 삶에 큰 변화를 주는 행위를 한다. 그리고 용왕과 심청의 '딴짓거리'로 전개되는 〈심청이는 왜 두 번 인

〈심청이는 왜 두 번 인당수에 몸을 던졌는가〉

당수에 몸을 던졌는가〉의 서사는 즉흥적이고 우연적이며 또 작위적으로 전개되면서 '틈'을 만들어낸다. 용왕과 심청의 '딴짓거리'는 정세명이라는 인물을 부각시키면서 서울이라는 공간에서 벌어질 수 있는 일들을 불연속적으로 나열하고 이와 같은 방식으로 사건들이 나열되는 가운데 '틈'이 발생한다고 볼 수 있다.

농고 출신 시골청년 정세명은 옥황상제의 스케줄에 따라 용왕이 만나게 되는 인물로, 선량하고 순수한 청년이다. 그는 선량하고 순수한 성품 때문에 아킬레스 건이 잘리는 해코지를 당하고 화염병 제조업자에게 이용당하며 얼굴 전체에 화상을 입게 된다. 그러한 상황에서도 정세명은 그 누구를 탓하기보다 흉한 얼굴에 백가면을 쓰고 피학적인 놀이라 할 수 있는 "백가면-인간 타케트 움직이는 목표물"이라는 게임을 시작한다. 그 게임은 분노에 가득찬 현대인들의 스트레스를 풀어주기 위해 대신 맞아주는 게임으로, 정세명의 삶은 심청과는 다른 '희생적인 삶'이며 동시대 관객들에게

〈용호상박〉

반성의 여지를 주는 삶이다. 심청의 희생과 개안의 기적은 〈심청이는 왜 두 번 인당수에 몸을 던졌는가〉에서는 정세명의 희생과 존엄성에 대한 개안으로 치환된다고 볼 수 있다. 심청의 '딴짓거리'와 정세명의 행동에서 만들어지는 '틈'에서는 이제 눈을 떠야 할 인물이 심봉사가 아닌 인간에 대한 존엄성을 잃은 다수의 현대 문명인들이라는 의미가 생성된다. 그리고 정세명은 핏물을 내뿜는 피학적인 놀이를 통해 현대 문명인들의 상처받은 마음이 치유되기를 바란다. 그래서 욕조를 가득 채우는 물은 고통스러운 핏물이면서도 동시에 상처받은 관객들의 마음을 치유하는 성(聖)스러운 물이라고 할 수 있다.

용왕의 '딴짓거리'는 사건 전개상 인과관계가 성립되지 않는 '새우잡이배타기'를 주도하는데 있다. 용왕은 정세명을 꼬드겨 새우잡이배를 타자고 하는데, 이는 어린 창녀들을 싣고 다니며 그녀들의 몸을 팔자는 것이었다. 그러나 용왕의 의도와는 달리 심청과 정세명은 47명의 어린 창녀들을 살리기 위한 가짜 인질극을 벌인다. 등장인물 모두를 '白鷗 바 27' 호에 태운 용왕의 '딴짓거리' 는 결국 정세명을 인질범으로 만들어버렸다고 볼 수 있다. 47명의 어린 창녀들은 용왕의 '딴짓거리' 로 무대에 등장하게 되었는데, 그들은 심청처럼 빚 때문에 자신의 몸을 팔 수밖에 없었던 현대판 심청의 은유라고 볼 수 있다.[22]

'자신도 거기에 끼워달라는 열여섯살 사개월 소녀' 의 전화 외에는 어린 창녀들을 도와주겠다는 전화가 걸려 오지 않자 이들은 모두 치마를 뒤집어 쓰고 물 속에 뛰어든다. 심청과 용왕의 '딴짓거리' 가 만들어내는 사건들은 인과적으로 연결된다기보다는 '불' 과 '물', 그리고 '몸팔기', '뛰어듬' 이라는 이미지와 극행동이 있는 사건들의 나열이라고 볼 수 있으며, 작위적이고 비약적인 장면들의 나열에서 발생하는 '틈' 에서 심청이야기의 '희생' 과 '개안' 이라는 핵심어가 반복되고 있음을 발견할 수 있다. 그리고 '결코 구원은 없다' 는 결말은 메마르고 강팍한 인간 사회에 대한 뼈아픈 반성을 유도한다고 볼 수 있다. 오태석이 심청과 용왕의 '딴짓거리' 놀이를 통해 유도한 것은 어쩌면 관객들 자신이 만들었을 수도 있는 강팍한 세상의 풍경에 대한 직시였다고 할 수 있다.

4-2. 〈용호상박〉의 범어른의 '딴짓거리' 가 만들어내는 '틈'

〈용호상박〉에서는 범어른의 '딴짓거리' 로 인해 작품에 '틈' 이 발생한다. 범어른은 과거의 행위에 비추어 볼 때 강사리 범굿 후 마을에 복을 준 다음 내년을 기약하며 떠나야만 했다. 그러나 소머리를 차지하는 재미에

22 이상우는 47명의 어린 창녀들을 아버지 아가멤논의 뜻에 따라 제물이 되는 이피게니아에 비유하면서, 그들이 희생당하는 세기말의 폭력성에 대해 지적하고 있다. – 이상우, 「세기말의 이피게니아」, 『세기말의 이피게니아』, 연극과인간, 2006, 81쪽.

빠져버려 자신의 소명을 잊은 채 그 마을에 머물러 버린다. 범어른은 조용히 머물기만 하는 것이 아니라 하룡이를 시켜 계속 굿을 하게 만들며 이로 인해 마을 사람들 간의 분쟁은 물론 팔룡과 하룡 형제 간에 살육이 일어나게 만든다. 불현듯 우연히 나타난 범어른으로 인해 〈용호상박〉에는 예기치 않은 사건들이 발생하며 작품에서 보여주는 범어른의 행위는 장난기와 유희로 가득차 있다. 그러나 범어른의 유희적인 행위는 마을 사람들에게 재앙이 된다.

범어른은 등장할 때마다 까치를 전령으로 내세우고 몸이 여섯 등분으로 나뉘어져 자유자재로 움직이는 커다란 범 한 마리를 대동한다.[23] 그 호랑이는 앞에는 쇠스랑 손을 뒤에는 큰 꼬리를 달고 있으며 자신의 꼬리를 휘둘러 지씨 형제들을 놀래킨다. 범어른은 마치 재미난 장난감을 만난 듯 가던 길을 멈추고 강사리에 눌러 앉아 하룡이가 만들어 주는 소머리를 먹으려고 한다. 범어른이 강사리에 머무르게 되는 것에는 어떤 필연적인 이유가 없다. 그저 예기치 않게 그 마을을 지나가다 자신을 향해 굿을 하는 장면을 목격하고 소머리를 받아먹는 재미에 빠져 그 마을에 머무르게 되었다고 볼 수 있다. 범어른의 이유없는 '딴짓거리' 로 인해 〈용호상박〉에는 인과성이 결여된 우연한 사건들이 이어지는데, 각 사건들은 하나의 장면을 이루며, 그 장면들 간에 틈이 발생한다.

범어른은 재등장한 뒤 우선 지하룡의 마음을 움직인다. 범어른은 지하룡으로하여금 여러 번의 범굿을 하게 만드는데, 이런 하룡의 행위는 팔룡에게는 이해되지 않는 돌발적인 행위이다. 그리고 하룡에게 굿을 해달라는

---

23 범어른과 범의 형상화는 공연마다 차이가 있다. 2009년 9월 공연 때는 범과 범어른을 분리해서 등장시키지 않고, 범의 꼬리가 정령처럼 움직이기도 하고 대화도 하는 것으로 형상화되고 있다.

고객들이 연이어 방문한다. 급기야 소머리 하나를 놓고 이전부터 소머리를 용왕에게 바치려던 어부들과 고객들 간에 극단적인 갈등이 발생한다. 하룡은 갈등 속에서도 범굿을 강행하고 이를 말리던 팔룡은 우연히 칼에 찔려 죽고 만다. 그런데도 하룡은 범굿을 진행하다 범어른의 심기를 건드려 범에게 죽임을 당한다. 범의 출현, 등장인물들 간의 갈등과 파경은 인과관계가 결여된 초현실적인 진행이지만, 〈용호상박〉에서는 범의 등장이 자연스러우며 하룡의 탐욕은 관객들에게 이해 가능한 욕망이다. 사건 전개가 인과관계에 따라 흘러가는 것은 아니지만 관객들은 극 중 등장인물들의 갈등에 공감하고 관심을 집중하게 되는 것이다. 다시 말해 범어른의 '딴짓거리' 는 이 마을에 분쟁이 일어나게 된 원인이지만, 관객들에게 마을 사람들 간의 욕망에 더 관심을 집중하게 만드는 요인이 된다. 〈심청이는 왜 두 번 인당수에 몸을 던졌는가〉에서도 볼 수 있었듯이, 오태석 작품에서는 '딴짓거리' 를 하는 주체로 인해 극적 갈등이 벌어지지만, 그것이 전개되는 과정에서 '딴짓거리' 를 한 인물은 부차적인 역할에 머무르는 것이다. 범어른의 '딴짓거리' 는 형제들과 마을 사람들을 조명하면서 관객들을 자연스럽게 극 속으로 끌어들인다. 그러면서 장면들 간에 형성된 '틈' 에 관객들이 끼어들게 된다.

관객들은 강사리에 주저앉아 사람들을 위협하는 범어른을 보면서 우선 그가 영험함을 남용하고 있다는 생각을 하게 된다. 범어른의 '딴짓거리' 는 "파괴적인 본능"[24]을 드러내는 행위이기에 관객들은 그의 행위에 대해 비판적으로 사고하게 되는 것이다. 굿을 말리는 팔룡에게 하룡이 "예, 범이 들어앉았어요. 우린 한 몸이요."(19쪽)라고 말하는 것에서 범어른은 이제

24 김향, 「혼탁한 세상에 복을 기원하는 노래 - 〈용호상박〉과 〈아름다운 남자〉」, 『객석』 2006년 1월호, 171쪽.

명복을 빌어주는 서낭이 아닌 탐욕의 상징으로 인식된다. 범어른은 자신의 탐욕을 팔룡을 통해 현시한다고 볼 수 있다. 범어른은 용왕의 권능까지도 흉내내면서 마을 사람들을 현혹하기에, 관객들은 형제들 간의 갈등과 마을 사람들 간의 갈등을 보면서 범어른의 영험하면서도 그 능력을 남용하는 태도에 비판적인 사고를 하게 된다. 범어른의 '딴짓거리'가 만들어내는 '틈'에 개입한 관객들은 선악을 동시에 행할 수 있는 권능에 대해 반성한다고 볼 수 있다. 그리고 관객들은 그 '틈'에서 또 다른 측면에서의 반성도 하게 된다. 지씨 형제는 범굿의 제의적 의미를 잊고 현실적인 돈벌이에 치중하다 그들 스스로 화를 불러왔을 수도 있다는 생각을 하게 되는 것이다. 극 초반에 "요즘 범이 어디 있어요."라는 하룡의 말에 팔룡 역시 동의하는데, 이 장면에서 형제가 가업을 통해 생계를 잇기 위해 범굿을 한다는 것이 정확히 드러나는 것이다. 그런데 막상 범이 나타나고 소머리를 원하는 고객들이 많아지자 하룡은 주저함 없이 자신의 탐욕을 드러낸다. 그래서 형제들의 죽음은 탐욕에 대한 인과응보처럼 보이기도 한다. 이러한 측면에서 본다면 범어른의 '딴짓거리'가 만들어내는 '틈'은 영험한 권능에 대한 반성, 탐욕이 불러오는 인과응보에 대한 공포 그리고 죽음에 대한 비극적인 정감 또는 '교훈'[25]이라는 관객의 다양한 사유로 채워진다고 볼 수 있다.

〈용호상박〉에 등장하는 인물들은 모두 범굿의 의미를 잊은 듯했다. 범어른은 자신이 왜 강사리에 왔는지 그 이유를 잊고 야수성을 드러내 형제들을 죽게 만들었으며, 지씨 형제들 역시 범굿을 돈벌이로만 여기고 있었다. 그런데 지씨 형제가 죽은 뒤 자책하고 있는 범어른에게 하룡의 妻(이수미 분)

25 "제목에 기인한 작품이라 생각되어졌다. 늘 그렇듯이 결코 간과할 수 없는 연출의 주제의식이 있고 배우들은 그에 걸맞는 한국적인 울림과 추임새의 끈을 놓고 있지 않다. 박진감보다는 잔잔한 이야기로 다가온다. 모든 것에 인과응보가 있듯 이번극이 참 교훈적이라 좋다." -2005년 12월 4일 4시 반 공연 관객 설문지.

는 그가 해왔던 일들에 대한 기억을 되살린다. 처는 범어른에게 서낭신으로서의 역할을 환기시키고 다시 그 기능을 발휘할 것을, 인간들에게 명복을 주며 보살펴 줄 것을 부탁하는 것이다. 처는 자신의 남편인 하룡은 물론 그의 형인 팔룡까지 잃었기에, 범어른을 탓할 수도 있으련만, 그녀는 그런 내색 없이 오히려 복을 빌어 달라는 뜻을 내비치고 있는 것이다. 처의 행위는 미련스럽게 여겨질 수도 있다. 그러나 그녀의 그런 태도는 범의 야수성을 지녔으면서도 영험한 범의 능력을 인식한 가운데 자신의 목숨을 지키기 위한 것이었다고 볼 수 있다. 범은 처 역시 물어죽일 수 있는 야수성과 영험함을 지닌 영물이기 때문이다. 처는 범의 영험함을 인간을 보호해 주는 힘으로 전환시키기 위해 범어른의 문화적 기억을 환기시킨다. 그리고 그녀의 이러한 태도는 남편의 죽음과 범의 영험한 능력을 그대로 받아들이고 포용하는 넉넉한 자세로 볼 수 있다.[26] 관객들은 범어른의 '딴짓거리'에 대해 다양한 사유를 하던 중 처가 범을 대하는 태도를 보면서 '자기를 지키고 남을 존중하는 창조적인 질서의 생명력'[27]을 경험하게 된다. 그리고 이로 인해 처의 행위는 "여유, 관용, 자비, 공경, 사랑"[28]의 속성으로 설명할 수 있는 '틈'이 있는 행위로 인식된다. 범어른의 '딴짓거리'로 만들어지는 '틈'은 영험함의 남용, 탐욕에 대한 반성, 공포, 비극적 정서, 교훈 등으로 채워지지만, 처의 관용적인 태도에서 발생하는 '틈'은 자신을 살리고 타인을 살리는 창조적인 질서의 생명력으로 메워진다고 볼 수 있다.

---

26 김남석은 "범의 등장이 생태 위기와 인성 파괴의 문제가 아니라, 마을의 헤프닝과 어이없는 개과천선으로 이어지는 것은 재고해야 할 대목"(-김남석, 「복고와 변화의 맞바람」, 『관점 21』 2005년 겨울호 · 2006년 봄호, 도서출판 게릴라, 83쪽 참조.)이라고 지적하고 있는데, 이는 재고해 보아야 할 평가라 여겨진다.

27 김지하, 『생명학 1』, 화남, 2003, 225쪽.

28 같은 책, 226쪽.

5. 상상과 잉여의 공간이 만들어내는 '틈'

5-1. 〈심청이는 왜 두 번 인당수에 몸을 던졌는가〉 무대의 사각틀과 상자들

〈심청이는 왜 두 번 인당수에 몸을 던졌는가〉에서 오태석의 연출이 빛을 발하는 것은 무엇보다 용궁 공간, 거리, 화염병 제조 회사, 인간타켓트 게임장, 선박으로 변모하는 사각틀 무대세트와 상자들일 것이다. 인과관계 없는 장면이 나열되는 과정에서 사각틀은 비약적으로 다양한 공간으로 변모된다. 그리고 그 사이에서 발생하는 '틈'을 관객들은 자신들의 상상력을 발동시켜 채워간다고 볼 수 있다.

첫장면은 용궁이라고 할 수 있는데, 용궁에 신기하게도 컴퓨터가 놓여 있고 승지가 그 컴퓨터를 두드리며 스케줄을 관리하고 있다. 승지와 용왕은 일반적으로 관객들이 상상할 수 있는 고답적인 모습이 아닌 현대 일상에서 볼 수 있는 작업복을 입고 있기에, 승지가 심청에게 "여가 저승이요."(「심청이는 왜 두 번 인당수에 몸을 던졌는가」, 1쪽.)라고 말하기 전까지는 좀처럼 그곳이 어디인지 분간하기가 어렵다. 승지가 그 사각틀이 용궁이라고 말한 후에도 그 공간에 적응하기가 쉽지 않다. 그런데 곧이어 그 공간은 유흥가, 그리고 가판원들이 호객행위를 하고 있는 서울 시내의 어느 곳으로 바뀐다. 정세명이 아킬레스건이 잘리고 난 다음에는 그가 기어다니며 호객행위를 하는 길거리 공간이다가 삼송리 비닐하우스로 바뀐다. 이곳에 심청이가 불을 낸 후 구급차가 나타나는데, 그 구급차가 미니어처로 표현되면서 관객들의 웃음을 자아낸다. 이 장치는 배우들이 사각틀 안에서 인형처럼 솟구치듯이 등·퇴장하는 행동과 더불어 〈심청이는 왜 두 번 인당수에 몸을 던졌는가〉의 유희성이 드러나는 부분이다. 물론 이러한 장치들은 관객들에게 낯

〈심청이는 왜 두 번 인당수에 몸을 던졌는가〉

설게 느껴진다. 무엇보다 정세명이 피를 흘리거나 화상을 입는 장면이 전개되는 무대장치들이기에 관객들에게 일그러진 웃음일 유발한 오태석은 무대 장치들을 가지고 놀듯이, 자유자재로 공간에 변화를 주고 있지만, 그 공간에서는 "현대사회의 추악한 단면이 그로테스크하게"[29] 형상화되고 있기에, 이 작품에서의 유희성은 '관객이 긴장감을 유지한 상태에서 간간히 거리두기를 통해 현실에 대해 비판하게 되는 것' 으로 논할 수 있다. 〈용호상박〉에서의 집단적이고 제의적인 측면에서의 유희성과는 거리가 있는, 세태풍자적인 측면이 강한 유희성을 보인다고 할 수 있다.

〈심청이는 왜 두 번 인당수에 몸을 던졌는가〉의 사각틀은 정세명이 화상 입은 얼굴을 치료하고 있는 병원 공간이 되었다가, 유원지의 '인간타켓 게임장' 으로 바뀌는데, 이때의 무대 공간은 연출가가 이 작품을 통해 관객들과 공

---

29 유인경, 「오태석 연극에 나타난 그로테스크」, 『한국극예술연구』 제16집, 한국극예술연구학회, 2002, 229쪽.

유하고자 한 도시의 폭력성과 비인도적인 면모, 그리고 정세명의 순수한 희생 정신이 최고조로 부각되는 공간이다. 정세명은 이 게임장에서 손님들에게 공을 맞을 때마다 그들의 가학적인 면모를 부추기며 물을 내뿜는데, 손님들에게는 그 물이 복수의 핏물로 여겨질 수 있지만 정세명에게는 원한 어린 사람들의 상처를 씻어주기 위한 치유의 눈물로 보인다. 정세명은 공격적이고 가학적인 사람들에게 피학적인 행위로 대응하기에 오히려 더 모진 수난을 겪고 관객들은 정세명의 모습에서 연민과 공포를 느낀다고 볼 수 있다. 이 작품은 '틈'을 통해 관객들에게 비판적인 사유를 유도하고 있지만, 동시에 희생자에 대한 연민과 공격적인 세상에 대한 공포를 유발한다고 볼 수 있다.

정세명이 한참 물을 내뿜은 뒤 그 게임장은 어선박으로 변모된다. 정세명이 그동안 손님들에게 맞으며 내뿜었던 물은 바닷물로 변화하는데, 이는 정세명의 희생적인 행위가 바닷물처럼 깊고 넓으며 초현실적인 형태의 것이라는 해석도 가능하게 한다. 그런데 아이러니하게도 정세명의 희생적인 태도 때문에, 즉 47명의 어린 창녀들 모두가 바다에 뛰어들 수밖에 없는 극단적인 상황이 연출되기도 한다.

이 사각틀과 달리 〈심청이는 왜 두 번 인당수에 몸을 던졌는가〉에는 '쓰이지 않는 의자'와 같은 공간이 존재한다. 사각틀이 어선박으로 형상화되고 난 후 시종일관 무대를 채우고 있던 수많은 상자들이 움직이기 시작한다. 재활용할 폐품들을 모아 놓은 것 같은 상자들이 열리면서 여자들이 쏟아져 나오는 것이다. 이 상자들은 여자들이 몸을 파는 쪽방이라고 할 수 있으며 그 방들의 내부는 여자들 특유의 취향에 따라 각양각색의 장신구와 사진들로 치장되어 있다. 사각틀이 연출자의 자유로운 생각에 따라 상상력이 넘치는 다양한 공간으로 변모되었다면 이 상자들은 시종일관 무대 위를 지키고 있다가 여자들을 내뱉은 뒤 다시 폐품 같은 공간으로 남는, '쓰이지 않는 의자'와 같은 공간이 된다. 어린 창녀들은 다시 이 공간으로 돌아오지 못하고 모두 바다 속에 빠져 절명할 위기에 놓이기 때문이다. '쓰이지 않는 의자' 처럼 더 이상 쓰임새가 없는 상자들은 공연이 끝날 때까지 무대 위에 남아 있으며, 관객들이 채워야 할 '틈' 공간이라 할 수 있다. 관객들은 이 상자들을 보면서 현대 사회의 홍등가를 떠올릴 수 있고, 인간의 존엄성을 상실한 채 인간을 일회용 폐품처럼 취급하는 비인간적인 세태와 인간을 상품화하는 자본주의 사회의 경쟁 논리에 대해 사유할 수도 있을 것이다.

〈심청이는 왜 두 번 인당수에 몸을 던졌는가〉의 사각틀과 상자들은 '비약의 틈', '쓰이지 않는 의자와 같은 틈' 을 만들어내면서 관객들의 오감을 자극하고, 관객들에게 '틈' 을 메울 유희적인 상상력을 유발시키지만 동시에 현실 비판적인 사유 또한 불러일으킨다고 볼 수 있다.

5-2. 〈용호상박〉의 용궁 공간의 '틈'

〈용호상박〉의 무대를 살펴보면, 무대 중앙의 마당을 중심으로 뒷무대에는 울창한 대나무숲이, 앞무대에는 바다를 표현한 듯한 움푹 파인 공간이 만들어져 있다. 바다 공간에서는 갈매기가 날아다니고 천장에는 해마 모빌이 매달려 객석으로 반짝반짝 빛을 내보인다. 이러한 무대 장치는 산과 바다가 공존하는 공간이라는 것을 제시하는 것인데, 오태석이 이렇게 무대 장치를 한 이유는 범굿을 하는 강사리의 자연적인 조건, 즉 산과 바다가 접해 있는 시공간을 무대에 옮겨 놓기 위한 것이었다. 산과 바다가 있고 갈매기가 날아다니고 닭이 돌아다니고 까치가 등장하는 무대는 그 자체로 자연스럽고 생명력이 넘치는 공간으로 인식되기에 충분하다. 그런데 극이 진행되면 이처럼 꽉 찬 듯한 무대에 '쓰이지 않는 의자' 와 같은 틈새가 발견된다. 바로 바다 공간이 '쓰이지 않는 의자' 와 같은 '틈새 공간' 이라 할 수 있다.

〈용호상박〉이라는 제목에 따르면 범과 용이 등장해야 할 듯하지만, 범은 출몰하되 용왕은 등장하지 않는다. 그리고 무대 앞 바닷가는 남산 예술센터(구 남산 드라마센터) 공연 때는 무대를 파서 만들어놓고 국립극장 KB 청소년 하늘극장에서는 갈매기가 날아다니는 공간으로 형상화되지만, 극이 진행되는 동안 활용되지 않는 공간이다. 용왕의 심부름으로 해마(황정민 분) 또는 해녀가 한번 등장하지만 바닷가 공간에서가 아닌 무대 한가운데로 등장하는 것에 불과하다. 바닷가 공간도, 용왕도 〈용호상박〉의 '쓰이지 않는 의자'로 연출되고 있는 것이다. 그런데 이와 같은 바닷가, 용왕이라는 '틈새'는 관객들의 상상력을 어부들의 행위 쪽으로 열어놓으며, 그들의 극행동을 통해 바다와 용왕에 대해 상상하도록 유도한다. 어부들은 사람들이 날아갈 듯 강하게 바닷바람이 몰아치고 있는 장면을 실감나게 연기해 관객들을 경탄하게 만들며 범굿을 마친 뒤 소머리를 묻을 때 '회다지 소리'[30]를 불러 신명을 돋우고 말향고래가 올라왔다며 신나게 북춤을 추기도 한다. 한편 말향고래를 잡기 위해 바다에 배를 띄우기 전에는 지씨 형제들에게 고사지낸 소머리를 내놓으라며 살기등등한 모습을 드러내기도 한다. 이러한 어부들의 행위는 '쓰이지 않는 의자' 공간이라 할 수 있는 바닷가와 용왕의 이미지를 상상하게 하는 행위들로 볼 수 있는 것이다. 어부들의 극행동을 좀 더 면밀히 살펴보면, 그들은 극 내부에 긴장－이완을 만들어내면서 그 존재감을 드러내는 것이 특징이었다.

소머리를 땅에 묻으며 어부들이 불렀던 '회다지 소리'[31]는 땅을 다지는 소리로 내용은 의식요이지만 노동요의 성격을 지니고 있기에 흥겨운 느낌

---

30 '회다지 소리'는 시신을 묻고 회를 섞은 흙으로 무덤의 봉분을 다질 때 부르는 소리다. 회다지 소리는 죽은자의 입장에서 후회와 이승에서의 삶에 대한 당부의 기능을 한다. 살아 있는 사람들을 위로하고 새로운 삶에 대한 의지를 북돋워주는 것이다.

31 유효철 외, 「전통 민요의 현장 문화 콘텐츠화 방향 연구－양주 상여 회다지 소리를 중심으로」, 『인문콘텐츠』 7호, 인문콘텐츠학회, 2006, 86쪽.

을 준다. 장례식 중 무거운 분위기 속에서 회다지꾼들의 흥겨운 장단과 함께 달공질하는 동작은 독특한 분위기를 만들어낸다. 회다지 소리는 즐거운 사설로 죽음을 넘어서고자 하는 의도를 드러내는 소리로 죽음에 대한 무거운 마음을 벗고 놀이를 위한 신명풀이의 분위기를 만들어주는 것이다. 어부들의 이 노래는 소머리를 묻는 의식 과정에 활기를 불어넣으면서 극적 이완의 리듬을 만들어낸다. 그리고 어부들은 지씨 형제들 간의 갈등이 고조될 때에 등장해 북춤을 추며 극적인 리듬을 이완시키는가 하면 소머리를 두고 싸움을 벌임으로써 극적 긴장감을 유발시키기도 한다. 어부들은 이처럼 극적 리듬을 주도하는 가운데 자신들의 존재감을 드러내는데, 이들의 생명력 있는 이미지는 바다속 용왕의 이미지를 상상하게 만드는 것으로, 어부들이 소머리를 두고 싸움을 하는 것은 용왕의 소머리 싸움이라고도 볼 수 있다. 용왕은 어부를 앞세워 범어른과 소머리 싸움을 벌이는데, 범어른 역시 손님(이현식 분)을 내세운 것이어서 이들의 싸움은 마을 사람들을 앞세운 간접적인 싸움이 된다. '쓰이지 않는 의자'와 같은 '틈'으로 여겨지던 바닷가 공간과 용왕은 직접적으로 무대에 가시화되지 않은 상태에서 어부들을 통해 우회적으로 범과 대립한다고 볼 수 있다.

'쓰이지 않는 의자'는 '빈 공간'으로 브룩이 말한 '개방적인 사고'를 불러일으키는 무대 장치였다고 볼 수 있다. 그리고 그 '틈'을 어부들의 행위로 메우는 과정에서, 어부들의 역동성과 생명력이 바다 용왕 이미지로 전이된다. 그런데 용왕이 직접 나서지 않은 채 어부들을 앞세우고 범어른 역시 손님들을 부추겨 소머리를 가져가려 할 때, 이 범과 용왕 간의 갈등은 양분되어 있음에도 그 어느 쪽을 선악으로 규정할 수 없어 이항대립성을 탈피하는 대립 관계로 여겨진다. '쓰이지 않은 의자'라는 공간의 용왕과 '딴짓거리'를 하는 범어른이 보여주는 '틈'은 이항대립적인 갈등보다는 소머리를 사이에 둔 한판 힘겨루기로 여겨지는 것이다. 범어른과 용왕 간의 싸움은

'틈 만들기'로 형상화되었기에 이항대립적인 관계를 해체하는 민담, 전래 동화 같은 우화적 이미지를 만들어냈다고 볼 수 있다. 이 싸움은 승패를 가리기 어려우며 그 '틈'을 채우는 역동성으로 인해 〈용호상박〉의 무대는 생명력이 넘쳐나는 것으로 인식된다.[32]

6. 나오며—생명력이 결여된 세상을 표현하는 오태석의 '틈 만들기' 미학

앞서 논한 바와 같이 〈심청이는 왜 두 번 인당수에 몸을 던졌는가〉와 〈용호상박〉은 서로 다른 특징을 지닌 작품들이지만 오태석의 네 가지 '틈 만들기' 방식이 각기 다른 방식으로 구현되고 있는 작품들이었다. 〈심청이는 왜 두 번 인당수에 몸을 던졌는가〉에서는 주로 비약적이고 초논리적인 연출 방식으로 '틈'이 형성되고 있었다면, 〈용호상박〉에서는 강사리 범굿을 재현하는 가운데 우연하게 즉흥적으로 전개되는 사건들에서 '틈'이 생성되고 있었다. 두 작품에서 볼 수 있었던 다양한 '틈'은 관객들의 개입으로 채워질 수 있는 '빈 공간'이었으며, 관객들은 그 공간에 인간 존엄성과 생명력에 대한 사유를 했다고 여겨진다. 이러한 요소들은 결국 존엄성을 잃고 살아가는 것에 대한 반성, 생명력이 결핍되어 있는 이기적이고 비인간적인 인간들의 행태들에 대한 비판으로 귀결된다고 볼 수 있다. 〈심청이는 왜 두

32 "이전의 오태석 선생님 작품의 성격과는 조금 다르다는 게 느껴졌다. 전에는 불같은 뜨거움이 있었다면 지금은 부유하는 듯 물 같은 유유함이 있는 듯하다. 상황이 극적으로 치달음에도 감정적으로 과욕하지 않고 관객이 느끼고 생각할 수 있는 여유를 준 것 같다"(강조—인용자)—2007년 2월 9일 공연 관객의 설문지. 이 설문 내용은 실제 관객이 오태석의 '틈 만들기'를 자연스럽게 잘 받아들이며 그 '틈새'를 메웠음을 반증하는 것으로 볼 수 있다.

번 인당수에 몸을 던졌는가〉는 장면들을 이어 붙인 듯한 콜라주 같은 방식으로, 〈용호상박〉은 한편의 민담 같은 방식으로 연출되었지만, 두 작품에서 생성된 '틈'을 통해 관객들은 이분법을 탈피한 해체주의적인 사유 방식, 거리두기 또는 집단적인 제의에서 발생하는 유희를 경험하고, 부조리한 현실 사회에 대해 비판하고 반성하게 된다고 볼 수 있다. 2000년대 작품 〈용호상박〉은 1990년대 작품 〈심청이는 왜 두 번 인당수에 몸을 던졌는가〉의 실험적이고 도전적인 태도에 비해 삶의 부조리를 포용하는 태도를 보여주는 듯하지만, 이는 작가 겸 연출가 오태석의 부조리한 삶에 대한 대결 의식이 연화된 것을 드러낸다기보다는 그의 문제의식이 만물의 조화를 만들어내는 생명력에 대한 반성으로 이동한 것으로 평할 수 있다. 오태석은 물신주의가 팽배한 사회에서 인간 구원의 문제가 만물의 조화, 생명력을 되살리는 것이라는 문제의식을 두 작품에서 각기 다른 '틈'의 구현으로 형상화하고 있다고 볼 수 있다.

참고문헌

『〈심청이는 왜 두 번 인당수에 몸을 던졌는가〉 공연 대본』, 2004, 2009.

『〈龍虎相搏〉 공연 대본』, 2005, 2007.

『〈심청이는 왜 두 번 인당수에 몸을 던졌는가〉 공연 팜플렛』, 2004, 2009.

『〈용호상박〉 공연 팜플렛』, 2005, 2007.

「〈용호상박〉 관객설문지」, 2005.12, 2007.2.

김남석, 「복고와 변화의 맞바람」, 『관점 21』 2005 겨울 · 2006 봄, 도서출판 게릴라, 2006.

김미도, 「세기말적 연극 〈심청이는 왜 두 번 인당수에 몸을 던졌는가〉」, 『한국연극』, 1990년 12월.

김방옥, 「생명과 긍정의 굿, 그리고 실용주의적 역사의식」, 『연극평론』 2006년 봄호, 한국연극평론가협회.

김익두, 『판소리, 그 지고의 신체 전략』, 평민사, 2003.

김지하, 『생명학 1』, 화남, 2003.

김 향, 「혼탁한 세상에 복을 기원하는 노래－〈용호상박〉과 〈아름다운 남자〉」, 『객석』 2006년 1월.

박경일, 「니르바나의 시학 : 불교적－포스트모던적 영문학 읽기」, 『서양문학에 비친 동양의 사상』, 예문서원, 2000.

오태석, (이상란 특별인터뷰)「오태석과 한일연극교류」, 한국연극평론가협회, 『연극평론』 2005년 겨울호.

오태석 · 서연호 대담, 『오태석 연극, 실험과 도전의 40년』, 연극과인간, 2002.

유인경, 「오태석 연극에 나타난 그로테스크」, 『한국극예술연구』 제16집, 한국극예술연구학회, 2002.

유효철 외, 「전통 민요의 현장 문화 콘텐츠화 방향 연구－양주 상여 회다지 소리를 중심으로」, 『인문콘텐츠』 7호, 인문콘텐츠학회, 2006.

이상우, 『세기말의 이피게니아』, 연극과인간, 2006.
차봉희 편저, 『수용미학』, 문학과지성사, 1985.
하효길, 「호환의 예방과 어촌의 풍어기원제」, 『강사리 범굿』, 열화당, 1989.

Anne Ubersfeld, 신현숙 옮김, 『연극기호학』, 문학과지성사, 1994.
Johan Huizinga, 김윤수 옮김, 『호모 루덴스』, 까치, 2005.
Peter Brook, 김선 옮김, 『빈 공간』, 청하, 1989.

부록1

연도별 수상작

1994년 당선작 없음

1995년

창작극 부문 : 〈문제적 인간 연산〉, 이윤택 작 · 연출, 극단 유

번역극 부문 : 〈거미 여인의 키스〉 마누엘 푸익 작, 채승훈 연출, 극단 창파

음악극 부문 : 〈개똥이〉, 김민기 작 · 연출, 극단 학전

특별상 부문 : '우리연극만들기', 극단 신화

1996년

〈날보러 와요〉, 김광림 작 · 연출, 극단 연우무대

〈어머니〉, 이윤택 작, 김명곤 연출, 동숭아트센터 제작

〈마로윗츠 햄릿〉, 셰익스피어 원작, 김윤철 번역, 윤우영 연출, 극단 은행나무극장

1997년

〈남자충동〉, 조광화 작 · 연출, 극단 환퍼포먼스

〈명성황후〉, 이문열 작, 윤호진 연출, 극단 에이콤

〈키스〉, 윤영선 작, 윤영선 · 이성열 · 박상현 연출, 극단 작은파티

1998년

〈느낌, 극락같은〉, 이강백 작, 이윤택 연출, 극단 연희단거리패

〈매직타임〉, 제임스 셔먼 작, 정우성 번역, 장진 번안 · 연출,

〈새들은 횡단보도로 건너지 않는다〉, 김명화 작, 오태석 연출, 극단 목화

1999년

〈청춘예찬〉, 박근형 작 · 연출, 동숭무대

2000년

〈이〉, 김태웅 작 · 연출, 극단 연우무대

〈마르고 닳도록〉, 이강백 작, 이상우 연출, 국립극단

〈대대손손〉, 박근형 작 · 연출, 극단 76단

2001년

〈시골선비 조남명〉, 이윤택 작 · 연출, 극단 연희단거리패

〈돐날〉, 김명화 작, 최용훈 연출, 극단 작은신화

〈인류 최초의 키스〉, 고연옥 작, 김광보 연출, 극단 청우

2002년

〈하녀들〉, 장 주네 작, 오세곤 역, 박정희 연출, 극단 풍경

〈거기〉, 코너 맥퍼슨 작, 이상우 연출, 극단 차이무

〈강 건너 저편에〉, 김명화 · 히라타 오리자 작, 이병훈 · 히라타 오리자 연출, 한일 합작공연 예술의전당 · 일본 신국립극장

2003년

〈서안화차〉, 한태숙 작 · 연출, 극단 물리

〈허삼관 매혈기〉, 위화 작, 배삼식 각색, 강대홍 연출, 극단 미추

〈사마귀〉, 알레얀드로 시비킹 원작, 문삼화 번역 · 연출, 극단 유

2004년

〈갈매기〉, 체홉 작, 그리고리 지차트콥스키 연출, 예술의 전당 기획공연

〈바다와 양산〉, 마쓰다 마사타카 작, 송선호 연출, Labo C.j.k

〈자객열전〉, 박상현 작 · 연출, 극단 파티,

2005년

〈로미오와 줄리엣〉, 셰익스피어 작, 오태석 연출, 극단 목화

〈벽속의 요정〉, 손진책 연출, 극단 미추, PMC프로덕션

〈여행〉, 윤영선 작, 이성열 연출, 극단 파티

2006년

〈경숙이, 경숙 아버지〉, 박근형 작 · 연출, 극단 골목길

〈억척어멈과 그 자식들〉, 브레히트 작, 이윤택 연출, 극단 연희단거리패

〈사랑, 지고지순하다〉, 최진아 작 · 연출, 극단 놀땅

2007년

〈열하일기 만보〉, 배삼식 작, 손진책 연출, 극단 미추

〈염소, 혹은 실비아는 누구인가?〉, 에드워드 올비 작, 신호 연출, 극단 신기루만화경

〈심판〉, 앙드레 지드 원작, 장 루이 바로 각색, 정진수 번역, 구태환 연출

2008년

〈야끼니꾸 드래곤〉, 정의신 작, 정의신 · 양정웅 연출, 예술의 전당 제작

〈원전유서〉, 김지훈 작, 이윤택 연출, 극단 연희단거리패

〈리어왕〉, 셰익스피어 작, 이병훈 연출, 극단 미추

2009년

〈너무 놀라지 마라〉, 박근형 작 · 연출, 극단 골목길

〈다윈의 거북이〉, 후안 마요르가 작, 김동현 연출, 서울시극단

〈봄날〉, 이강백 작, 이성열 연출, 극단 백수광부

2010년

〈잠 못 드는 밤은 없다〉, 히라타 오리자 작, 박근형 연출, 두산아트센터 제작

〈비밀경찰〉, 니콜라이 W. 고골 작, 강량원 연출, 극단 동

〈광부화가들〉, 리 홀 작, 이상우 연출, 명동예술극장 제작

'올해의 연극 베스트 3' 수상작 심사평(1994~2010) 부록2

1994년

당선작 없음.

심사위원들의 논의 결과, 올해는 작품상 분야에서 당선작을 내지 않기로 결정하였다. 94년 한 해 동안 무수한 연극작품들이 우리의 연극 무대에서 실험됐지만 그 양적인 다양성에도 불구하고 관객의 가슴에 각인 될 역작이라 불리만한 작품이 소개되지 못했음을 인정하지 않을 수 없었다.

1995년

한국연극평론가협회는 지난 12월 22일 1995년 연극 심사를 위한 모임을 가졌다. 우편을 통해 접수한 회원들의 추천작을 참고로 구히서, 김윤철, 김방옥, 오세곤, 이혜경 회원들이 토론한 결과 창작극 부문에 〈문제적 인간 연산〉, 번역극 부문에 〈거미여인의 키스〉, 음악극 부문에 〈개똥이〉, 특별상 부분에 〈우리연극만들기〉의 극단 작은신화가 수상대상으로 최종 선정되었다.

창작극부문에는 〈문제적 인간 연산〉, 〈영월행 일기〉, 〈배꼽춤을 추는 허수아비〉, 〈덕혜옹주〉, 〈청바지를 입은 파우스트〉, 〈길〉 등이 후보작에 올랐는데 이 중 〈문제적 인간 연산〉이 압도적인 표수를 얻었다. 병든 인간으로서의 연산에 대한 심리적 고찰과 역사에 대한 파괴적인 해석을 시도한 〈문제적 인간 연산〉은 이윤택의 작품 중 비교적 사상적 문학적 밀도가 높은 야심작일뿐더러 무대장치, 음악, 등 공연 면에서 탁월한 성취를 보여주었다는 점, 그리고 보다 광범위한 대중에게 고급한 연극을 제공하겠다는 기획의도가 성공했다는 점에서 높은 점수를 받았다.

번역극 분야에서는 〈거미여인의 키스〉, 〈로미오와 줄리엣〉, 〈그린벤치〉, 〈피의 결혼〉 등이 추천 되었는데, 이 중 〈거미여인의 키스〉가 원작에 대한 무리 없는 해석,

두 배우만으로 두 시간을 이끌어 가는 치밀한 연출력, 관념성과 시각성을 살린 공간의 효과적 활용 등으로 수상작으로 결정되었다.

음악극 분야에서는 지난해에 뚜렷한 수작이 없다는 이유로 선정에 어려움을 겪었다. 〈개똥이〉, 〈그리스 로큰롤〉, 〈심수일과 이순애〉 등 추천작 가운데, 〈개똥이〉에 있어 우리말 가사를 잘 살려준 작곡, 연기자들의 가창력과 음악 기술면에서의 높은 완성도라는 부문적 미덕들이 격려 받을 만하다고 의견이 모아졌다.

특별상 부문에는 〈작은신화〉, 〈산울림〉, 〈연우무대〉, 〈한양레파토리〉 등이 물망에 올랐는데 극작, 연기, 연출 분야를 망라한 젊은 연극인들이 모여 실험성과 시의성이 돋보이는 창작극을 지속적으로 시도해 온 극단 〈작은신화〉의 우리연극 만들기에게 수상의 영광이 돌아갔다.

1996년

한국연극평론가협회에서는 극단 연우무대의 〈날보러 와요〉(김광림 작 · 연출), 동숭아트센터제작의 〈어머니〉(이윤택 작, 김명곤 연출), 극단 은행나무극장의 〈마로윗츠 햄릿〉(셰익스피어 원작, 김윤철 번역, 윤우영 연출)을 96년도 우수작으로 선정했다.

1997년

한국연극평론가협회는 지난 2월 12일 오후 3시 동숭아트센터 내 열림원에서 97년도 '올해의 연극 베스트 3'와 '제2회 여석기 연극평론가상' 시상식을 가졌다.

한국연극평론가협회 97년도 사업보고에 이어진 이날 시상식에서는 회원들의 추천과 이사들의 심사를 거쳐 97년도 올해의 연극 베스트 3에 〈남자충동〉(극단 환퍼포먼스, 조광화 작 · 연출), 〈명성황후〉(극단 에이콤, 이문열 작, 윤호진 연출), 〈키스〉(작은파티 제작, 운영선 · 이성열 · 박상현 연출) 등 세 작품이 선정되었다.

〈남자충동〉은 폭력, 윤리, 페미니즘 등 오늘날의 문제들을 대중적으로 풀어내는데 성공을 했고, 〈명성황후〉는 어려운 여건 속에서도 미국 공연을 이루어 내는 등 창작뮤지컬의 새 역사를 열었다는 점, 〈키스〉는 전무하다시피 한 진정한 실험연극의 정신을 보여주었다는 점에서 높은 점수를 얻었다.

1998년

지난 2월 5일 스튜디오 메타에서는 평론가협회가 선정한 베스트 3 수상식이 있었다. 베스트 3에는 〈느낌, 극락같은〉과 〈매직타임〉, 그리고 〈새들은 횡단보도로 건너지 않는다〉가 선정되었다.

1999년

올 1월 한국연극평론가협회는 지난해의 가장 우수한 공연으로 동숭무대의 〈청춘예찬〉(박근형 작 · 연출)을 선정해 2월 8일 문예진흥원 강당에서 시상식을 가졌다. 예년에는 해당년의 '베스트 3' 라고 해서 대극장 공연 두 편과 소규모의 실험적 연극 한 편을 뽑았으나 올해는 이 공연이 심사위원들의 많은 표를 얻은 유일한 작품이었다.

2000년

〈이〉, 김태웅 작 · 연출, 극단 연우무대

〈마르고 닳도록〉, 이강백 작, 이상우 연출, 국립극단

〈대대손손〉, 박근형 작 · 연출, 극단 76단

2001년

〈시골선비 조남명〉, 이윤택 작 · 연출, 극단 연희단거리패

〈돐날〉, 김명화 작, 최용훈 연출, 극단 작은신화

〈인류 최초의 키스〉, 고연옥 작, 김광보 연출, 극단 청우

2002년

〈하녀들〉, 장 주네 작, 오세곤 역, 박정희 연출, 극단 풍경

〈거기〉, 코너 맥퍼슨 작, 이상우 연출, 극단 차이무

〈강 건너 저편에〉, 김명화 · 히라타 오리자 작, 이병훈 · 히라타 오리자 연출, 한일합작공연 예술의전당 · 일본 신국립극장

2003년

〈서안화차〉, 한태숙 작 · 연출, 극단 물리

〈허삼관 매혈기〉, 위화 작, 배삼식 각색, 강대홍 연출, 극단 미추

〈사마귀〉, 알레얀드로 시비킹 원작, 문삼화 번역 · 연출, 극단 유

2004년

〈갈매기〉, 체홉 작, 그리고리 지차트콥스키 연출, 예술의 전당 기획공연

〈바다와 양산〉, 마쓰다 마사타카 작, 송선호 연출, Labo C.j.k

〈자객열전〉, 박상현 작 · 연출, 극단 파티,

2005년

〈로미오와 줄리엣〉, 셰익스피어 작, 오태석 연출, 극단 목화

〈벽속의 요정〉, 손진책 연출, 극단 미추, PMC프로덕션

〈여행〉, 윤영선 작, 이성열 연출, 극단 파티

2006년

한국연극평론가협회(회장 김방옥)에서는 매년 말 협회회원들의 추천과 심사위원회의 심사를 통해 연극적 성과가 가장 뛰어난 공연 세 편을 대상으로 연극 베스트 작품을 시상한다. 시상식은 한국연극평론가협회 송년회를 겸해 12월 26일 5시 대학로 레스토랑 장(張)에서 거행된다. 선정된 작품은 〈경숙이, 경숙 아버지〉(극단 골목길, 박근형 작 · 연출), 〈억척어멈과 그 자식들〉(극단 연희단거리패, 브레히트 작, 이윤택 연출), 〈사랑, 지고지순하다〉(극단 놀땅, 최진아 작 · 연출)이다.

〈경숙이, 경숙 아버지〉는 한국 근세사의 격동기에서 가부장적이며 이기적인 아버지를 견뎌내는 아내와 딸을 지극히 한국적인 유머로 그려냈으며 〈억척어멈과 그 자식들〉은 브레히트의 원작을 한국적 상황과 인물 및 감성으로 바꾸어 선명하게 전달했고 〈사랑, 지고지순하다〉는 젊은 여성의 입장에서 동시대의 성과 사랑에 대해 참신하고 당돌한 도전장을 낸 작품이라는 점에서 선정되었다.

2007년

한국연극평론가협회(회장 김형기)에서는 매년 말 회원들의 추천과 심사위원회(이사회)의 심의를 거쳐 〈올해의 연극 베스트 3〉를 선정해왔습니다. 2007년도 예년과 마찬가지로 지난 해 12월 1일부터 금년 11월 30일까지 국내 무대에 오른 연극작품 중 공연예술로서의 성과가 가장 뛰어난 작품 세편을 선정하여 시상을 하게 되었습니다.

먼저 가장 많은 표를 얻은 〈열하일기 만보〉(극단 미추, 배삼식 작, 손진책 연출)는 차이와 낯선 것을 금기시하고 억압하는 개체 혹은 집단의 가부장적 정주(定住)이데올로기를 우화의 형식을 빌려 희화화하고 있습니다. 인간에게는 정주본능과 함께 그 경계를 넘어서려는 호기심이 동시에 존재하지만 여기 열하의 사람들은 아무도 견고한 뿌리중심주의를 벗어나지 못합니다. 연암은 자신이 그 대안으로 들려주는 이념(유목주의)조차도 실제의 삶과 유리된 한낱 "허깨비일 뿐"임을 깨닫고, 이념의 무망(無望)함을 남긴 채 말없이 사막 속으로 사라져 갈 뿐입니다. 결국 이러한 현실을 종식시킬 새로운 변화에 대한 기대는 무정형의 혼돈을 뜻하는 초매라는 여성인물을 통해서 가능할 뿐입니다.

이 작품은 인류의 역사구조에 대한 해체적 글쓰기이자 연극적 희화(戱畵)에 다름 아닙니다. 역사소재에 함몰되지 않고 인간존재와 삶의 방식에 대한 보편적이고 우주적 인식을 추상화해내어 이를 비사실주의적 무대 위에서 시각적, 청각적 효과를 절제하고 여백을 살려 유려하고 정제된 연극기호로 형상화한 점은 근래에 보기 드문 큰 성과라 할 것입니다. 다만 비인습적 글쓰기와 다의적 상징기호의 적용, 그리고 배역들의 연기 앙상블이 돋보인 공연이었음에도 불구하고 다소 관념에 갇혀 소통이 어려운 공연이라는 비판적 관점이 대두되기도 했습니다.

〈염소, 혹은 실비아는 누구인가?〉(극단 신기루만화경, 에드워드 올비 작, 신호 연출)는 사랑에 대한 사회적 고정관념과 한 개인의 존재론적 욕망을 사이에 두고 벌어지는 개인과 개인, 개인과 사회 간 소통의 단절과 부재, 그리고 채울 수 없는 간극에서 오는 필연적 고독을 극화한 작품입니다. 우리의 지각이 아무런 반추 없이 습관적, 무의식적으로 이루어지면서 사고와 의식마저 점차 상투화되어가는 동시대 사회를 향해 들이대는 올비의 비판적 칼날이 신예연출가 신호에 의해 정확히 포착되고 수미일관하게 해석되었을 뿐만 아니라, 이를 또한 상투적이지 않은 연기로 응집력 있게 앙상블을 이루어낸 것은 이 공연을 찾은 관객들 모두에게 커다란 기쁨을 안겨 준 성과라 할 수 있습니다.

〈심판〉(앙드레 지드/장 루이 바로 각색, 정진수 번역, 구태환 연출)은 극단 실험극장의 창단 47주년 기념공연작품으로, 카프카의 원작이 암시하는 부조리한 인간실존의 상황을 무대 위에서 어떻게 형상화해낼 것인가가 관건이었습니다. 이런 관점에서 볼 때 사법적 정의의 부재 앞에 노출된 인간 실존의 부조리성을 부각시킨 이번 공연은 삶의 근거와 목적 자체를 박탈당한 현대인들에 대한 비극적, 상징적 알레고리로 읽히기에 충분했다고 여겨집니다. 다만 인간 실존의 부조리성을 경험하는 주인공의 내면에 대한 보다 심오한 탐구가 기본적인 토대를 이루면서, 그 위에 이번 공연의 특정한 작품 해석이 정립되었더라면 하는 아쉬움이 남는 것은 사실입니다.

이상의 세 공연작품을 아우르는 공통된 특징은 오늘의 한국연극이 목말라하고 있는 인문학적, 철학적 사색과 성찰의 장을 마련하고 있다는 점입니다. 뿐만 아니라 공연미학적으로도 재현주의에 머물지 않고 상징적이고 신표현주의적 무대연기와 미술 등이 응용되어, 문학성 못지않게 높은 연극성을 창의적으로 발휘한 점도 이들 작품을 수상작으로 선정한 이유입니다.

이밖에 거론된 작품으로는 〈해무〉와 〈햄릿〉이 있습니다. 창작극 〈해무〉(극단 연우무대, 김민정 작, 안경모 연출)는 치밀하고 현실적인 심리묘사에 바탕을 둔 서사는 있되 예술적 상징성이 부족하며, 문화상호주의적 연출을 시도한 〈테러리스트 햄릿〉(국립극단, 옌스-다니엘 헤어촉 연출)은 수행성을 강조하는 동시대적 연출경향을 보여주기는 했지만, 한국의 문화적 맥락과 관객에 대한 연출자의 이해가 미흡한 한계를 드러냈습니다.

지난 한 해 동안도 좋은 작품으로 우리의 지성과 감성을 뜨겁게 달구어주신 모든 연극인들의 노고에 깊은 감사와 존경을 표하는 바입니다.

2008년

한국연극평론가협회(회장 김형기)에서는 매년 말 회원들의 추천을 받은 상위 후보작들을 두고 심사위원회(이사회)의 심의를 거쳐 '올해의 연극 베스트 3'를 선정해

왔습니다. 2008년도 예년과 마찬가지로 지난 해 12월 1일부터 금년 11월 30일까지 국내 무대에 오른 연극작품 중 공연예술로서의 성과가 가장 뛰어난 작품 세 편을 선정하여 오늘 시상하게 된 것을 매우 기쁘게 생각합니다.

먼저 〈야끼니꾸 드래곤〉(정의신 작, 정의신 · 양정웅 연출)을 올해 최고의 연극으로 꼽는 데 주저하는 평론가는 아무도 없었습니다. 이 작품의 강점은 무엇보다도 관객에게 미적 공감과 더불어 인식론적 성찰을 가능케 하는 새로운 서술연극(이야기 연극)의 형식을 띠고 있다는 점입니다. 작가 겸 연출을 맡은 정의신과 그리고 양정웅은 관객의 공감을 쉽게 끌어낼 수 있는 미시적 일상사로써 동시에 거대담론을 포착하는 탁월한 내러티브 구성능력을 발휘하고 있습니다. 이 공연이 유머와 파토스를 잃지 않으면서도 결코 감상주의로 빠지지 않고, 오히려 연극을 망각되어가는 한국과 일본의 현대사에 대한 소위 '문화적 기억' (cultural memory)의 공간으로 자리 매김하는 근원적 동력도 바로 여기서 찾을 수 있을 것입니다.

공연양식 면에서도 이 연극은 고답적인 사실주의적 재현에 머물지 않고 서술자를 통하여 무대와 객석을 매개함으로써 관객들이 무대사건을 보다 직접적으로 인지하고 체험하게 합니다. 뿐만 아니라 시각과 청각 그리고 촉각 등과 같은 관객의 감각에 호소하는 다양한 연극적 표현매체의 구사는 연극에서만 맛볼 수 있는 미적 지각과 인식의 즐거움을 배가시켜주는 수행적 연극성이라 부를 수 있을 것입니다. 또한 한국 예술의 전당과 일본 신국립극장과의 공동제작이라는 물리적, 현실적 어려움을 뛰어넘어 이루어낸 훌륭한 연기앙상블과, 연출-배우-스태프의 유기적인 상호 협력에 힘입어 대중관객들과의 폭넓은 공감대를 형성한 점도 이 작품을 높이 평가한 이유입니다.

두 번째로 거론된 〈원전유서〉(김지훈 작, 이윤택 연출)에 대한 평가는 상당히 논란이 많았습니다. 지나치게 사변적이고 담론적이며 군더더기가 많다, 극적 리얼리티가 취약하다, 연기와 연출 양식상의 일관성과 통일성이 부족하다 등이 문제로 논의되었습니다. 이는 무엇보다도 한 편의 작품 속에 동시대의 총체성을 담으려 한 넘치는 의욕에서 비롯한 것으로 보입니다. 시적이고 관념적이며 비유적인 언어로 짜인 텍스트는 분명 이 공연의 커다란 장점에 속합니다. 하지만 그 길고도 많은 대사로 무대를 '빈틈' 없이 가득 채우기보다 때로는 과감히 압축하고 덜어냄으로써 그

만큼 관객에게 더 많은 상상과 사유의 공간을 마련하는 것이 이미 '언어의 위기' 가 회자되기 시작한 지 한 세기가 넘는 오늘의 시점에서는 오히려 더 큰 미덕일 수 있음을 상기할 필요가 있을 것입니다. 이와 같은 뜨거운 논란에도 불구하고 이 작품을 '올해의 연극 베스트 3' 로 선정한 이유는 우리 사회에 편재하는 자본과 제도 그리고 젠더(성)에 의한 유무형의 폭력의 문제를 생태적 페미니즘(Eco-feminism)의 시각에서 천착하는 작가의 문제의식과 통찰력이 예리하고 심도 깊기 때문입니다. 또한 이질적인 담론들로 구성된 텍스트에 대한 적확한 해석을 바탕으로 특유의 에너지 넘치는 무대를 형상화한 연출력과 연기력이 돋보인 때문입니다. 아울러 창작극 부재에 대한 우려의 목소리가 높은 최근 한국연극계에 발군의 두각을 나타낸 젊은 작가의 새로운 가능성을 눈여겨본 선택이기도 하였습니다.

〈리어왕〉(셰익스피어 작, 이병훈 연출)은 셰익스피어의 원작을 훼손하지 않으면서도 현대적 양식으로 연출을 시도하여 고전의 무게감과 격조가 살아나게 했다는 평가를 받았습니다. 그러나 이러한 긍정적인 평가는 동시에 이 공연이 지닌 또 다른 아쉬운 점들에 대한 표현이기도 합니다. 즉 포스트드라마(탈희곡적) 연극의 시대를 맞이하여 고전을, 그것도 한국의 관객을 위해 현재화하면서 연출은 과연 어떤 고유한 해석을 새로 부가하였고, 또 어떤 무대언어와 미학으로 기존의 공연과 차별화하고 있는가 하는 점이 그것입니다. 이번 공연에서 관객을 무대사건의 진정한 '공동생산자' 로 고양시키고자 비사실적 무대미술로 '빈 공간' 을 마련한 것과 꼭 마찬가지로, 이제 고전 희곡에 담겨진 보편적 가치를 우리 시대의 시의성에 비추어 탈정전화하려는 노력 또한 병행되어 나가길 기대해봅니다. 표현력과 전달력에서 완숙미를 보인 중견배우들과 신진 연기자 간에 뚜렷이 노정된 연기의 불균형으로 인하여 관객들의 미적 공감이 반감된 점도 이 공연이 안고 있는 문제로 거론되었던 부분입니다.

이밖에 후보로 거론된 〈고곤의 선물〉(피터 셰퍼 작, 구태환 연출)에 대한 평은 젊은 연출가의 농익은 배우 운용력이 돋보이고, 특히 두 중견 배우(정동환, 서이숙)의 연기앙상블과 극중 코러스의 활용이 탁월하다는 것이었습니다. 그러나 피터 셰퍼의 텍스트를 과감히 쉽게 풀어낸 점, 또 기대되었던 잔혹극적 요소가 미약한 점 등에 대해서는 여러 이견이 도출되었습니다.

또한 〈갈매기〉(안톤 체홉 작, 유리 부투소프 연출)는 연출이 원작을 해체구성하고 서사적 장치를 통하여 인물의 내면을 외부로 드러내 보여준 점, 그리고 인간들의 삶을 객관적으로 조망하는 듯한 무대미술 등이 긍정적인 평을 받았습니다. 그러나 원작에 대한 해체구성의 과정에서 일어난 논리적 비약과 설득력의 미흡, 배우들 간의 연기앙상블이 이루어지지 못한 점, 그로써 연극적 재미와 감동이 크게 약화되었다는 점 등의 비판적 의견들 또한 많이 대두되었습니다.

한국연극평론가협회가 선정한 2008년 '올해의 연극 베스트 3' 작품 선정의 기준은 이상에서 살펴본 바와 같이 희곡 자체가 지닌 인문학적 힘과 예술적 상상력, 희곡텍스트에 대한 연출의 새로운 해석과 무대형상화, 또 그 공연이 갖는 미적, 사회적 가치와 파급효과 등이라 할 수 있습니다. 2008년 한국연극의 무대는 많은 연극인들이 각고의 노력을 기울였음에도 불구하고 다른 어느 해보다도 참신한 실험성과 다양성이 부족했다고 생각합니다. 매번 배우와 연출에 의해 '현재화' 되는 연극은 지금 바로 여기서 살고 있는 동시대인들과의 대화입니다. 그러므로 '현재화' 라는 말에 걸맞은 시의성을 찾기 위해서 연극제작자와 관객 모두가 더욱 더 많은 노력을 경주해야 할 것이라 생각합니다.

2008년에도 변함없이 무대예술에 혼신의 힘을 바쳐 우리의 영혼이 메마르지 않도록 살찌워주고 또 그로써 우리의 삶을 더 깊은 타락과 병폐로부터 건져내주신 모든 현장연극인들의 노고에 심심한 감사의 뜻을 표하며, 밝아오는 새해에는 더욱 빛나는 작품들로 한국연극의 무대를 한층 더 환히 밝혀주시기를 기원합니다. 감사합니다.

2009년

한국연극평론가협회(회장 김형기)가 매년 말 협회 회원들의 추천과 심사위원회(이사회)의 심의를 통해 선정하여 시상하는 '올해의 연극 베스트 3' 시상식에 참석해주신 내외 귀빈 여러분과 특히 오늘 수상의 영광을 차지하게 된 극단 배우, 연출가 그리고 스태프 관계자들께 심심한 감사의 말씀을 드린다.

금년 '올해의 연극 베스트 3' 를 최종 선정하는 자리에서 그 기준과 관련하여 많은 토론이 있었다. 사실 한국연극평론가협회의 전신이라 할 수 있는 서울극평가그룹이 1973년부터 제정하여 수여해온 '서울극평가그룹 상' 으로 거슬러 올라가면 30여년이 훨씬 넘는 역사와 전통을 지닌 '올해의 연극 베스트 3' 시상이지만, 그동안에는 어떤 명문화된 규정이나 기준에 입각해 작품을 선정한 적은 없었다. 구태여 그렇게 하지 않아도 평론가들 사이에서 '훌륭한 작품'에 관하여 대체로 공감하고 합의에 도달할 수 있는 공통분모가 있었고, 이를 바탕으로 자연스럽게 그 해의 '베스트 3' 작품이 결정될 수 있었다. 그러나 근년에 와서 사회가 다원화되고 탈중심화되어 가고 있는 것처럼, 평론가들의 숫자도 많아졌고 또 그에 따라 작품을 바라보는 시각과 미학적 가치평가의 척도 역시 다변화되어 평론가들 사이에서조차 쉽게 최대공약수를 찾기가 어렵게 되었다. 이러한 문제가 첨예하게 대두된 경우가 바로 금년이었다. 그럼에도 불구하고 한국연극평론가협회가 해마다 '베스트 3' 공연작품을 선정할 때 평가의 시금석으로 작용해온 것은 무엇보다도 공연의 미학적 완성도, 사회·문화적 영향, 공연사적 위상과 가치, 인문학적 사유의 깊이와 글쓰기의 참신성, 한국의 공연미학을 견인할 수 있는 미래지향성 등으로 압축할 수 있을 것이다. 금년 '베스트 3' 공연작품도 위와 같은 기준에 비추어 난상토론 끝에 선정되었음을 밝히면서 각 선정 작품에 대한 심사평을 요약하기로 한다.

올해 수상의 영예를 안은 공연작품은 극단 골목길의 〈너무 놀라지 마라〉(박근형 작·연출), 서울시극단의 〈다윈의 거북이〉(후안 마요르가 작, 김동현 연출), 극단 백수광부의 〈봄날〉(이강백 작, 이성열 연출)이다. 먼저 〈너무 놀라지 마라〉는 이미 시효가 지나 죽음이 판명 났음에도 불구하고 그것을 숨긴 채 여전히 명분과 허세의 끈을 부여잡고 명맥을 유지하고 있는, 사상누각처럼 위태로운 가부장 중심의 한국 사회의 모순과 부조리를 잔혹하게 폭로하는 '연극 느와르'의 미학을 보여준 점에서 높은 평가를 받았다. 그의 특유의 초논리가 섞여 그로테스크의 충격적 효과를 더 하는 박근형의 극작과 연출은 더 이상 순수한 비극이 불가능한 우리 시대에 일그러지고 소외된 삶의 비극성(리얼리티)을 출구 없는 골목길의 질식할 듯한 분위기와 밀도로 희비극성을 살려 그려내고 있다.

다만, 박근형의 공연작품이 지난 수년간 명징한 주제의식과 강렬한 무대어법으로 동시대 한국연극에 신선한 자극과 새 기운을 일으켜왔음에도 불구하고, 이미 동일한 주제범위와 양식화된 표현미학의 변주에서 크게 벗어나지 못하고 있음을 경계하는 목소리가 나오고 있음을 동시에 밝힌다.

스페인 작가의 작품을 무대화한 〈다윈의 거북이〉는 무엇보다도 텍스트의 인문학적 사유의 넓이와 깊이가 무대공연을 통해서 잘 전달되고 표현된 점에서 높은 점수를 받았다. 근대 이후 인류의 역사를 더 이상 인간의 관점이 아니라, 동물의 시각에서 조명하면서 인류의 문화와 문명 전체에 대해 전복적이고 비판적인 사고와 성찰의 기회를 동시대 관객에게 마련해준 것이야말로 이 공연의 빼어난 장점이며 업적이다. 이는 바로 인류 탄생과 역사를 같이 하는 연극이 사회적 제도의 하나로서 오늘날까지 그래왔던 것처럼, 앞으로도 인류와 더불어 존속해야 할 당위성에 대한 옹호이기도 하다. 이 공연에서 평론가들의 상찬을 받은 것은 단연 거북이 역을 탁월하게 소화해낸 강애심의 흠 잡을 데 없는 연기였으며, 그와 나란히 호흡을 맞춘 극단 배우들의 연기앙상블이다. 연출은 이들의 연기력과 미니멀하고 상징적인 무대장치, 그리고 서사적 거리를 산출하는 영상매체를 통해 관객의 연극적, 인문학적 상상력을 불러일으키며 우리 모두를 지적 탐구와 자성(自省)의 여정으로 인도하는 데 성공하였다.

다만, 무대공간의 분할과 사용이 이분법적으로 구획되어 거북이를 사이에 두고 인간의 역사, 과학 그리고 자본 등의 세 영역에서 전 방위로 펼쳐지는 팽팽한 착취 경쟁과 세력다툼의 역학관계가 충분히 표출되지 못하고 극적 긴장이 다소 이완된 점, 또 배경에 비춰지는 스크린영상이 무대 위의 사건 및 연기와 충돌하거나 조응하면서 상호매체성이 주는 시너지를 크게 달성하지 못했다는 점 등은 아쉽게 여겨지는 부분이다.

세 번째 선정 작품인 〈봄날〉은 지난 봄 서울연극제 기간 중에 공연된 것으로 희곡 텍스트를 따르되 새로운 독서와 해석 그리고 무대형상화를 시도한 해체구성적 연출이 두드러진 공연이다. 연극은 매번 새롭게 생명을 부여받아 다시 태어나야 하는 '지금', '여기'의 소통체계인 까닭에 현존하는 관객과의 소통일 때 의미가 있다. 이번 이성열 연출에 의한 〈봄날〉 공연이 각별한 관심을 끈 이유는 초연(1984년, 채윤일 연출)된 지 25년의 시간이 흐른 시점에서 텍스트에 내재하는 내용과 가치를 새롭게 찾아내고, 이를 그 사이 변모한 우리 사회의 시대정신과 관객의 취향, 정서에 걸맞게 새로운 연극적 '리얼리티'로 구축해냈기 때문이다. 즉 연출이 정치적 알레고리로 정전화(正典化)되어 있던 종래의 해석 대신에 인간의 존재론적이고 근원적인 욕망의 메커니즘을 새로운 독서로 읽어내고, 시적인 여백을 강조하는 빈 무대의 미학으로 간결하면서도 함축적으로 구성해낸 점에서, 해석의 탈정전화와 탈문학화, 탈권위적 연출을 이룩해낸 '연출가연극'의 한 사례로 평가된다.

이밖에 유력한 수상후보로 거론된 작품으로는 〈사천가〉, 〈페르귄트〉, 〈이상 열셋까지 세다〉 등이 있다. 〈사천가〉(이자람 작 · 작창, 남인우 연출)는 브레히트의 희곡 〈사천의 착한 사람〉을 전혀 새롭게 판소리로 바꾸어 작 · 창을 하며 뛰어난 능력을 유감없이 발휘한 젊은 유망주 예술인 이자람의 공연작품이다. 서양의 현대고전작품의 무게에 압도되지 않고, 공연텍스트를 우리 시대와 사회의 문제와 접목시켜 새롭게 개작을 한 점, 또 그것도 우리의 전통공연예술양식의 하나인 판소리를 젊은 층의 동시대 관객도 판소리 양식에 친근감을 느끼면서 다가갈 수 있게 과감히 현대화하여 표현한 점은 오늘의 한국연극이 가장 목말라 하고 있는 우리 고유의 연극성의 발굴과 창조에 일종의 방향성을 제시한 아주 귀중하고 가치 있는 성공사례로 꼽기에 충분하다.

〈페르귄트〉(스트린드베리 작, 양정웅 연출)는 서양의 (현대)고전을 우리의 문화적 맥락에 맞게 번안을 하고 공연양식도 텍스트 중심의 언어연극으로부터 문화상호주의적 관점에서 몸과 이미지 중심의 연극으로의 변화를 꾸준히 시도하고 모색해온 양정웅의 그동안 축적된 노력들이 결실을 드러낸 공연이란 점에서 평단의 주목을 받았다. 특히 관객을 세련된 이미지의 세계로 초대하되 무대미술을 최소화하면서 이들의 정서적 경험뿐만 아니라 지성적 사유에도 동시에 호소하는 미학적 영향전략을 구사하는 점에서 양정웅의 창의적 연출력이 구현된 공연이다.

〈이상 열셋까지 세다〉는 재미교포인 성노의 텍스트를 미국의 아방가르드 연출가 리 브루어가 연출한 공연이다. 이 작품은 복합매체와 무대장치에서 산출되는 다양한 이미지의 편린을 배열하고 또 무대공간과 그 안의 배우의 몸을 입체적으로 활용하면서, 천재 작가 이상의 작품세계와 정신구조를 3차원적 예술로서의 연극이 갖는 공간적 형상과 색채, 음향으로 그려낸 점에서 이상의 작품만큼이나 그 독창적 실험성이 높이 평가된 공연이다.

2009년 한 해의 연극계를 돌아보면 여느 해와 달리 예술적 성과가 높은 공연들이 많았던 해로 기억된다. '베스트 3' 선정과정에서 많은 토론과 고민이 뒤따랐던 것은 그만큼 우리 연극계의 작품 성향이 다양해지고 풍성해졌다는 사실을 반증하는 것이다.

지나온 한 해 동안 어려운 여건 속에서도 온갖 열정과 시간과 에너지를 연극에 쏟아 부으며 또 다른 세상을 꿈꾸게 해주신 모든 연극인들의 노고에 다시 한 번 존경과 감사를 표한다. 새해에도 늘 건강하시고, 더 좋은 연극으로 우리 모두의 큰 희망과 구원의 빛이 되어 주시길 기대해 마지않는다. 감사합니다.

2010년

한국연극평론가협회(회장 김형기)는 매년 말 협회 회원들의 추천과 심사위원회의 심의를 통해 '올해의 연극 베스트 3'를 선정하여 시상하고 있다. 한국연극평론가협회의 전신인 서울극평가그룹이 1973년부터 제정하여 수여해온 '서울극평가그룹 상'으로 거슬러 올라가면 이 상은 현장비평을 하는 연극평론가협회 회원들이 선정하여 수여하는 최고의 권위와 전통을 지니는 연극상이다.

전년도 12월 1일부터 금년 11월 30일까지 국내 무대에 오른 연극작품 중 공연예술로서의 미학적 성과가 가장 뛰어난 공연작품 세 편을 선정할 때 작용하는 평가의 시금석은 무엇보다도 공연이 갖는 미학적 완성도와 사회 · 문화적 영향, 공연사적 위상과 가치, 인문학적 사유의 깊이와 글쓰기의 참신성, 한국의 공연미학을 견인할 수 있는 미래지향성 등으로 압축할 수 있다. 2010년 '올해의 연극 베스트 3' 작품도 지난 12월 4일(토)에 열린 심사위원회에서 위와 같은 기준에 비추어 선정되었음을 밝히면서 각 수상작품에 대한 심사평을 말씀드리고자 한다.

1. 〈잠 못 드는 밤은 없다〉: 두산아트센터 제작(히라타 오리자 작, 박근형 연출)

이 공연은 후기 산업사회의 물질적 풍요와 안락함 속에서도 결코 채워지지 않는 현대인들의 정신적 공허감과 세대 간의 소통부재, 이에 따른 피할 수 없는 고립과 단절의 내면풍경을 냉정하리만치 차분하게 온갖 감상성을 배제한 가운데 보여준다.

특히 허구의 무대공간 속에서 배우들이 펼치는 극사실적 연기와 침묵의 앙상블은 극중 사건에 대한 몰입보다 오히려 거리를 창출하고 기괴한 희극성마저 불러일으킴으로써 관객의 비판적 의식을 고양시키고 있다. 히라타 오리자의 조용한 연극이 박근형 연출에 의해 특유의 희비극적 그로테스크성을 탁월하게 획득한 점이 높은 평가를 받았다.

2. 〈비밀경찰〉: 극단 동 제작(니콜라이 W. 고골 작, 강량원 연출)

이 공연은 무엇보다도 고전작품을 무대화 하는 과정에서 오늘의 관객을 위해 텍스트를 재구성할 뿐만 아니라, 연출에서도 사실주의적 재현의 함정에 빠지는 대신 카바레 형식의 풍자희극을 만들어 보여준다.

강량원 연출은 여기서 춤과 노래, 인형과 배우들의 조형적 움직임을 적절히 조합하고 콜라주하여 무대와 객석 사이에 형성되는 수행적 피드백 연결고리를 한층 강화하면서, 이를 통해 무대사건에 대한 관객의 참여와 비판적 인식의 즐거움을 배가시키고 있다. 다만, 고전을 현재화하는 작업이 더 큰 시의성을 확보하기 위해서는 새로운 양식실험으로 지각의 인습을 바꾸는 것 못지않게 내러티브 자체에 대한 새로운 해석과 각색이 현재의 시점에서 동시에 병행되어야 함을 강조해 두고자 한다.

3. 〈광부화가들〉: 명동예술극장 제작(리 홀 작, 이상우 연출)

광부들이 자신들의 세계와는 전혀 무관하다고 여겨왔던 화가들로 점차 성장해가는 과정을 감동적으로 그리고 있는 이 공연은 오늘날에도 여전히 우리의 의식 속에 자리 잡고 있는 예술에 대한 통념을 깨뜨리고 예술과 삶 사이의 일견 넘을 수 없는 간극을 좁히는 데 크게 기여한 점에서 상찬을 받았다.

특히 시민적 삶의 중심지인 명동 소재의 예술극장에서 이 같은 작품을 기획하고 공연함으로써 세대를 초월한 다양한 계층의 시민관객들로 하여금 이 시대에 예술이란 무엇이고 또 예술가란 어떤 존재인가에 관해 숙고하고 성찰하는 기회를 마련한 점이야말로 완벽한 연기호흡으로 관극의 즐거움을 선사한 연기자들과 이상우 연출 그리고 명동예술극장 기획팀이 연극과 극장에 부여된 사회적 공기(公器)의 역할을 능숙히 이루어낸 커다란 성과라 하겠다.

이밖에 자본의 욕망과 미디어의 위력 앞에서 쇠락의 길에 내맡겨진 우리 시대의 순수예술과 이상주의의 문제를 밀도 높은 연기앙상블로 무대화한 〈에이미〉와, 종래의 드라마 플롯 대신 집 짓는 과정 자체를 무대 사건으로 만들어 새로운 연극적 소통을 시도한 〈1동 28번지 차숙이네〉, 그리고 한국 현대연극을 이끌어온 주역들의 면모를 각 시대 단면마다 몽타주하여 연극의 역할과 의미를 새삼 되새기게 한 〈경성스타〉 등이 후보작으로 많은 회원들의 추천을 받았다.

이른바 "세상에 대한 모든 '자연스러운' 입장"을 중지시키고 실재를 "관찰의 대상"으로 만들기 위해서 현실 이면에 가려진 허구성을 폭로하는 것이 예술이라고 할 때, 가짜와 위선의 해악이 판을 치는 이 부박(浮薄)한 시대에 온갖 어려움에 맞서 싸워가며 예술의 사명을 다해주신, 오늘 수상의 영예를 안은 연기자와 연출, 그리고 극단과 제작팀의 숨은 노고에 한국연극평론가협회 회원들 모두 심심한 감사와 경의를 표하는 바이다.

밝아오는 2011 신묘년 새해에도 더욱 건강하시고, 새로운 희망과 변화의 기운을 듬뿍 불어넣는 좋은 작품들을 많이 제작하셔서 우리 사회가 한층 더 밝고 살만한 세상으로 바뀌어 나가게 되길 기대해 마지않는다.

바쁘신 연말에도 불구하고 2010년 한국연극평론가협회 선정 '올해의 연극 베스트 3' 시상식에 참석하여 자리를 빛내주신 내외 귀빈 여러분들께 깊은 감사의 말씀을 올리며 이것으로 심사평에 가름하고자 합니다.

찾아보기

인명 및 작품

ㄱ

ㄴ

ㅅ

ㅇ

ㅈ

용어

ㅈ

ㅊ

ㅍ

ㅎ

저자소개(게재 순)

김성희

이화여자대학교 영어영문학과를 졸업하고, 동 대학원 국어국문학과에서 석사학위를, 단국대학교 국어국문학과에서 박사학위를 취득하였다. 〈서울신문〉 신춘문예에 희곡이 당선되었으며, 계간 『예술계』 공모 연극평론이 당선되면서 연극평론 활동을 시작했다. 방송위원회 방송 및 언어 심의위원, '이 달의 좋은 방송프로그램' 심사위원을 역임하였으며, 현재 한양여자대학교 문예창작과 교수로 재직하고 있다. 한국드라마학회 회장, 한국연극평론가협회 이사, 『연극평론』 편집위원으로 활동하고 있다. 2010년에 여석기연극평론가상을 수상했다.

주요 저서로는 『방송드라마 창작론』(2010), 『한국연극과 일상의 미학』(2009), 『한국현대극의 형성과 쟁점』(2007), 『한국 현대희곡연구』(1998), 『연극의 세계』(1998), 『연극의 사회학, 희곡의 해석학』(1995), 『한국희곡과 기호학』(1993) 등이 있으며, 그 외 다수의 공저 및 편저가 있다. 주요 논문으로는 「그리스비극과 한국영화를 통해 본 가족」, 「여성국극의 장르적 성격과 이미지로서의 역사」, 「한국 역사극의 기원과 정착」 등이 있다.

이미원

서울대학교 국어국문학과를 졸업하고, 미국 인디아나대학교에서 석사학위를, 미국 피츠버그대학교에서 박사학위를 취득하였다. 경희대학교 재직 후 현재 한국예술종합학교 연극원에 재직하고 있으며, 한국연극평론가협회 이사 및 부회장 등을 역임하고, 현재 한국연극학회 회장을 맡고 있다.

주요 저서로는 『한국 근대극 연구』(1994), 『포스트모더니즘과 한국연극』(1996), 『세계화 시대, 해체화 연극』(2001), 『한국 현대극작가 연구』(2003), 『연극과 인류학』(2005), 『탈중심 연극의 모색』(2007) 등이 있으며, 『한국연극과 기호학』(2006), 『동시대 연극비평의 방법론과 실제』(2009) 등 다수의 공저와 많은 영어 논문 및 국문 논문이 있다.

김형기

연세대학교 및 동 대학원 독문학과(M. A.)를 졸업하고, 독일 아헨대학교에서 연극이론으로 문학박사(Dr. phil.) 학위를 취득하였다. 독일 뮌헨대학교 연극학과 연구교수(독일 훔볼트재단 Research Fellow), 한국브레히트학회 부회장, 한국연극학회 편집위원장을 역임하고, 현재 순천향대학교 공연영상미디어학부 교수, 한국연극평론가협회 회장으로 활동하고 있다.

주요 저서로는 『〈놋쇠매입〉과 〈연극을 위한 작은 지침서〉에 나타난 브레히트의 연극이론에 관한 비교연구』(독문), 역서로 『보토 슈트라우스 : 〈시간과 방〉』, 『브레히트 : 〈코카서스의 백묵원〉』, 『Die Suche nach den verlorenen Worten』(이청준 작, 잃어버린 말을 찾아서)(독역) 등이 있으며 공저로는 『브레히트의 서사극』, 『하이너 뮐러 연구』, 『도이치문학 용어사전』, 『탈식민주의와 연극』, 『가면과 욕망』, 『동시대 연극비평의 방법론과 실제』, 『한국현대연극 100년 공연사 Ⅱ(1945~2008)』, 『An Overview of Korean Performing Arts. Theatre in Korea』 등이 있다. 논문으로 베르톨트 브레히트의 「〈놋쇠매입〉 연구」, 「다중매체 시대의 "포스트드라마 연극"」, 「현대연극에 나타난 탈정전화 전략으로서의 패러디」, 「"연극성" 개념의 변형과 확장」, 「독일의 현대 '춤연극' 연구」, 「분과학문으로서의 연극학」, 「서술과 기억공간으로서의 연극」, 「다매체 시대 연극의 탈영토화」, 「일상의 퍼포모스화-혹은 뉴 다큐멘터리 연극」 등이 있다.

허순자

중앙대학교 영어영문학과를 졸업하고, 미국 콜로라도 주립대학교 연극학과에서 석사와 박사학위를 취득하였다. 청운대학교 방송연기학과 교수, 국제극예술협회 세계본부(ITI-UNESCO) 연극교육분과위 부회장 및 한국본부 사무국장 등을 역임하였다. 현재 서울예술대학 연극과 교수로 재직 중이며, 연극평론가로서 한일연극교류협의회 회장을 비롯하여 다수의 연극단체, 축제, 연극상 등에 자문위원, 집행위원, 심사위원 등으로 활동하고 있다.

주요 저서로는 『국제화 시대의 한국연극』(2008), 『연극人 10』(2005) 등이 있고, 역서로는 『보이지 않는 배우』(2007), 『피터 브룩』(공역, 2007), 『연극평론의 조건』(1998), 『열린 문』(1996) 등이 있으며, 공저로는 『동시대연출가론 2』(2010), 『Sketching in Contemporary Korean Theatre』(2006), 『Contemporary Korean Theatre』(2000)가 있다. 그 외 다수의 희곡 번역과 논문이 있다.

심재민

연세대학교 독어독문학과를 졸업했다. 독일 튀빙엔(Tübingen)대학교에서 독문학, 철학, 독어학을 수학하고, 동 대학교에서 석사 및 박사 학위를 취득했다. 현재 한국연극평론가협회 부회장, 안산문화예술의전당 이사, 한국연극협회 이사 등으로 활동하고 있으며, 대학에서 학생들을 가르치고 있다.

주요 저서로는 『생성과 자유. 칼 슈테른하임의 현대에서의 거리경험과 니체 관련』(독문), 『연극적 사유, 예술적 인식』, 공저로는 『An Overview of Korean Performing Arts. Theatre in

Korea』, 『동시대 연극비평의 방법론과 실제』, 『연극과 대화하기』, 『탈식민주의와 연극』 등이 있다. 논문으로는 「생성과 가상에 근거한 니체의 미학」, 「그리스 비극과 신화에 대한 니체의 해석」, 「한트케의 〈관객모독〉과 2004년 한국 공연」, 「해체와 몸의 관점에서 본 하이너 뮐러의 〈햄릿기계〉와 로버트 윌슨의 연출」, 「'몸의 연극'에서의 수행적인 것의 가능성과 한계」, 「포스트드라마의 몸: 현상학적인 몸의 현존 방식에 대한 레만의 해석」, 「박근형 연극의 드라마투르기에 나타난 사회비판적 기능」 등이 있다. 「몸의 한계 제거-영향미학과 몸이론의 관계에 대하여」, 「기호학적 차이-연극에서의 몸과 언어」 등 다수의 번역 논문도 있다.

이선형

성균관대학교 불어불문학과 및 동 대학원을 졸업하고 프랑스 스트라스부르대학교에서 박사 학위를 취득하였다. 현재 김천대학교 교수로 재직하고 있으며 한국연극평론가협회 이사, 극단 '삼산이수' 상임연출로 활동하고 있다.

주요 저서로는 『곰팡이 빵』(2010), 『프랑스현대연극의 이론과 실제』(2007), 『예술영화읽기』(2005) 등이 있고, 공저로는 『연극 · 영화로 떠나는 가족치료』(2010) 등이 있다. 논문으로는 「퀘벡 연극, 변방과 중심—로베르 르빠주의 『안데르센 프로젝트』를 중심으로」(2010), 「〈대머리 여가수〉에 나타난 언어의 문제 : "이것은 파이프가 아니다"」(2009), 「외국연극 수용의 현대적 흐름」(2008) 등이 있다.

김명화

이화여자대학교 교육심리학과를 졸업하고 중앙대학교 연극학교에서 박사학위를 취득하였다. 현재 극작가이자 연극평론가로 활동하고 있다. 차범석 희곡상, 대산 문학상희곡상, 김상열 연극상 등을 수상하였다.

주요 저서로는 『카페신파』, 『연극의 길 세상의 길』, 『저녁 일곱시 반 막이 오른다』 등이 있으며, 희곡으로 〈새들은 횡당보도로 건너지 않는다〉(1998), 〈오이디푸스, 그것은 인간〉(2000), 〈강 건너 저편에〉(2000), 〈첼로와 케찹〉(2001), 〈돐-날〉(2001), 〈카페신파〉(2004), 〈달의 소리〉(2006) 등이 있다.

김길수

성균관대학교 독어독문학과에서 문학박사 학위를 취득하였다. 순천시립극단 예술감독을 역임하였고 현재 국립순천대학교 문예창작학과 교수로 재직하고 있으며 한국연극평론가협회 이사로 활동하고 있다.

주요 저서로는 『엔터테인먼트 시대의 한국연극』(2008), 『떨림과 되살림의 풍경 교향곡』(2003), 『남도의 문예창작 스펙트럼』(2003), 『남도의 희곡미학』(1998), 『우리시대 삶과 연극의 조망-해체극, 상황극, 희비극』(1997) 등이 있고, 공저로 『한국극작가론』(1998) 등이 있다. 주요 공연작품으로 〈사평역에서〉(2010, 예술감독), 〈하늘이여 사랑일레라〉(2010, 극작), 〈아랑별곡〉(2008, 예술감독), 〈동승〉(2003, 연출), 〈맥베드〉(2002, 예술감독) 등이 있으며 주요 논문으로는 「〈느낌 극락같은〉의 연극미학」(2007), 「〈칠산리〉를 통해 본 서사극 미학」(2002), 「〈태〉의 극창작 설계 미학」(2001), 「〈블루사이공 담론2–표현주의 연극 미학을 중심으로」(2000), 「탈의 상징 미학」(1997) 등이 있다.

최영주

동국대학교 영어영문학과 및 대학원에서 박사학위를 취득하였다. 현재 한국연구재단의 지원을 받아 동국대학교에서 '퍼포먼스적/탈경계적 글쓰기'를 연구 중이며, 한국연극평론가협회 이사, 한일연극교류협의회 운영위원으로 활동 중이다.

주요 저서로는 『셰익스피어라는 이름의 극장, 그리고 문화』(2006), 『글에 담은 연극 사랑』(2008) 등이 있고, 공저 및 편저로 『동시대 연극비평 방법론과 실재』(2008), 『동시대 연출가론–서구편 1』(2007), 『동시대 연출가론–서구편 Ⅱ』(2010) 등이 있다. 논문으로는 「연극성의 실천적 개념」(2007), 「1990년대 영국 희곡에서의 실험적 글쓰기」(2008), 「한국문화상호주의 〈햄릿〉 공연에 대한 세 가지 방식 연구 : 초문화, 혼합문화, 글로컬문화 소통 방식의 미학과 문제점」(2009), 「퍼포먼스텍스트 구성을 위한 탈경계적 글쓰기」(2010) 등이 있다.

김효

한국외국어대학교 불어과를 졸업하고 동대학원에서 논문 「쥬네의 연극에 나타난 자유의 추구와 그 무대화」로 석사학위를 받은 후 프랑스국립파리 7대학에서 예술사회학(공연예술전공) 박사학위를 취득하였다. 이후 중앙대학교 연극학과에서 Post Doc.을 하고 미국 UCLA(University of California Los Angeles)에서 객원교수를 역임한 후 현재 연극학과에서 연구와 강의를 하고 연극평론가로 활동 중이다.

주요 저서로는 『현대연극의 쟁점』, 『김효 연극평론집 : 영상매체시대의 연극』과 공저로 『한국근현대연극 100년사』, 『퍼포먼스 연구』 등이 있다. 논문으로는 「포스트모더니즘과 대중예술 담론」, 「예술연극과 대중연극의 쟁점 연구」, 「아르또와 몸」, 「현대 연극 담론에 있어서 인류학과 탈근대성」, 「탄츠테아터의 연극성 연구」, 「연극학에서 공연학으로」, 「한국과 서구의 공연예술 미학: 카타르시스와 신명풀이의 재조명」 등이 있다.

권경희

한양대 연극영화과를 졸업하고 영국 엑시터대학 (Univ. of Exeter) 연극학과에서 석사와 박사학위를 취득했다. 현재 명지전문대학 연극영상과 교수로 재직 중이며 한국연극평론가협회 편집위원으로 활동하고 있다.

주요 저서로 공저 『연극, 그 다양한 얼굴』(2004), 『탈식민주의와 연극』(2003) 등이 있고, 논문으로 「다매체, 소비시대의 대중연극I－의미찾기」(2003), 「〈억척어멈과 그 자식들〉 : 두 공연의 형해(形骸)로부터 건져낸 변증법적 연극논리와 양식성에 대한 소고」(2007), 「영국의 현대 정치연극의 한 경향 : 죤 맥그라(John McGrath)의 연극적 실천으로의 접근」(1998), 「브레히트의 교육연극 그 형식과 내용 : 작품 '조처' (Measures Taken)를 연구대상으로」(1998), 「1990년대 이후 영국의 정치연극」(2007) 등이 있다.

송민숙

연세대학교 불어불문학과를 졸업하고, 프랑스 그르노블 3대학교에서 장 라신 연구(『라신과 그 경쟁자들』)로 박사학위를 취득했다. 연세대학교에서 불문학과 연극을 강의했고, 현재 순천향대학교에서 '예술의 즐거움', '공연예술입문' 을 강의하고 있으며, 계간 『연극평론』 편집위원, 연극평론가로 활동 중이다.

주요 저서로는 『연극과 수사학』(2007), 『언어와 이미지의 수사학』(2007) 등이 있고, 역서로 『프랑스 고전비극』(2002), 『서양 연극의 무대 장식 기술』(2007), 『페드르』(2008), 『이피제니』(2008) 등이 있다. 공저로 『동시대 연극비평의 방법론과 실제』(2009)이 있다. 최근 논문으로는 「장 주네의 『하녀들』에 나타난 마조히즘 연구」(2007), 「몰리에르의 연극 『동 주앙』과 모차르트의 오페라 『돈 조반니』 비교연구」(2007), 「죽음의 연극적 형상화–이오네스코의 『왕은 죽어가다』」(2009), 「베르나르 마리 콜테스 연극에 나타난 아이러니 연구」(2009)가 있다.

김향

연세대학교 국어국문학과를 졸업하고 동대학원에서 문학박사학위를 취득하였다. 현재 연세대학교와 한양대학교에 출강하고 있으며 한국예술종합학교 한국예술연구소 연구원을 역임하였다. 한국연극평론가협회, 공연과이론을위한모임 회원으로 연극평론을 하고 있고, 국립창극단의 드라마투르그로 활동하고 있다.

주요 저서로 『최인훈 희곡 창작의 원리』(2005), 『손님과 대화－김향 연극평론집』(2005), 『현대 연극문화와 차범석 희곡』(2010), 『희곡과 공연양식』(2010) 등이 있고., 공저로 『한국 현대문학사』(2004), 『근대계몽기 단형 서사문학연구』(2005), 『한국 근 · 현대 연극 100년』(2009), 『한국 현대연극 100년 : 인물사』(2009) 등이 있다. 논문으로는 「오태석의 창작원리 '틈의 미학' 연구」(2009) 등이 있다.

The Aesthetic Trends of Korean Theatre since the 1990s

–Focused on 'The Best 3' of the Annual Critic's Award

Contents:

Chapter 3: Creative Theatrical Writing

Myung-Wha Kim

A Study on the Playwright Yoon Yeong-seon's Works: The Concertos of the Deconstructive Voices

Gil-Soo Kim

Geun-Hyung Park's Theatre Aesthetics in *Gyung-Sookyee, Gyung-Sook's Father*: Focused on the Creative Playwriting Method

Kyoung-Hee Kwon

Youn-Ok Ko(playwright) and Kwang-Bo Kim(director) : An Indirect Approach to Their Co-Working

Chapter 4: New Directing Aesthetics

Young-Joo Choi

For the Productive Cross-Cultural Communication between Korean and Japanese Theatre Co-productions Centering on *The Other Side of the River* and *Yakiniku Dragon*

Hyo Kim

Les bonnes(The Maids) directed by Joeng-Hi Park : New Aspect of the Theatricality and Discourse on Desire

Chapter 5: Creativity of Korean Directing Methods

Min-Sook Song

A Study on the Performance of *Feeling, like a paradise* by Kang-Baek Lee and Yoon-Taek Lee

Hyang Kim

Performance Aesthetics of Tea-Seok Oh: A Problem of Rescue in the Fetishistic Community

'90년대 이후 한국 연극의 미학적 경향

인쇄 2011년 2월 10일
발행 2011년 2월 20일

지은이 · 김성희 | 이미원 | 김형기 | 허순자 | 심재민 | 이선형 | 김명화
김길수 | 권경희 | 최영주 | 김 효 | 송민숙 | 김 향
펴낸이 · 한봉숙
펴낸곳 · 푸른사상사

등록 제2-2876호
주소 서울시 중구 을지로3가 296-10 장양B/D 7층
대표전화 02) 2268-8706(7) | 팩시밀리 02) 2268-8708
메일 prun21c@yahoo.co.kr / prun21c@hanmail.net
홈페이지 www.prun21c.com

ISBN 978-89-5640-796-7 93680

값 25,000원

이 도서의 국립중앙도서관 출판시 도서목록(CIP)은 e-CIP 홈페이지(http://www.nl.go.kr/cip.php)에서 이용하실 수 있습니다. (CIP제어번호 : CIP2011000473)